깊은 마음의 생태학

깊은 마음의 생태학

1판 1쇄 발행_ 2014. 3. 20
1판 5쇄 발행_ 2020. 8. 27

지은이_ 김우창

발행인_ 고세규
발행처_ 김영사
등록_ 1979년 5월 17일(제406-2003-036호)
주소_ 경기도 파주시 문발로 197(문발동) 우편번호 10881
마케팅부 031)955-3100, 편집부 031)955-3200, 팩시밀리 031)955-3111

값은 뒤표지에 있습니다. ISBN 978-89-349-6698-2 03100

홈페이지_ www.gimmyoung.com   블로그_ blog.naver.com/gybook
페이스북_ facebook.com/gybooks   이메일_ bestbook@gimmyoung.com

좋은 독자가 좋은 책을 만듭니다.
김영사는 독자 여러분의 의견에 항상 귀 기울이고 있습니다.

깊은 마음의 생태학

김우창

AN ECOLOGY OF DEEP MIND

인 간 중 심 주 의 를 넘 어 서

김영사

김우창 교수는 이 땅의 척박한 지적 풍토에서 우리가 무엇을 어떻게 생각하고 무엇을 실천적 의제로 삼아야 할 것인가를 넓은 시야 속에서 신중하고 정치한 절차로 사유하고 현대세계의 문제들을 성찰해온 보물 같은 존재이다. 그의 사유 세계는 고대와 근대와 현대가 서로 비추고 질문하고 응답하는 대화의 장이며, 우리의 궁색한 생각들이 길을 잃고 헤맬 때 언제나 길잡이가 되어준 통찰의 등대다. 그는 영문학자, 공공지식인, 문명비평가, 문화사가, 문학이론가, 평론가, 철학자이다. 그의 사유 세계는 대학의 어느 한 학문 분과 속으로 한정되거나 축소되지 않는다. 김우창 교수의 넓고도 정교한 사유 세계에서 철학, 정치학, 사회학, 문학, 미학의 영역들은 각각의 울타리를 넘어 서로 교섭하면서 풍요한 인문적 사유의 우주를 만든다.

우리가 생각할 것들은 많고 사유의 능력과 자원은 궁핍하다. 세계화, 시장체제, 정치민주주의, 테러리즘과 문명갈등, 국민국가와 민족, 문화산업 등의 현실적 문제들이 있는가 하면 이성과 합리성, 주체와 정체성, 보편과 특수, 윤리적 실천과 정의, 세속주의의 영광과 불만, 개체성과 전체성, 예술과 미학적 초월 등등의 문제들이 현실 문제와 불가분의 관계로 엮여있다. 우리가 이 모든 어려운 문제들을 생각하고 사유 행위를 사회적, 윤리적 책임의 문맥 속에 위치시키고자 버둥거릴 때, 김우창 교수의 사유 세계는 우리가 기댈 수 있는 이 땅의 거의 유일한 자원이다. 그가 우리 속에 있으면서 오늘도 우리와 함께 걷고 함께 생각한다는 것은 우리들 동시대인의 크나큰 복이 아닐 수 없다.

도정일(경희대 후마니타스칼리지 대학장)

서양의 학자들이나 평론가들은 그들 사회와 작가들에 대하여 깊이 있게 연구했을 것이다. 그러나 김우창 선생이 보여주는 것과 같이, 사고의 패러다임과 감성의 구조가 상이한 동양과 서양이라는 두 세계를 그렇듯 깊은 통찰력을 가지고 동시에 들여다볼 수 있는 사람은 많지 않을 것이다. 뿐만 아니라 나는 현대철학의 대표적인 철학자들의 이론과 사상을 선생만큼 잘 이해하는 사람을 본 적이 없다. 선생의 주옥같은 글들은 그것이 어느 분야이든, 한글로 쓰여지는 글로서 이를 넘을 수 있는 수준의 글은 없으리라고 생각한다. 선생의 글에 담긴 지식과 지혜의 깊이는 한국은 말할 것도 없고 가히 세계에서도 최고의 수준이라고 믿는다.

선생의 학문 영역은 영문학자라든가, 철학자라든가, 문학평론가라든가 하는 식으로 어느 한 전문 영역에 머물지 않는다. 나는 선생이 이 모두를 통괄하여 인간과 세계를 보는 세계 최고 수준의 철학적 인간학자라고 생각한다. 우리는 선생의 글을 통하여 문학과 예술, 철학, 사회과학, 심지어는 자제들이 전공하고 있기 때문에 공부하셨다고 하는 수학까지를 포함해서, 그리고 선생이 사용하고 해독하는 영어, 독어, 불어, 라틴어, 일본어, 한문 등 외국어 및 고전어의 비범한 능력을 통해 성취하는 것이 가능했던 선생의 무변의 지식과 정신세계에 접근할 수 있게 되었다.

그러나 선생이 이 땅이 배출한 위대한 학자라고만 높이 평가하는 것은 선생의 훌륭함을 폄하하는 것이라는 생각이 든다. 우리 사회는 학문의 권위와 규범이 존중되거나 평가되지 않는 열악한 환경이다. 이성이 위협되고 적나라한 자기이익의 추구와 권력과 폭력이 지배하는 그런 환경인 것이다. 우리 사회의 학문공동체 역시 이런 한국 사회의 모습과 크게 다르지 않다. 선생의 학문은 이렇듯 적대적인 환경 속에서 그것과 싸우면서 우러나왔고, 또한 그의 인품은 카오스 속에서 새어나오는 한 줄기 빛과 같은 어떤 것이다. 나는 선생이 우리 시대의 현자라고 생각한다. 이러한 세상에도 현자가 있을 수 있기 때문에 세상은 여전히 살 만한 것이다.

최장집(정치학자, 전 고려대 아세아문제연구소장)

김우창은 모든 집단주의적 술어와 이데올로기적 왜곡 그리고 자기중심주의를 넘어 어떻게 개인이 공동체 속에서 진실을 외면하지 않고 살아갈 수 있는지, 그리고 반성적 개인으로 이루어진 이성적 사회를 위해 문학과 예술과 철학과 문화는 어떤 방향으로 나아가야 하는지를 거듭 생각하게 한다. 지금 보이는 현실이 전부가 아니라는 것, 더 참되고 더 아름다운 길이 있을 수 있다는 것을, 그 길은 섬세한 감수성과 견고한 사유를 통해 열릴 수 있으며, 그렇게 바라도 좋다면, 김우창은 한국 인문학에서 그런 놀라운 가능성의 길을 보여준다.

한국 인문학은 김우창에 이르러 비로소 사유의 고매함에 이르렀다고 나는 판단한다. 사유의 고매함은 보편성에서 온다. 고매함이란 사유의 높이이고, 보편성이란 그 넓이다. 높으면서 동시에 넓을 때 사유는 고귀해진다. 넓고 깊게 이해한다는 것은 곧 넓고 깊은 삶을 살고 싶다는 뜻이다. 그것은 초월의 의지고 형이상학적 열망이다. 모든 인간 활동의 원초적 동력에는 지금 여기를 넘어서려는 초월적 꿈이 있다. 김우창의 글은 이 짧고 비루하고 덧없는 생애에서 덧없지 않을 어떤 맑고 고요한 지평을 끊임없이 돌아보게 한다.

나는 이 땅에서 인문학을 공부하는 청년들과 독자들께, 김우창의 텍스트야말로 사고실험을 위한 최고의 텍스트라고 권하고 싶다. 적어도 현 단계 한국 인문학이 내장한 잠재력을 최고의 수준에서 비판적으로 재구성하고픈 뜻을 품은 열정이라면, 김우창이라는 산을 결코 돌아갈 수는 없을 것이다.

문광훈(충북대 독문과 교수)

1

얼마 전 나남출판사에서 문선집(文選集)을 출간했다. 실린 글들은 글쓰기 시작 무렵부터의 글들에서 고른 것인데, 그 작업은 전적으로 문광훈 교수가 맡아서 한 것이었다. 그리하여 나남의 조상호 사장의 호의로 열린 출판기념회에서 이미 시인한 것이지만, 사실상 그 책의 저자는 문광훈 교수라고 할 수 있다. 글이란 한 자 한 자를 써가는 일이기도 하지만, 더 중요한 것은 그 한 자 한 자를 서로 엮어가는 작업이다. 뿐만 아니라 그렇게 엮어진 문장은 한 질로 묶어야 책이 되고, 제대로 이룩한 건축물이 된다. 여기에 마음을 쓴 사람이야말로 생각을 마무리하는 사람이라 할 것이다. (사실 이렇게 생각하다 보면, 글을 대집성해 놓은 것은 한국어면 한국어, 영어면 영어, 언어 전체라는 생각도 할 수 있다. 필자란 그것을 부분적으로 골라 모으는 사람이다.)

이번에 출간되는 《깊은 마음의 생태학—인간중심주의를 넘어서》는 앞서 출간된 문선과 비슷하게 적어도 반은 박광성 선

생의 저작이라고 할 수 있다. 이 책의 앞부분 〈마음의 생태학〉
은 2005년 한국학술협의회의 부탁으로 행했던 연속강좌를
수정하지 않고 책으로 내놓기로 한 것이다. 페이지의 여백에
써넣어 있는 주석들은 박 선생의 작품이다. 후반에 들어 있는
에세이들도 박 선생이 선정하여 한데 묶은 것이다. 그것을 보
태는 것이 책을 보다 읽을 만한 것이 되게 할 것이라는 것이
박 선생의 발상이다. 그것을 책의 전반부에다 위치하게 하면
어떨까 하고 제안하기도 했다. 후반부의 제목, 그리고 책 제
목의 일부도 박 선생의 발상을 따른 것이다. 물론 이 책을 내
자는 것도 선생의 강한 권고에 의한 것이다. 심심한 감사의
말씀을 드린다.

　책이 나오는 데에 여러 분의 마음과 노력이 들어가는 것임
은 말할 필요도 없다. 출판을 간단히 수락하신 김영사의 박은
주 사장께도 깊이 감사드린다.

　이렇게 말하고 보니, 달리도 책의 원전이 된 원고가 나오는
데에 도움을 주신 분들에게 드려야 할 감사의 말씀을 빼놓을
수 없다. 원래 강연에 초대하여 주신 것은 한국학술협의회의
여러 분이었다. 이사장을 맡고 계셨던 김용준 선생님께 감사
의 말씀을 드린다. 한국학술협의회에서 이 결정에 참여하신
분은 장회익 교수 그리고 고 홍원탁 교수이셨다. 감사드린다.
원래 강연의 원고는 한국학술협의회 관련 출판사에서 나오기
로 한 것이었으나, 그 원고의 재정비를 차일피일하다 보니,
지금까지도 출판 준비를 하지 못하고 피차에 출판을 포기한
상태가 되었었다. 이번에 박광성 선생이 출판하자는 발상을
하여, 한국학술협의회에서 출판 허가를 받아오셨다. 승낙의

절차를 취해주신 것은 한국학술협의회의 박은진 박사이다.
감사드린다.

위로써 머리글은 끝난 셈이지만, 책의 제목에 대하여 약간
의 설명을 붙이고자 한다. 그러면서 그에 대한 생각을 첨부
한다.

한국학술협의회의 강연의 원제목은 "마음의 생태학"이었으
나, 이번 제목은 《깊은 마음의 생태학》이 되었다. 그 이유를
설명하는 것은 조금 개인적인 번잡스러운 이야기가 되지만,
필요한 일일 수밖에 없다.

제목을 바꾼 가장 중요한 이유는 그레고리 배잇슨(Gregory
Bateson)의 저서로 《마음의 생태학에의 여러 단계(Steps to an
Ecology of Mind)》(1972)라는 책이 이미 존재한다는 사실이다.
한국학술협의회 강연 원고는 강연을 행하면서 동시에 작성해
간 것인데, 작성해 나가는 중에 이 책의 존재를 늦게야 의식하
게 되었다. 그러나 이미 공표된 강연 제목을 바꿀 수는 없었
다. 그리고 제목이 완전히 같은 것은 아니었다. 그런데 2011년
에는 배잇슨 교수의 영애(令愛)가 부친의 생애를 주로 하여 만
든 영화의 제목이 〈마음의 생태학(An Ecology of Mind)〉이 되
었기 때문에, 제목은 바꾸는 것이 좋겠다고 생각하게 되었다.

그런데 이번에 내가 소장하고 있는 책들을 뒤져 확인해 보
니, 그 책을 구입한 것은 그 책이 나온 지 얼마 되지 않는 때
이고, 또 그것을 읽었던 표적이 책에 많이 남아 있는 것으로
보아 강연 원고 집필 시에 그것을 잊었다는 것이 이상한 일이

었다. 그러나 적어도 강연 제목을 정할 때에, 그것은 나의 의식에서 완전히 사라졌던 것으로 생각된다. 그것은 벌써 약해지기 시작한 기억력 때문이기도 하지만, 70년대에는 배잇슨의 책이 강한 인상을 주지 못했던 때문이기도 하고 (지금의 시점에서 되돌아보면, 인간의 심성과 삶의 현실을 이해하고 미래를 생각하는 데에 중요한 이정표가 되는 책이지만), 시대의 공동 관심사가 사람들의 마음을 하나의 생각에 잠기게 하여 다른 출처가 있다는 것도 잊고 같은 말을 쓰게 하는 때문이기도 한 것이 아닌가 하는 생각이 든다.

조금 관련이 없는 말일는지도 모르지만, 비슷한 이야기를 첨가하겠다. 나의 평론집에《지상의 척도》라는 것이 있다. 나중에야 알게 된 것이지만, 하이데거 철학을 해설하는, 베르너 마르크스(Werner Marx)의 저서에《지상에 척도가 있는가? (Gibt Es auf Erden Ein Mass?)》라는 제목의 책이 있다. 영어 번역의 제목은 직접《지상의 척도》라고 되었었던 것으로 기억된다. 다만 원본의 출판 연도는 내 책보다 2년이 늦은 것이어서, 적어도 내가 표절했다는 혐의는 없을 것으로 생각한다. "지상의 척도"는 횔덜린이 정신을 잃어가던 만년의 시에 나오는 것으로서, 지상에는 일정한 기준이 없으나, 그것을 시적으로 만들어가면서 살아야 하는 것이 인간이라는 생각을 담은 시구이다. 그렇다고 사람이 만들어가는 기준이 제 마음대로라는 주장은 아니다. 그런데 이러한 주제는 하이데거 철학의 주제이기도 하고, 내가 횔덜린에 이른 것도 하이데거를 통한 것이었기 때문에, 하이데거의 영향이 제목의 선정에 관계되었을 것이라는 가능성을 배제할 수 없다. 그러나 되풀이하건대, 시대적인 상황에서 절로 나오는 발상이 그렇게 같은 인용구를 발견하게 하는 것이라고 생각할 수도 있다. (시대 상황이란 서양의 200년이 우리의 20세기 후반에 같다는 것이 아니라 전통적 사회가 붕괴되고 근대에 진입하게 되는 상황이 비슷하다는 말이다.)

제목과 관련하여 또 하나 설명해야 할 것이 있다. 그것은 새로 제목을 바꾸면서 그것을 "마음의 깊은 생태학"이라고 할 수도 있겠는데, 그렇게 하지 않았다는 것이다. "깊은 생태학"이란 말은 이미 하나의 고유한 의미 연관을 가진 말로 고착되어 있다. 여러 의미를 가진 것으로 변용되기는 하였으나, 원래 생태 철학자 아르네 네이스(Arne Naess)가 스스로의 철학적 생태의식 구상을 그렇게 부른 것이다. 오늘날 인간이 부딪치고 있는 생태문제를 단순히 기후변화나 자연자원의 문제, 즉 인간적 이해관계의 관점에서 중요한 문제라고 보는 공리적 입장에 대하여 그것이 인간의 존재론적 뿌리에 대한 의식에 관계된 것이라는 것이 그의 생각이다. 나의 느낌도 이것이 생태문제에 대한 보다 심오한 이해가 아닌가 한다. 그러하여 그에 공감한다고 할 수 있으나, "깊은"이라는 형용사를 생태학에 붙이지 않고 마음에 붙인 것은 그 나름의 뜻이 있다. 그렇다는 것은 생태의 문제를 떠나서도 "깊은 마음"이 있다는 생각을 해보면 어떨까 하는 것이다.

3

이 말을 다시 생각해 보니, "깊은 마음"이라는 말은 그 나름으로 여러 가지를 변별하게 하고 또 새로운 가능성들을 살펴보게 하지 않을까 한다. 앞에서 여러 다른 책들을 언급하면서, 우리의 생각이 얼마나 세계적인 테두리, 또는 세계적인 판도를 이루는 영역에 생기는 흐름에 영향을 받는가를 말하였다. 이것은 어떤 관점에서는 생각의 제국주의적 영향 관계라는 개념으로 설명하여야 한다고 할지 모른다. 이런 영향 관계 가운데에도 기이한 것의 하나는 소위 제 3세계에서 강한 힘을 휘두르는 반제국주의론이 제국주의 중심부에서 후진국에 수입되어 개념 재단기(裁斷機) 노릇을 하는 것과 같은 경우이다. 그러나 이러한 영향의 교환을 선의로 본다면, 우리에게는, 독자적으로 생각을 진행한다고 하더라도—독자성 자체를 위하여 그런다는 것이 아니라 경험적 현실에 대한 반성을 독자적으로 시도할 때—저절로 같은 생각 또는 비슷한 생각에 이를 가능성이 있다고 할 수도 있다.

이렇게 보면 "마음의 세계환경의 생태학"이 있을 수 있다는 생각이 든다. 이것을 연구하는 것은 특히 오늘날처럼 명분상으로나 실질적으로나 세계화되고 지구화되는 시대에 있어서 중요한 연구 분야가 될 수 있을 것이다. 즉 범주적 개념들의 수출입 또는 교환 관계는—깊은 마음의 생태학과는 거리가 먼 의미에서—또 하나의 연구 영역이 될 수 있다고 할 수있다.

이렇게 마음이 움직이는 영역 또는 층위를 변별하다 보면, 가장 중요한 연구 분야의 하나는 "마음의 사회환경학"일 것이다. 이 테두리에서 우선 생각할 수 있는 것은 국가 이데올로기하에서의 마음의 움직임이다. 공산주의 국가에서의 공산주의 이데올로기의 지배는 너무 자연스럽다는 인상을 준다. 그렇다는 것은 그것이 반드시 강요되는 것이 아니라 저절로 사람의 마음을 형성하거나 또는 그때그때의 반응을 만들어낸다는 말이다. 나는 군국주의 시대를 살았던 일본 지식인 그리고 모택동 시대를 살았던 중국의 지식인이 자신들의 경험을 말하면서, 어떻게 자신들이 당대의 전체주의적 사고를 절대적인 것으로 받아들이다가 그 권력 체계가 붕괴하면서 하루아침에 그로부터 깨어났는가를 고백하는 것을 듣고 큰 감명을 받은 일이 있다. 사람의 생각은 밖에서 힘을 휘두르는 이념들에 사로잡혀 포로가 되고 사정이 바뀌면 금방 그곳을 벗어져 나온다. 그러한 체제하에 살지 않아도 우리의 생각은 쉽게 이데올로기적 사고에 강제수용된다. 사람의 마음이 얼마나 외부적인 영향에 약한가는 시대적으로 유행하는 말들을 보아도 알 수 있다. 그것 나름대로의 의미는 있겠지만 유행 속에 등장하고 소멸하는 많은 말들은 쉽게 정치적 인간의 조종수단이 된다.

그런데 외부로부터 마음을 움직이는 요인들 가운데 가장 무서운 것은 자본주의 경제의 미묘하기 짝이 없는 작은 영향들일 것이다. 치마나 바지가 길었다 짧았다 하는 것, 자동차들이 커졌다 작아졌다 하는 것은 자기도 모르게 상품의 출시에 맞추어서 움직이는 사람의 마음을 드러낸다. 선전과 광고 그리고 그것이 조장하는 유행이 여기에 큰 역할을 한다. 그러나 그것만은 아니다. 내가 오늘 스스로 좋다고 생각하여 어떤 드레스를 입고 길거리에 나가면, 그것이 어느새 많은 사람들이 選好하는 스타일과 색깔에 맞아들어 간다는 것을 발견하는 경우가 적지 않다. 여러 개발 계획, 인프라 건설, 공공 계획의 기이한 모양들—이러한 것들에 대한 대중의 지지도 등을 보면 좌우 이데올로기에 관계없이 사람의 마음이 얼마나 당대적인 무의식에 의하여 만들어지는가를 생각하지 않을 수 없다. 그러한 것들이 민주주의라는 이름으로 정당화되는 경우도 있지만, 명분이 어떻든지 간에, 그러한 계획들이나 디자인들이 반드시 깊은 삶의 지혜에서 나왔다고 할 수 없는 경우가 많다. 사람의 마음은 독자적인 것이라기보다는 그것이 헤엄치고 있는 물결의 색깔에 따라서 변하는 것이라고 하여야 할는지 모른다. 어떻게 하여 사람의 마음이 당대의 마음에 공시적(共時的) 조정을 하는 것일까. 상당히 넓은 지역에 퍼져 번쩍이는 반딧불이 저절로 반짝이는 리듬을 맞춘다고 하는 것은 곤충 행태 연구자의 흥미로운 관찰의 하나이다.

여기에 첨가할 수 있는 것은 보다 심각한 의미에서 사람의 생각에 이러한 공시적 상호관계가 있다는 배잇슨의 주장이다. 그의 마음의 생태학은 사람의 모든 생각과 개념이 궁극적으로 하나의 체계에 묶인다는 것을 보여주고자 한 시도이다. 이 체계가 얼마나 사람의 생존의 필요에 일치하는가 아니하는가에 따라 한 사회 그리고 한 문명은 삶의 균형을 유지할 수도 있고 망할 수도 있다고 그는 말한다. 그러니까 이 체계는 의식을 넘어가면서도 인간 생존에 깊이 연결되어 있다. 그리고 그것이 의식을 지배하고 삶을 지배한다. 배잇슨은 이 무의식의 이식 체계를 밝혀보고자 했던 것이다. (우리는 지금 이러한 삶을 가능하게 하는 체계를 확보하고 있는 것일까?)

여기에서 간단히 논의할 수는 없는 문제이지만, 이러한 보이지 않는 생각의 총체적 체계 또는 그 앞에 말한 일상적 의식의 기상 변화를 넘어 또 다른 깊은 마음의 층위가 있을 수 있다는 것을 배제할 수 없다. 나는 어느 회의에 참석하기 위하여 뉴욕의 한 작은 호텔에 머물고 있었다. 어느 날 한 참석자 지인이 호텔의 문 앞에 서 있는 것을 발견했다. (이제 그도 고인이 되었다.) 무엇을 하고 있는가 하고 물으니, 택시에 지갑을 놓고 내렸는데, 운전사가 그것을 되돌려주겠다고 하면서 호텔로 온다는 것이었다. 그리고 "인간에 대한 나의 신뢰가 지금 여기에 걸려 있다"고 농담을 했다. 사실 우리는 어떤 사람과의 왕래에서나 인간 신뢰를 시험한다. 이것은 작은 삽화에 불과하지만, 우리는 그러한 신뢰를 삶의 근본으로 한다. 장 폴랑(Jean Paulhan)은 이 신뢰를 "세계에 대한 신뢰(confiance au monde)"라고 불렀다. 인간의 마음의 깊이에 대한 신뢰 그리고 존재 전체에 대한 신뢰가 있어서 삶이 가능하다고 할 수 있다. 우리는 그것을 어떤 때에는 인간의 삶을 떠난 곳에서 느낀다. 무변대의 우주, 깊은 자연의 신비는 우리로 하여금 인간의 삶을 넘어가는 세계를 생각하게 한다. 그러나 그것은 우리가 떠나고자 뒤로 한 인간의 삶이 없이는 있을 수 없는 느낌이다. 이 거대한 신비 앞에서 우리는 인간의 마을을 떠나 있으면서 그것에 대하여 멀리서 향수를 갖는다. 자연에서 느끼는 절실한 마음, 그것을 말하는 좋은 시에 공감하는 것은 이러한 마음의 한 작은 발현이라고 할 수 있다. 그러면서 그것은 깊은 곳에 숨어 있다. 이 깊은 마음은 사람의 삶을 지배하는 근원적인 조건들─생물학적, 진화론적, 우주론적, 또는 존재론적 조건에 연결되어 있는 것일 것이다. 다른 층위의 마음의 움직임 아래 들어 있는 것도 이것이라 할 수 있다. 그러면서 그것은 궁극적으로 존재의 신비에 대한 외포감으로 인간의 마음을 열릴 수 있게 한다. 여기에서 비롯하여 "깊은 마음의 생태학"이 성립할 수 있을 법하다.

앞에서 말한 바와 같이, 여기에 수록되는 강연의 원고가 그러한 생태학에 대한 기여라는 것은 아니다. 제목을 설명하면서, 그러한 생태학의 가능성에 대한 느낌을 여기에서 말하고자 했을 뿐이다.

다시 한 번 잊혀가게 된 원고를 발굴하고 출판하게 도와주신 분들께 깊은 감사의 말씀을 드린다.

김우창

편집자 주

* '한글로 쓰인 사유의 기념비'가 될 이 책의 소중한
  내용과 뜻이 단 한 명의 독자에게라도 더 널리 더
  많이 읽혀지기를 바라는 마음에, 편집자 주를 붙
  입니다.

1. 각 장의 시작에 붙인 '이 장을 읽기 전에'와 본문
   여백에 뽑은 '발췌문'은 이 책의 이해를 돕기 위
   하여 편집자가 가려 뽑은 것입니다.
2. 1부의 글이 조금 어렵게 느껴지는 독자들께서는
   2부의 4장 또는 1장을 먼저 읽어보아도 좋으리
   라 생각됩니다.
3. 이 책의 별책부록으로 구성한 '해제집'이 있습니
   다. 독자들께 보다 쉽고 친근하게 다가갈 수 있기
   를 바랍니다.

I 부

깊은
마음의
생태학

확신과 성찰

1. 서언

인문과학이 하는 일은 도덕적 신념을 심어주는 일이 아니라 사람들로 하여금 스스로 그에 이르게 하려는 것이다. 그것은 쉬운 도덕적 훈계와 교화를 거부하고 세계의 다양한 모든 일에 가까이 가면서도 혼란한 세계의 복판에 서는 마음을 위한 작업이다. 이때 마음은 세계에 복종함으로써 세계를 구성한다.

2. 신념과 관습

예이츠처럼 "최선의 무리는 확신이 없고 최악의 무리는 열광이 가득하다"라고 말하지는 않더라도, 다른 의견에 대한 증오에 기초한 지적 의견이나 신념 그리고 확신들이 좋은 사회를 만들기는 어렵다. 좋은 사회를 만들고자 하는 강박증에 사로잡힌 신념이나 확신이 오히려 새로운 갈등과 폭력의 원인이 된다.

특히 이 신념이 추상적인 통일성(혹은 획일적 전체성)을 갖고 있을 때 위험은 증가된다. 왜냐하면 "사람들은 추상적인 통일성을 위해 기꺼이 목숨을 버리고 목숨을 빼앗는다. 통일성이 추상적일수록, 사람들의 마음이 타협과 가책으로부터 멀어지기 때문이다."

신념이든 관습이든 의례이든, 중요한 것은 그것들이 삶의 풍요로움을 가능하게 하느냐이다.

3. 의례와 이성의 양의성

사람은 몸으로 바르게 존재해야 한다. 몸가짐은 심미적 의미를 띤다. (몸가짐은 이성과 감각의 공시적 항진이다). 사회적 관계에 있어 몸가짐은 의례로 구현된다. 많은 의례를 잃어버린 우리 사회는, 그 상실로 인한 사회적 갈등의 불필요한 증폭을 도처에서 맞이하고 있다.

의례는 삶을 풍요롭게 하는 사회적 질서이다. 그러나 의례가 이데올로기로 바꾸어져 정치화할 때, 의례는 삶의 풍요를 삶의 빈곤으로 바꾸어놓는 원인이 된다. 본질적으로 집단적이며 권력의지의 표현이기도 한 의례는 권력을 옹호한다. 그러면서도 한편으로 권력의 폭력적 성격을 완화시킨다. 위계질서를 확인하는 의례가 공동체적 유대를 더불어 수행하기 때문이다.

동양의 전통사회에서 예(禮)는 인(仁)을 드러내는 몸의 심미적 사회적 표현이며, 높은 차원의 이성적 의미를 갖고 있는 상호 존중이다.

4. 형성적 통일

의례의 지성은 신체적 조건에 밀착되어 있는 사회적 문화적 지성이다. 의례의 지성을 포함한 전인적 지성은 한 번뿐인 삶과 몸의 행위를 넘어, 세계와 사회와 나를 연결하면서 보편적 통일로서의 폭넓은 일관성을 갖는다. 여기에 작용하는 이성은, 삶을 지속하는 형성의 힘이면서 동시에 삶을 둘러싼 대상 세계에 제대로 맞는, 합리적 원칙을 갖는다. 삶과 대상 세계에 대한 객관적인 사고는 과학적 이성이 대표한다. 그러나 이 객관성은 그리고 과학적 이성은 논리적 구성의 우연성을 벗어나지 못한─수많은 시행착오를 거쳐 제한적으로 증명된 우연의 일치에 불과하다. 말하자면 과학적 이성은 '조금만 더' 객관적일 뿐이며 부분적인 이성이다. 삶의 실존적 필요에 대응하는 것은 과학적 이성으로 대표되는 이론이 아닌, 실천의 차원에서 형성적 요인(혹은 이념형)으로 움직이는 마음이다.

이 마음이 여러 가지 이유로 인하여 자연스러운 움직임을 잃어버렸을 때─무엇보다 대상을 있는 그대로 볼 수 없게 되어 세계와의 합리적 정합성을 잃어버리게 되었을 때, 마음을 대신하는 것은 신념이다. 하나의 목표를 향하여 나아가는 신념은, 획일화된 경직성을 필요로 하는 어떤 사회적 조건이 반사된 결과이면서, 권력을 향한 의지의 표현이다.

1장 확신과 성찰

1. 서언

이제는 조금 가라앉았다고 할 수 있겠으나, 얼마 전까지만
해도, 인문과학의 위기라는 제목의 논의가 많이 있었다. 이
위기의 의식은 물론 한국만의 것은 아니고 세계 많은 곳에서
일고 있었고 지금도 계속되고 있다. 그 원인은 인간 생활의
총체적인 경제의 변화―생산과 소비의 구조의 변화와 그에
따른 사람들 상호간, 사회 일반 그리고 자연환경과의 관계에
일어난 변화에서 찾을 수 있을 것이다. 이러한 변화들은 결국
인간의 상황을 이해하는 수단으로서의 인문과학의 역할을 격
하시켰다. 그런데 이러한 인문과학의 쇠퇴와 함께 일어난 것
이 사회에 있어서의 도덕적 기강의 후퇴이다. 이것은 해방적
인 성격의 것이라고 할 수도 있지만, 다른 한편으로 사람의
삶을 혼란에 빠트리고, 결국 '짧고 저열하고 야수적'인 것이
되게 한다. 물론 이 야수적이라는 것은 반드시 직접적인 의미

> 인문과학의 쇠퇴와
> 도덕적 기강의 후퇴
> 는 일부의 해방적
> 요소와 함께 결국은
> 사람의 삶을 "짧고
> 저열하고 야수적인"
> 것이 되게 한다

에서의 폭력적인 것을 말하는 것은 아니지만, 적어도 사람들이 온갖 조종과 계략의 대상으로 생각되게 된 것은 사실이고 이것이 그런 대로 직접적인 폭력이 억제되게 되어 있는 현대적인 상황에서의 저열한 삶에 대한 은유적 표현이라고 말하는 것은 과히 틀린 것이 아니다. 어떤 사람들의 마음에 사회의 도덕적 윤리적 쇠퇴는 인문과학의 쇠퇴에 관계되는 것으로 생각된다. 그리고 인문과학이 도덕 교육의 책임을 바르게 맡음으로써 그 인문과학의 위기와 도덕적, 윤리적 위기를 동시에 극복할 수 있다는 생각이 일게 되었다.

인문과학이 '문화 산업'이나 '국위 선양' 또는 '정치적 목적'을 위한 역군이 되라는 오늘의 요구

　그러나 이렇게 말하고 보면, 그것은 몇 년 전까지의 이야기이고, 지금에 와서는 이러한 위기의식이나 인문과학과 도덕 교육의 의무에 대한 논의 자체도 사람들의 관심 밖으로 벗어난 것처럼 보인다. 문제들이 사라진 것은 아니다. 오늘날의 새로운 상황에서 나오는 인문과학에 대한 요구는 문화 산업의 역군이 되라는 것이다. 물론 이것은 문화 자체가 산업의 일부로 생각되게 된 것에 관계되어 있다. 문화란 한때 산업을 초월하여 자율적인 것으로 또 그것에 대한 비판적 대화자로 존재한다고 생각되었었지만, 그것은 이미 지평선 너머로 사라진 부질없는 생각이 되었다. 인문과학이나 다른 문화적 작업에 대한 다른 요구는 국위 선양을 위한 선전 활동에서 한 역할을 맡아달라는 것이다. 또 근년에는 사회가 급격하게 대중 정치화됨에 따라 인문과학에 대한 또 하나의 요구가 크게 떠오르게 되었다. 그것은 일정한 정치적 목적을 위하여 민중을 동원하는 방법을 궁리하라는 것이다. 이것은 전통적으로 요구되었던 인문과학의 도덕적 임무의 변모의 하나이다. 그

러나 아마 이 목적을 위해서는 인문과학의 움직임은 너무 우원한 것일 것이다.

이 모든 것에도 불구하고 인문과학의 임무가 궁극적으로 도덕과 윤리에 관계되어 있는 것은 틀림이 없는 일일 것이다. 그러나 그 작업은 역시 너무나 우원하다. 그리고 그 우원함은 그 임무의 일부이기도 하다. 적어도 인문과학이 하는 일은, 우리의 전통에서 그래 왔다고 할 수는 없지만, 쉬운 도덕적 교화를 주는 일일 수 없다. 그것은 사람으로 하여금 오히려 전수 주입되는 생각으로부터 풀려나게 하는 것을, 목표까지는 아니더라도, 적어도 수단으로 한다. 왜냐하면, 그것은 사람의 도덕적 또는 사고의 자율성을 그 방법상의 전제로 하면서 모든 것을 시작하기 때문이다. 물론 이 자율성의 획득은 목적이기도 하다. 궁극적으로 이 자율성을 통하여 어떤 도덕적 깨우침에 이른다면, 그것은 다행스러운 일이지만, 그것은 상당한 위험을 무릅쓴 후에 일어나는 일이다. 그리고 이 깨우침은 단순히 가르침을 깨우치는 것도 아니고 심경의 변화를 일으키는 것을 의미하지도 않는다. 많은 경우 그것은 비유일 뿐이다. 깨우침이 있다면, 그것은 세계에 대한 것이어야 한다. 타당성의 기준의 하나가 그것이기 때문이다. 그런데 이 세계는 어떤 도덕적 공식에 의하여 요약될 수 있는 만큼 간단하지 않다. 사람의 마음에 대응하는 물질세계와 사회세계는 거대하고 복잡하고 끊임없이 유동적인 상태에 있다. 마음은 하나의 깨우침에 이르면서 동시에 이 세계의 만 가지 움직임과 함께 있어야 한다. 움직임의 마음을 갖는 것—밖으로부터 오는 것에 대응하여 움직이면서 그것에 끊임없이 흔들리는 것이 아니라 그것을 하나로 엮어내는 마음을 갖는다는 것은 쉽지 않은 일이다. 연마된 마음은 대상 세계에 민감함을 유지하면서도, 거기에서 오는 압력 또 안으로부터 오는 강박에 대하여 초연하다. 그리고 가까이 있는 것을 생각하면서, 그것을 넘어가는 넓은 사물의 진상을 살필 수 있다. 궁극적으로 마음은 그의 세계를 스스로 구성한다고 할 수도 있다. 그러나 물론 그것은 세계에 복종함으로써 가능하다. 그러면서 세계의 강박성을 괄호에 넣거나 해체한다. 동시에 해체하고 구성하는 마음 그것도 해체하고 구성해야 한다. 이것은, 한없이 되풀이되는 회귀로서의 성찰의 과정을 요구한다.

마음은 세계에 복종함으로써 세계를 구성한다

이처럼 끝없는 회귀는 마음이 마음과 일체가 되고 물론 세계 또는 세계의 로고스와 일체가 되기 위한 한없는 근접을 위한 작업이기 때문이다. 이 근접은 세계의 모든 것에 가까이 가면서 동시에 스스로의 복판에 서는 일이다. 이것은 불가능한 유토피아적 기획으로 보인다. 그러나 그러한 면이 없지 않는 대로 일상생활을 영위하는 일에서 우리가 하는 일을 있는 그대로 이해하고자 하는 노력이 그것이라고 할 수도 있다. 우리가 사는 삶을 사는 그대로, 분명하게 하려는 것 이외 다른 일이 아니라고 할 수도 있다는 말이다. 이것이 인문과학의─이러한 작업은 상당한 엄격한 사유의 과정을 요구하는 것이기 때문에, 사실 인문학보다는 인문과학이 더 적절한 이름이다─임무이다. 그것이 도덕적 책무를 가지고 있는 것은 사실이다. 결국 그것의 근본 관심은 어떻게 사느냐 하는 질문에 답하려는 것이기 때문이다.

세계의 모든 것에 가까이 가면서 동시에 세계의 복판에 서는 일

그러나 거기에 단순한 도덕적 가르침 또는 간단한 도덕적,

단순한 도덕적 가르침이나 간단한 정치적 신념으로 답하는 것이 아니라 엄밀한 사고를 통해 스스로 생각하게 하려는 것

정치적 신념으로 답하는 것이 아니라 거기에 이르는 길을 엄밀한 사고를 통하여 스스로 생각하고 스스로 생각하게 하려는 것이 인문과학의 작업이다. 거기에서 발견되는 진리가 있다면, 이러한 작업을 통하여, 그 진리는 삶에 대하여, 여러 타자들이 이루는 집단의 삶에 대하여 그리고 삶의 혼란 속에서도 발견되지 않은 것은 아닌, 이성에 대하여 열려 있는 것이 될 것이다. 이 점에 있어서 그것은 단순히 인문과학의 작업이 아니라 사람의 삶과 사회적 조화를 위한 작업이다.

이성은 삶의 혼란 속에서도, 발견되지 않는 것은 아니다

인문과학이 하는 일은 단순한 도덕적 신념을 심어주는 일이 아니라, 사람들로 하여금 스스로 그에 이르게 하려는 것이다. 그러나 여기에 이르는 것은 검토되지 아니한 신념을 버리는 일을 포함한다.

2. 신념과 관습

신념의 시대

20세기 초두에는 세계의 종말 또는 거대한 변화에 대한 예감이 유럽의 상상력에 자주 등장하였다. 오스발트 슈펭글러의 저서 《서양의 몰락(Der Untergang des Abendlandes)》은 그 제목부터 그러한 느낌을 전달하는 것이었지만, 영어 사용 지역의 시인들만 보아도 토머스 하디나 T. S. 엘리엇 또는 W. H. 오든의 시의 밑에는 그러한 느낌이 깔려 있는 것을 알 수 있다. 이것을 조금 더 단적으로 예언자적인 목소리로 표현하고 있는 것이 W. B. 예이츠의 〈제2의 강림(The Second Coming)〉

이다. 이 시의 예언적 성격은 제목 자체에 드러나 있다. 시에서 이 제2의 강림의 상징물은 "사자의 몸, 사람의 머리, 해처럼 비어 있고 가차없는 눈길을 가진, 어떤 형상"이다. 이 형상 또는 "거친 짐승"이 다시 태어나기 위하여 어슬렁거리며 베들레헴을 향하여 가고 있다고 예이츠는 말한다.

그러나 그의 시대에 대한 진단은 더 단적으로 제1연의 모두에 요약되어 있다.

> 빙빙 돌면서 멀어지기에
> 매는 주인의 소리를 듣지 못한다.
> 모든 것 뿔뿔이 흩어지고, 중심은 지탱 못하고,
> 단지 무질서만이 세상에 퍼져,
> 핏빛 어두운 조수가 퍼져, 도처에 순진의 의식이 침몰하고,
> 최선의 무리는 확신이 없고,
> 최악의 무리만이 열광이 가득하다.[1]

신념과 의례

마지막 두 줄에 나와 있는 말은 아마 많은 어지러운 시대의 실상의 일부를 잘 나타낸 말이라고 할 것이다. 그런데 어찌하여 최선의 무리는 확신이 없고 최악의 무리는 확신에 차 있는 것인가? 최선의 무리는 누구이고 최악의 무리는 누구인가? 그들이 확신을 가지고 있거나 가지지 못한 것은 어떤 사유로 인한 것인가? 예이츠의 생각에 어쩌면 최선의 무리와 최악의

"최선의 무리는 확신이 없고 최악의 무리는 열광이 가득하다"(예이츠)

---

1 김종길 역, 《20세기 영미시》(일지사, 1975), p. 32. 본문의 뜻에 맞추어 약간의 수정을 가하였다.

무리를 갈라놓는 것은 확신의 소유 또는 그 결여인지도 모른다. 이렇게 말하는 것은 물론 대부분의 사람들이 믿고 있는 바와는 다르다. 그렇다는 것은 많은 사람에게 확실한 신념이 선인을 만들고 신념의 결여가 나쁜 사람을 만드는 것으로 되어 있기 때문이다. 그럼에도 불구하고, 예이츠의 생각을 위와 같이 해석하는 것은 일단 맞는 것이라고 할 수 있다. 인용한 시구에서 예이츠는 "순진의 의식"이 사라지는 것을 개탄하고 있다. 이에 미루어 그가 좋은 사람이라고 하는 것은 순박하고 진실된 사람일 것이다. 그리고 그의 생각으로는 이러한 순진함을 가능하게 하는 것은 의식 또는 의례이다. 의례란 물론 전래의 행동 양식을 말하고 그것을 따라서 행동하는 것은 어떤 흔들리지 않는 신념을 가지고 행동한다는 것과는 사뭇 다른 것이다. 의례가 완맹한 고집이 될 수는 있겠지만, 그것이 자연스러운 습속으로 남아 있는 동안 그것은 '미풍양속'이라는 말이 풍기는 뜻처럼 삶의 부드러운 조정 장치일 수 있다.

이러한 해독은 예이츠의 다른 시에서 발언들을 참고해 보면 과히 틀린 것이라고 할 수 없다. 그중에도 우리는 〈제2의 강림〉보다 1년 전, 그러니까 1919년에 쓰인 〈딸을 위한 기도(A Prayer for my Daughter)〉를 참고해 볼 수 있다. 딸을 위하여 그가 말하는 인생의 지혜 가운데 핵심이 되는 것의 하나는 "의견(opinions)"을 조심하라는 것이다. 그의 생각으로는 "의견이란 저주받은 것이다(……opinions are accursed)." 의견은 지성과 증오와 오만과 함께하는 것이다. 그것은 특히 증오와 짝을 이룬다. 그리고 증오는 자연스럽게 일어나는 경우보다도 앎에 의하여 뒷받침될 때, 가장 경계해야 할 것이 된다. 그의 말대로 "가장 나쁜 것은 지적인 증오이다.(An intellectual hatred is the worst.)" 여기에 대하여 인생을 풍요하게 하는 것은 지적인 의견이 아니라 아름다움이나 순진함과 같은 것이다. 그와 더불어 삶에 귀중한 것들은 다정스러움, 예절, "기쁨에서 나오는 친절", 너그러움, 즐거움 등이다. 생각은 가지 널리 뻗은 월계수에 깃드는 방울새들의 지저귐과 같은 자연스러운 생각이 아니라면, 즉 우리가 마음에 다지는 의견은 이러한 삶의 보배들을 파괴한다. 이 보배로운 것들은 제도적으로 관습(custom) 그리고 의례(ceremony)에 의하여 보장된다.

삶을 풍요롭게 하는 것은 증오와 오만과 짝을 이루는 지적 의견이 아니라 아름다움, 순진함, 다정스러움, 예절, 친절, 너그러움, 즐거움이다

존재의 통일

물론 아름다움과 순진함도 다른 품성과 함께하지 않을 때에 나쁜 것으로 바뀔 수 있다. 상냥한 마음과 함께하지 않는 아름다움은 삶의 풍요가 나오는 신화의 뿔을 부서지게 할 수 있고, 순진함은 극히 파괴적인 것으로 작용할 수도 있다. 가령 순진무구한 것이라고 하여야 할 바다가 죽음의 매개체가 될 수 있는 것과 같다. (순진함이 간단한 것일 수 없음은 시의 첫 부분에 나오는 "살인적인 바다의 순진무구함"이라는 구절에 이미 예고되어 있다.) 그러나 아름다움과 순진함은 관습과 의례에 의하여 형식을 얻음으로써 이러한 결점을 초월한다.

아름다움과 순진함도 다른 품성과 함께하지 않을 때, 나쁜 것으로 바뀔 수 있다

물론 예이츠가 생각한 의례와 관습의 질서도 그것만으로는 좋은 삶의 보장이 될 수는 없다. 이러한 질서가 무너지는 것은 이보다 큰 질서의 변화의 한 종속 현상이다. 세계가 무질서와 폭력 상태에 떨어지는 것은 어떤 원인으로 인한 것인

가? 예이츠도 그것이 미적 질서의 소멸로 인한 것이라고만은 말하지 않는다. 〈제2의 강림〉의 첫 부분에서, 그것은 "중심이 지탱하지 못"하는 때문이라고 한다. 그런데 이 중심이란 무엇인가? 그것은 정치 권력인가 아니면 종교, 이데올로기, 국가 이념 등의 어떤 사상적 단일성인가? 〈제2의 강림〉의 첫 부분에 나오는 하늘의 매가 날면서 빙빙 맴도는 것은, 주석가들에 의하면, 문명의 순환을 설명하기 위하여 예이츠가 생각하던 어떤 상징적 형상을 나타낸다고 한다. 그것은 원추형으로서 문명은 원추의 꼭대기에서 중심으로 집중되면서 회전하다가 넓게 퍼지는 부분에서 중심을 잃고 흩어진다. 이러한 생각에 비추어보면, 문명은 일정한 통일된 질서를 가지고 있다가 이것이 해체됨에 따라 다른 문명에 의하여 대체되게 된다.

예이츠는 이제 유럽 문명은 순환의 전환점에 들어섰다고 느꼈다. 이 지점에서 문명에는 통일성이 없어지고, 사람의 삶에서 그가 "존재의 통일성(Unity of Being)"이라고 부른 것도 사라진다. 이러한 통일된 상태는 인간의 모든 에너지가 하나로 집중되는 상태이지만, 그것은 정치나 이데올로기적인 단일성이 이루어진 상태이기보다는 예술적 균형을 얻게 되는 상태이다. 그것은 여러 아름다운 예술로써 표현된다. 존재의 통일성이 존재하였던 시대는 이탈리아의 르네상스 시대와 같은 때였다. 이에 대하여 그의 시대는 삶이 단편화되고 생각이 추상화되는 때이다. 이 단편화된 세계에서, "……사람들은 어떤 추상적인 통일성을 위하여 목숨을 버리고 목숨을 빼앗는다. 이 통일성이 추상적이면 추상적일수록 그것은 사람들을 마음의 가책과 타협으로부터 멀리 이끌어간다. 그리고 이

사람들은 추상적인 통일성을 위해 목숨을 버리고 목숨을 빼앗는다. 통일성이 추상적일수록 사람들의 마음은 가책과 타협으로부터 멀어지게 된다

통일이 커짐에 따라, 그들의 의미의 폭력성도 커지게 된다."[2] 되풀이하여, 이러한 폭력성이 억제되는 것은 다시 한 번 존재의 통일이 회복되는 때이고, 그때에야 의례나 관습은 추상적 통일성—그보다는 추상적 통일성을 향한 맹렬한 이데올로기적 움직임을 대체할 수 있게 되는 것일 것이다.

예이츠의 보수성과 삶의 이상

말할 것도 없이 좋은 삶에 대한 예이츠의 비전은 극히 보수적인 것이다. 딸을 위한 그의 기도는 다음과 같이 끝을 맺는다.

> 그리고 그의 신랑이 그 애를 집으로 데려가되,
> 그 집은 일체가 관습이고 의례이기를.
> 오만과 증오는 시정에 팔고 사는 방물들일 뿐.
> 관습과 의례가 아니고야 어찌
> 아름다움과 순진함이 태어날 수 있겠는가?
> 의례는 삶의 풍요의 뿌리의 이름이며,
> 관습은 가지 뻗은 월계수의 이름이니.

예이츠는 귀족 출신의 벗 그레고리 부인의 장원을 좋아하였고, 그 자신 오래된 탑을 주거로 구입하여 귀족풍의 삶을 꾸며보려고 생각하였다. 〈딸을 위한 기도〉에서 그의 딸의 출가할 만한 집으로 그리고 있는 집도 그러한 귀족풍의 집이라

---

2 W. B. Yeats, *A Vision* (New York: Macmillan, 1956), p. 161.

할 수 있다. 전래의 의례가 삶의 너그러운 형식이 되는 집이란 대체로 오랜 가풍을 가진 대가일 것이다. 설사 우리가 그러한 집—특히 그러한 집의 너그러운 삶의 양식을 좋게 생각한다고 하여도, 시정의 거래 속에 사는 대부분의 현대인에게 그것은 가까이 할 수 있는 것이 아닐 것이다. 그리고 너그러운 귀족의 질서 그 자체의 이면에는 이미 의견과 증오와 신념의 잔학한 칼날들이 숨어 있었다고 할 수 있을는지 모른다. (물론 예이츠가 그렇게 생각한 것은 아니다. 그는 귀족과 함께 순박한 농민을 긍정적으로 보았다. 그가 혐오한 것은 현대 도시의 소시민 그리고 시민계급이었다.)

그렇다고 가지 무성한 월계수와 같이 자연의 자연스러움에 접근하고 그 안에서 아름다움과 인간의 부드러운 품성이 조용히 길러지게 되는 삶의 이미지 자체의 매력을 완전히 버릴 수는 없다. 이상적으로는 이러한 삶이 반드시 일정한 부와 귀를 누리는 대가의 담장 안에서만 가능한 것은 아니었다고 할 수도 있다. 하여튼 이러한 자연스러운 유기적 삶에 대하여 과연 증오와 오만과 불친절과 조잡함과 그리고 의견과 그것이 조장하는 지적 증오와 확신의 삶이 참으로 바람직한 것인가를 생각해 보는 것은 부질없는 일은 아닐 것이다. 예이츠의 시대 또는 그가 살았던 시대의 아일랜드가 그랬던 것처럼 우리의 시대는 확신과 신념의 시대이다. 높이 평가되는 것은 확실한 신념이다. 그러나 동시에 신념은 갈등과 폭력의 원인이 되기도 한다. 오늘의 세계에서 신념에 의하여 촉발되는 폭력의 가장 중요한 예는 종교에 근거한 신념으로부터 생겨나는 테러 행위이다. 그러나 박해와 억압 그리고 각종의 폭력 행위

확신과 신념은 갈등과 폭력의 원인이 되기도 한다

를 정당화하는 이데올로기들도 신념의 부정적인 측면을 나타내는 예로 들 수 있다. 물론 이외에도 역사적으로 폭력을 정당화하는 다른 신념들도 허다하다. 이러한 사정은 우리에게 예이츠와 같은 물음을 묻지 않을 수 있게 한다. 특히 예이츠의 신념에 대한 물음의 의미가 중요한 것은, 지적인 구도를 가진 신념을 문제적인 것으로 보게 하기 때문이다. 물론 그렇다 하더라도 우리의 문제와 우리의 답변은 다른 것이 될 가능성이 크다.

신념의 종류

삶을 좁은 각도에서 보고, 그 관점에서 재단하려는 것은 위험한 일이다

아마 우리의 차이는 신념의 문제에서부터 시작될 것이다. 모든 신념은 파괴적인 결과를 가져오는 것인가? 물론 여기에 대하여 일률적인 대답이 있을 수는 없다. 위에서 본 바와 같이 삶을 좁은 각도에서 보고 그 관점에서 재단하려는 것은 위험한 일이다. 그러나 원인이야 어찌되었든, 신념은 있게 마련이다. 이것은 특히 혼란의 시기에 그렇다. 그리고 그것은 그 나름의 효용을 가지고 있다. 신념은 행동의 요청에 맞추어 필요해진다. 행동은 뜨거운 열정—특히 강한 도덕적 정당성을 가진 것으로 믿어지는 신념에 의하여 작동된다. 그렇다면, 중요한 것은 신념의 종류라고 할 수 있다. 그런데 이것은 그 신념이 어떤 경로를 통하여 얻어지는가에 달려 있는 것으로 보인다. 예이츠는 관습과 의례와 예술 또는 친절과 우아한 작법의 유기적 공동체를 꿈꾸었다. 그러나 많은 경우 그것은 실현하기 어려운 꿈이요 비전일 뿐이다. 그리고 어쩌면 이러한 비전도 하나의 신념에 속한다고 할 수 있다. 예이츠의 심미주의

는―그는 젊어서부터 심미주의자였지만, 만년에 와서 그것은 심미적 정치가 된다―존재의 통일성을 그의 삶에 그리고 그의 시대에 실현해 보려 한, 오랜 내적 투쟁으로부터 자라나온 신념이었다. (물론 신념을 부정하는 신념이었다고 할 수도 있지만.) 적어도 그것은 그의 내면의 투쟁을 통하여 터득한 신념이었다. 그랬다는 것은 그의 신념이 그의 삶을 하나의 지속적인 통일성 속에서 파악하려 한 결과에서 이루어졌다는 것이다. 그리고 이 지속성은 그의 경우 여러 삶의 가능성을 배제하는 것이 아니라 포용하는 통일성을 기려하는 것이었다. 그리하여 이러한 삶의 지속성과 통일성―그가 말한 존재의 통일의 가장 적절한 표현으로서, 자기 자신을 위해서만이 아니라 시대를 위하여, 의견이나 확신이 아니라 의례와 관습을 하나의 해답으로 생각하게 된 것이다. 아마 예이츠의 신념 또는 신념을 부정한 신념에서 핵심을 이루는 것은, 그것이 신념으로 표현되든 아니면 의례와 관습으로 표현되든, 삶의 풍요로움과 통일성의 양식일 것이다.

예이츠의 '신념을 부정하는 신념'에서 핵심을 이루는 것은 삶의 풍요로움과 통일성의 양식이다

3. 의례와 이성의 양의성

허례허식

예이츠가 말하는 의례와 관습 또는 신념의 문제는 삶의 질서의 문제이다. 되풀이하건대, 질서의 문제에 대한 예이츠의 답이 의례와 관습이다. 그것이 존재의 통일―개인적으로나 사회적으로 삶의 풍요를 보장해 준다. 그러나 이와 관련하여

우리는 허례허식이라는 말을 생각하지 않을 수 없다. 지금은 많이 쓰이지 않는 말이 되었지만, 이것은 20세기 초로부터 오랫동안, 우리 사회를 진단하는 데에 있어서 가장 많이 쓰인 말의 하나일 것이다. 그것은 예이츠가 강조하는 이상으로, 의례와 관습을 존중하였던 우리의 전통사회가 얼마나 삶이 그 경직된 틀로 인하여 제약되고 결국 그 풍요가 빈곤으로 바뀔 수밖에 없었던가를 요약해 주는 말이다.

삶의 풍요를 삶의 빈곤으로 바꾸어놓는 의례의 경직성

의례의 경직화

의례와 관습은 어떻게 하여 삶을 풍부하게 하는 것이 아니라 억압하는 기제가 되는가? 억압은 동어반복이 되는 것이지만, 바로 의례의 경직성으로 인한 것이다. 다시 말하여 그것이 삶의 유동성을 경색하게 한 것이다. 바로 의례와 관습의 필요는 삶의 유동성에서 온다. 그러나 그것은 지나칠 수 있다. 이 경직화는 흔히 지적인 요소의 도움을 받는다. 즉 변주를 허용하지 않는, 금과옥조의 공식으로 굳어진 지적 작업이—또는 특수한 형태의 지적 작업이 여기에 보조수단이 되는 것이다. 예(禮)에 충실하기 위해서 지켜야 하는 규칙이, 가령, 유교의 예법에서처럼, 수백 수천에 이른다고 한다면, 그것만으로도 삶은 그 활달함을 잃을 수밖에 없다. 가령 천자는 남쪽을 향하고 신하는 북면하고, 천자의 각료는 동면하고 제후는 서면하는[3] 따위 등에서의 자리 정하기는 사람의 자연스러운 감각과 관계되어 있는 것이면서도 그것을 넘어서 윤리

삶의 활달함을 잃게 하는 수천 수백 가지의 예(禮)

---

3 이민수 역주, 《예기》(혜원출판사, 1994), p. 63.

적 강제성을 갖는 것으로 작용한다. 의례의 언어는 비유의 언어의 한 종류로 이루어진다. 가장 중요한 비유의 원천이 되는 음양, 천지, 일월성신은—또는 오행까지도—사람의 감각적 체험의 일부이며, 사람의 움직임에 있어서 방위를 정해 주는 역할을 하는 경험적 지표를 나타낸다. 그러나 여기에 남녀, 군신, 부자, 또는 부부관계를 비유적으로 연결하는 의례의 규정은 윤리에 우주론적, 윤리적 의미를 부여하여 어길 수 없는 예의의 지침이 되게 한다. 비유의 언어는 감성과 시의 언어이다. 다만 그것은 의례의 언어에서 우주론적 정당성의 언어로 변형되면서, 시적 비유는 경직화된다. 그리고 감성적이면서 동시에 마술적이면서 강제적인 사고가 유형화, 유추화를 통하여 일반화된다. 이렇게 하여 언어와 사고의 움직임은 이데올로기적 성격을 갖게 된다. 그렇다는 것은 비유와 언어에 정치적 목적이 스며들어 지적 활동보다는 지적인 복종을 요구 지적 활동이 아닌 지적 복종하는 데에 도움을 주게 되는 것이다.

코리오그래피(choreography; 무용술/동작법)

이것을 반드시 탓할 수는 없다. 언어는 어떤 경우에나 수행적 성격을 갖는다. 의례의 관습적 성격도 벌써 그러한 면을 가지고 있다. 비판적 반성 없이 추종할 것을 요구하는 것이 비판적 반성 없이 추종할 것을 요구하는 관습관습이다. 그러면서도 그것이 명령이기 전에 집적된 경험의 지혜를 나타내는 것도 사실이다. 그러니만큼 그것은 경험의 실험으로서의 흔적을 가지고 있고 새로운 실험을 허용할 여유를 남겨놓고 있다. 의례는 수행 또는 공연에서 완성된다. 그것은 사실 어떤 도덕적 규칙에 의해서가 아니라 집체적 동작의 코리오그래피라는 관점에서 이해되어야 하는 것이라고 할 수 있다. 이것은 기술에 대한 판단과 함께 보다 넓은 의미에서의 미적 판단을 요구한다. 그리고 그것이 미적인 성격을 갖는다는 것은 반성적 미적 판단—칸트식으로 말하여 특수하고 구체적인 것으로부터 일반적인 것으로 나아가는 판단을 요구한다는 것을 말한다. 이것은 물론 인식 능력의 조화된 작용과 대상 세계의 인식에 관계되는 것인 만큼 삶에 대한 보다 넓은 판단으로 확대될 수 있다. 의례 규칙의 경직화는 이러한 능동적인 판단력의 활동 그리고 삶 일반과의 연결이 차단됨을 말한다고 할 수 있다.

합리적 질서

삶의 질서의 원리로서의 의례와 관습의 경우가 이렇게 양의(兩意)적인 것이라고 한다면, 다른 신념—지적인 활동에 근거한 신념의 경우에도 비슷한 관찰을 할 수 있다. 삶의 질서화라는 관점에서 가장 간단하게 생각할 수 있는 것은 합리적 질서이다. 예이츠의 경우, 그것은 전적으로 삶의 단순화, 편협화 그리고 폭력화를 가져오는 것으로 말하여진다. 그것은 세계와 삶을 이어주는 매개가 된다고 할 수 있는 감성을 지나치게 단순화할 수 있다. 사실 일상적 삶의 수준에서 감성이나 느낌 또는 감각적 내용이 없는 삶이란 극히 삭막한 것일 수밖에 없다. 또 그것은 사람의 삶에서 윤리적 성격을 빼앗는다. 예이츠의 관점에서 더 큰 문제는 그것이 삶의 풍요를 파괴하는 정치적 이데올로기와 폭력을 낳는다는 데에 있다. 반드시 의례에 관련된 것은 아니었지만, 개인적으로 예이츠에게 커

삶의 풍요를 파괴하는 정치적 이데올로기와 폭력

다란 충격을 준 것은 그가 이미 헌신으로 이상화했던 여성이
정치 운동에 가담하여, "무식한" 사람들에게 폭력을 가르치
고, 계급투쟁을 부추기려 한 것이었다.[4] (예이츠가 반드시 정열 그
리고 폭력 또는 지적인 표현에 반대한 것은 아니다. 그는 그러한 것들이
정치적으로 조직화되는 것을 기휘한 것이다.)

이성의 자유

물론 이러한 것들은 합리적 질서의 일면만을 말한 것이다.
우선 폭력의 주제와 관련하여서도, 합리적 질서의 의미는 바
로 사회적 폭력을 방지한다는 데에 있다. 서구 정치사상사에
서 여러 형태의 사회계약설 또는 그 필요의 옹호는 만인의 투
쟁이 표준이 되는 사회에 대한 대응책으로 나타난다. 그것은
개인의 이해와 폭력적 가능성을 상호 협약에 의하여 제한하
자는 의도를 가지고 있다. 이 협약의 결과 개인적 영역은 다
른 개인이나 사회로부터 보호된다. 물론 나 자신도 그것을 보
장하는 합리적 질서 또는 이성에 복종할 것을 약속해야 하고
그것은 나의 어떤 종류의 비합리적 충동을 억제하여야 한다.
그러나 이 범위 안에서 나의 감성적, 감정적 삶도 자유로운
것이 된다.

합리적 질서의 의미
는 사회적 폭력을
방지하는 데 있다

이성과 감성

그리하여 합리성의 질서를 통하여 감성적 삶은 더 풍부한
것이 될 수 있다고도 말할 수 있다. 이성의 원리와 감성과 감

합리성의 질서를 통
해 감성적 삶은 더
풍부해진다

---

4 W. B. Yeats, "No Second Troy"

정의 원리는 서로 배치되는 것이 아니다. 이성적 질서의 성장과 함께 심리학이 발달한 사실에서도 이것을 볼 수 있다. 심리학의 발달은 이미 주어진 사람의 심리를 새삼스럽게 분석적으로 연구할 뿐이라고 할 수도 있으나, 그것에 대한 이해가 적어도 그것의 자유로운 움직임의 폭을 넓힌 것은 사실일 것이다. 가령 "감정의 불가항력성(the irrepressiblity of emotions)"을 인정하는 것은 합리적 이해를 통한 감정의 사실적 성격의 인정에 밀접한 관계를 가지고 있다고 할 수 있다. 그 도착적인 표현이라고 할 수 있지만, 시에서 감각과 감정의 비이성적 세계를 여는 방법으로 "감각의 체계적 착란"과 같은 것이 말하여지는 것은 이성과 감각의 병존 또는 공시적 항진이 모순된 것이 아니라는 증거라고 할 수 있다.

이성과 감각의 공시적 항진

물론 감정의 자유를 포함한 개인의 자유가 결국은 이성의 통제하에서 진정한 자유가 되지 못한다는 비판이 있는 것은 사실이다. 가령 푸코의 현대의 성의 자유에 대한 분석은 그러한 비판 중의 한 가지일 뿐이다. 이성이 확보해 주는 감정의 자유에 대한 보다 정당한 비판은 그 자유가 두 개를 분리함으로써 가능해진다는 것일 것이다. 인식과 경험에 있어서, 대상 세계를 매개하는 것은 감성이다. 그리고 그것은 칸트가 인정한 바와 같이 그 나름의 형식에 의하여 안정된 표상으로 정착될 수 있다. 감성 또는 더 단적으로 감정의 인식적 기능은, 동양 사상의 경우, 우리의 세계 인식에 있어서 특히 중요한 역할을 담당하는 것으로 생각된다. 가령 우리의 일상 언어에서도 사정이나 정황이라든가, 정경이나 정세 등의 말에도 이것은 들어가 있다. 미국의 중국철학 연구가 채드 핸슨이, 정(情)

을 번역하여 대체로 느낌이나 감정(feeling) 또는 "현실 반응
(reality response)" 또는 "현실 입력(reality input)"으로 입력하는
것은 매우 흥미로운 일이다.[5] 이렇게 감정의 사실적 관계가
중요시될 때 대상은 인식의 대상이면서 저절로 기율이나 연
민의 대상이 될 수 있다. 이렇게 하여 사람의 마음은 종합적
으로 작용한다. 이성과 감정의 분리는 이것을 갈라놓는다.

이성과 의례

이성이 가져온 해방의 하나가 감정의 자유라고 하면, 또 하
나의 해방은 의례로부터의 해방이라고 할 것이다. 위에서 우
리는 예이츠가 지적인 신념과 의례를 대조시켜 말하는 것을
보았다. 이 대조 또는 연결은 순전히 우연적인 것이 아니다.
사실 이것은 사람이 존재하는 방식의 두 부분을 말한 것이다.
어떻게 보면 의례는 사람이 세계와 사회에 존재하는 방법으
로서 이성에 선행한다고 할 수 있다. 이성이 두뇌 작용에 관
계되어 있다고 한다면, 의례는 신체에 관계되어 있다. 사람은
의식으로 세계에 존재하는 것보다 우선하여 몸으로서 존재한
다. 그런데 사람의 존재방식은 늘 문제적이다. 그것의 많은
것은 정해져 있으면서 정해져 있지 않다. 세계에 몸이 어떻게
존재해야 하는가? 사람은 생존을 위하여 몸을 쓰는 법을 익
혀야 한다. 기술과 기량이 이 필요에 답하여 준다. 그러나 그
이전에 공간적 존재로서의 인간은 당장에 공간에서 스스로의

사람은 생존을 위하
여 몸을 쓰는 법을
익혀야 한다

---

5 Chad Hanson, "Qing (Emotions) 情 in Pre-Buddhist Chinese Thought", Joel
  Marks and Roger T. Ames eds. *Emotions in Asian Thought* (Albany: State
  University of New York Press, 1995) 참조.

방향을 정하고 일정한 방식으로 움직여가는 법을 배워야 한다. 여기에는 바르게 하는 방법과 그렇지 않은 방법이 있다. 요가의 숨쉬는 법이나 동작은 여기에 관계된다. 그러나 그것이 보다 형식화되는 것은 무용과 같은 예술에 있어서이다. 그러나 그러한 고도의 형식화 이전에도 몸가짐은 심미적 의미를 띨 수 있다. 일상적 동작과 예술의 중간에 있는 것이 예절이고 의례이다. 이것은 사람의 사회생활에서 매우 중요한 부분을 이룬다. 이것은 집단생활에 있어서 중요한 소통의 수단이다. 신체의 언어는 집단의 사회관계를 협동적인 것이 되게도 하고 갈등적인 것이 되게도 한다. 그리고 의례를 관찰한 인류학자들이 말하듯이, 의례는 사회의 상징적 조직을 직접적으로 몸에 각인하는 수단이기도 하다. 사회는 의식으로 내면화되기 전에 신체에 각인된다. 이것은 지금도 그러하지만, 전통적 사회에서 특히 그러하다.

그러나 의례는 우리의 문제의 영역에서 사라진 지가 오래되었다. 그것은 우리 사회가 그만큼 전통적인 삶의 방식을 잃고 현대화되었다는 것을 말한다. 이것을 지적하는 것은 그것이 전통이었기 때문에 존중되어야 한다는 말이 아니다. 우리는 그것을 우리의 문제의식으로부터 사라지게 함으로써 인간이 세계에 존재하는 방식에 대한 중요한 접근의 방식을 잃어버린 것이다. 그러면서 의례의 소멸은 감정의 경우처럼 해방을 의미하기도 한다. 동작의 자유는 사람의 중요한 자유의 하나이다. 뿐만 아니라 위에서 말한 것처럼 형식화된 동작이 여러 가지 상징적 의미를 신체에 각인하는 방법이라면, 의례의 소멸은 정신의 자유를 의미하기도 한다. 그러나 위에서 말한

몸가짐은 심미적 의미를 띤다. 예절과 의례는 일상적 동작과 예술의 중간에 있는 몸가짐이다

예의의 상실에서 오는 불필요한 사회적 갈등의 증가

것처럼, 어떤 경우에나 공간적 존재로서 사람이 신체로서 세계 안에 존재하는 것이라면, 이 해방은 큰 손실을 의미할 수도 있다. 한국 사회에 있어서, 아마 그 상실이 가져오는 가장 직접적인 결과는 예의의 상실에서 오는 불필요한 사회적 갈등의 증가일 것이다. 물론 한국 사회에 완전한 동작의 해방이 이루어졌다고 할 수는 없다. 그러나 남아 있는 형식화된 동작─예절이나 의식(儀式)은 그 본래의 뜻을 잊어버리고 다른 목적들에 봉사하는 형태의 것이다. 예이츠의 통찰은 조금 전에 말한 것처럼 사람의 머리로서 또 몸으로서의, 즉 두 가지의 존재 방식에 관한 것이다. 그가 말한 것은 의례가 사람의 삶의 순진한 풍부함을 보증하여 준다는 것이다. 사람은 마음으로 존재하기 전에 몸으로 바르게 존재하여야 한다. 무성한 월계수의 의미는 여기에도 연결되어 있다. 그러나 몸이라고 의식을 갖지 않은 것은 아니다. 그 의식은 무엇보다도 심미적인 것이다. 예이츠 시에는 "지적인 기념비"에 대한 찬사가 산재해 있다. 그가 지적 작업을 도외시한 것은 아니다. 그는 그것이 몸과 함께 또는 몸과 감정과 함께 존재하여야 한다고 생각하는 것이다. 그리고 그는 그것이 증오가 아니라 인간의 위대성의 실현에 공헌하여야 한다고 생각하였다.

> 사람은 마음으로 존재하기 전에 몸으로 바르게 존재해야 한다

> 지적 작업이 몸과 감정의 심미성과 함께함으로써 증오가 아닌 삶의 위대성의 실현에 공헌하는 것

이성의 업적

예이츠가 생각한 것처럼 의례의 상실은 현대의 큰 손실의 하나이다. 그러나 그것이 중요한 해방을 의미하는 것도 사실이다. 그리고 그것은 감정의 자유와 함께 다시 개인의 자유─일정한 범위에서의 자유라고 할망정─개인의 자유의 확대에

합리적 이성의 진전
과 과학 기술의 거
대한 발전 그것이
가져온 개인의 자유
의 확대와 개인의
가능성의 확장

기여하였다. 역사적으로 합리성의 진전이 개인의 자유와 진전과 병행하는 것은 분명하다. 물론 이러한 것은 합리성 또는 이성의 문제를 인간의 내면과의 관계에서만 말하는 것이다. 그것의 업적이 과학과 기술의 거대한 발전에 있다는 것은 새삼스럽게 말할 필요도 없다. 이것은 다시 개인의 가능성을 크게 확장하였다.

여기에서 가능성의 확장이란 수단의 확장을 말하고, 이것은 개인의, 그리고 인간의 삶 일반의, 목적으로부터 해방된 것과 관련되어 있다. (수단의 확장이 목적으로부터의 해방을 가져왔다. 그것은 삶의 수단화를 가져왔지만, 동시에 자유를 증대시키는 결과를 가져왔다고도 할 수 있다. 사회계약이란 개인이 사회가 강제적으로 또는 윤리적 정당성의 이름으로 부과하는 사회적 목적으로부터 해방된다는 것을 말한다. 종종 폭력을 정당화하는 것은 이 사회적 목적이다.) 결국 이성적 질서는 인간 활동의 많은 부분을, 적어도 직접적인 방법에 의한 사회적 목적으로부터 해방하여 개인, 감정, 과학과 기술 그리고 다른 많은 활동의 분야를 독자적인 영역으로 설정할 수 있게 한다. 그러나 이것은 동시에 많은 문제를 가져올 수 있다. 그중에 하나가 삶 또는 존재의 통일성의 상실이다. 물론 예이츠에게 이 통일성은 이념적인 것 그러니까 사회가 부과하는 목적이 아니라 심미적인 것이어야 한다. 그런데 문제는 해방이나 합리성 또는 이성 자체보다도 그 수단이 되었던 합리성 또는 이성이 반성되지 아니한 여러 목적들에 종속되는 데에 있다.

이성과 그 도구화

합리성 또는 이성의 양의적 가능성을 여기에서 철저하게 진단해 낼 수는 없다. 그러나 합리성에 문제가 있다면, 그것은 다분히 그 원리인 이성의 무목적성으로 인하여 일어나는 것이라고 생각해 볼 수 있다. 그러나 문제는 그 자체보다는 그 현실적 구성의 복합성 속에 있다고 할 수 있다는 말이다. 진리는 여러 동기와 연결된다. 최소한도로 생각하여도 진리는 자기 주장과 표리의 관계에 있다. 이런 의미에서, 니체나 푸코가 말하듯이, 진리는 권력의지의 표현일 수 있다. 그리고 주장되는 진리가 집단생활에 관계되는 것일수록, 진리에서의 권력의 작용은 더욱 크게 된다고 할 것이다. 집단의 이름으로 주장되는 진리가 타자에 대한 폭력적 관계를 정당화하는 데에 사용되는 것은 너무나 자주 볼 수 있는 일이다. 이러한 폭력이 반드시 직접적으로 작용하는 것은 아니다. 바로 진리가 필요한 것은 간접적 작용이 필요하다는 것을 말한다. 진리는 흔히 집단의 이름을 만들어내고 그 집단의 이름은 도덕과 윤리의 원천이 된다. 물론 진리가 힘이 되는 것은 반드시 이러한 사회적 관련에서만 그러한 것은 아니다. 진리는 사람이 살아가는 데에 행동과 삶의 방식의 선택에 있어서 기준을 제공하는 일을 한다. 그러나 어느 경우에든지, 지나치게 좁은 진리의 개념, 그것의 자기 주장적 의미와의 결합, 권력 의지와의 일치는 문제를 일으킨다. 그것은 사회적으로 갈등의 근본이 될 뿐만 아니라, 집단적으로나 개인적으로나 삶의 가능성을 좁히는 결과를 가져오게 된다.

권력에 못지않게 진리에 쉽게 결부되는 것은 이익의 동기

집단의 이름이나 자기 주장적 의미와 결합된 권력 의지 못지않게 진리에 쉽게 결부되는 것은 이기적 개인이나 집단의 이윤 추구의 동기이다

이다. 경제학은 인간의 경제 활동을 합리적 전체로서 이해하고자 한다. 그리하여 수요, 공급, 노동, 자본, 기술, 생산, 기업이나 국가 정책 등의 요소들이 시장이라는 공간에서 상호 작용하는 것을 관찰하고 거기에서 일정한 법칙적 관계를 분석해 내고자 한다. 그러나 이 모든 것을 움직이는 동력이 되는 것은 이윤추구이다. 경제 활동은 이 법칙을 활용하는 일에 관계되어 있다. 그 활동의 동력이 되는 것은 이윤의 추구이다. 이러한 모델에서 보듯이 이성의 법칙은 대체로 다른 동기를 위하여 동원될 수 있다. 심지어는 이성적 법칙에 의한 지식의 작업도 밖으로부터 오는 동기와 결부될 수 있다. 그렇다는 것은 그렇게 하여 추구되는 지식 자체가 자기 주장이나 정당성의 수단이 될 수 있기 때문이다. 지식은 그 자체로서 소유와 힘의 표현이 된다. 그리고 대부분의 사회에서 합리성의 영역에서의 지적 추구는, 거기에서 파생할 수 있는 기술적 이해관계를 떠나서도, 그 나름으로 사회적 특권에 의하여 보상되는 것이 보통이다.

이렇게 생각해 볼 때 합리성이나 이성이 순수하게 그 자체로 존재하는 경우와 다른 동기, 특히 권력과 이익에 연결된 관계에 이어져 움직이는 경우를 나누어 생각하는 것이 필요하다. 아도르노와 호르크하이머의 유명한 책 《계몽의 변증법 (Dialektik der Aufklärung)》 이후, 도구적 이성의 주제는 유명한 것이 되었지만, 실제 이성의 도구화는 그 성격상 필연적인 것이 아니라 그것이 다른 목적의 도구나 수단이 됨으로써 그렇게 된다는 것을 상기할 필요가 있다. 그리고 이것은 합리적 질서의 여러 문제점들도 반드시 그러한 질서 또는 그 원칙으

지식은 그 자체로서 소유와 힘의 표현이 되고 또한 그 나름으로 사회적 특권에 의해 보상된다

역사적으로 이성의 도구화는 문제적이지만 이성의 도구화가 필연적인 것은 아니다

로서의 이성의 문제점들이 아니라는 것을 깨닫게 할 것이다.

　물론 이것은 사람이 순수한 이성의 상태에 이른다는 것은 생각하기 어렵기 때문에, 거기에 근접하거나 참여하는 사람의 이성적 활동의 순수성만을 말한다고 할 수 있다. 그러나 이러한 순수성이 무엇에 소용되는 것이겠는가 하는 문제가 있다. 니체는 진리를 삶에 필요한 거짓이라고 말한 일이 있거니와, 그 정당성이 어떻든지 간에 진리가 삶의 방편의 일부라고 한다면, 그것이 순수한 것일 수는 없다고 할 수도 있다. 삶의 의지가 불가피하게 그것을 왜곡할 것이기 때문이다. 그러나 진리가 그러한 방편적 의미를 가지고 있다고 하더라도, 삶에 필요한 진리는 최대한도로 삶의 모든 것에 적합한 것이라야 한다. 진리의 순수성은 보다 온전한 삶을 위하여 필요하다고 할 수 있다. 물론 이 순수성은, 진리가 권력과 이익 그리고 삶의 크고 작은 의지에 이어져 있는 한, 쉽게 획득될 수 없는 것일 것이다. 다만 있을 수 있는 것은 우리 앞에 놓여 있는 합리성 또는 이성의 표현에 대한 끊임없는 반성일 뿐이라고 할 수 있다. 반성은 이성의 작용을 끊임없이 새로 열리는 공간으로 나아가게 할 수 있다.

의례의 양의성/도구화

　비슷한 말은, 위에서, 또 하나의 인간의 존재 방식, 삶의 질서의 가능성으로 말한, 의례와 관습에 대하여서도 말할 수 있다. 이미 위에서 우리는 의례가 어떻게 경직화된 공식이 되고 강제적 규범이 되는가에 대하여 이야기한 바 있다. 되풀이하건대, 동양의 의례에 있어서, 비유와 유추에 의한 인간의 감

니체는 진리를 삶에 필요한 거짓이라고 말한 일이 있다

성적인 측면, 즉 감정과 감각의 유형화는 사회의 위계적 질서를 정당화한다. 이것이 우주론으로 확대되고 모든 담론의 기본 형식이 되는 것은 동양사상의 특징이라고 하겠지만, 제례와 의식의 절차에서 삶의 위계화가 일어나는 것은 일반적인 현상이다. 가령 의식 절차에서 피할 수 없는, 공간적 시간적 선후 배치는 저절로 사회적 위계화를 제도화하는 데에 도움을 준다. 인간의 육체도 여러 가지 상징적 의미를 가질 수 있고 대개 사회적 위계를 표기하는 일을 할 수 있다. 이것은 일정한 도구로 공식화된다. 그리고 여기에 그에 따른 일정한 이야기가 따르게 된다. 물론 이러한 의례의 의도는 단순히 위계를 강화하기 위한 것만은 아니다. 그것은 집단을 하나로 묶어서 집단의식과 유대를 만들어내는 데에 기여한다. 그리하여 의례가 사회를 위계화하고, 물론 그에 따라 일정한 지배의 구조를 만들어내기는 하지만, 그것은 사회 전체를 위하여 "구원을 약속하는 지배구조(redemptive hegemony)"[6]—권력 구조를 신의 질서로서 정당화하면서 사회 성원 모든 사람에게 응분의 힘을 부여한다. 이렇게 의례가 만들어내는 지배구조는 양쪽으로 작용한다. 그것은 권력을 옹호하면서 그것의 폭력적 성격을 완화한다. 후자의 측면은 진리나 정의의 담론에 의하여 매개되는 권력의 경우에도 마찬가지이나, 의례의 경우 이것은 더욱 그렇다고 할 수 있다. 의례는 위계질서의 확인과 공동체적 유대의 확인—두 가지를 동시에 수행한다. 이것은

감정과 감각의 유형화는 사회의 위계적 질서를 정당화한다

의례의 지배구조는 권력을 옹호하면서 동시에 그것의 폭력적 성격을 완화한다. 의례는 위계질서의 확인과 공동체적 유대를 동시에 수행한다

---

6 Catherine Bell, *Ritual Theory, Ritual Practice* (New York: Oxford University Press, 1992), p. 116.

사실 예(禮) 악(樂)과 같은 개념에도 들어 있는 것이다. 흔히 함께 붙여서 쓰는 의례의 요소 예악에서 《예기(禮記)》가 정의하는 바로는 "악이라는 것은 같게 하는 일을 하고 예라는 것은 다르게 하는 일을 한다. [그것은] 같으면 서로 친하게 되고 서로 다르면 공경하게 되기 때문이다.(樂者爲同, 禮者爲異, 同則相親, 異則相敬)" 그러나 이 같음과 다름은 대체로 다름을 강조하는 쪽으로 흐른다고 할 수 있다. 《예기》의 일부인 이 악기(樂記)에서도 예의의 기능은 상하, 귀천, 천자와 제후와 백성으로 이루어진 봉건적 사회를 떠받치는 데에 있는 것은 물론이다. 그러나 강조되어 있는 것은 그 조화이다. 그것은 이미 인용한 데에도 나와 있지만, 뒤를 이어 나오는 구절, "악이 지나치면 흐르고 예가 지나치면 떠난다.(樂勝則流, 禮勝則離)"[7]와 같은 곳에서도 두 요소의 조화는 계속 강조되어 있다.

상호존중의 예의 그리고 이성

그리하여 의례의 두 가지 요소는 그것이 다른 배분의 관계로 조합될 수 있다는 가능성을 생각하게 한다. 유교적인 예(禮)를 가장 긍정적으로 해석한 허버트 핑가레트는 그것을 인간의 상호의존과 존경을 내용으로 하는 성스러운 의식이라고 해석한다. 그의 해석은 예를 여러 각도에서 고찰하는 뛰어난 존재론적 해석이지만, 예의 작용은 그가 들고 있는 간단한 일상적인 행위—가령 악수로도 설명될 수 있다. "내가 길거리에서 당신을 본다. 내가 미소하고 당신을 향하여 걸어간다. 그

인간의 상호의존과 존경을 내용으로 하는 성스러운 의식

---

7 이민수 역주, 《예기》, pp. 418~419.

리고 손을 내밀어 당신의 손을 잡고 흔든다. 그리고, 명령이
나, 강제나, 휼계나 수단의 사용이 없이—즉 내가 의식적으로
당신으로 하여금 그렇게 행동하도록 하지 않아도, 당신은 자
연스럽게 나를 향하고 나의 미소에 답하고 나를 향하여 손을
든다." 이러한 협동적 수행, 그리고 그것을 통한 상호 신뢰와
존경의 확인은 의식이나 감정으로보다는 수행적 행위로서 다
져진다.[8] 이러한 일상적인 예의를 보다 고양된 형식을 통해서
공동체 전체에 확대하고 그 신성함을 확인하는 것이 예인 것
이다. 이러한 해석에서 핑가레트가 예가 의식이나 감정의 문
제라기보다는 행동의 문제라는 것을 강조하는 것은 옳다. 물
론 그는 거기에 어떤 도덕적 결단이라는 형태의 의식이 수반
한다고 생각한다. 그것을 그는 인(仁)이라고 한다.[9]

그러나 거기에 보다 적극적인 의미에서의 의식이 작용하지
않는다고 하는 것은 사실을 지나치게 단순화하는 것일 것이
다. 사람의 신체와 행동이 그 나름의 의미 생성의 주체라는
것은 새삼스럽게 말할 필요가 없다. 그러나 여기에서 의미 작
용이 의식으로부터 완전히 단절되어 있는 것은 아니다. 오히
려 몸의 의미 작용에서 몸과 마음은 하나로 움직인다고 보는
것이 옳다. 또는, 예절을 배울 때 알 수 있듯이, 의식을 통하
여 신체에 각인되는 행위는 행위의 숙달 후에는 의식을 수반
하지 않고 행해질 수 있다. 어떤 경우에나 지식과 정보가 일
단 주체화되었다가 무의식으로 가라앉는 것은 의식작용의 특

몸의 의미 작용에서 몸과 마음은 하나로 움직인다

---

8 Herbert Fingarette, *Confucius: The Secular As Sacred* (Prospects Heights, Ill.:
   Waveland Press, 1998), p. 9.
9 Ibid., p. 49.

성의 하나이다. 이것은 특히 행동의 코리오그래피의 경우 그렇다.

그러나 의미를 가진 행위가 의식에 의하여 수반되지 아니할 때, 그것은 의미를 상실한다. 위에서 말한 허례허식이 바로 그러한 상태의 행위를 말한다. 위에서 말한 악수도 완전히 기계적인 그리하여 의미없는 것이 될 수도 있고, 보다 의식에 의하여 수반되는 것일 수도 있다. 이 후자의 경우에만 그것은 상호 존중의 의미를 가질 수 있다. 그런데 이 상호 존중은, 사실 높은 차원의 이성적 의미를 갖는 것이라고 하여야 한다. "자기 자신이든 다른 사람이든 인간을 언제나 수단이 아니라 목적으로 간주하라"는 칸트의 실천 이성의 지상명령이 여기에 들어 있다고 할 수 있기 때문이다. 이것은 인간 의지의 자율성, 그 보편적 의의, 그리고 그것의 모든 인간에의 확대라는 이성적 고려를 통해서 얻어질 수 있는 마음의 태도이다.

다만 의례의 경우 또는 우리의 일상적 행동의 경우 이러한 이성적 고려는 잠재적으로만 존재한다고 말할 수 있다. 그러는 한 의례의 무의식성 그리고 행동적 성격에 대한 핑가레트의 관찰은 정당하다. 그러나 그것이 잠재적으로 내가 속하는 집단을 넘어서 보편화의 가능성을 가지고 있고 여기에 관련된 무의식이 무지의 무의식이 아닌 것은 틀림이 없다. 핑가레트는 의례에 작용하는 의식의 요소를 피아니스트의 그것에 비교한다. 피아노 연주는 틀림없이 정해진 악보를 구체화하는 행위에 불과하지만, 연주에는 기계적인 것이 있고, 잘 알고 수행되는 연주가 있고, "자신감과 정직성, 또는 망설임, 갈등, '거짓 꾸밈', '감상화'"로 특징지울 수 있는 연주가

있다.[10]

좋은 연주는 다시 핑가레트의 해석으로는 예의의 내적 원리로서의 인(仁)을 겸비한다. 이 해석에서 연주의 의식적인 측면을 의식적인 것이라고 하지 않는 것은 그것이 사유의 결과라기보다는 사유가 실천으로, 그리하여 거의 삶의 원리로 동화된 때문일 것이다. 그러나 비록, 단순한 지능이 아니라 삶의 일부로 단련된 수행적 기능을 말하기는 하지만, 피아노의 연주에 높은 지적 능력이 작용하는 것은 부정할 수 없다. 또 여기에서 지적 능력이라고 하는 것은 단순히 개인적 능력의 연마를 전제하는 능력이라는 말은 아니다. 그것은 객관적인 형식 속에 자신을 일치시키고 그것을 구현할 수 있는 능력이다.

피아니스트가 어떤 곡을 해석하고 연주하는 것은 그것을 자기 나름으로 각색하는 것이 아니다. 해석은 원작곡자의 의도를 최대한도로 살리고자 하는 객관성의 성취를 향한 노력의 표현이다. 그것은 극히 개인적인 것이면서 동시에 극히 객관적인 것이다. 이것이 가능한 것은 원작곡자의 곡이 그의 주관성의 표현만은 아니기 때문이다. 곡은 개인적 표현이면서 동시에 공적인 공간에 존재하는 음의 질서이다. 이러한 자아의 가능성에 충실하면서 객관적 진실에 일치시킬 수 있는 능력을 핑가레트는 인(仁)이라고 한다. 인은 개인적인 성취이지만, "예에 따라서 자신을 형성하는 것을 말한다."[11]

인(仁)은 자아의 가능성에 충실하면서도 객관적 진실에 일치시키는 능력으로 극히 개인적인 것이면서 동시에 극히 객관적인 것이다

---

10 Ibid., p. 53.
11 Ibid., p. 48.

4. 형성적 통일

잉여로서의 의식

피아니스트의 연주는 그것을 분류하여 말한다면, 핑가레트가 말하는 것처럼 의례 행위에 들어간다고 할 것이다. 그러나 거기에 지적인 것이 없다고 하는 것은 맞는 말일 수 없다. 그것은 행위적인 것이면서 동시에 지적인 행위이다. 여기에서 지적인 면만을 떼어 볼 때, 여기의 지성은 전인적인 것이라고 할 수 있다. 그것은 어떤 작품 하나에만 한정되지 아니한다. 그것은 일반적인 능력이다. 그러면서도 물론 그것은 주로 피아노 연주에만 관계되는 능력이다. 그것은 말하자면, 그의 행위 밑에 숨어서 그것을 인도하고 관찰한다. 많은 일에서 참으로 인간의 실천적인 삶에 깊이 개입되는 지적 능력은 이러한 것이라고 할 수 있을 것이다. 이것은 다른 지적 능력의 경우에도 비슷한 것으로 생각된다. 수학의 능력은 늘 의식적인 사유 작용을 통하여 발휘되는 것은 아니다. 학습의 단계에서는 지적 운산(運算)의 작업을 수행하다가 숙달한 후에는 그 능력이 거의 직관처럼 작용하는 것일 것이다. (반드시 적절한 예가 될지는 모르지만, 소위 "바보 천재(idiot savant)"는 직관으로서만 작용하는 지능의 극단적인 경우라고 볼 수도 있다.) 사실 지적인 것과 의례는 그렇게 상거해서 존재하는 것은 아니다.

의례의 지성은 사람의 지속되는 신체적 존재에 밀착되어 있는 지성이다. 그러나 모든 지적 작용은 비슷한 성질을 가지고 있다. 전인적 지성이란 그것이 하나의 행위를 넘어간다는 것을 말한다. 사람의 지적 능력 또는 의식의 한 특징은 주어

진 사항을 넘어간다는 데에 있다. 즉 그것은 한 가지 목적의
일이 아니라 그에 비슷한 다른 일로 넘쳐날 수 있는 잉여로서
존재한다. 이 잉여는 연결과 통일을 만들어낸다. 이것은 보다
의식적인 형성의 노력으로 승화될 수도 있다. 아마 우리가 보
다 적극적인 의미에서 지적인 노력이라고 부르는 것은 이 의
식적 형성의 노력이 주제화된 경우를 말하는 것일 것이다. 그
러기 위해서는 이 의식은 주제화되어 보다 적극적으로 전진
적인 것일 뿐만 아니라 뒤로 되돌아갈 수 있는 것이라야 한
다. 즉 앞뒤로 되돌아볼 수 있는 능력을 가지고 있어야 한다.
그리고 일들을 하나의 형상으로 통합할 수 있어야 한다. 잉여
로서의 연결과 통일은 간단히 삶의 지속성에 이어져 있는 것
으로 생각할 수 있다. 그리하여 그것은 단순히 삶의 의지의
표현일 수 있다. 또 그것은 권력에의 의지로 강화될 수도 있
다. 그러니까 이성의 잉여적인 지속은 단순히 주관적인 의지
의 지속성이라고 할 수도 있다.

　　그러나 연결과 통일의 작업은 나의 삶의 연속이면서 대상
세계의 형성이 되게 마련이다. 그것은 대상 세계의 원리에 정
합한 것이라야 한다. 이 원리는 가장 간단하게는 합법칙적이
고 합리적인 이성의 원리이다. 이러한 이성의 원리에 따라서
세계를 형성까지는 아니라도 설명하고자 하는 것이 과학이고
또 어느 정도까지는 철학이라고 할 수 있다. 하지만 우리의
삶의 형성 그리고 대상 세계의 형성에 작용하는 것은 반드시
합리적 원칙만은 아니다. 가령 예술적 상상력도 그러한 원리
의 하나라는 것은 우리가 잘 알고 있는 일이다. 더하여 아마
삶의 연결과 통일 그리고 일관성을 드러내는 데에 작용하는

것은 그것보다는 더 복잡한 것일 것이다. 이것은 삶의 일관성에 대응하는 대상 세계의 경우에도 마찬가지일 것이다. 이성이 중요한 원리인 것은 사실이지만, 그것만은 아니기 때문에, 보다 넓게 이 원리를 불러 마음이라고 하는 것일지 모른다. 그렇더라도 그것을 반드시 주관적인 것이라고만 할 수는 없다. 그것이 나타내는 것은 세계의 로고스, 이성, 형상성, 또는 이념성이다. 이것을 가장 객관적으로 드러내는 것이 과학적 사고가 대표하는 이성이다. 그러나 그것이 반드시 가장 원초적인 것이라고 할 수는 없다.

　모든 것이 인간 존재의 근본적 존재 방식에 관계된다고 할 때, 이성은 객관적인 것을 지향하면서도 주관적인 것을 못 벗어나는 인간의 지적 능력으로는 완전히 포착되지 않는다. 이성은 그리하여 어떤 사건적인 것으로만 드러나는 것으로 말하는 것이 옳을는지 모른다. 과학의 이성은 이 사건적인 이성을 인간 이성으로 가공한 것이다. 다만 그 경우도 그것이 객관세계의 원리가 되는 것은 수많은 시행착오를 거쳐야 하는 우연의 일치이다. 근대 과학의 발달을 연구하면서, 그것이 얼마나 시적이며 신비적인 계시에 대한 믿음에 이어져 있는 것인가를 밝히려고 한 저서, 《세계의 시적 구조: 코페르니쿠스와 케플러(La Structure poetique du monde: Copernic, Kepler)》에서, 페르낭 할랭이 이 우연성을 티모시 리스의 말을 인용하여 설명한 것은 적절한 것으로 보인다: "기호체계들의 '통사적' 질서가, '이성'의 논리적 질서화 그리고 이 두 가지 질서의 밖에 있는 세계의 구조적 조직화와 일치하리라는 전제하에 하나의 담론의 체계가 만들어진"[12] 이것이 과학적 담

과학의 이성은 사건적인 이성을 인간 이성으로 가공한 것

론의 효시가 된 것이다.

마음의 다층적 구조

논리적 구성의 우연
성을 넘어설 수 없
는 과학의 이성보다
원초적인 것은 인간
실존에 일어나는 이
성의 사건이다

되풀이하여 말하건대, 결국은 논리적 구성의 우연성을 넘
어설 수 없는 이러한 과학의 이성에 대하여, 보다 원초적인
것은 인간 실존에 일어나는 이성의 사건이라고 할 수 있다.
이것을 다시 말하는 것은 이성이 인간 실존에 깊이 관계되어
있다는 것을 확인하자는 것이다. 이성적인 것 또는 이념성은
이미 사람의 생물학적 연장성(extension)과 지속성 속에 함축
되어 있다. 그리고 인간의 모든 의미화의 작업에는 원초적인
대로 그러한 요인들이 들어 있다. 감성은 이미 어떤 스키마를
내장하고 있다. 감정은 그 나름의 정보 입력의 통로이다. 악
수를 하거나 피아노를 치거나 수행적 행위에는 이미 사람을
공적인 이념성의 세계로 이끌어가는 것이 작용한다. 이러한
이념성은 의례의 도식에도 들어 있고, 학문적인 체계의 씨앗

개인적으로나 사회
적으로나 인간의 실
존적 필요에 대응하
는 것은 이론적 차
원에서만이 아니라,
실천적 차원에서 (이
념성 또는 형성적 요인
의 가능성에 따라) 움
직이는 마음이다

이 되기도 한다. 그보다도 근본적인 것, 그리고 개인적으로나
사회적으로나, 인간의 실존적 필요에 대응하는 것은, 이론적
차원에서만이 아니라, 실천적 차원에서 이념성 또는 형성적
요인의 가능성에 따라 움직이는 마음이다. 그것은 주어진 대
상에 집중하면서 그것을 넘어가는 잉여를 의식화할 수 있어
야 한다. 이 잉여 속에서 대상은 다른 여러 가지 것에 비교되
고 통합된다. 사실 악수를 하거나 피아노를 치는 데에도 이미

---

12 Fernand Hallyn, *The Poetic Structure of the World: Copernicus and Kepler*
(New York: Zone Books, 1990), p. 67. 인용은 Timothy J. Reiss, *The
Discourse of Modernism* (Ithaca: Cornell University Press, 1982), p. 31.

비친 바와 같이, 우리가 의식하지 않게 그것을 응시하는 또 하나의 의식의 눈이 숨어 있다. 그 의식은 앞으로도 나아가고, 뒤도 돌아보면서, 음악 전체를 하나의 통일로 형성해 간다. 물론 그러는 사이 그것은 나의 수행 그리고 나의 삶에 하나의 통일성을 부여하게 된다.

모든 마음의 움직임은 대상에 집중할 수 있다. 이것을 의식화할 때, 나와 대상과의 관계는 일정한 표상으로 정착한다. 그러면서 이 표상은 마음의 내용을 이룬다. 이 과정에서 잊히기 쉬운 것은 이 마음의 내용으로서의 표상이 마음이 일정한 대상을 겨냥하는 데에서 결과한 것이라는 사실이다. 그리고 우리는 이 겨냥하는 행위―다시 말하면 움직임으로서의 마음을 잊어버린다. 움직임 속의 마음은 스스로를 잊지 않는 것을 말하기도 하지만, 되풀이하여 말하건대, 대상화된 세계와 거기에 일어나는 형상적 영감에 열려 있다는 것을 말한다. 이 글의 맨 처음에 문제 삼았던 신념은 대상화된 마음의 내용을 뒷받침하는 데에 집중되어 마음의 자연스러운 움직임을 잃어버린 상태에서 마음을 대신한다. 이것은 습관적으로 또는, 사회화된 조건반사의 결과이기도 하지만, 많은 경우는 권력을 향한 경직된 의지의 표현일 경우가 많다.

물론 신념은, 앞에서 지적한 것처럼 어려운 시대의 산물이다. 그러나 자세히 보면 어렵지 않은 시대는 없다. 그 규모에 있어서 차이가 있기는 하지만, 모든 시대는 신념을 낳는다. 그리고 그것은 집단적으로나 개인적으로나 삶의 필요를 나타낸다. 펑가레트는 인(仁)은 결단을 요구한다고 말한다. 이것은 반드시 개인의 자의가 아니라 보다 공적인 형상성―가령

신념은 습관 또는 사회화된 조건반사의 결과이기도 하지만, 권력을 향한 경직된 의지의 표현일 경우가 많다

의례의 형상성에 따라 살겠다는 것을 의미한다. 이 결단 자체는 신념에 비슷하게 마음을 굳히는 행위이다. 문제의 핵심은 신념의 성격이다. 이것은 신념의 질적 차이를 말하는 것이나, 질적 차이를 떠나서, 그것은 마음의 형식적인 구성의 다층성으로 말한 수도 있다. 마음은 그 이중적 구조—한편으로 진리와 신념 그리고 다른 한편으로 그것을 뒷받침하는 마음의 능동적 움직임, 이 두 겹의 구조를 긴장과 조화 속에 유지할 수 있다. 이중구조의 유지 여부가 신념에 질적 차이를 가져온다.

물론 마음의, 유연한 움직임과 사물의 다른 가능성에 대한 열림—진리와 신념을 반성의 공간으로 되돌릴 수 있는 마음의 상태가 반드시 가장 바람직한 것이 아니라고 할 수도 있다. 삶의 유연성의 유지를 위한 반성은 삶의 자연스러운 흐름을 방해하는 요인이 될 수도 있을 것이기 때문이다. 모든 것은 다시 삶 그 자체로 돌아갈 수 있어야 한다. 숙달된 수행의 자유는 삶의 가장 높은 표현의 하나이다. 그러나 이것은 한달음에 이루어지지는 않는다. 마음과 마음의 대상과의 관계의 적절한 유지, 그것에서의 마음의 유연성의 유지 그리고 다시 그것으로부터의 삶에의 귀환—이 복잡한 과정을 유지하는 것이 문화의 과제이다. 그러다 보면, 예이츠가 생각한 아름다움과 삶의 풍요를 보장하는 의례과 관습이, 지적인 매개가 없이 순진함의 순수 속에 실현되는 때도 있을 것이다.

진리와 신념을 반성의 공간으로 되돌릴 수 있는 마음의 상태가 바람직한 것이 아니라고 할 수도 있다. 그것이 삶의 자연스러운 흐름을 방해하는 요인이 될 수도 있기 때문이다

2장

이성의 방법과 서사

1. 데카르트의 방법과 삶

신념의 시대에 필요한 것은 신념의 현실 적합성과 그 결과를 이성적으로 비판하고 검토하는 일이다. 이성의 방법으로 모든 것을 엄격하게 검토하고자 했던 대표적인 철학자는 데카르트이다. 세상 의견들의 다양성과 상호 모순 속에서 흔들리지 않는 확실성을 추구하고자 했던 데카르트는 그 근거를 '내 생각의 확실성과 내 존재의 확실성'에서 찾아냈다. 주지하다시피 그 방법은 직관과 연역이다.

2. 데카르트의 실천 철학

데카르트가 중요한 철학자가 되게 하는 것은 그가 자신의 체험적 진실에 충실했고 그의 사고가 그의 삶 전체에서 우러나온 것이기 때문이다. 《방법서설》의 설득력은 자전적 기록이라는 데에서 온다. 데카르트의 보수적인 실천적 태도는 삶의 세계에서 바른 견해와 행동의 선택이 얼마나 어려운 것인가를 통절히 느끼는 데서 이루어진 것이다.

우리가 기억해야 할 것은, 데카르트에게 과학적 사고의 근본에 대한 추구는 올바른 삶에 대한 추구와 일체를 이루고 있다는 점이다. 그의 자아는 고정된 관점에 서 있는 자아가 아니라 성찰의 전 과정 속에서 형성되는 자아이다. 다시 한 번, 데카르트의 방법적 회의에 실존적 심각성을 부여하는 것은 '진리를 향한 삶의 열정' 때문이다.

회의 속에서도 그에게는 진리에 대한 믿음이 있었다. 그에게 신은 신앙의 대상이었다기보다는 진리의 가능성에 대한 보장으로서의 의미였다. 실천의 영역에서도 마찬가지이다. 그에게 윤리학이 없는 것은 진리의 삶이 당연한 선택일 수 있었던 그의 시대로 인한 것이다.

3. 이성의 삶

자아는 밖에 존재하는 세계와의 관계에서―그리고 그 오류와의 관계에서 존재한다. 소설의 주인공이 많은 잘못을 거쳐 새로운 깨우침을 가지게 되는 것처럼, 잘못의 삽화들은 깨우침을 위해 넘어서야 하는 발판이면서 동시에 깨우침의 실질적 내용을 이룬다. 우리는 맞음이 아닌, 맞음을 포함하여 그보다 더 틀림을 통해 배우는 것이다.

진리에 대한 우리의 헌신은 회의를 포함함으로써만 가능하다. 자아는 회의와 성찰의 훈련을 통하여 금욕적으로 추출되는 자아이다. 이성은 금욕적 자아의 원리이다. 성찰의 자아는 세속적 허영을 버리면서 동시에 세상을 통하여 추구되는 체험의 연속으로 지속되는 자아이다.

데카르트에게 무엇이 의심할 여지없이 확실하다는 것은, 그것이 확실하게 존재한다는 말이기보다 '존재론적'으로 정당성을 가졌다는 말이다. 그것은 지각되는 현상의 진실을 나타낸다. 그러나 어떤 이성적인 것도, 감각적 흐름의 삶 속에서 발견되고 체험되는 것일 때에 비로소 삶에 대해 살아 있는 의미를 가질 수 있다.

오늘의 우리는 높은 정신적 질서에 대한 체험–지각적 경험은 물론, 계시로서의 진리체험(가령 제임스 조이스의 에피파니 같은 것)이 불가능한 시대에 살고 있다. 이제 데카르트의 이성주의에 잠재되어 있던, 과학적 이성의 특권화와 분리와 단편화는 불가피하게 되었다.

데카르트 이후, 이성은 그리하여 지속적인 삶의 훈련이기를 그치고 특권적인 과학의 방법이 되었다.

2장 이성의 방법과 서사

1. 데카르트의 방법과 삶

이성

신념의 시대에 우선 필요한 것은 그것을, 즉 그 현실 적합성과 그 사실적 결과를 비판적으로 검토하는 일이다. 여기에 가져다 댈 수 있는 가장 손쉬운 척도는 이성의 척도이다. 서양 지성사에서 이성적 방법으로 모든 것을 엄격하게 검토하고자 했던 대표적인 철학자는 데카르트이다. 그의 작업에서 중요하였던 것은 검토의 기준으로 이성을 분명히 하는 것이었다. 이것은 이미 우리가 잘 알고 있는 일이기는 하지만, 여기에서 다시 한 번 그 과정을 되돌아보고자 한다. 그러나 우리의 관심사는 이성의 기준 자체의 확인에 못지않게 그것을 둘러싼 여러 환경이다. 사실 방법은 이 환경의 일부에 불과하다고 할 수 있다. 이 전체를 두고 볼 때, 그가 말하는 방법의 핵심인 이성은, 단순한 과학적 합리성보다는 더 큰 개념

신념의 현실 적합성과 사실적 결과를 비판적으로 검토하는 일

으로 생각하지 않을 수 없게 된다. 이 우회로를 통해서 우리는 그의 이성이 실천적인 영역에서의 행동의 문제, 그리고 그에 따르는 신념의 문제에 어떻게 이어져 있는가를 알 수 있다.

이성과 삶

이성적 방법은 한정된 영역-수학과 자연과학의 영역에 국한되는 것이다

일단 이성적 방법은 모든 문제에 똑같이 적용될 수 있는 것은 아니다. 그의 이성적 방법은 엄격하게는 한정된 영역-특히 수학과 자연과학의 영역에 국한되는 것이라고 말하는 것이 옳다. 그렇다고 그것이 이 한정된 영역 밖에서 무의미한 것은 아니다. 거기에서의 이성적 방법은 이성적 사고의 습관이 되어 다른 영역에도 중요한 영향을 미치게 된다. 다른 문제를 생각하는 데에 있어서도 이성적이라고 말할 수밖에 없는 성찰이 그의 사고의 습관을 이루게 되는 것은 자연스럽다. 그러나 데카르트 자신이 방법상의 유사성과 차이를 모르고 있지는 아니하였기 때문에, 그것도 습관이라기보다는 방법에 가까운 것이기도 하였다. 거기에도 수학적인 정확성은 아닐 망정, 사고의 엄밀성-사안의 성격에 맞는 엄밀성이 존재한다. 우리가 사람의 삶에 있어서의 신념을 문제 삼는다고 할 때, 중요한 것은 데카르트의 이성적 방법이 과학의 영역을 넘어 어떻게 보다 넓은 이성적 사고의 습관 또는 성찰의 방법의 일부를 이루는가, 그리고 그것이 인간의 실천적 삶에 어떻게 관련되는가를 생각해 보는 일이다. 그러나 이것은 과학이 보다 넓은 인문적 사고에 어떤 영향을 끼치는가에 한정되는 이야기는 아니다. 다시, 이 넓은 테두리

를 아는 것은 그의 과학적 사고를 이해하는 데에도 도움이
된다.

그가 《방법서설(Discours de la Méthode)》의 처음에 말하고
있는 것, "양식(bon sense)은 세상 사람들이 두루 가지고 있는
것으로서, 사람들은 다른 일에서는 좀처럼 만족하지 않는 사
람들도 그것을 더 갖기를 원하지는 않는다. 이 점에서 그들의
생각이 잘못되었다고 할 수는 없다."—이 말은 단순한 수사적
인 전략도 아이러니컬한 말도 아니다. 사람은 누구나 어떻게
살아야 할 것인가에 대하여 관심을 가지고 있고 그것은 자신
의 마음을 바르게 사용하는 것으로 크게 도움을 받을 수 있
다. 마음의 연마는 삶의 역정에서 불가피한 것이다. 과학적
사고는 이 역정에서 정신적 체험의 일부이다. 동시에 이러한
체험에 기초하여 참으로 과학적인 사고도 연마되어 나온다.

우리는 데카르트의 자전적 기록에서 단순히 과학적인 사고
의 모범을 보는 것이 아니라 보다 좋은 삶을 살려는 사람의
한 전형을 본다. 그리고 과학적이고 철학적인 사고는 거기로
부터 나온다. 다시 말하여 그의 이성적 방법은 보다 넓은 삶
의 방법의 일부이고, 그의 명증한 과학적 철학적 사고는 보다
넓은 삶의 이성의 일부인 것이다. 행동의 영역에 있어서 데카
르트의 의미를 생각하려면, 이 넓은 테두리 안에서 합리성의
문제를 살펴보아야 한다.

세상의 책
《방법서설》에서 데카르트의 지적 편력의 이야기는 그가 했
던 여러 가지 공부와 그에 대한 그의 실망을 말하는 것으로부

사람은 누구나 어떻
게 살아야 할 것인
가에 대해 관심을
가지고 있고 그것은
마음을 바르게 사용
하는 것으로 크게
도움을 받는다

우리는 데카르트의
자전적 기록에서 과
학적 사고의 모범
뿐만 아니라 좋은
삶을 살고자 하는
사람의 전형을 본다

터 시작한다. 그는 신학, 철학, 수학, 웅변학과 수사학, 시 그리고 다른 여러 가지 과목들을 공부했으나 여기에서 얻는 지식을 만족할 만한 것이라고 생각할 수가 없었다. 수학만은 예외였으나, 유감스럽게도 수학의 예는 일부 공학에 적용되는 것이 있을 뿐 다른 학문에 별로 적용되지를 아니하고 있었다. 학문의 세계에 실망한 다음 그는 세계를 책으로 하여 공부를 계속하였다. 그는 학자들의 판단보다는 현실 속에 사는 사람들의 판단이 더 그럴싸한 경우를 많이 보았다. 현실 문제의 판단은 철학적인 논쟁의 경우와는 달리 잘못된 경우 곧 그에 따르는 실제적 결과에 의하여 손해를 보게 되기 때문이었다. 이 점에 있어서 그는 프래그머티스트였다고 할 수 있다. 프래그머티슴은 사실 이러한 경험에서만이 아니라 그의 합리주의의 중요한 측면을 이룬다.

세상 의견들의 다양성과 상호 모순   대체적으로 그에게 강한 인상을 준 것은 세상 사람들이 가지고 있는 의견들의 다양성과 상호 모순이었다. 그는 다음과 같이 쓰고 있다.

> 사실 [여러 나라와 종족의 풍속을] 관찰함으로써 얻게 된 가장 큰 소득은 우리에게는 터무니없고 우스워 뵈는 많은 것들이 다른 위대한 종족 사이에서는 통념으로 받아들여지고 수긍되고 있다는 것을 알게 된 것이었다. 그래서 나는 선례나 관습으로 받아들여지는 것을 너무 믿지는 아니하게 되었다.[1]

---

1 René Descartes, "Discours de la Méthode", Oeuvres et Lettres (Paris: Gallimard, Bibliotheques de la Pleiade, 1953), p. 132.

그의 확실한 것에 대한 추구는 이 문화적 경험으로부터 시작한다. 여기에서 그의 방법은 모든 것에 대한 회의이다. 그리고 회의의 결과 그는 흔히 "cogito ergo sum"이라는 라틴어로 표기되는 "나는 사유한다, 고로 나는 존재한다."라는 확실성의 근거에 이르게 된다. 이 명제는 두 각도에서 확실성의 근거가 된다. 이 근거의 하나는 생각의 확실성이고 생각의 근거로서의 나의 존재의 확실성이다. 나는 사고하는 한, 확실하게 존재한다. 이로부터 시작하여 생각에 분명하게 뜨는 "명"하고 "분"하게(clairement et distinctivement) 나타나는 것은 확실한 것으로 받아들여도 좋다고 결정한다.

내 생각의 확실성과
내 존재의 확실성

방법 이전의 전력

여기까지의 이야기에는 별 이론이 있을 수 없다. 그러나 데카르트의 회의의 방법을 통한 진리의 탐구의 노정에서 그 다음부터는 논리적 연결이 반드시 분명하지는 않다. "코기토 에르고 숨"이 어떻게 "분명함"이라는 진리의 기준이 되는가? 생각이라는 것이 진행되고 있는 한 그 생각이 존재한다는 사실은 분명하다. 이것은 단순한 동일성의 관점에서도 이야기될 수 있는 것일 것이다. 그러나 조금 더 조심스럽게 생각해야 할 것은 이 사유가 현실의 동일성으로부터 출발하여 사유의 밑받침으로서의 주체를 생각하고 그 존재도 확실하다고 결론을 내리는 점이다. 그러나 사유의 지속성으로 보아 그 지속성을 뒷받침하는 어떤 것을 상정하는 것은 그렇게 문제가 되지 않는 것일 수 있다. (사실 이것은 데카르트가 사유를 일시적인 감각적 인상이나 이미지보다는 지속적인 작용으로 본 것에 관련이 있다고 생각된다.)

그런데 다시 이로부터 출발하여 주장되는 명제, 분명한 것이 참이라는 명제는 더욱 문제가 될 수 있다. 분명하고 확실하다는 것은 무엇을 의미하는가? 데카르트에게 묻는다면, 그것은 적어도 그에게는 이론적으로, 또는 더 구체적으로는 수학적으로, 분명한 것이 된다. 이러한 까닭으로 여기서의 논리적 연결은 이론적 지식 또는 인식론적 기초에 대한 어떤 형이상학적 전제를 필요로 한다고 볼 수 있다.

그에게는 수학적인 명료성을 가지고 있는 플라톤적인 이데아의 세계에 대한 믿음이 있었다고 할 수 있고, 이것을 보장하는 것이 최고의 이성적 존재로서의 신이라는 생각이 있었던 것으로 보인다. 그러니까 생각하는 내가 존재한다는 것은 분명하게 생각하는 내가 존재한다는 것이고 분명한 것이 존재한다는 것은 일종의 이데아의 세계가 존재한다는 플라톤적인 또는 신학적인 믿음에서 온다.

형이상학적 전제

그러니 여기에는 분명 엄밀한 사고를 통하여서만 이를 수 있는 것이 아닌 형이상학적 전제가 있다고 할 수 있다.[2] 이러한 전제가 아니더라도, 데카르트는 이미 분명함의 의미에 대하여 정해진 입장을 가지고 있었다. 그는 《방법서설》과 같은 글 이전에 과학의 업적과 그 합리적 절차에 감동하고 있었다. 그가 원한 것은 철학의 문제를 과학적으로 생각하는 일이었다. 그는 《방법서설》의 9년 전에 쓴 〈마음의 방향을 바르게 하기 위한 규칙〉에서, 확실성의 근거는 두 가지, "직관과 연역" 밖에 없다고 썼다. 직관은 "변화무쌍한 감각의 증거나 대상을 잘 구성하지 못하는 상상력"의 소산이 아니라, "이성의 빛에서만 나오는, 맑고 주의 깊은 마음의 확실한 생각"[3]을 말하고, 연역은 여기에서 출발하여 논리적 절차로 얻어지는 명제를 말한다. 그리고 이러한 자명한 원리—이성적 원리에 의존하면서 대상의 세계를 가장 단순한 원소적 사실로 분석하고 이것을 합리적 연쇄를 이루게 하여 세계를 이해하는 학문을 추구해 나가는 것이 〈마음의 (……) 규칙〉에서의 데카르트가 의도하는 바였다. 이 학문은 과학이나, 기상학, 기하학 등을 포함한다.

《방법서설》에서도 이러한 생각은 다시 확인된다. 앞의 저작에서 직관의 예로 들고 있는 누구나 자기가 존재한다고 생각하고 있다거나, 삼각형은 세 변을 가지고 있다거나 구체(球體)는 하나의 표면을 가지고 있다거나 하는 예들은 《방법서

2 Michael Williams, "Descartes and the Metaphysics of Doubt", Amelie Oksenberg Rorty ed. *Essays on Desacrtes' Meditations* (Cambridge University Press, 1986) 참조. 데카르트가 전제하는 형이상학적 전제는 Jean-Luc Marion에 의하여도 논의된 바 있다. *Cartesian Questions: Method and Metaphysics* (University of Chicago Press, 1999) 참조. 두 관점 다 데카르트가 일정한 전제, 즉 형이상학적 전제 하에서 회의와 방법의 문제에 접근하고 있다는 것을 말하나, 데카르트가 자명한 진리를 이론적인 것으로 받아들이는 인식론적 기초의 확립에 집착한다고 하는 윌리엄스의 생각인 데 대하여, 마리옹은 데카르트의 진정한 또는 숨어 있는 관심은 수학과 물리적 세계의 분명한 관념들과 더불어 그것을 가능하게 하는 존재론적 근거 또는 신학적인 문제에 있다고 한다. 그러나 마리옹의 경우에도 데카르트에서 자명성의 문제는 결국 이론적 관념의 자명성의 문제라고 이해된다. 사고의 내용이 되는 것은 결국 "관념" 또는 "단순하게 주어진 것"이고 이것은 사유의 기호작용으로 나타나게 되는 분명하고 보편적인 사유 대상을 말한다. Marion, pp. 44~56 참조.
3 Descartes, pp. 43~44.

설》에서도 다시 볼 수 있는 것이다. 단순한 것으로의 분석과 연역적 종합의 필요도 다시 언급된다.

확신의 근거

데카르트의 정해진 입장은 우리에게 과학적, 철학적 사고도 일정한 경험적 맥락에서 일어나는 것이라는 것을 상기하게 한다. 그렇다고 이것이 그의 사고의 정당성을 전적으로 부정하지는 아니한다. 오늘날의 과학 비판은 과학이 내거는 절대적인 진리 주장을 받아들이기 어렵게 한다. 그러나 여기에서 데카르트의 명증한 사고에 대한 추구에 다른 전제가 있다는 것은 과학 비판의 상대주의보다도 과학적 발견도 경험적 진정성에 뒷받침되는 경우가 많다는 것을 뜻하는 것으로 취할 수 있다.

되풀이하여, 사고의 명증성과 확실성은 진리의 보장으로서 보편성을 갖는 것인가? 세상에서 사람들이 자명한 것이라고 생각하는 것이 오히려 사유와는 관계없는 경우도 많다. 사실은 데카르트가 해외여행에서 발견한 것도 이 사실이었다. 어떤 때 조금 더 논박하기 어려운 확실성의 증거는 어설픈 논리보다는 경험에서 찾을 수 있다. 스토아 철학자 제논은 모든 확실한 지식은 특별한 지각적 인상—그 체험의 질과 성격에 있어서 저절로 참이라고 느껴지는 데에서 오는 확신에 기초한다고 생각하였다.

여기에서 확신이라고 한 것은 "카탈렙시스(Katalepsis)"의 번역인데, 이것은 그 이외에도, 그 말을 현대에까지 확대하여 생각하면, 심신이 굳어서 움직임이 어려워지는 "강경증

(catalepsy)"을 의미할 수 있다. 확실한 느낌을 갖는다는 것은 유연성을 잃고 그리하여 논리적 또는 이성적 설득에도 귀를 기울이지 않는 경직 상태를 말할 수도 있다. 물론 이 경직 상태가 반드시 진리로부터 이탈을 증표하는 것은 아니다.

여기의 제논의 카탈렙시스는 미국의 철학자 마사 너스바움이 설명한 것을 빌려온 것인데, 그는 이와 관련하여, 고통의 경험을 통하여 사랑의 의미를 깊이 깨닫게 된 것과 같은 경우를 들고 있다.[4] 사실 사랑의 경험에서도 그러하지만, 다른 개인적 체험에 있어서도, 그것이 참으로 그렇다는 느낌은 그것 자체가 진리의 보증이라고 할 수밖에 없는 경우들이 있다. 그러나 많은 경우 그러한 느낌은 우연하고 일시적인 현상이라기보다도 오래된 체험의 한 절정으로서 일어나는 것이다. 그것은 개인의 깊은 체험과 체험이 매개하는 인간 현실 또 거기에 개입되는 외부적 세계에 대한 복합적 의미를 밝혀주는 듯한 순간을 이루는 경우가 많다. 너스바움이 드는 예는 프루스트의 소설에서 주인공이 떠나간 사랑의 고통에서 사랑의 의미를 깨닫는 경우를 들고 있다. 이것은 사실 깨달음을 수반하는—즉 직관적인 형태일 망정, 성찰의 계기를 지닌 직접 체험이다.

데카르트의 경우에도 이 명증성의 기준은 그러한 의미를 가지고 있었다고 할 수 있다. 그가 기준으로 내세운, "이성의 빛에서만 나오는, 맑고 주의 깊은 마음의 확실한 생각"은 이

---

4 Martha C. Nussbaum, *Love's Knowledge: Essays on Philosophy and Literature* (Oxford University Press, 1986), pp. 264~265.

성적 기준인 듯하면서도 강한 감각적 요소를 가지고 있는 것을 놓치기 어렵다. 여기에는 일종의 카탈렙시스적 체험이 들어 있는 것이 아닐까? 물론 그러한 경우에도 그것은 다른 경우보다도 과학의 세계에서의 객관적 업적에 의하여 뒷받침되는 것이라는 이유로 하여 그 점을 분명히 드러내주지 않는다. 그러나 데카르트가 중요한 철학자가 되게 하는 것은 과학이나 철학의 문제만이 아니라 자신의 체험적 진실에 충실하고 그의 사고가 그의 삶 전체에서 우러나온 것이었기 때문이었다는 것은 분명하다.

데카르트가 중요한 철학자가 되게 하는 것은 그가 자신의 체험적 진실에 충실했고 그의 사고가 그의 삶 전체에서 우러나온 것이기 때문이다

자전으로서의 철학적 성찰

《방법서설》의 설득력은 엄격한 논리적 사고와 함께 한 서술의 서사적 방법에서 온다

이것은 그의 글의 특징에서도 드러난다. 《방법서설》에서의 데카르트의 설득력은 그의 엄격한 논리적 사고에 못지않게 서술의 서사적 방법에서 온다. 사실 그의 《방법서설》이나 《명상(Meditations)》의 호소력은 서사와 논리를 겸하고 있는 데에 있다. 서사는 엄격한 논리보다는 그럴싸한 전개를 통하여 설득력을 얻는다. 이 글들은 철학적 분석을 시도하는 책이면서도 그의 생활의 편력이나 개인적인 수상을 담고 있다. 그의 방법의 추구는, 낭만주의 시대의 성장소설에서처럼 정신적 성장의 기록 속에서 정당화된다. 이것은 나중에 다시 언급하겠지만, 이성이 단순히 방법의 수련이 아니라 삶의 여정에서 길러진다고 말하는 것으로 보인다.

이성은 방법의 수련이 아닌 삶의 여정에서 길러지는 것

이렇게 그의 삶을 그의 생각의 중점에 놓고 보면, 그의 철학의 중심도 옮겨가는 것을 알 수 있다. 적어도 그의 이성적 방법이 행동의 영역에서 의미를 가질 수 있는 것은 이러한 삶

과의 연결을 통하여서이다. 그리하여 《방법서설》도, 그가 이미 밝힌 바 있었던 원리와 방법에 의한 보편 과학의 재구성의 작업이 아니라 다시 한 번 삶의 문제와의 관련에서의 인식론적 출발점에 대한 확인이라는 것을 생각하게 한다. 이것이 데카르트 이후의 지성사에 큰 영향을 준 것이고, 또 지금 우리에게도 다시 돌아볼 의미가 있는 것으로 생각되게 하는 점이다.

데카르트의 합리주의 또는 이성주의가 과학의 발전에 어떻게 기여했는가는 여기에서 밝힐 수 있는 문제가 아니다. 그러나 그의 인식론적 천착이 철학적 사고 또는 인문과학적 사고에도 중요한 영향을 끼친 것은 분명하다고 할 것이다. 그의 인식론적 반성―그것은 과학의 토대를 위한 작업이면서도, 모든 학문적 사고의 토대일 수도 있기 때문이다. 물론 자연과학을 위한 작업이 그대로 학문 일반에 또는 사람들이 일반적으로 가지고 있는 확신의 문제를 학문적으로 반성하는 데에 그대로 이용될 수는 없는 일일 것이다. 그러나 다른 인간 활동 분야에 있어서도 그것을 보다 튼튼한 토대 위에 놓기 위해서는 비슷한 인식론적 반성이 필요하다. 다만 그것은 대상 영역의 차이에서 오는 방법의 차이를 고려하는 것이라야 할 것이다.

2. 데카르트의 실천 철학

실천적 선택의 불가피성

순수한 철학적, 과학적 관심 이외에 실천적 문제에 관심이
없었다는 인상과는 달리 데카르트는 실천적 문제에 대하여서
도 관심을 가지고 있었던 것으로 보인다. 이것은 전자에 대한
관심이 그의 삶의 깊이로부터 나오는 것이라면, 당연하다고
할 것이다. 실천의 문제에 그의 명증성의 방법이 그대로 적용
되는 것은 아니다. 그것은 별도의 사유 방식을 통하여 생각되
어야 한다. 그러면서도 거기에 작용하는 것은 이성적 기준의
사고 훈련에 연마된 마음이다. 실제적인 문제에 부딪쳐, 중요
한 것은 이성의 방법이 아니라 성찰의 습관이다. 이러한 의미
에서 이성은 연마된 마음의 속성으로서 존재한다. 이미 위에
서 본 바와 같이 데카르트는 사람들의 관습과 의견은 너무나
다양하고 상호모순적인 것이어서, 그것을 하나의 척도로 재
단할 수 없다고 생각하였다.

그러나 관습이나 의견이 사람이 사는 데에 어떻게 행동하
고 어떻게 살 것인가에 대한 지침을 제공하는 역할을 한다고
할 때, 이 점에서 그가 완전한 회의주의에 빠진 것이 아닌 것
은 그의 서술에 잘 나와 있다. 그의 현실적 선택은, 확신에 찬
것은 아니면서도 분명하다. 《방법서설》의 처음부터 데카르트
는 현실적 문제에 대하여 그가 어떤 태도를 가지고 있는가를
수시로 비치고 있지만, 그는 그 3부에서 그것을 길게 밝히고
있다. 그는 여기에서 설명하고 있는 것을 "잠정적인 도덕규범
(une morale par provision)"이라고 부른다. 이 규범의 기초는

"나라의 법과 관습"을 준수하고 어린 시절부터의 가르침을 받아온 종교를 따른다는 것이다. 그리고 그는 가장 온건하고 가장 덜 극단적인 견해−자기 나라 사람들 가운데 지혜로운 사람들의 견해를 따라 자신을 규율해 나가겠다고 한다. 중국 인이나 페르시아 사람들 사이에도 지혜로운 사람들이 있을 것이나 자기 나라 사람들이 중요한 것은 자기가 함께 살아야 할 사람들의 생각을 따르는 것이 현명한 일이기 때문이다.

그러나 그는 이렇게 일정한 규범을 받아들였다고 그것을 그대로 마구 밀고 나가겠다고 말하지는 않는다. 그것은 언제나 바꿀 수 있는 것이라야 한다. 그렇다는 것은 세상의 일이란 언제나 같은 상태로 남아 있는 것은 아니고 판단은 더 나은 판단에 의하여 대체될 수 있는 것이기 때문이다. 그리하여 나는 늘 판단의 자유를 보유하고 있어야 한다. 이러한 경우에 단순히 주어진 의견을 따르는 것이 아니라 이성과 양식의 판단을 해야 하는 것은 물론이다. 적어도 나의 판단의 질을 더 높이도록 노력하는 것이 "양식"에 위배되지 않는 일이다.

갈릴레오의 수난을 보면서 자신의 책 《세계론(Traite du Monde)》의 출간을 보류할 만큼 그는 조심스러운 사람이었던 것이 사실이지만, 나라의 관습과 규범을 따르겠다고 하는 그의 말이 반드시 몸을 사리는 개인적 보신책에서만 나오는 것이라고 할 수는 없다. 그의 태도는 삶의 세계에서의 바른 견해와 행동의 선택이 얼마나 어려운 것인가를 통절하게 느끼는 데에서 이루어진 것이라고 할 수 있다. 2부의 성찰에서 그는, 도시와 건물의 비유를 빌려서 건물의 잡다성은 많은 결점

데카르트의 태도는 삶의 세계에서 바른 견해와 행동의 선택이 얼마나 어려운 것인가를 통절하게 느끼는 데에서 이루어진 것이다

의 원인이 될 수 있지만, 그래도 오랜 관습이 그러한 완전성을 시정하고 방지하고 하는 데 중요한 역할을 할 수 있다고 말한다. 그는 관습이 실제적 지혜보다 우위에 있을 수 있다고 말하면서 동시에 사실적 판단을 유보하는 태도를 나타낸다. 그러니까 관습의 존중도 역설적으로 현실 사안에 대한 성찰적 고찰에서 나온 판단이다.[5] 같은 태도는 그의 잠정적인 도덕 규범에서도 확인되는 것이다.

흥미로운 것은 그것이 단지 모호하고 허약한 것만은 아니라는 점이다. 그것은 일정한 판단에 의하여 정립된 것이며, 또 현실적으로는 상당히 단호한 성격의 행동 계획으로 나아갈 수 있는 것이기도 하다. 의견과 관습의 불확실성과 다양성을 인정한다는 것은 행동의 포기를 의미하지는 않는다. 가장 확실치 않은 의견에 따라 행동하는 경우라도 행동은 굳은 결단 그리고 일관성을 가지고 수행되어야 한다. 그것은 갈팡질팡 헤매는 것보다는 보다 나은 길을 찾는 방법이기 때문이다. 그러나 데카르트의 의견의 불확실성과 행동의 단호함에 대한 견해는 이러한 실용적 이익의 계산에서만 나오는 것은 아니다. 이 점에 관하여 길게 설명하고 있는 부분은 그가 실제로 고전적인 지혜의 철학자라는 것을 드러내 준다.

"일상적인 삶에서는 가장 그럴싸한 의견을 좇아야 한다는 것, 이것은, 가장 확실한 진리이다. ……

……일상적 삶에서 지체 없이 행동하는 것이 불가피함에도 불구하고 우리 능력으로는 가장 맞는 의견을 변별해 내기가 어

5 Descartes, p. 134.

려울 경우가 있는데, 그럴 때에, 가장 그럴싸한 의견을 좇아야 한다는 것, 이것은, 가장 확실한 진리이다. 또 여러 의견 가운데, 어떤 의견이 다른 의견보다도 그럴싸하다는 것을 가려낼 수 없는 경우에도 한 의견을 취해야 할 수밖에 없을 수가 있고, 그 경우, 일단 그렇게 한 다음에는, 실천의 면에서 그것이 불확실함을 생각할 것이 아니라 이유가 그러한 만큼, 그것을 옳고 확실한 것으로 간주해야 한다는 것, 이것도 마찬가지이다.[6]

실천의 면에서는 그것이 불확실한 만큼, 그것을 옳고 확실한 것으로 간주해야 한다는 것, 이것도 마찬가지이다"

삶의 불확실성을 인정하면서도 그 안에서 어떻게 바른 견해를 찾고 행동적 선택을 하고 그것을 실천적 현실이 되게 할 것인가에 대한 방법론으로서 이보다 명쾌한 정식을 찾기도 어려울 것이다. 여기에서 진위나 시비를 가릴 수 없는 경우에도 행동적 필요에 강박되는 인생의 현실에 대한 그의 인식은 실존주의적 처절함을 느끼게도 한다. 이러한 "잠정적 도덕 규범"은 그의 서술에서 그가 참으로 방법적 탐색을 시작하기 전의 결심으로 말하여지고 있지만, 이러한 태도는 그의 방법의 완성 이후에도, 보다 섬세하게 되기는 했겠지만, 그대로 해당되는 것일 것이다.

삶의 불확실성을 인정하면서도 그 안에서 바른 견해를 찾고 행동적 선택을 하고 그것을 실천적 현실이 되게 하는 방법론

실천과 지적 작업

주로 과학적 이성에 대한 철학적 또는 형이상학적 기초를 다시 다짐하고자 한 《명상》(특히 제4부)에도 윤리적 행동에 대한 비슷한 명상들이 있다. 다만 여기에서는 실천적 결정에 선

실천에 선행하는 지적 의무

---

6 Descartes, p. 142.

행하여 지적 탐구가 있어야 한다는 것을 강조하는 점이 앞의 경우보다는 실천적 행동의 조건을 조금 더 분명히 한 것이라고 할 수 있다. 여기에서 그가 말하고 있는 것은 주로, 하지 말아야 할 것에 대한 규칙인데, 이것은 바로 이 점—즉 지적 성찰에 의하여 뒷받침되지 않은 실천적 결정을 피하여 한다는 것을 강조한다.

삶의 능력에는 여러 가지가 있다. 그 하나가 지적 능력이고 다른 하나가 의지 또는 자유로운 선택의 능력이다. 이 후자의 능력은 사안을 긍정, 부정하고 추구하고 회피하는 데 발휘된다. 이것은 사실을 사실로 받아들이는 데에 관계되고, 어떤 일을 해내고 아니면 멀리하고 하는 데에 관계된다. 그러니까 과학적 이성보다도 직접적으로 현실 세계에 관계되는 것이다. 과학적 이성의 경우 그것은, 사물보다도 그에 관계된 개념을 확실히 파악한다는 기능에 충실하는 한, 오류를 범하는 일이 있을 수 없다고 데카르트는 생각한다. 이것은 정언적 명증성을 가지고 있기 때문이다. 그러나 의지는 현실의 사물에 대하여 일정한 판단의 기능을 수행하여야 한다. 최선을 다하여도 거기에는 주저와 잘못이 있을 수 있다. 그것은 현실이 여러 선택 그리고 바름과 그름의 가능성을 가지고 있는 때문일 것이다. 그러나 엄밀히 말하면, 의지의 판단에 있어서의 오류는, 지적 능력과 의지가 일치하지 않을 때, 즉, 의지가 지적 능력의 한계에 멈추지 않고 내가 알지 못하는 것으로 의지를 확대할 때, 일어난다. 그러니까, "⋯⋯내가 충분히 분명하고 뚜렷하게 진리를 생각할 수 있는 경우가 아닌 경우에 판단을 삼간다면, 나는 바르게 행동하고 잘못을 범하는 것이 아니라는 것이 분명하다." 이와 다른 또 하나의 경우, 즉 우연히 바르게 행동한 경우, 그것도 할 일을 충분히 한 것이라고 할 수 없다. 그것은 "이성의 앎이 의지의 결정을 선행하여야 한다는 것을 자연의 빛이 말하여 주기 때문이다."[7]

그렇다면, 미판단, 미결정의 상태는 어떤가? 그러나 여기에 대하여 데카르트가 "무관심(indifference)"에 대하여 말한 것을 참조하여 보아야 한다. 그것은 우리의 자유 의지가 "가장 낮은 등급의 자유"[8]에 머물러 있고 우리의 이성과 앎이 부족한 상태에 있다는 것을 말한다. 그리고 이 지적인 능력과 업적이 커질수록 우리의 자유는 커진다. 이러한 관점에서 볼 때, 미결정의 영역은 엄격히 지켜져야 하지만, 동시에 그것을 넘어가기 위한 지적 작업의 추구는 인간의 의무라고 할 수 있다. 그것이 행동의 기초가 된다.

실천에 선행하는 지적 의무는 사실 데카르트가 전제하고 있는 진리를 위한 수련에 이미 포함되어 있다고 할 수 있다. 네 번째의 명상의 끝에서 데카르트는 되풀이하여 지적인 작업에서 생각하여야 하는 것을 충분히 그리고 분명하게 생각하고, 의지의 선택의 부분에 있어서 "사안의 진실이 분명치 않을 때에 판단을 삼가는 일"의 중요성을 강조한다. 그러면서 그는 "한 생각을 오래 하는 힘이 부족하다는 것을 알지만, 주의를 집중하고 되풀이된 명상을 통하여 이것을 기억에 새겨, 필요할 때 다시 상기할 수 있게 하여, 잘못을 저지르지 않는

주의의 집중과 되풀이된 명상

---

7 Descartes, p. 307.
8 Descartes, p. 305.

습관을 기르도록 할 수 있다."고 말한다. 그리고 그는 덧붙여, "여기에 인간의 가장 위대하고 가장 주요한 완성"이 있다고 말한다.[9] 데카르트가 이렇게 의지와 판단에 관하여 또 그것의 지적 작업과의 관계를 말하면서 그것을 인간의 완성의 이상에 연결할 때, 그것은 단순히 지적 능력에 국한한 이상만을 말하는 것은 아니다. 이 지적 성찰의 필요는 인간의 모든 능력과 업적에 관한 것이다.

논리와 실존의 깊이

이와 같이 데카르트가 실천 영역의 문제를 생각하지 않은 것은 아니지만, 거기에 결여되어 있는 것은 실천적 선택이 어떤 가치 기준이나 목표를 가져야 하는가에 대한 고찰이다. 아마 데카르트에게 그것은 당대의 도덕적 윤리 규범의 기준이고 목표일 것이다. 그리고 흔히 당대적인 기준이 그러하듯이 그것은 보수적인 질서에 부합하는 것이었을 것이다. 그러나 그러한 경우에도 그의 선택이 성찰을 결여한 맹목적 추종을 의미할 것으로 생각되지는 아니한다. 그에게 사람의 삶의 실천적 영역에 대한 엄밀한 분석이 부족하다고 한다면, 그것은 그의 삶의 실존적 진정성에 의하여 대신된다고 하여야 할는지 모른다. 위에서 우리는 스토아 철학자들의 체험적 카탈렙시스에 대하여 말하였지만, 반드시 그것이 아니라도 어떤 삶의 깊이는 그것만으로도 논리적인 분석을 넘어가는 설득력을 발휘할 수 있다. 물론 그것은 그 나름의 위험성을 가지고 있

---

9 Descartes, p. 309.

다. 그러나 반대로 삶의 실천적 선택은 논리적 정황만으로 충분히 믿을 만한 것이 되지 못한다. 데카르트, 그리고 그가 대표하고 있는 것은, 논리의 인간이다. 그럼에도 불구하고 그의 철학적 또는 과학적 추구가 그것에 한정된 것이 아님은 틀림이 없다.

우리가 기억해야 할 것은 데카르트에게 과학적 사고의 근본에 대한 추구는 올바른 삶에 대한 추구와 일체를 이루었다는 것이다. 과학에서나 삶에 있어서나 성찰은 그의 일생의 과업이었다. 어쩌면, 실천적 판단은 어떤 특정한 기준의 적용보다도 성찰을 삶의 일부로 완성하는 인간의 자연스러운 선택 행위의 표현이었다. 이것이 그의 실천에 관한 발언에 심각성을 부여한다. 그렇다고 그의 윤리관이 단순히 추상적인 사고에서 도출되어 나온다는 말은 아니다. 그것은 그의 실존적 체험에 깊이 뿌리 내리고 있는 것이라고 하여야 한다. 그것이 그의 철학적 저작을 자전적 형태가 되게 하는 이유의 하나이다. 자전이란 삶의 여러 사건에 대한 회고이지만, 데카르트의 자전적 서술에서 실존적 심각성을 부여하는 것은 그 삶의 모티프가 되어 있는 진리를 향한 정열이다. 그리고 이것은 부질없는 정열이 아니라 그 추구했던 목표를 찾는 정열이라고 할 수 있다.

데카르트에게 진리에 대한 믿음이 있었던 것은 틀림이 없다. 그것은 간단히 말하면, 그의 글에 자주 나오고 또 중요한 사유의 대상이 되는 신─기독교적인 신에 대한 믿음과 일치한다고 할 수 있다. 그러나 신은 그에게 소박한 의미에서의 신앙의 대상이었다기보다는 진리의 가능성에 대한 보장으로

우리가 기억해야 할 것은 데카르트에게 과학적 사고의 근본에 대한 추구는 올바른 삶에 대한 추구와 일체를 이루고 있다는 점이다

데카르트에게 신은 신앙의 대상이었다기보다는 진리의 가능성에 대한 보장으로서의 의미였다

서의 의미를 가졌다고 할 수 있다. 그가 신을 믿었다면, 신은 구체적으로 그가 찾을 수 있는 명증한 진리들을 통하여 증명되는 것이었다. 그리고 어쩌면 진리의 진리됨은 그에게 거의 직접적으로 체험되는 카탈렙시스와 같은 것이었을 수 있다. 그가 강조하는 확실성과 명증성은 지각적 체험의 강박성을 상기케 한다. 그에게 중요한 것은 전체적으로 사람에게 주어진 이성적 진리의 가능성이었다. 이것은, 비록 삶의 불완전성에 대한 의식을 끊임없이 노출하고 있는 것이 사실이라 하더라도, 실천적 영역에서도 마찬가지일 것으로 생각하였을 것이다.

진리의 삶이 아직 당연한 선택일 수 있었던 그의 시대로 인한 것

그렇기는 하나 그에게 윤리학이 없는 것은 사실이다. 그러나, 그것은 진리의 삶이 아직도 당연한 선택일 수 있었던 그의 시대로 인한 것이었다고 할 수도 있다. 그러한 점에서는 그는 파스칼과 같은 철학자보다 근대적이면서 동시에 중세적인 철학자였다고 할 수 있다. 도덕과 윤리에 대한 분석적인 사고 또는 기준보다도 사물을 신중히 고려할 수 있는 인간에 대한 신뢰를 도덕적 행위의 근원으로 생각하는 것은 전통적인 사회에서 드문 일이 아니다. 데카르트의 시대에 있어서도 이것은 아직은 해당되는 통념이었을 것이다. 다만 그것이 그 이후에 상실된 것일 것이다.

이러한 고찰은 실천적 문제에 있어서, 또는 신념의 문제와 관련하여, 데카르트―또는 사실은 어떤 사상가의 경우에도― 그 이성적 태도를 충분히 검토하려면, 그의 생애의 설득력을 생각해 볼 필요가 있다는 것을 의미한다고 할 수 있다. 이것은 그의 사상과 삶에 대한 새로운 본격적인 연구가 필요하다

는 말이 된다. 그러나 여기에서는 우리는 간단히 그의 삶을
살피고 거기에서 진리의 경험이 무엇을 의미하였는가를 소략
하게 생각해 보는 수밖에 없다.

3. 이성의 삶

위에서도 언급했지만, 《방법서설》의 호소력은 그것이 합리
적 인식론이나 형이상학적 기초에 관계된다는 사실에 못지않
게 자전적 기록이라는 데에서 온다. 그리고 이것은, 방금 본
바와 같이, 이성적 원리의 절차만을 논한 것이 아니다. 그것
은 삶의 지혜에 이르게 되는 도정을 말하고 있고 중요한 삶의
지혜를 말하고 있다. 그의 핵심적인 발견을 요약하여, "코기
토 에르고 숨"이라고 할 때, 이것은 단순히 추상적인 인식론
만을 의미하는 것이 아니라, 인간 실존의 형식―즉 생각하는
것이 바로 자기를 확실히 하는 것임을 선언하는 것이라고 할
수 있다. 또 이것은 단순히 추상적으로 선언된 것이 아니라
체험의 기록으로서 서술되어 있다. 그러니까 우리는 이 서술
적인 자기 발견 그리고 그것을 통한 지혜의 발견―종교적인
또는 어떤 신비한 계시가 아니라 당대의 여러 다른 의견과 관
습과의 관계에서 선택되는 지혜의 발견의 의미를 생각하여야
한다.

반성의 공간
그런데 자서전―특히 앞뒤의 연관을 살펴봄으로써 쓴 자서

《방법서설》의 호소
력은 자전적 기록이
라는 데에서 온다

"코기토 에르고 숨
(cogito ergo sum)"
은 추상적인 인식론
만을 의미하는 것이
아니라 인간 실존의
형식을 선언하는 것
이다

전이란 무엇인가? 그것은 어떤 사람이 자신의 과거를 돌아보고 그것을 기록하는 일이지만, 이것은 보다 넓은 의미에서 여러 가지를 되돌아보는 일을 포함한다. 이 되돌아봄의 행위 자체는 사람에게 어느 정도는 자연스러운 것이지만, 자서전은 이것을 지속적인 노력으로 의식화하는 작업이다. 그것은 자신의 마음 가운데 많은 것을 한꺼번에 볼 수 있는 공간을 만드는 일이다. 되돌아봄의 공간은 세계를 살펴보는 공간이기도 한 것이다. 소설에서 그러한 것처럼, 특히 호기심이 강하거나 객관적 관찰의 힘이 강한 사람의 경우에는 자서전은 여러 객관적 사건들을 하나로 살피는 기회가 된다. 데카르트는 그것들을 일일이 서술하고 있지는 않다. 이 되돌아봄은 그로 하여금, 결국은 자기가 착각과 오류에 불과하다고 생각하는 의견들에 대한 체험을 한눈으로 보게 한다. 이것은 삶의 진리를 찾는 데에 있어서 하나의 필수적인 조건이라고 할 수도 있다. 하여튼 데카르트는 되돌아봄을 통해서 적어도 많은 세간사와 세간인과 그에 따르는 견해들을 한눈으로 바로 통합한다. 위에서 말한 바, 세상의 의견이 다양하고 난형난제의 가능성 속에 있다는 것은 이러한 공간을 통해서 알게 되는 것이다. 그러면서 그는, 되풀이하건대, 이 모든 것을 하나의 관점에서 본다. 이 관점이 고정된 것이라는 것은 아니다. 그의 글이 문학적인 관점에서 성공하는 것은, 그의 삶에 일어난 모든 것을 다 기록하는 글이 아니면서도, 하나의 통일된 되돌아봄의 움직임을 유지한 데에서 온다. 독자는 그의 글에서 계속 스스로를 살피면서 움직여가는 마음의 지속성을 느낀다.

스스로를 살피면서 움직여가는 마음의 지속성

회의와 믿음

이 지속성에도 불구하고 다양한 의견에 열려 있다는 점에서 데카르트는 회의주의자에 가까이 간다. 이미 위에서 비친 바와 같이 그는 전적으로 회의주의는 아니지만, 방법적 회의가 없이는 세상에 대한 열림의 자세를 가질 수가 없다. 결국 긍정으로 돌아오는 경우에도, 세상에 대한 지속적인 열림은 자아와 세계의 긍정과 부정 그리고 종합의 변증법적 상호작용 속에서만 가능하다. 그는 자신이 회의주의자와 다르다는 것을 스스로 말하였다. 전통적 회의주의자들은 어떠한 명제의 경우에도 그에 반대되는 명제가 있고 또는 다른 명제가 얼마든지 있기 때문에, 결국 어떤 사안에 대한 고정된 판단은 있을 수 없다고 한다. 모든 명제에는 그에 맞서는 다른 명제의 가능성(isosthenia)이 따른다. 그리하여 그들은 어떤 것에 대해서나 판단을 보류하고, 급기야는 아무것도 의견을 갖지 않는 것에서 마음의 평정[아타락시아(ataraxia)]을 찾는다.

그러나 말할 것도 없이 데카르트가 발견했다는 유명한 회의의 방법은 진리에 이르기 위한 수단일 뿐이다. 그리하여 그가 회의주의자처럼 세상의 모든 의견에 귀를 기울인다면, 그것은 하나의 전략에 불과하다. 그러나 전략이라는 점에서 진리를 찾아서 여러 입장을 검토하는 것과 진리의 불가능을 은근히 인정하면서 그렇게 하는 일—이 두 개의 차이를 생각한다면, 사실 전통적 회의주의의 입장이 더욱 방편이나 전략의 성격을 강하게 가지고 있다고 할 수 있다. 회의가 술책이기에는, 데카르트의 진리의 탐구의 의지는 너무나 순정하다. 다만 삶의 방법이라는 점에서 전통적 회의주의자와 데카르트의 회의가 그렇게 다른 것은 아니라고 할 수 있다. 데카르트의 명증한 진리나 회의주의자의 아타락시아는 다 같이 흔들림이 없는 어떤 정신의 최종 정착점을 나타낸다. 세상의 다른 어지러운 것들은 거기에 이르기 위한 방편이면서 그 이상의 것이다. 세계에 대한 의미 있는 관찰이 자아의 지속성과 세계에 대한 열림을 합치는 데에서 가능해지는 것처럼, 진리에 대한 헌신은 진정한 회의를 포함함으로써 가능하다.

대상에 대한 관찰이 자아의 지속성과 대상에 대한 열림을 합치는 데에서 가능한 것처럼, 진리에 대한 헌신은 회의를 포함함으로써 가능하다

진리의 오류의 변증법

다른 한편으로 우리는 세상의 오류에 대한 경험이 없이는 사람의 자아는 공간이 없는 작은 점에 불과할 것이라는 역설을 생각할 수 있다. 삶의 복합성은 단순한 담론적 논리로 환원되지 않는다. 자아라는 것은 밖에 존재하는 오류의 세계와의 관계 속에서 존재하는 한에서만 존재할 수 있다고 할 수도 있다. 문학작품의 흔한 플롯은 주인공이 많은 잘못을 거쳐 새로운 깨우침을 가지게 되는 경위를 서술하는 경우가 많다. 이야기되어 있는 잘못들이 참으로 이래도 저래도 좋은 또는 없었어도 좋은 불필요한 우연이라면 이야기의 의미는 상당히 약화되고 말 것이다. 잘못의 삽화들은 깨우침을 위하여 넘어서야 하는 발판이면서 동시에 그것의 실질적 내용의 일부를 이룬다. 이것은 회의주의자나 데카르트의 경우에도 비슷하다. 그는 그의 일생을 되돌아보든 아니면 어떤 상황을 되돌아보든, 되돌아봄을 통하여 성찰의 공간을 만들고 그것으로 많은 것의 병치를 허용하는 회의 방법을 통하여 검토하고 진리 또는 바른 선택을 찾아내려고 한다.

자아는 밖에 존재하는 오류의 세계와의 관계 속에서만 존재한다

되돌아봄을 통해 성찰의 공간을 만들고 그것으로 많은 것들의 병치를 허용하는 회의 방법

자아의 수련

어떤 경우에 있어서나 물론 중요한 것은 오류의 세계를 넘어 살아남는 어떤 것이다. 이것은 회의주의자들의 경우처럼 삶의 철학일 수도 있고 데카르트처럼 의심할 여지가 없는 진리일 수도 있다. 그러나 이 과정에서 확인되는 것은, 이론적인 관점에서는 그것이 진리라고 하더라도 회의와 시련의 당사자에게는 삶의 도(道)이다. 도라는 것은 혼란된 사건과 의식의 흐름 속에서 하나의 일관된 지속성—어쩌면 단순히 어떤 모양을 갖춘 흐름이라는 의미에서일망정 하나의 지속성을 확인한다는 것을 말한다. 이 지속성의 담지자는 서술자 또는 되돌아보는 자의 자아이다. 그러니까 도는 삶이나 세계 속에 존재하는 것이면서도 동시에 자아가 분명한 모습으로 나타나는 방법이다. 서사적 맥락 속에서 생각할 때, 자아는 고정된 관점에 서 있는 자아가 아니고 성찰의 전 과정 속에서 형성되는 자아이다. 이것은 저절로 그렇게 되는 면을 가지고 있기는 하지만, 되돌아봄을 통해서 보다 의식된 주체적인 자아—하나의 통합의 원리가 된다.

그 본질이 무엇인지를 따지는 것은 어려운 일이지만, 주체적 자아의 원리는 이성의 원리 또는 이성적인 원리이다. 그러니까, 어떤 관점에서는 이성은 삶의 통일성에서 저절로 추출되는 것이라고 할 수도 있다. 실비 로마노프스키는 자서전으로서의 《방법서설》을 검토하고, 그것이 데카르트의 전기적 사실과의 차이를 지적하면서, 이 차이는 저자가 자신의 삶을 하나의 형상 속에서 파악하려 한 때문이라고 말한다.[10] 그리하여 그것은 루소나 프루스트의 저작에 비슷하다고 한다. 그

자아는 고정된 관점에 서 있는 자아가 아니라 성찰의 전 과정 속에서 형성되는 자아이다

러나 이것을 단지 문학적인 의도나, 또는 로마노프스키가 주장하듯이, 진정한 과학적 인식에 이르기 위한 예비 조작으로서의 의미만을 갖는 것으로 말할 수는 없다. 이것은 더욱 심각하게 생각되어 마땅하다. 그것은 인간에게 없을 수 없는 되돌아봄의 자아의 과정에 관계된다. 되돌아봄은 인간에게 어떤 경우에나 없을 수 없는 것이지만, 그것은, 자전적 되돌아봄에서 더 강화되고 그것이 다시 삶을 관류하는 논리로 파악된다. 물론 이것은 다시 일상적 자의식에 투입된다. 데카르트의 경우 이 삶의 일관성의 문제는 보다 강한 주제가 된다. 데카르트의 되풀이는 자전적 기술의 의도는 철학적이며 과학적이면서도 단순히 대상 세계만이 아니라 삶의 세계에 있어서도 일정한 논리성이 있음을 보여주려는 것이라고 할 것이다.

되돌아봄의 자아의 과정은 세속적 허영을 버린, 그러면서도 세상을 통하여 추구되는 체험의 연속으로 지속되는 자아이다

그런데 이러한 논리성의 담지자로서의 자아는 어떤 것인가? 이 자아의 존재는 자기주장이 강한ㅡ그것도 편견과 오만이 강한 자아를 의미할 수도 있다. 그러나 철학적 동기에 의하여 추구되는, 또는 강한 되돌아봄으로 추구되는 자아는 많은 세속적인 허영을 버린 자아이어서 마땅하다. 그러면서도 그것이 세상을 통하여 추구되는 자아라면, 그것은 체험의 연속 속에서 지속하는 밑바탕으로서만 존재한다.

루소나 프루스트 또는 몽테뉴에 있어서 삶의 일관성이란 사람의 삶의 경과 속에 드러나는 형식이라 할 수 있다. 성장

---

10 Sylvie Romanowski, *L'Illusion chez Descartes, La Structure du discours Cartésienne* (Paris: Editions Klincksieck, 1974), p. 18.

소설과 같은 경우는 이것을 소설 구성의 원리로서 추상화한다. 여기에서 자아는 이 형식─체험적 사실들이 지속하는 자의의 양식에 일치하고 또 이해할 만한 이야기의 줄거리에 일치한다. 그러나 데카르트의 자전적 기술에서 두드러진 것은 단순히 삶의 일관성 또는 다른 면으로 말하여 자아의 일관성만이라고 할 수도 없다. 그의 일관성은 진리를 찾겠다는 데에 있다. 이것은 의심할 수 없는 과학의 진리를 말하기도 하고 삶의 진리를 말하기도 한다. 물론 과학의 진리를 찾는 삶도 진리와 불가분의 관계에 있을 수밖에 없다.

일찌감치 그가 잘못된 견해가 아니라 모든 것을 그 기저로부터 검토하여 진리를 발견하는 일에 전념하고 싶다는 생각을 한 것은 23세 때였으나, 그 계획을 실천하기 위해서는 성숙한 나이가 되도록 기다려야 했다는 말을 하고 있다.[11] 그런 후에 그는 9년을 기다렸다고 말한다. 그 사이에 그는 세상의 경험─군대, 궁정, 외국여행 등의 경험을 쌓았지만, 그의 진리를 위한 결심은 그를 떠나지 않았던 것으로 보인다. 그가 세상 경험을 쌓은 것은 그의 생각에 진리의 길이 세상 사람들과 이야기를 널리 나누는 것으로써 더 밝혀질 수 있다고 생각했기 때문이다. 그러면서도 그는 세상의 여기저기를 돌아다니면서도, 그 자신이 말하고 있듯이, "당대에 벌어지는 여러 희극 가운데에 배우(또는 행동가)가 아니라 관객이었다."[12] 그는 세상의 일을 접하고 보면서도 그로부터 거리

11 Descartes, p. 140.
12 Descartes, pp. 144~145.

를 유지하고 따로 있었다. 그는 진리는 여러 사람의 견해에 휩쓸리는 데에서가 아니라 혼자 수행하는 사유로써만 밝혀질 수 있다는 생각을 가지고 있었다. 이것은 《방법서설》에서 가장 빈번히 되풀이되는 주제의 하나이다. 그러나 이것은 주어진 대로의 자아의 자기주장을 말하는 것은 아니다. 그는, 마주치는 일들을 낱낱이 성찰(reflexion)을 통해서 돌아봄으로써 그 진리를 헤아리는 것은 물론, 자신의 마음속에 자리한 오류를 철저하게 제거하려고 하였다.

자아는 자아성찰의 훈련을 통하여 금욕적으로 추출되는 자아이다. 이성은 금욕적 자아의 원리이다

　이렇게 해서 드러나는 자아는 자아성찰의 훈련을 통하여 금욕적으로 추출되는 자아이다. 이성은 금욕적 자아의 원리이다. 이것은 진리의 공간으로서의 자아의 성립이 쉽지 않음을 말하여 준다. 그것이 어떤 것이든지 간에 진리의 인식이 세속으로부터 초연한 태도를 요한다는 것은 우리가 잘 아는 일이다. 그런데 이것은, 특히 삶의 실천의 영역에 있어서는, 삶 자체의 금욕적인 기율과 불가분의 관계에 있다고 할는지 모른다. 다만 이 금욕은 밖으로부터 가하여지는 것이 아니라 스스로의 삶을 위하여 받아들이는 것이다. 금욕적 이성은 자기에 대해서만이 아니라 타자에 대해서 또 사회를 생각함에 있어서도 억압적이기 쉽다. 그것은 폭력의 근원이 되기도 한다. 그것이 그 억압성을 버릴 수 있는 것은 자아의 과정의 내면에서 산출되는 경우에 한한다.

이성 체험의 카탈렙시스(katalepsis; 확신)*

진리의 입장에서 데카르트에게 자명한 것은 이성적인 것이었다. 그에게는, 앞에 들었던 예를 들어 삼각형은 세 변을 가졌다거나 구체는 하나의 표면을 가졌다는 것이 자명한 것이다. 모든 것은 이러한 단순한 수학적인 명제로 환원될 수 있는 한에서 자명한 진리이다. 그러면서 그것은 자아의 이성적 사유의 주체로서의 활동에 불가분의 관계를 가지고 있다. 장 뤼크 마리옹은 의견의 오류를 떠난 참된 진리를 이러한 수학적 이해로 환원하는 데카르트의 생각을 길게 분석하고 이것을 그의 형이상학적 전제에 연결한 바 있다.[13] 마리옹의 생각으로는 데카르트가 무엇이 의심할 여지 없이 확실하다고 하는 것은 그것이 확실하게 존재한다는 말이라기보다는 존재론적으로 정당성을 가졌다는 말이다. 다시 말하면, 그것은 주로 우리의 사유 또는 지적 체계에 비추어 그렇다는 것이다. 그것은 지각되는 현상의 진실을 나타낸다. 그렇다고 하여 지각과 진실 사이에 어떤 일치가 있다는 것이 아니다. 일반적으로 일상적 행동의 실재는 회의의 대상이 된다. 그러면서 그것은 존재론적 정당성을 가진 논리적 개념을 통하여 진리에 이어진다. 손을 뻗친다거나 머리를 움직이는 것과 같은 행동은 보다 단순하고 보편적인 개념―가령 "연장, 연장을 가지고 있는 사물의 형상, 이 연장을 가진 사물의 수량이나 크기 또는 수, 그

> 데카르트가 무엇이 의심할 여지없이 확실하다는 것은, 그것이 확실하게 존재한다는 말이라기보다 '존재론적'으로 정당성을 가졌다는 말이다. 그것은 지각되는 현상의 진실을 나타낸다

---

* 스토아학파의 제논(BC 336-262)이 에피스테메(episteme, 학문적 인식)와 구분하여 말한 것으로, 일반적인 삶이나 정상적 상황에서 누구나 동의할 수 있는 지각 혹은 확신.

13 Marion, pp, 53~57 참조.

것이 놓여 있는 공간, 그것이 지속하는 시간 등"의 개념들을 상정함으로써만 생각할 수 있는 대상이 된다. 개념(idea)은 근본적으로 사유 활동에서 생겨나는 코드화 작업에 기여하는 기호이다. (이것은 이성으로 파악되는 사물의 본질이라고 이해되는 단순한 자연[natura simplicissma, res simplex, simple nature]에 대응하면서, 그것을 인식 과정의 소산이라는 관점에서 변형 파악한 것이다.)[14] 그리하여 단순명료한 것이란 분명하게 사유의 움직임이 형성하는 체계 속에 자리한다.

그렇다면 손을 뻗친다거나 머리를 움직이는 것과 같은 것은 무엇인가? 그러한 것으로 이루어진 사람의 삶은 완전히 허망한 것인가? 자전에 회고되는 삶은 이성을 위한 방편에 불과한가? 그러나 이성의 개념들의 세계는 데카르트에게 순수한 사유의 문제이면서 동시에 삶의 역정(歷程) 그리고 그 주체적 기저, 즉, 자아의 문제이다. 그것은 무엇을 의미하는가? 위에서 우리는 그의 확실하고 명증한 것들이, "이성의 빛에서만 나오는, 맑고 주의 깊은 마음의 확실한 생각"이라는 표현에서 보는 것처럼, 체험적 카탈렙시스의 성격을 가지고 있다는 것에 언급하였다. 결국 이성적인 것도 감각적 흐름의 삶 속에서 발견되고 또 감각적으로 체험되는 어떤 것일 수밖에 없다. 또 그럼으로써만, 그것은 삶에 대하여 살아 있는 의미를 가질 수 있다. 이성의 개념은 현상으로서의 세계나 감각적 체험에 대응하는 것이어서 마땅하다. 세계의 실체가 그 안에서 움직이는 이성의 활동이라고 하더라도, 우리가 아는 세계

이성적인 것도 감각적 흐름의 삶 속에서 발견되고 또 감각적으로 체험되는 어떤 것일 수밖에 없다. 그럼으로써만 이성은 삶에 대해 살아 있는 의미를 가질 수 있다

---

14 Marion, pp, 44~45 참조.

는 이 이성의 활동과 어떤 질료와의 맞부딪침에서 생겨난다. 이 부딪침에서 세계를 초월하는 지적인 세계에 대한 긍정이 일어난다.

자아와 초월로서의 자아

　형이하학의 세계를 넘어가는 영원한 진리의 세계가 어떤 것이든지 간에, 데카르트의 생애에 관련하여 이것을 생각해 볼 때, 중요한 것은, 다시 한 번, 이러한 이성적 세계를 구체적으로 대표하는 것이 사유하는 자아라는 점이다. 인간에게 삶의 역정이 있다면, 그것은 스스로 안에 있는 사유와 그 원리로서의 이성을 깨우치는 것이다. "코기토 에르고 숨"은 바로 이것을 말한다고 할 수 있다. 이것은 생각하는 것을 통해서 자아를 확인한다. 그러나 이 자아는 단순히 이미지나 상상력이 일고 지는 현상의 자기 동일성에 의하여 확인되는 것이 아니다. 이 자아는 이성을 떠맡고 있는 자아이다. 그러나 이것은 자아를 되돌아봄으로써 확인하는 이성의 원리 그 자체는 아니다. 그것은 움직임의 원리 또는 움직임 그것이다. "코기토 에르고 숨"은 사실 사유와 자아의 두 계기를 포함한다. 코기토가 있고 숨이 있다는 것을 확인하는 것은 그것을 확인하는 '코기토'와 '숨'이 다시 있다는 것을 말한다. 여기에서 벌써 '코기토'와 '숨'은 시간 내에서 지속하는 움직임으로 드러난다. 즉 나는 나의 기억으로서 확인되면서 나는 단순히 기억의 대상 이상의 연속—어떻게 보면 절대 대상화될 수 없는 연속으로서 파악되는 것이다. (여기에서 파악이란 반드시 대상적 인식을 말한다고 할 수는 없다. 그것이 무엇을 의미하는가 하는 것은 별도의

이성적 세계를 구체적으로 대표하는 것은 '사유하는 자아'이다. 삶의 역정이 있다면 그것은 자기 안에 있는 사유와 그 원리로서의 이성을 깨우치는 일이다

코기토(cogito)가 있고 숨(sum)이 있다는 것은 코기토가 있고 숨이 있다는 것을 확인하는 '코기토'와 '숨'이 다시 있다는 것을 말한다

문제가 될 것이다.) 그것은 이미지나 상상뿐만 아니라 이성 자체
도 초월하여 존재한다고 할 수 있다. 그리고 거기에 이르는
것은 구체적인 삶의 현상으로서 그것은 초월을 향한 끊임없
는 자기 단련을 요구한다.

이러한 자아의 성격이 이와 같이 초월적이라고 하여 반드
시 그것이 우리의 체험의 밖에 있는 것이라고 할 수는 없다.
이것은 완전히 자기 폐쇄적인 되돌아봄의 과정만을 말하는
것은 아니다. 방금 말한 바와 같이 그것은 세계를 초월하면서
도 동시에 틀림없이 세계 속에 존재하는 구체적인 자아의 일
부로서 자아의 현세적−현세적이면서 금욕적인 역정의 일부
이다. 뿐만 아니라 그러한 역정을 떠나서도 세계와의 관계에
서만, 말하자면, 그에 대한 하나의 탄젠트의 접점으로서만 존
재한다. 사유에 나타나는 이미지나 상상이나 개념들은 반드
시 내가 만들어낸 것은 아니다. 그 현실성을 여러 가지로 생
각해 볼 수는 있겠지만, 그것은 나를 넘어가는 다른 것들에
의하여 촉발된 것에 틀림이 없다. 다만 그것이 바르게 인식되
는 데에는 이성적 개념의 도움이 필요한 것이다. 또 그러한
변화를 통하여 그것은 우리의 세계의 일부가 된다.

세계를 초월하면서
도 틀림없이 세계
속에 존재하는 구체
적인 자아−현세적
이면서 금욕적인 자
아의 역정

에피파니(epiphany; 顯現)의 역사

이것은 문학적 서술에 있어서의 핵심에 관계되는 한 현상
에도 비슷하다. 누차 체험적 카탈렙시스에 대해 언급했지만,
문학에 있어서 그에 비슷한 다른 현상을 생각하는 것은 부질
없는 일이 아닐 것이다. 이것은 데카르트의 세계에서는 멀리
있는 것으로 생각된다. 그러나 그것을 잠깐 언급하는 것은 그

의 세계를 조금 더 이해하고 서구의 근대와 현대와의 차이 그리고 동시에 연속성을 생각하는 데에 도움을 줄 것이다. 문학의 서술은 감각적이고 구체적인 사건을 기술하면서도 대개의 경우 그것을 보다 높은 어떤 본질적인 것의 계시인 것처럼 제시하려고 한다. 문학적 서술, 특히 시적 서술이 "형이상학적 전율(frisson metaphysique)"을 유발할 수 있다고 생각되는 것은 이러한 관련에서이다. 이 전율이 일어나는 사건을 제임스 조이스는 에피파니라고 부른다. 에피파니는—"사물의 본질의 계시", "가장 하잘것없는 사물의 혼이 환히 밝아지는 순간"을 말한다.[15] 여기의 요점은 감각적이고 구체적인 체험이 직접적으로 다른 지적인(intelligible) 한 세계에 마주치는 듯한 경험이 있을 수 있다는 것이다. 조이스의 생각이 중세적인 배경에서 나온다는 것을 감안하면, 그것은 데카르트의 생각에 대해서도 전혀 유사점이 없는 것은 아닌지 모른다. 사실 난로의 열이 더웠던 울름의 방에서 사유와 존재의 핵심을 깨달은 순간을 비롯하여, 데카르트에게 그러한 에피파니의 순간이 체험적으로 존재했다고 하는 것은 사실이 아닐까 하는 생각이 든다.

형이상학적 전율

그러나 에피파니에서의 사물의 사물 됨의 계시(the sudden revelation of the whatness of a thing)와 데카르트의 이성의 존재와는 다른 것임을 다시 상기하는 것은 중요한 일이다. 이것은 이성의 질서가 일상적으로 사물의 존재를 규정한다는 일반적

---

15 James Joyce, *Stephen Hero* (New York: New Directions, 1955), pp. 211~13, quoted in Richard Ellmann, *James Joyce* (Oxford University Press, 1959), p. 87.

인 명제가 할 수 있는 것보다는 훨씬 구체적인 사물, "가장 하 잘것없는 사물"에 현실성을 부여한다. 찰스 테일러는 서양의 정신적 전통을 논하는 책에서 낭만주의 이후의 서양 현대의 정신 상황을 대표하는 증후로 삼아 그것을 길게 논의한 일이 있다. 그것은 범상한 경험의 세계에서 그것을 통하여 무엇인 가 높은 정신적 질서가 드러나는 현상을 지칭한다. 그런데 이 것은, 테일러의 해석으로는, 서양의 정신 질서의 통일성이 무 너진 것과 관계가 있다. 정신의 질서가 자연과학이 해명해 내 는 자연의 질서에서 분리됨으로써 그것을 통하여 접근되는 것으로 되어 있던 높은 정신 질서에 대한 경험이 불가능해졌 다. 그리하여 그것은 시적인 영감의 순간에만 계시될 수 있 게 되었다. 테일러의 표현으로, "도덕적 또는 정신적 질서는 개인적 비전에 이어짐으로써만 우리에게 다가오게 된 것이 다."[16] 그러나 이 도덕적 또는 정신적 질서도 쉽게 접근될 수 없을 뿐만 아니라 설득력을 가지고 환기할 수도 없는 것이 현 대 또는 후기 현대의 정신 상황이다. 여기에서 물질계를 넘어 가는 높은 질서는 일시적으로 드러나는 시적인 영감의 순간 에 암시될 수 있을 뿐이다. 그 수법은 기본적으로 "병치의 시 학(poetics of juxtaposition)"의 수법이다. 두 개의 다른 이미지 나 언어 또는 참조의 틀을 병치할 때, 두 병치된 항목 사이에 에너지가 발생하고, 거기에서 사람들은 어떤 두 가지를 포괄 하고 초월하는 정신의 질서를 체험한다. 이것은 강한 개인적

경험이 불가능해진 높은 도덕적, 정신 적 질서의 세계

시적인 영감의 순간

---

16 Charles Taylor, *Sources of the Self: The Making of Modern Identity* (Harvard University Press, 1989), p. 428.

인 체험이다. 그러면서도 그것은, 많은 모더니스트의 시들이 보여주듯이, 사물의 분명하고 확실한 사물 됨을 두드러지게 느끼게 한다. 그러니까 사물은 그것을 초월하는 높은 질서 속에서 참으로 그 모습을 드러낸다고 할 수 있다. 여기의 계시는 극히 한정되고 개인적인 계시이다. 데카르트는 모든 것이 신의 창조의 표현이라고 생각하였다. 이것은 단순히 추상적인 믿음일 수도 있다. 그러나 동시에 그의 생각이 그의 생애에 깊이 뿌리를 내리고 있고, 그가 그의 삶의 작은 사건들에 면밀한 주의를 기울인 것은 사실이다. 그의 성찰이 그가 대상으로 삼은 일상사를 다른 차원으로 올려놓았을 뿐이다. 그에 있어서 체험하는 많은 구체적인 것과 구체적인 것 뒤에 있는 이성적인 것의 존재는 당연한 것이었다. 그 이후에 이성적 질서의 전개는 이러한 연결—자신과 자신의 삶의 작은 일들과 형이상학적 직관의 연결을 점점 멀리하게 하는 방향으로 전개되었다. 역설적으로 이러한 분리와 단편화의 정신사적 기원을 사람들은 데카르트의 이성주의에서 발견한다. 그가 우리에게 말한 질서의 저쪽에 있는 질서는 이성의 질서, 결국 그가 구축하고자 했던 세계에 대한 과학적 설명의 체계였다. 물론 그에게 이러한 이성의 세계는 아직도 형이상학적 의미 또는 신학적 의미를 가지고 있었다. 그러나 그 후의 발전으로 볼 때, 높은 이성적 질서에 대한 직접적 접근을 어렵게 한 데 대하여 그의 사상의 책임을 물을 수는 없을 것이다.

체험, 이성, 도덕적 이성

우리가 생각해 보자 했던, 신념이나 확신 또 의견의 문제로

사물은 그 스스로를 초월하는 높은 질서 속에서 자신의 모습을 드러낸다. 그러나 이때의 계시는 강한 개인적 체험이다

데카르트의 이성주의에서 발견되는 분리와 단편화의 정신사적 기원 그리고 과학적 이성의 특권화

다시 돌아가볼 때, 데카르트의 이성이 세상의 일반적인 도덕적 질서의 원리로서는 크게 효과를 갖지 못하는 것으로 보인다. 그의 관심의 초점은 의심할 여지가 없이 확신을 줄 수 있는 수학적인 명제들이다. 그는 이 명제들이 물리적인 세계의 배후의 참모습을 드러낸다고 생각한다. 이 세계의 사실과 진리를 밝히는 데 관계된 원리가 이성이다. 그런 의미에서 그가 과학적 이성의 특권화에 중요한 역할을 했다는 것은 틀림이 없다. 데카르트의 이러한 단점에 대한 비판은 무수히 반복되어 왔다. 데카르트 이후 유럽의 주된 조류가 된 카르테시아니슴(cartesianism)에 대한 비판을 체계화한 최초의 이론가의 한 사람은 비코이다. 그에게는 현실 세계에서 "인간의 의지에 방향을 줄 수 있는 것은 이성의 추상적인 보편성이 아니고 어떤 집단, 인민, 민족 또는 인류 전체가 이루는 공동체가 드러내 보여주는 구체적 보편성이다."[17] 데카르트에서 비롯된 것으로 간주되는 과학적 이성에 대한 이러한 비판은 지금도 계속된다. 방금 인용한 것은 20세기에 와서 윤리와 문화의 원리로서의 과학적 이성이 부족함을 비판하고 그것에 대처하는 원리를 정리하고자 한 한스 게오르크 가다머가 요약한 비코의 입장이다. 비코가 과학적 이성에 대체하여 그 중요성을 강조하는 것은 "공동체의 양식(공통감각, sensus communis)"인데, 이것은 가다머가 설명하는 바와 같이 인문주의의 전통에서 삶의 지혜, 프로네시스나 프루덴티아에 통하고, 또 이러한 지혜

"인간의 의지에 방향을 줄 수 있는 것은 과학적 이성의 추상적 보편성이 아닌 공동체가 드러내 보여주는 구체적 보편성이다"(가다머)

---

17 Hans-Georg Gadamer, *Wahrheit und Methode*, 5. Auflage (Tübingen: J. C. B. Mohr, 1986), S. 26.

가 언어에 밀접한 관련을 가졌다는 점에서, 능변(eloquentia)에 통하는 것이다. 그러한 주장들은 물론 적절한 것이다. 그러나 이러한 비판이 데카르트적 이성이 인간의 사회적 삶에 관계가 없다고 생각한다면, 그것은 다시 한쪽으로 치우치는 것이 된다.

그리고 데카르트가 이러한 문제에 관심이 없었던 것은 아니다. 이미 우리는 앞에서, 그가 현실적 선택에 부딪쳐서 어떻게 할 것인가에 대하여 상당히 분명한 생각을 가지고 있었다는 사실에 대하여 언급하였다. 그가 젊은 시절의 행동 원리라고 내세운 "잠정적 도덕 규범"은 위에서 말한 바와 같이 뛰어난 현실감을 보여주는 것이다. 데카르트의 관심이 과학적 이성과 그 가능성을 향하는 것은 부정할 수 없으나, 그것은 그에게 보다 큰 이성의 일부를 이루는 것일 것이다. 우리가 현실적 행동을 생각하는 경우에도 물리적 세계가 거기에 깊이 간여되어 있는 것은 말할 것도 없다. 그것을 떠나서 의지나 욕망이나 두려움으로 현실 행동에 대하여 판단하고 그 속에서 행동한다고 하는 것이 바른 것이 될 수 없음은 상식의 눈으로도 자명한 일이다. 그러나 이것은 철저하게 행동의 규범으로 하기는 어렵다. 그것은, 의지의 자유에 필수적으로 따라야 하는 행동과 자제의 기율을 몸에 붙이기가 쉽지 않은 행동과 자제의 기율 것이기도 하지만, 그것을 위하여 수행하여야 하는 지적 작업은 더욱 많은 정신적 기율을 요구하기 때문이다. 어느 쪽이나, 그것은 위에서 인용한 데카르트의 말대로, 반복된 명상 또는 사고의 훈련을 필요로 한다. 그리고 덧붙이면, 이미 이루어진 역사적 업적에 대한 새로운 검토를 요구한다. 이것은 다시 말하여 계속적인 정신의 훈련―그리고 이것도 덧붙인다면, 현실 행동의 훈련―을 통하여 이루어질 수 있는 것이다. 그리고 이것은 아마 일생의 정신의 역정에 관계된 것일 것이다. 데카르트의 방법의 추구가 자전적 형식으로 쓰여 있는 것은 그의 방법이 간단한 학습으로 얻어진 것이 아니라, 지속적인 삶의 훈련으로 얻어지는 것을 말한다고도 할 수 있다. 그러나 그것이 삶의 훈련이기를 그치고 방법이 되어버린 것이 그 후의 역사에 있어서의 데카르트적인 전개라고 할 수 있다. 그리하여 그것이 많은 비판의 대상이 되는 것은 불가피하게 되었다.

지속적인 삶의 훈련
이기를 그치고 방법
이 되어버린 이성의
역사

3장

삶의 지혜

1. 심정적 윤리와 사회

이성만을 진리의 기준으로 생각할 때, 그것으로 재단되는 인간의 일들은 인간의 존재방식을 왜곡시킨다. 그것은 인간의 자아를 이성의 확실성에만 일치시키고, 이성이 아닌 모든 것들을 자아에서 배제했기 때문이다. 하지만, 언제나 자아의 능력은 이성과 연계되면서도 이성을 넘어서 지혜의 영역으로 나아간다. 이때 지혜는 삶의 일체성에 대한 존중과 사회와 자연의 조화로 나타난다.

동양의 전통에서 윤리적 근본에 대한 지혜의 탐구는 어떤 의미에서 서양의 경우보다 더 중요했다고 할 수 있다. 맹자의 불인지심(不忍之心)과 사단(四端)이 그 경우의 하나이다. 그러나 사단이 참으로 선입견 없는 인간성의 확인이라고 할 수 있는가는 좀 더 생각해 봐야 한다.

특별히 선하지도 특별히 악하지도 않은 개인의 윤리적 목적을 가지지 않은 행동이, 결과적으로는 집단 전체의 관점에서 윤리적 의미를 가질 수도 있다.

애덤 스미스의 경우 윤리적 이성은, 생존의 피할 수 없는 사회적 성격, 자기이익의 하나인 자존심, 그리고 명예롭고 드높은 것에 대한 사랑으로부터 나온다. 이와 같은 이성의 사회성에 대한 강조는 마르크스주의까지 포함하여 끊임없이 강조되는 중요한 생각이지만, 동양 전통에서 그리고 유난히 한국 사회에서, 우리의 이성과 윤리는 집단주의적 성격을 갖는다. 우리 사회에서의 도덕과 이성은 상상된 공동체의 집단적 압력을 벗어나지 못하고 있다.

2. 프로네시스(실천적인 도덕적 지혜)와 이성

공동체의 신념은 공동체의 이익을 중시한다. 그러나 공동체의 이익은 사실상 특정한 개인 이익의 허울이 되기 쉽다. 엄정한 이성의 원칙이 없는 공동체에서, 지혜란 이해관계와 거래의 계책을 의미한다. 결과적으로 프로네시스는 집단 이익의 명령이 이성을 대신하는 것을 막지 못한다.

숨겨진 이익의 역학 관계로 움직이는 현실의 공동체와 보편적 규범을 구현하고자 하는 이상적 공동체 사이에는 먼 거리와 깊은 알력이 있다. 근본적으로 보편성은 집단의 명령이 아닌 개인의 자율성 속에서만 살아 있는 것이 될 수 있다.

3. 합리성과 숨은 이성

공동체의 신념을 넘어가는 보다 엄격한 이성은 어떻게 가능한가.

데카르트에게 있어 참과 거짓을 분명히 알고 주저 없이 참의 행동을 선택할 수 있는 가능성의 근거는 신의 존재에 있다. 그에게 있어, 참의 기준은 '생각하는 나'의 이성과 이성의 법칙성에 있고 그것을 보장해 주는 것은 신이다. 데카르트의 이러한 판단은 기독교의 가르침이나 당대의 공동체적 규범이 그 배경으로 작용했을 것이다. 어쨌거나 그 핵심은 공동체적 상식과 문제적 상황들의 섬세한 관련들을 하나의 일관성 속에서 바라보는 눈길이다. 이 일관성의 눈길은, 반복하여 신의 존재에 근거한 이성이다.

4. 이성과 가치

그러나 데카르트 이후 서구의 사상사는, 스스로 명증한 이성의 원칙은 없다는 것을 일반화하였다. '현실적인 것이 이성적인 것이고 이성적인 것이 현실적인 것'이 될 수 없는 오늘, 사실과 가치의 관계는 어떠한가.

베버는 가치중립성을 학문적 엄정성을 지키는 정신으로 보았다. 베버에 의하면 가치는 인간 행동의 가장 중요한 동기이지만, 많은 경우 결과는 처음의 가치 선택자가 원하는 대로 나타나질 않는다. 순수한 동기가 순수한 결과를 보장해 주지 못한다. 역사는 선한 목적을 위해 또 얼마나 많이 선하지 못한 수단을 동원하는가. 동기와 결과뿐만 아니라 목적과 수단 또한 정합적이지 못하다. 그러므로 가치 선택의 유보는 깊은 의미의 가치 선택이다. 인정하고 싶지 않은 사실까지도 인정하는 사실존중과 가치중립의 태도야말로 역설적인 윤리적 선택이다.

사실존중의 태도에 필수적인 것은, 자기기율에 바탕한 자율적 이성이다. 이 이성에는 반성을 통한 역지사지의 민주적 관용이 들어와 있다. 그렇더라도 다시 한 번 필연적 가치 기준이 없는 오늘의 세계에서 사실의 선택은, 개인의 자의적 선택이 될 수밖에 없다.

이러한 회의를 안으면서 그러나 가치중립성의 입장은, 개인의 자율성이—자신이 속한 집단의 숨은 이해관계부터 거리를 갖는 개인의 자유가 모든 윤리적 이성의 토대라고 생각한다.

3장 삶의 지혜

1. 심정적 윤리와 사회

데카르트의 명증성과 심정

데카르트를 단순히 방법적 이성의 설파자로서가 아니라 삶의 이성 전체를 탐구하고자 한 철학자로 본다면, 그의 이성은 단순히 수학적인 이성이 아닌 존재론적인 의미를 가진 것이며, 삶의 실천적 현실에 대하여도 깊은 의미를 가진 것이라는 것이 앞에서 밝히고자 하였던 내용이었다. 그러나 이것도 이미 말한 것이지만, 데카르트적인 이성이―데카르트의 이성은 아닐는지 모르지만―현실적으로 또 이론적으로 여러 가지 문제를 가진 것임은 부정할 수 없다.

명확한 이성만을 진리의 기준으로 생각할 때 일어나는 문제는 그것에 의하여 재단되는 인간사에서 인간의 존재 방식을 왜곡하게 될 수 있다는 것이고 다른 한편으로는―이것도 인간 현실의 왜곡에 밀접하게 연결되어 있는 것이지만―인간

명확한 이성만을 진리의 기준으로 생각할 때, 그것에 의해 재단되는 인간의 일들은 인간의 존재 방식을 왜곡시킨다

의 실천적 영역에서는 이성이 그 기능을 잃어버릴 수 있다는 것이다. 이것은 일단 데카르트에서 보는 바와 같이 인간 자아의 능력을 이성과 일치시키고 다른 일체의 것을 배제한 때문이라고 할 수 있다. 이에 대하여 인간에게 물리적 세계의 인식을 가능하게 하는 이성과 마찬가지로 실천 영역에서의 도덕적 윤리적 판단을 가능하게 하는 능력이 존재한다고 생각할 수도 있다. 대체로 말하여, 실천적 영역에서의 이러한 인간의 판단의 능력은 심정적인 경험으로부터 자라나오는 지혜라고 할 수 있다.

이성의 영역과 지혜의 영역

물론 그런 경우에도 그러한 지혜가 반드시 이성적 능력과 별개의 것으로 존재하는지는 분명치 않다. 그것은 보다 엄정한 기준의 이성에 의하여 보완되고 또 넓은 의미에서의 이성의 연계 속에 있어야 더욱 온전한 것이 된다고 하여야 할 것이다. 실천과의 관련에서 데카르트적인 이성이 요구하는 것은 명증성이다. 그리하여 그 관점에서 그것을 결하고 있는 현상은 격하되기 쉽다. 그러나 사실 명증성은 바라보는 마음의 명증성이지, 반드시 그 대상의 명증성은 아니다. 사람의 행동을 지배하는 다른 원리가 있다고 하더라도 그것은 명증성을 요구하는 마음에 의하여 인도될 수 있다. 지각이나 감정에 대한—즉 분명치 않으면서도 그 나름의 법칙적 움직임을 가지고 있는 현상에 대한 현상학적 분석이 이성적 절차의 엄밀성을 버리지 않는 것은 그 하나의 예이다. 이것은 실천의 영역에서도 되풀이될 수 있는 일이다. 그러나 일단 이성에 대한 지나친 강조는 마음에 움직이는 다른 원리들을 배제하게 되는 경우가 많은 것이 사실이다. 그러면 이성이나 믿음에 비슷

명증성은 대상의 명증성이 아니다. 바라보는 마음의 명증성이다

하게, 사람의 마음으로부터 끌어낼 수 있는 선의 원리는 없는 것일까? 이 질문은 여러 전통에서 제기되었다. 이러한 질문도 도덕과 윤리의 문제를 근본으로부터 확립해 보려는 것이기 때문에, 그 근본적 성격에서는 이성에 대한 착반과 크게 다른 것은 아니다. 대체로 그것은 이성을 대체하거나 그것을 보완할 수 있는 길을 찾는 일이다. 유감스러운 것은 그것이 마치 이성의 엄밀성과 양립할 수 없는 것처럼 생각하는 것이다. 그것은 삶의 일체성에 대한 존중, 평화적 사회의 이상, 자연과의 조화 등의 목적과 관련해서 실천적으로 심각한 결과를 낳는다.

불인지심

동양 사상에서 사람의—실천적이라기보다는 조금 좁게—윤리적 관점에서 근본이 될 만한 원리에 대한 탐구는 서구의 전통에서보다 더 중요했다고 할 수 있다. 성선(性善), 성악(性惡), 양심(良心), 도심(道心), 양지(良志) 등에 대한 논의는 그러한 노력의 일부이다.

도덕적 기준의 심리적 근거에 대한 고전적인 탐구의 전범은 맹자의 인간성에 나오는 언급이다. 맹자는 사람에게 불인지심(不忍之心)이 있다고 했다. 측은한 마음이나 옳지 못한 것에 대한 부끄럽고 미워하는 마음, 양보하는 마음, 시비를 가리는 마음은 후천적인 교육에 의하여 얻어지는 도덕적 품성이 아니라 사람의 본성에 들어 있는 마음의 기본 원리여서, 타산을 넘어서 발휘되는 것이고 그것 없이는 사람이기를 그친다는 것이다. 그러니까 말하자면, 이것들은 의심할 여지가 없는 인간성의 일부이다. 이것으로부터 윤리와 도덕의 덕목들, 인의예지(仁義禮智)가 생겨나게 된다.

그러나 네 개의 심리적 성향 즉 사단(四端)의 문제는 그것이 인간의 마음에 내재하는 모든 경향을 포함하는 것이 아니라는 점이다. 조선 시대의 성리학에서 사단은 물론 칠정(七情)─《예기》의 리스트로는, 희로애구애오욕(喜怒哀懼愛惡欲)과 불가분의 관계에서 생각되었다. 칠정도 인간 심성의 무시할 수 없는 충동인 것이다. 물론 사단칠정이 문제가 되는 것은 사단만이 윤리적 판단으로 나아가는 심리적 근거가 되고 이(理)라는 이성적 질서로 나아가게 할 수 있는 것으로 생각되었기 때문이다. 그러나 사단이 반드시 곧 이성적 성격을 가진 것은 아니다. 그것 자체도─이것은 심히 복잡한 문제이기는 하지만─이(理)에 의하여, 또는 그것보다는 현실에 다가와 있는 기능으로서 마음[心]에 의하여 통제됨으로써만, 윤리의 원리가 될 수 있다.

퇴계(退溪)의 《성학십도(聖學十圖)》의 하나를 이루는 "心統性情圖說"에 장재(張載)의 말을 인용한 설명은 바로 이 점에 관한 것이다. 마음은 성과 정을 거느리고(統), 인의예지와 측은, 수오, 사양, 시비의 정이 드러나게 할 수 있다. 이 마음의 거느림이 없으면, 성이 가운데를 지키지 못하여 고르지 못하게 되기 쉽고 정이 절제와 조화를 잃어, 방탕해질 수 있다. 그러므로 마음을 바르게 하여, 성을 기르고, 정을 통제하여야 한다.[1] 측은한 마음이나 부끄러워하고 싫어하는 마음이 일정

---

[1] 윤사순, 《퇴계선집》(현암사, 1982), p. 354 참조. 여기의 번역을 엄격하게 따르지는 아니하였다.

한 절제를 얻지 못한다면, 그것이 윤리 도덕의 원리가 될 수 없다는 것은 상식적으로도 자명하다. 그러니까 다른 규범의 심리적 바탕이 되는 심정적인 요소들도 이성적 판단에 의하여 일정한 절제를 갖게 되는 것이 필요한 것이다. 이것을 통하여 사람의 심성은 일정한 규범적 일관성에 이를 수 있다. 물론 이러한 경우에도 사단이나 그것의 규범화로서의 인의예지가 시대를 초월하여 곧 보편적 성격을 갖는 것은 아닐 것이다. 이와 같이 사단은 도덕과 윤리의 원리에 이어진다고 생각되었지만, 물론 우리는 그것이 참으로 선입견 없는 인간성의 확인이라고 할 수 있는가를 생각해 볼 수 있다. 의심할 여지가 없는 윤리 도덕의 원리를 나열한 삼강오륜(三綱五倫)은 타당성이 없지 않은 대로 보편적이라기보다는 어떤 시기의 도덕 원리를 나타낸다고 볼 수밖에 없다. 사실 맹자의 불인지심도 반드시 어떤 명확한 원리에 대한 통찰의 성격을 가진 것이기는 하면서도, 시대적 성격 그러니까 거기에서 나오는 선입견을 떨쳐버리지는 못하는 것일 것이다. 사단이 이야기되어 있는 맹자의 《공손추장구상(公孫丑章句上)》 서두에서 이 문제는 임금이 나라를 다스림에 있어서 가져야 할 마음을 말하면서 발의되고 끝 부분에서 여기의 착한 마음이 없이는 부모를 바르게 모실 수 없다는 말로 끝나는 것을 볼 수 있다.

사단(四端)과 그것의 규범화로서의 인·의·예·지가 시대를 넘어 보편적 성격을 갖는 것은 아닐 것이다. 사단이 참으로 선입견 없는 인간성의 확인이라고 할 수 있는가는 좀 더 생각해 보아야 한다

심정의 도덕

도덕과 윤리의 근거를 인간성에서 찾으려는 노력은 서양 전통에도 많다. 18세기 스코틀랜드의 인간성에 대한 논의도 그러한 논의 중 중요한 것의 하나이다. 거기에서 대두된 인간

의 심성에 내재하는 선의(benevolence)가 있어서 윤리와 도덕의 기초가 된다고 하는 도덕적 감성의 이론은 유명한 것이지만, 이에 못지않게, 또는 역사적 영향력에 있어서 강력했던 것은, 자기와 종족의 보존의 본능, 그를 위한 이기적 이해의 추구가 인간 행동의 원초적 동기가 된다는 생각이었다. 그러나 후자의 경우에도 도덕적 기준을 완전히 포기한 것은 아니었다.

애덤 스미스는 당대의 가장 중요한 도덕 이론가의 한 사람이었지만, 그의 《국부론(the wealth of nations)》의 밑에 들어 있는 기본적 명제, 개인 이익의 추구가 국가의 부에 기여한다는 명제는 그대로 그의 인간 행동의 도덕적 의미에 대한 인간학적 이해에 이어지는 것이다. 그의 유명한 말 "공익을 위해서 상업에 종사한다는 사람으로 하여 좋은 일이 이루어지는 법이 없다."는 것은 그의 경제와 윤리가 직접적으로 연결되지 않는다는 생각을 나타낸 것이다. 그러나 반대로 개인이 윤리적 목적을 가지고 행동하지 않아도, 그것은 집단과 삶 전체의 관점에서 윤리적 의미를 가질 수 있다는 것이 그의 생각이었다. 이러한 스미스의 생각은 객관적인 도덕적 판단의 기준이 존재한다고 하더라도 그것을 현실에 적용하는 것이 용이치 않다는 것을 생각하게 한다. 도덕과 윤리가 사람의 삶의 현실—반드시 도덕적이거나 윤리적인 것이 아닌, 생명과 종족의 보전, 부분과 전체의 복합적 연결 등에 관계되어 있다고 한다면, 어떤 행동의 궁극적인 윤리의 의미는 그때그때의 간단한 도덕적 판단으로 저울질할 수 없는 것이 된다. 그리하여 행동의 지침으로서의 도덕과 윤리의 원리는 무의미한 것이

개인이 윤리적 목적을 가지고 행동하지 않아도 집단과 삶 전체의 관점에서 윤리적 의미를 가질 수 있다

된다.

　그러나 스미스도 조심스럽게 개인의 행동에 움직이는 윤리
적 도덕적 기준—보편적 기준을 인정하지 않은 것은 아니다.
그는 사람의 마음 가운데는 "우리의 느낌과 행위에 대한 추상　사람의 마음 속에 있
적이고 이상적인 관측자"가 있다는 것을 인정하였다. 이것이　는 이상적인 관측자
사람의 사회적 행동을 중재하는, "이성, 원칙, 마음 속에 거하
는 인간, 행동의 판단자 중재자"가 된다.[2] 이것이 과학적 이성
과 같은 것인지는 분명치 않다. 스미스의 이러한 생각을 오늘
날에도 중요한 사회적 판단의 기준으로 간주하는 마사 너스
바움은 이것이 결국은 이성적 도덕의 관점을 옹호하는 것이
라고 말한다. 이러한 이성의 장점은 감정의 역할을 참작한 것
이라는 점이다. 감정은, 너스바움의 생각으로는, 상황의 구체
적 인식에 중요한 역할을 한다. (이것은, 앞에서 언급한 바 있듯이
동아시아 사상의 중요한 내용의 하나이기도 하다.) 물론 감정은 이성
의 초연한 시각에 의하여 중재되지 아니하면 안 된다. 그는,
스미스의 "공정한 관측자"를 인간 심성의 여러 요소들을 참
조하면서 "이성적 도덕의 관점"을 유지하려는 입장에서 상정
된 것이라고 말한다. "그것은 이 관측자가 생각과 정서와 환
상을 지니되, 그것을 합리적 세계관의 일부가 될 수 있는 한
도에서만 지니게 함으로써, 이성적 도덕의 모델을 보여주게
하려는 것"이라는 것이다.[3]

---

2 Louis Schneider ed., *The Scottish Moralists* (University of Chicago Press, 1967), p. 76. Adam Smith, *The Theory of Moral Sentiments* (London and New York: G. Bell and Sons, 1892), p. 192, p. 216으로부터 발췌.
3 Martha C. Nussbaum, *Poetic Justice* (Boston: Beacon Press, 1995), p. 73.

도덕의 사회성

그러나 스미스의 이성적 관점이 데카르트적인 순화된 선험적 이성의 관점과 다른 것임은 물론이다. 그의 이성은 한편으로는 인간 생존의 피할 수 없는 사회적 성격에서 나오고 다른 한편으로는 그에 관련하여 사람이 갖는 자기이익의 하나인 자존심 그리고 그에 이어져 나오는 명예롭고 드높은 것에 대한 사랑에서 나온다. 그에게 확실한 것은 사람의 사회성이다. 도덕적이고 윤리적인 가치들도 그에 밀접하게 관련되어 있다. 사람의 자기의식을 설명하면서 그가 빌려오는 거울의 이미지는, 사회성이 개인의 의식에 삼투해 오고 그것이 이상형으로 정련되는 과정에 대한 그의 견해를 미묘하게 나타내준다. 사람은 거울을 통해서 자기를 안다. 그때, 보는 눈은 사회의 눈에 의하여 형성된 눈이다. 이것은 정신의 경우에도 마찬가지이다. 도덕의 기준은 그러한 거울에 의하여 형성된다.[4] (성리학에서의 수신(修身)의 방법으로서의 공구신독(恐懼愼獨)도 밖에서 보고 있는 눈길에 깊이 관계되어 있다고 할 수 있다.)

그것이 반드시 여기에서 발원한다고 할 수는 없으나 서구 사상에서의 사회성의 강조는 끊임없이 나타난다. 윤리와 도덕의 근원을 사회의 집단성에 두는 뒤르켐과 같은 학자의 생각도 그러하지만, 민족주의나 마르크스주의의 계급 윤리도 여기에 속한다.

우리나라에서 실천적 의미에서의 도덕과 윤리는 특히 집단적 성격을 갖는다. 전통적으로 강조된 것은 충효였지만, 근대

----

4 *The Scottish Moralists*, pp. 71~72.

애덤 스미스의 이성은 첫째 인간 생존의 피할 수 없는 사회적 성격, 둘째 사람의 자기이익의 하나인 자존심, 셋째 명예롭고 드높은 것에 대한 사랑으로부터 나온다

윤리와 도덕의 근원을 사회성과 집단성으로 보는 태도

에 와서 지금까지도 민족주의와 마르크스주의적 계급주의는
가장 강력한 도덕적 명령의 근원이 되어왔다. 다만 스미스에
있어서 사회성은 개인의 심성 속에 있는 이성의 원리를 통하
여 매개되는 데 대하여 이러한 집단주의에서 그것은 거의 그
러한 매개를 통하지 않는다는 차이가 있다. 사회성에서 나오
는 도덕과 윤리의 기준은 사람의 행동에 대하여 지침이 되고
비판의 기준이 될 수 있다. 아마 경험적 윤리가 움직이는 것
은 사회성의 테두리 안에서일 것이다. 그것은 도덕과 윤리의
원리이면서 상상된 공동체의 집단적 압력을 벗어나지 못한   상상된 공동체의 집
다. 그 점에서 그것은 당대적인 의견과 신념을 비판적으로 판   단적 압력
단하는 데에는 별로 도움이 되지 않는다고 할 수 있다.

2. 프로네시스와 이성

프로네시스(phronesis; 실천적 지혜)*

이것은 우리에게, 공동체적 압력이 이러한 집단주의에서처
럼 강렬한 것이 아닌 경우에도 윤리와 도덕의 기준으로서의
이러한 도덕과 윤리의 경험적 원리의 의미를 다시 한 번 생각
하게 한다. 위에서 말한 실천적 원칙들은 앞에서 말한 바 있
는, 고전철학에서의 프로네시스 또는 프루덴티아(prudentia;
판단적 지각)에 비슷하다. 프로네시스는 이론적 이성으로서의

---

* 아리스토텔레스는 《니코마코스 윤리학(Ethika Nikomacheia)》에서 이성과 이
  론의 지혜인 에피스테메와 실천과 도덕의 지혜인 프로네시스를 구분하고, 특
  히 이 프로네시스가 정치적인 사려(思慮)와 숙고(熟考)임을 강조하였다.

소피아에 대립하고 현실의 구체적인 상황에서의 판단에 작용한다. 그러나 그것이 증명될 수 없는 진리를 다루는 것인 한 과학적인 사고의 엄밀성을 가질 수는 없다. 그러나 거기에 합리적 원리가 작용하지 않는 것은 아니다. 그것은 초연한 입장에서의 숙고(bouleusis)의 과정을 요구하는 일종의 이성의 작용을 포함한다. 그러나 이론적 이성의 논리적 엄격성보다는 선례의 참조, 수사적 설득 등이 숙고의 방법이다.

센수스 콤무니스(sensus communis; 공동체적 상식)

앞에서 말한 것처럼 데카르트 이후에 곧 비코는 데카르트의 이성이 실천의 영역에서는 기능할 수 없음을 말하였다. 그리고 그는 삶의 지혜나 인간 상호간의 설득을 위한 수사나 웅변의 중요성을 강조하였다. 이러한 실천적 이성에서 또 주목할 것은 그것의 공동체적 뿌리에 대한 강조이다. 이것은 "센수스 콤무니스"와도 일치하는 것이지만, 이 센수스 콤무니스는 상식이기도 하고 공동체의 통념이기도 하다. 가다머가 비코의 생각을 설명하는 바에 따르면, 이것은 실천의 장에서 사람의 의지를 인도하는 것이 "이성의 보편성이 아니라, 어떤 집단, 인민, 민족, 또는 인류 전체가 나타내는 구체적 보편성"이라는 것을 인정하고 그것을 개발하는 데에서 밝혀진다.[5]

이러한 프로네시스나 공동체적 상식이 삶의 지혜가 되는 것임은 인정하지 않을 수 없지만, 실천적 선택의 기준으로서

---

5 Hans-Georg Gadamer, *Wahrheit und Methode*, 5. Auflage (Tübingen: J. C. B. Mohr, 1986), s. 26.

그것은 매우 불확실한 것이 될 수밖에 없다. 우선 그것은 공동체적 이해를 넘어서 개인의 자율에 입각한—또는 자율적 이성에 입각한 도덕의 규칙을 생각하기 어렵게 한다. 또 아마 공동체의 통념은 공동체의 윤리적 건전성보다 이익을 중시하는 것일 가능성이 크다. 이것은 도덕과 윤리를 이해관계로 환원한다. 공동체 이익은 계속적으로 강조되어야 한다. 그리고 그것은 쉽게 개체의 이익의 허울이 된다. 그리하여 이성적 원칙의 부재는 사람의 삶이 착잡한 이해관계에 얽혀 있음을 드러낸다. 그리하여 이것은 잠재적으로 그럴 수도 있고 곧 현재적인 것이 될 수도 있다. 엄정한 이성의 도덕에 의한 도움이 없는 사회에서, 실천적 지혜란 이해와 거래의 계책을 의미하는 것에 불과할 수 있다. 물론 이것을 무시하는 것은 그야말로 지혜로운 것이 아니다. 그것은, 공동체의 이해관계와 마찬가지로 그 자체로 간단한 손익 계산을 넘어가는 생명의 이해를 포함한다. 현대 사회에서의 사회계약은 바로 이익에 기초한 계약의 관계이다. 그러나 그것만으로 참으로 믿을 만한 도덕과 윤리의 기초가 마련되었다고 할 수는 없을 것이다. 또는 실천적 지혜가 공동체와 불가분의 관계에 있다면, 오늘날과 같이 다원적 문화의 시대에 있어서 그것의 이해관계로서의 성격은 쉽게 드러날 수밖에 없을 것이다.

　물론 아리스토텔레스나 비코나 또는 해설자로서의 가다머의 생각은 이보다는 복잡하다고 할 수 있다. 아리스토텔레스는, 프로네시스는 선 또는 그 자체로 좋은 것을 위하여 사용되는 것이 아닌 현실적 계산과는 같지 않다고 했다. 삶의 지혜의 적용에 요구되는 지적인 숙고의 과정은 이미 개방적 공정성을 기약하는 것이라고 할 수 있다. 또 특정 집단과 보편성 사이에 관계가 없는 것은 아니다. 앞의 비코 인용에서 집단, 인민, 민족에 이어서 우리는 "인류 전체"라는 말이 들어 있는 것에 주목할 수 있다. 비코의 생각을 가다머가 설명하는 것을 다시 인용하건대, 비코에게, "센수스 콤무니스는 모든 사람에게서 발견되는 정의와 공동선에 대한 감각, 그보다도 공동체에 사는 데에서 얻어지고 그 구조와 목적에 의하여 결정되는 감각이다."[6] 이러한 부분에서, 공동체 고유의 감각과 보편적 감각은 분명하게 하나가 될 수 있는 것으로 생각되어 있다. 이것은 몇 가지로 해석될 수 있다. 가장 간단하게 이 명제는 이 두 가지의 연결에 문제가 있을 수 있다는 점에 주의하지 않았다고 하는 것이다. 그러나 비코는 희랍의 교양적 전통에 대하여 국가와 사회적 삶에 대한 로마인들이 자신의 전통을 별도로 지켜야 한다고 말하였다.[7] 여기에서 희랍과 로마의 대립은 물론 소피아와 프로네시스의 대립이다. 그것은 우열의 대립이 아니라 삶의 진정한 모순을 나타낸다. 그리고 이것은 넘기 어려운 문화의 대립을 의미하는 것이라 할 수 있다.

한 특정한 집단의 상식이 되어 있는 문화를 보편적인 것으로 주장하는 것은, 중국이나 서양이 범해 온, 문화제국주의의 원인이다. 여기에 대하여 단순한 문화다원주의는 문화의 다원성이나 쉬운 보편성이 가능하다고 생각한다. 그것은 또 대중문화에 있어서 가능할 수도 있을 것이다. 그러나 심각한 의

공동체 고유의 감각과 보편적 감각의 일치 또는 불일치

---

6 Ibid., s. 28.
7 Ibid.

미에 있어서의 문화는 주체적 능력으로 존재한다. 다른 문화 문화는 주체적 능력
를 받아들이는 것은 많은 경우 자신의 문화의 주체적 능력으 으로 존재한다
로써 그것을 대상화하거나 파편화하여 자신의 안에 흡수한다
는 것을 말한다. 진정으로 공동체적 상식의 보편화를 겨냥하
는 것은 두 공동체가 주체가 되고 다시 갈등과 종합의 변증법
적 과정의 고민을 통하여 하나의 보편적 주체로 확대된다는
것을 의미한다.

보편 공동체와 이성

이것은 문화 충돌의 경우가 아닌 경우에도 마찬가지이다.
윤리적 가치의 근본으로 공동체를 의식한다는 것은 두 가지
를 의미한다. 하나는 공동체가 전통으로서 지니고 있는 가치
를 의식하고 그것에 의하여 사람의 행동이 규제되는 것을 받
아들이는 것이다. 그러나 공동체에 대한 의식은 그러한 가치
에 관계없이 공동체의 틀을 삶의 조건으로 받아들이고 그것
이 발하는 일반적인 명령에 복종하는 것으로 생각될 수 있다.
이 공동체는 어떤 특정한 전통과 가치를 가진 공동체만을 의
미할 필요는 없다. 그것은 개체가 거기에 태어나 살고 있는
공동체일 수도 있고, 그가 다른 공동체로 옮겨간다면, 다른
새로운 공동체일 수도 있다. 그것은, 시공간의 우연에 제약되
는 것이 불가피하면서도, 인류 전체로 확대될 수도 있는 공동
체이다.

칸트가 말한 정언적 지상명령—너의 행동의 격률이 보편적
법칙이 되기를 원하는 것처럼 행동하라는—규칙에 의하여 행
동하는 경우, 여기에서 정의되는 개체와 인간 공동체의 관계

사람들은 공동체의 귀속을 받아들이면서 동시에 비판적 의식의 대상으로도 되게 한다

사실로서의 공동체와 보편적 규범의 구현자로서의 공동체 사이의 잠재적 알력

보편성은 개인의 자율성 속에서만 살아 있다

는 순전히 형식적으로 규정되는 보편성의 관계이다. 그러나 현실에 있어서 사람들은 일정한 공동체적 귀속을 받아들이면서, 그 내용을 비판적 의식의 대상이 되게 할 수도 있을 것이기 때문에, 그 경우 그러한 사람들은 사실로서의 공동체와 함께 보편적 규범의 구현자로서의 공동체를 다같이 의식하는 것이 될 것이다. 그리고 둘 사이의 차이는 잠재적 알력의 원인으로 남을 것이다.

이것은, 다시 말하여, 공동체적 의식에 존재할 수 있는 특수하고 경험적인 의식과 추상적이고 보편적인 의식을 말하는 것이다. 여기에서 보편성의 의식이 반드시 추상적 이성과 일치하는가는 분명치 않다. 그렇다 하여도 공동체적 동의는 거기에 가까이 가는 것이 되고 드디어는 형이상학적 실체로서의 이성에 이를 수도 있을 것이다. 어쨌든 여기에 주어진 공동체─또는 두 개의 보편성의 주장을 넘어서 그것을 공정하게 바라볼 수 있는 눈길이 필요하다는 것은 분명하다. 그리고 그 눈길은 되돌아봄의 움직임 속에서만 존재하는 이성의 눈길일 가능성이 크다. 보편성은 개인의 자율성 속에서만 살아 있는 것이 될 것이기 때문이다.

3. 합리성과 숨은 이성

숨은 이성, ratio absconditus

윤리 도덕 또는 더 넓게 실천의 영역에 있어서 선험적 기준의 탐색은 부질없는 것으로 보이면서도, 위에서 몇 개의 관점

을 매우 소략하게 생각해 보는 데에서도 드러나듯이, 다양할
수밖에 없는 경험적 기준들에 이성적 요소가 전혀 없는 것은
아니다. 적어도 윤리와 도덕에 대한 많은 생각들은 인간의 심
성에 있는 다른 요소들을 인정하면서도, 그것을 관류하는 어
떤 이성적 원리에 관심을 가지고 그것의 존재를 인정하는 것
으로 보인다. 그러나 진정으로 자의적인 의견과 신념에 매이
지 않으려면, 우리는 다시 한 번 이러한 이성을 넘어가는—공
동체적 의견과 신념의 생산자로서의 이성을 넘어가는 보다
엄정한 근본적 이성을 필요로 한다. 실천의 세계에서도 보다
명확한 이성, 데카르트적 이성의 역할을 포기하는 것은 너무
성급한 일일는지 모른다. 데카르트적인 회의와 과학적 이성
이 당대적 편견과 압력으로부터의 자유를 가능하게 할 것임
은 분명하다. 그러나 동시에 이것이 윤리와 도덕에 있어서의
명확한 이성적 판단에 무관한 것일 수는 없다. 다만 여기에서
의 기능은 역설적으로 수행되는 것일 수도 있다. 그렇다는 것
은 일견 그러한 기능을 포기함으로써 그 기능을 수행한다는
것이다. 거기에 움직이는 것은 숨은 이성이다.

공동체적 의견과 신념을 넘어가는 보다 엄격하고 근본적인 이성

도덕과 윤리에 있어서의 믿음과 이성

데카르트의 방법적 탐구는 이론적 이성에 집중되어 있다.
그러면서도 그가 실천적 이성을 완전히 포기한 것은 아니라
는 것은 위에서 말한 바와 같다. 그러나 실천의 영역에서의
이성의 존재는 그 나름의 방식으로 훨씬 섬세한 움직임 속에
있어서 쉽게 드러나지 않는다. 자전적 기록으로서의 그의 글
들은 삶의 바른 길을 찾아가는 문제에 밀접한 관계를 가지고

삶의 바른 길을 찾아가는 쉼 없는 역정과 문제에 분명하고 확실한 것을 찾으려 한 이성주의적 추구는 데카르트에게 있어 밀접한 관계를 가지고 있다

있다. 그가 끊임없이 표현하는 바른 길에 대한 갈구는 그의 이성이, 현실 사회에서의 선택의 문제를 완전히 무시한 것이라고 생각하기 어렵게 한다. 그가 여기에 대하여 일정한 입장을 가지고 있었다는 것은 위에서 말한 바와 같다. 간단히 말하면, 실천적 선택의 문제에 있어서 그의 입장은 기독교적인 믿음에 기초해 있다고 할 수 있다. 그러나 이것은 단순히 풀 수 없는 문제를 피하여 신앙에 도피한 것으로 보이지는 않는다. 오히려 그의 믿음의 동기는 의심할 여지가 없는 분명하고 확실한 것을 찾으려 한 그의 이성주의적 추구에 깊이 관련되어 있는 것이 아닌가 하고 생각해 볼 수 있다. (그는 메르센과 교환한 편지에서 과학이나 형이상학의 문제를 넘어가는 신학의 문제에 답할 것을 거부한다.)

되풀이하건대, 이래도 저래도 좋다거나 모든 선택은 다 같다거나 하는 것은 얼핏 보아 인간의 자유의 증표처럼 볼 수 있지만, 이것이 인간이 자신의 자유를 가장 훌륭하게 사용하는 것은 아니라고 데카르트는 생각하였다. 그는 우리의 판단이 지적인 기준에 충실하려고 할 때는 무관심 또는 중립적 태도가 불가피하다는 것을 인정하면서도, 불분명한 것을 계속적으로 밝히려는 노력은 사람의 의무라고 생각하였다. 그의 생각으로는, 진정으로 사람이 자유로운 상태는 이래도 저래도 좋다는 애매한 상태에 있는 것이 아니라 무엇이 참(verum)이며 무엇이 선한 것(bonum)인가를 알고 그에 따라 주저 없이 행동하는 데에 있다. 또한 이것은 실천적 선택의 어려움에도 불구하고 불가능한 것은 아니다. 그 가능성은 모든 것의 근거가 신의 존재에 있다는 사실에 이어져 있다. 그는 이성적

데카르트에게 있어 자유는 참과 거짓, 선과 악을 분명히 알고 주저 없이 참과 선의 행동을 선택하는 데에 있고, 그 가능성의 근거는 신이 존재한다는 사실에 이어져 있다

진리를 보장하기 위하여 신의 존재를 증명하려고 모든 노력을 기울인 바 있다. 신의 존재에 의한 선의 보장은 우리의 의지의 작용에도 없을 수가 없다. 도덕과 윤리에 있어서도, 비록 그것을 탐구하고 알아내려는 노력이 있어야 하지만, 분명한 것이 있다는 것은 틀림이 없다. 결국 참이 신에서 나온 것처럼 선한 것에 관한 앎도 신에서 나올 것이기 때문이다. 불분명한 것이 있다면, 선악의 기준에 문제가 있는 것이 아니라 주어진 기준을 가지고 구체적인 상황을 가려내는 사람의 능력과 노력에 문제가 있는 것이다.

그러나 선에 대한 옳은 판단이 언제나 존재할 수 있다는 확증을 어디에서 찾을 것인가? 물리적 세계에 있어서의 참의 기준은 인간의 이성에 있고, 그에 대한 증거는 실재하는 세계의 움직임에 드러나는 이성적 법칙성에 있다. 이 모든 것을 보장해 주는 것이 전지전능 그리고 진선한 신의 존재이다. 선의 선택에 있어서 이러한 구조에 해당하는 것은 어떤 것인가. 사람의 마음에 있는 신의 세계에 대한 접합점은 믿음이다. 믿음에 대응하는 현실 세계의 증거는 분명치 않다. 물론 선이, 아리스토텔레스가 생각한 것처럼, 행복(eudaimonia)을 준다는 점에서 현실적 증거가 없다고 할 수는 없지만, 그것은 법칙적 확실성을 가진 것은 아니다. 데카르트에서 믿음이 바로 이 확실성의 부재라는 결점을 보완해 준다.

우리는 사람과 세계와의 또 하나의 접합점으로서 논리의 명확성(apodeixis)이나 사실의 강박성(catalepsis)에 믿음(pistis)을 추가하여야 할 것으로 보인다. 그러나 선의 원리에 대응하는 세간적 증거를 구하려 할 때, 그것은 세계가 아니라 믿음

실재하는 세계, 물리적 세계에 있어서 i) 참의 기준은 인간의 이성이고, ii) 그 증거는 이성의 법칙성이고, iii) 그것을 보장해 주는 것은 신의 존재이다

사람과 세계의 접합점으로 논리적 명확성과 사실의 강박성에 신의 존재에 대한 믿음을 추가해야 할 것이다

자체에서 찾을 수밖에 없다. 그 뒷받침은 밖으로부터 오는 것이라기보다 마음의 안으로부터 나오고 그 보장은 신에 의하여 주어진다. 믿음의 증거는 세계와의 관계에서 다른 내적인 접합점보다도 그 자체의 내면에 폐쇄되어 있다는 인상을 준다. 그러나 믿음의 경우에도, 그것의 기능은 현실 행동에 있어서 분명한 윤리적 성격의 판단과 선택이 존재한다는 보장이고, 그 보장에 의지하여 실제 그러한 판단과 선택을 찾으라는 명령이다. 윌리엄 제임스에게 종교적 신앙의 의미는 그것이 좋은 결과를 가져올 수 있다는 데에 있었다. 데카르트에게 믿음의 보장도 이에 비슷한 것이었다고 할 수 있다. 다만, 그에게 그것은 희망이나 개연이 아니라 궁극적인 확실성의 보장이었다.

위에서 본 바와 같이 그가 공동체적 상식을 받아들일 용의가 있는 것은 사실이다. 그러나 그것을 받아들일 때 그것의 잠정적인 성격을 호도하려 하지 않는다. 아마 그것을 그대로 받아들이고 자신의 신념으로 하는 것은 의심할 수 없는 명확성을 찾고자 하는 마음의 습관에 비추어도 받아들이기 어려운 것이었을 것이다. 그러나 믿음은 윤리와 도덕의 영역에 있어서 이성의 영역에서와 비슷한 확실성의 근거가 되었다고 할 수도 있다. 그가 옹호하는 구체적인 도덕률은 없다. 그것은 잠정적인 것일 수 있을 뿐이다. 그러나 이것이 궁극적으로 명확한 선악의 기준이 없다는 것을 의미하지는 않는다. 그것은 앞으로 드러나야 할 어떤 것이다. 그것은 앞으로 계시된다는 뜻이 아니다. 그것은 주어진 현장의 철저한 도덕적, 윤리적 규명을 통해서 드러나야 한다. 이때 움직이는 것은 실천적 영역일망정 이론적 이성일 가능성이 크다. 그러나 이 이성은 어떤 법칙을 발견하는 것이 아니라 현장적 판단에 작용하는 이성이다. 미리 정해진 법칙이나 규범은 오히려 선입견 없는 선악의 판단에 방해가 될 수도 있다. 특정한 윤리적 원리나 규범은 유보되어 마땅하다. 그럼에도 불구하고 믿음은 이 이성이 그 분명한 결론에 이르리라는 것을 보장하는 역할을 한다. 그것은 어떤 한 경우만이 아니라 모든 가능한 경우에 윤리적, 도덕적 판단의 결과를 보장한다. 외부에 존재하는 세계의 인식에 있어서 이성의 작용이 정당하다는 보장이, 그 명확성의 보장으로서 신을 필요로 하였듯이, 선의 영역에서도 궁극적으로 선악의 판단이 가능하다는 보장으로서 신에 대한 믿음이 필요한 것이다.

i) 세계의 인식에 있어서 이성의 작용이 정당하다는 보장, ii) 궁극적으로 선악의 판단이 가능하다는 보장으로 신의 존재에 대한 믿음

데카르트가 반드시 이러한 관점에서 윤리의 문제를 논한 것으로 보이지는 않는다. 그러나 신의 존재의 중요성 그리고 종족적 관습에 대한 그의 잠정적 태도 그리고 실천적 문제의 숙고와 선택에 대한 그의 발언들을 종합해 볼 때에, 우리는 그의 입장을 이렇게 정리해 볼 수 있을 것이다. 이러한 복잡한 관련이 그로 하여금 1) 종족적 또는 당대적 관습을 받아들이면서 2) 동시에 그 선입견으로부터 자유롭고 3) 또 철저한 윤리적, 도덕적 판단의 가능성을 믿게 한 것이라 할 수 있다.

이성의 회로

이러한 판단에 있어서 어떤 정해진 규범이나 원리가 전혀 없다고 할 수는 없을 것이다. 아마 그에게 그것은 기독교의 가르침이나 공동체의 규범과 원리였을 것이다. 그러나 그것

은 단지 그의 이성이 움직임의 지평을 이루었을 뿐 의식적으로 채택되는 공리나 전제가 아니었다. 실제 공정한 모든 판단에 있어서 커다란 전제들은 단지 배경이나 지평으로 존재할 뿐이다. 이런 경우, 이 전제는 두 가지의 위상을 갖는다고 할 수 있다. 그것의 출처는 아마 공동체의 전통에 집적된 삶의 지혜일 것이다. 그러나 실천적 영역의 판단에 있어서 그 절대적인 확실성은 유보된다. 그러나 그것의 기능이 없어지는 것은 아니다. 그것은 그 절대적 확실성이 없는 채로 발견을 위한 가설의 역할을 한다. 그리고 구체적인 상황에 대한 일정한 결론이 드러남과 동시에 다시 한 번 그 확실성을 회복하게 된다. 그 핵심은 공동체적 상식과 문제적 상황의 섬세한 관련들을 하나의 일관성 속에서 바라보는 눈길이다. 이론적 탐구의 과정도 이에 비슷하다. 일반적 이론은 구체적 실험에 있어서 일단 괄호 속에 들어가면서, 발견을 위한 가설로 작용하고 그다음 실험의 자료에 의한 검증을 통해서 다시 확인된다. 사실 어느 쪽에 있어서나 이 과정에 작용하는 것은 이성이다. 그리고 그것은 일관된 진위의 판단을 위하여 초연하게 움직이는 눈길에 비로소 드러나게 되는 이성이다.

간단히 논할 수 없는 것이기는 하지만, 인간의 자유의지를 인정할 때, 그 자유는 일단 무엇에 의하여도 제한될 수 없는 것으로 상정할 수 있다. 여기에는 구체적인 규범에 의한 제한도 포함된다. 그러나 다른 한편으로 인간의 자유는 언제나 구체적인 상황 내에서의 자유일 것이고 이 자유가 현실적 의미를 가지려면, 그것은 물리적 환경을 포함한 사실적 조건에 제한되고 다시 한 번 공동체적 조건—공동체의 필요와 공평성

인간의 자유는 언제나 구체적인 상황 안에서의 자유이다. 자유가 현실적 의미를 가지려면 자유는 물리적 환경을 포함한 사실적 조건에 제한되고 다시 한 번 공동체적 조건에 의해 제한된다

의 원칙, 또는 최선의 경우 칸트의 지상명령에 의하여 제한되는 것일 수밖에 없다. (칸트의 지상명령에 포함되는 보편적 인간 공동체는 윤리적 의무이면서도, 사실상 사회적 존재로서의 인간에게 사실의 세계나 마찬가지로 필연성의 제약이 된다.) 이러한 자유와 제한의 균형을 하나의 결정으로 유도할 수 있는 것이 이성의 원칙일 것이다. 이때 프로네시스나 센수스 콤무니스는 전통 속에서 단련되어 나온 이성적 판단의 사례이지만, 절대적인 명령이 될 수는 없을 것이다. 이러한 여러 항목들 사이에서 종합하고 일관성을 유지하고 현실적 결과를 저울질하는 이성의 회로가 차단되거나 경색되었을 때, 생겨나는 것이 맹목적 확신에 의한 행동이라고 할 수 있다.

프로네시스나 센수스 콤무니스는 전통 속에서 단련되어 나온 이성적 판단의 사례이지, 그것이 절대적 명령이 될 수는 없다

4. 이성과 가치

실천의 측면에서 이성의 움직임을 최후의 심판자라고 할 때, 거기에 위험이 없는 것은 아니다. 이성의 절대화는 프로네시스와 전통의 상실을 초래할 수 있기 때문이다. 실천의 영역에서 이성의 역할이 정당화될 수 없다면, 이것은 윤리 도덕, 가치 또는 실천적 선택의 영역에서의 이성의 퇴장으로 생각될 수도 있다. 그리하여 그것은 고집스러운 회의주의나 허무주의에 이를 수 있다. 그러나 이성—과학적 이성은 되돌아온다. 사실의 세계는 이해되고 통제될 수밖에 없기 때문이다. 그러나 이 경우에도 이성은 실천 영역에 대한 그 나름의 프로그램을 가지고 있기 마련이다.

경제 이론이나 기능주의적 인간 이해는 인간을 철저하게 목적 합리적인 존재로 환원한다. 그러한 한도에 있어서 사람은 이성적 또는 합리적 존재로 상정된다. 다만 목적은 이익과 이윤 추구이고, 이 목적을 위하여 인간의 내면과 외적인 행동의 장으로서의 사회는 단순한 합리성에 의하여 정비된다. 데카르트 이후의—그 근본적 동인이 데카르트에 있다고 이야기되는 서구의 사상사는 신앙은 물론 모든 가치에 대하여는 명증한 기준이 있을 수 없다는 것을 일반화하는 쪽으로 전개되었다. 20세기 초에, 가치와 사실의 건너뛸 수 없는 분리—그리고 그에 따르는 고민을 받아들이는 마음가짐을 미국의 비평가 조셉 우드 크러치는 "현대의 마음(the modern temper)"이라 부른 바 있다.[8] 이 구분 그리고 가치의 영역의 비규범성은 현대의 마음의 특징을 말하는 많은 논의에서 일반론이 되었다.

"현대의 마음"은 가치와 사실의 분리와 그에 따르는 고민을 어쩔 수 없이 받아들이는 마음이다

합리성의 세계

가치와 사실이 분리된 세계에서 이성적 방법은 어떤 의미를 갖는가

이 양분된 세계에서 이성적 방법은 어떤 의미를 갖는가? 그것은 목적을 규정하는 가치나 도덕의 기준에 관계 없이 수단으로서 역할을 할 수 있을 뿐이다. 잘 알려져 있듯이, 막스 베버의 사회과학 방법론에서 가치와 사실의 구분은 학문적 엄정성을 지키는 데에 있어서 가장 중요한 정신 조작이었다. 합리성은 선택된 목적과 그것이 요구하는 수단과의 관계에서만 의미를 갖는다. 그러니까 가치 선택의 기준은 과학적으로

---

8 Joseph Wood Krutch, *The Modern Temper* (New York: Harcourt Brace & Co, Harvest Books, 1957) 참조.

논의할 수 있는 것은 아니다. (이 구분은 역설적으로 학문의 윤리적 근거를 이룬다. 그리고 그에게 신념으로 받아들인 가치에 따라 이러한 실천적 선택은 그 나름의 위엄을 가지고 있다.)

그러나 베버의 역설은 사회과학에서 가치에 대한 논의를 완전히 배제한 것이 아니라는 점이다. 그는 가치가 인간 행동에 있어서의 가장 중요한 동기를 이룬다는 것을 인정하고 그에 따른 실제적 결과를 이해하고자 하였다. 엄격한 과학적 연구가 인간의 외적 행동만을 대상으로 한다고 하면, 그는 다시 그것을 내부의 주관적인 관점에서 이해해 보자고 한 것이다. 그러나 그는 이러한 주관성의 내적인 구성에 대해서는 큰 관심을 가지고 있지는 않았다. 그는 어떻게 자아가 구성되고 또 그것과 타자와 상호주체성들이 이루어질 수 있는가 하는 문제들도 생각하지 않았지만, 특히 중요한 것은 이해가 개체의 의식 속에서 정확히 어떻게 작용하는가 하는 문제에도 별 관심이 없었다.[9] 이것은 그로 하여금 사회적인 그리고 개인적인 가치의 선택에도 일정한 합리성이 있다는, 또 그것이 필요하다는 것을 문제 삼지 않게 하였다.

그의 큰 업적은 역사적으로 존재해 온 가치 체계에 주목하고 거기에서 나올 수 있는 행동의 양식을 유형적으로 분석한 것이다. 그러나 역설적인 것은 방법적으로 전개되어 있고, 또 문명의 유형적 파악에 전제되어 있는, 이해의 과정을 생각해 볼 때, 그것이 이성과 가치의 상호작용을 불가피하게

---

9 Alfred Schutz, *The Phenomenology of the Social World* (Evanstion, Ill.: Northwestern University Press, 1968), pp. 3~15 참조. 슈츠는 베버의 이해의 사회학에서의 이해가 어떻게 이루어질 수 있는가에 대한 구체적인 분석이 부족하다는 것을 지적하고, 그것을 현상학적 해명에 의하여 보충하고자 한다.

하고 가치 영역에서의 이성의 보이지 않는 판단을 끌어들이는 것으로 생각된다는 것이다. 베버 자신의 가치 선택의 거부에서도 이것은 드러난다.

반성적 이성

반성적 이성과 되돌아봄의 자아와 타자의 관점에서 생각하기

이해의 과정에서 작용하는 것이 이성인 것은 분명하지만, 그것은 방법적 원리로서의 이성이 아니라 반성적 이성이다. 타자를 이해하기 위해서는 그것을 자신의 의식 안에 끌어들이는 조작이 필요하다. 이것이 이루어지는 것은 공감을 통한 일치이다. 그러나 자신 안에 들어온 타자의 관점의 의미를 생각하는 것은 그것을 넓은 관련 속에서 살펴보아야 한다는 것을 말한다. 이것을 위해서 자아는 되돌아봄의 공간으로 구성되어야 한다. 이것은 타자의 되돌아봄을 내 안에서 수행하는 것이지만, 그것은 자신의 되돌아봄의 습관과 훈련을 바탕으로 하여서 비로소 가능하고 그 바탕 위에 말하자면, 덮어 쓰는 식으로 이루어진다고 할 수 있다. 의식이 반성의 팔림세스트(palimsest)*로 작용하는 것이다.

더 나아가 이 되돌아봄의 공간은 공감적 일치를 넘어서서 구체적인 타자만이 아니라 익명의 다수의 타자 그리고 거기에 대응하는 논리적으로 가능한 모든 관점을 포용하는 것으로 확대될 수 있다. 여기에 이미 경험적인 타자를 넘어가는 논리화가 이루어지지만, 이것을 비교하고 그로부터 일정한

---

* '거듭 쓴 양피지'를 말하는 것으로, 양피지가 귀했던 고대 그리스와 이집트 그리고 중세 로마 시절 한 번 사용한 양피지 위에 이미 쓰여진 글을 지우고 그 위에 덧쓴 필사본 양피지를 가리킨다.

결론을 도출하는 데에 개입하는 것은 물론 이성의 힘일 수밖에 없다. 여기의 이성은 문제되어 있는 가치 사안을 인과나 동기 관계로 이해하고, 그 가치의 현실적 관련과 결과를 평가한다. 이 이성은 스스로의 기능을 엄격하게 한정하여 주어진 목적과 그 현실적 경과만을 판단하는 것이다. 그러나 그 경우에도 그것이 가치판단으로부터 완전히 분리되는 것은 아니다. 이러한 판단에 이성의 작업을 수행하는 주체의 가치가 개입되지 않을 수 없다는 점에서도 그러하지만, 관련의 총제성의 외연은 저절로 규범적 보편성에 일치할 가능성이 크기 때문이다.

가치 선택과 현실세계의 이성

이러한 반성적 이성의 과정이 주어진 가치에 대한 가치중립적인 판단에 어떻게 작용하며, 결국 거기에 실천적 가치가 어떻게 스며드는가를 살펴보기 위하여 베버의 학문적 방법론의 절차적 처방을 잠깐 언급해 볼 필요가 있다.

언급하고자 하는 것은 〈경제학과 사회학에서의 윤리적 중립성〉이라는 글에서, 가치중립적 학문의 방법을 간단히 요약하는 부분이다. 그에 의하면, 사회를 연구하는 학문은 첫째, "여러 다른 태도의 근거가 되는, 내적으로 '일관된' 궁극적 가치 공리를 명세화하고 분명히 한다." 사람들은 다른 사람에 대해서만이 아니라 자신이 받아들이는 공리적(公理的) 가치의 내용, 그리고 전체적인 의미나 연관에 대해서도 잘 알지 못한다. 그리하여 그것을 분석적으로 해명하려는 것이다. 이 분석은 구체적인 가치 기준에서 시작하여, 그 의미를 도출하고 함축되어 있는 확고한 가치 정향의 규명에로 나아간다. 이것은 사실에 대한 천착이 아니라 논리적 타당성을 저울질하는 일이다. 두 번째로 현실적인 가치판단의 밑에 있는 확고한 가치 정향에서 나오게 되는 "함축적 결과"들을 연역해 낸다. 여기에 필요한 것은 논리와 최대한의 경험적 사례들에 대한 연구이다. 세 번째는 실천적 상황에서 가치 정향이 실현되는 데에 따른 사실적 결과들을 확실히 하는 것이다. 그 결과는 가치 실현을 위해서 선택할 수밖에 없는 수단 때문에 일어나는 것일 수도 있고, 원하는 것이 아닌데도 일어나는 것일 수 있다. 흥미로운 것은 이러한 분석의 결과가 지적인 차원에만 머무는 것이 아니라는 것이다. 분명하지 못했던 여러 관련은 현실적 판단을 자극할 수밖에 없기 때문이다. 목적 또는 가치 실현은 필요한 수단이 없기 때문에 실현될 수 없는 것이라든가, 또는 원하지 않았던 부작용으로 인하여 바람직하지 않다거나 실현 불가능하다거나, 또는 당초의 가치 선택자가 미처 고려하지 않았던 수단이나 부작용을 고려할 필요가 있다거나, 목적과 수단의 연계, 정합성 또는 부정합성이 원래의 주장자에게 새로운 과제가 된다거나 하는 등의 결론이 나오게 되기 때문이다. 또 다른 결과는 어떤 가치 또는 행동의 선택에 원래 의식하지 못했던 새로운 가치 공리가 숨어 있다는 것이 들추어지고, 표방한 공리와 이것 사이에 모순이 있고, 원래의 태도가 불철저한 것이었음이 드러나게 되는 수도 있다.[10]

처음의 가치 선택자가 미처 고려하지 않았던 수단이나 원하지 않았던 결과의 부작용

목적과 수단의 연계의 정합성 또는 부정합성

---

10 Max Weber, "The Meaning of 'Ethical Neutrality' in Sociology and Economics," *The Methodology of the Sciences* (New York: The Free Press, 1949), pp. 20~21.

이성 속의 가치

위의 것들은 학문 연구자 자신의 가치와는 관계없이 사람들의 행동을 결정하는 가치 또는 가치 체계에 대한 분석의 방법을 말한 것이다. 여기에서 가치는 순수하게 가치가 정하는 정향에 부수하는 현실 관계 속에서만 분석되고 그 자체에 대한 판단과 선택은 조심스럽게 유보된다—적어도 베버의 주장은 그렇다. 그러나, 이미 시사한 바와 같이 이러한 엄정한 태도 자체가 가치 선택의 결과이다. 〈직업으로서의 학문〉에서 베버는 학문인의 바른 기능은 어떤 특정한 가치의 입장을 옹호하고 선동하는 것이 아니라 엄정한 사실적 분석과 다양한 선택의 가능성을 설명하는 데에 있다고 말한다. 그것이 학문과 교육의 윤리이다. 교육자가 학생에게 가르칠 수 있는 것도 이러한 윤리의 태도이다. 그러면서 그런 일에 성공할 경우 그리하여 학생들은 자신의 입장에 배치되는 "좋지 않은 사실"을 받아들여야 한다. 그리고 그 자신 이러한 엄정성—사실의 존중이 이루어지게 하는 것을 "도덕적 성취"[11]라고 부른다. 그리고 학생들로 하여금 가치와 사실을 있는 대로 엄정하게 이해하게 하여 자신의 생각을 분명하게 하는 일은 교사가 "도덕적 힘에 바르게 봉사한다."[12]는 것이라고 말하는 것이다. 이러한 발언에서 드러나듯이 베버의 가치중립의 태도는 이미 도덕적, 윤리적 선택을 나타내고 있다. 뿐만 아니라, 이 태도에는 다른 많은 가치가 함축되어 있다. 학문의 반성적 고찰이

> 판단과 선택의 조심스러운 유보가 바로 가치 선택의 결과이기도 하다

> 원하지 않는 사실까지도 인정하는 사실 존중과 가치중립의 태도는 많은 가치를 함축하고 있는 도덕적, 윤리적 선택이다

---

11 Max Weber, "Science as Vocation," in H. H. Gerth and C. Wright Mills eds. *From Max Weber* (New York: Oxford University Press, 1967), p. 147.
12 Ibid., p. 152.

이미 그러한 고찰을, 학문을 위하여, 사회를 위하여, 또 개인의 실천적 선택에서, 핵심적 가치로 선택했다는 것을 말한다고 할 수 있다. 이렇게 말하는 것은 지나치게 까다로운 동어 반복의 놀이가 되는지 모른다. 다시 가치 정향과 체계의 중립적, 객관적 분석의 방법을 논한 것으로 돌아가서, 거기에 여러 입장이 있다는 것을 인정하는 것은 민주적 태도를 전제한다. 그리고 그것을 자신의 입장과 관계없이 이해하려 한다는 것은 관용의 덕을 나타낸다.

그러나 그것보다 중요한 것은 이해 그것에 필요한 일정한 자세이다. 사실 존중과 사실의 인과 그리고 동기 관계의 이해에는 이성의 분석이 필요하다. 그리고 모든 과학의 과정에서 그러하듯이 거기에는 냉정함이나 자기 기율이 있어야 한다. 그러나 이성의 다른 심성의 덕성과의 결합은 주어진 사실에 접하기 전부터 준비되어 있어야 할 민주적 개방성이나 관용성에도 이미 들어 있는 것이다. 그의 이성선택은 베버의 자유주의자로서의 정향에 관계되어 있다고 할 수 있다. 그러나 자주 지적되듯이 그의 자유주의가 단순한 의미에서의 민주적 태도에 연결되느냐 하는 데에는 문제가 있을 수 있다. 그의 이성적 태도에 들어 있는 많은 덕성은 단순한 자유주의에서 상정되는 것보다는 더 엄격한 자기 기율을 생각하게 한다. 또는 역설적으로 이러한 덕성의 기초 위에서만 자유주의는 가능하다고도 할 수 있다.

베버의 방법론에서 중심이 되는 것은 경험적 사실이나 주어진 과제로서의 가치 현상을 다룰 때에, 사실을 존중하고 그것을 이성적으로 이해하려는 태도이다. 이것은 방법이면서

사실 존중과 사실의 인과 및 동기 관계의 이해에는 자기 기율에 바탕한 이성의 분석이 필요하다. 이때 이미 이성에는 민주적 개방성이나 관용성이 들어와 있는 것이다

자유주의는 자기 기율의 덕성 위에서만 가능하다

삶 전체의 교양적 수련에서 생겨날 수 있는 전인격의 소산이다. 그것은 단순한 도덕적 입장에서는 습득될 수 없는 어떤 것이다. 헤겔이 고전 언어나 학문의 습득 또는 장인들의 작업에서 요구되는 객체적인 것에 대한 헌신—자기소외라고 부를 수도 있는 헌신이 정신을 보편적인 것으로 높이는 역할을 한다고 한 데에 이미 그러한 과정에 대한 관찰이 들어 있다고 할 수 있다. 사실에 대한 과학적 태도는 도덕 교육의 의미를 가지고 있는 것이다.

다시 되돌아볼 때, 가치와 사실적 관련에 대한 베버의 가치 중립적 분석은 그의 지적인 배경을 구성하는 개인적 성향이나 정치적 편향에 관계시키지 않더라도 그 자체로서 도덕적, 윤리적 의미를 가지고 있다고 할 수밖에 없다. 학문의 방법으로 다양한 가치 정향을 분명하게 분석하고 이해한다고 할 때, 그것은 이미 자신의 생각을 분명히 하는 것을 도덕적 의무로 받아들이는 태도에 이어지는 태도이다. 가치에 대한 분석의 결과 일정한 가치 정향에 함축된 의미를 밝히고, 그 과정에서 목적과 수단의 관계를 규명하면서, 수단의 결여나 부적절, 그리고 그 가치의 실현에 따를 수 있는 바라지 않던 부작용을 밝히는 것은 그 나름의 도덕적 의미를 가지고 있다. 분석은 결국 그에 대한 평가를 낳지 않을 수 없을 것이다. 또 사실 이러한 평가의 가능성이 분석의 틀을 결정하는 선구조가 된다고 할 수도 있다. 평가에 있어서, 수단의 부재나 부적절은, 엄정하게 중립적 관점에서는, 사실적 세계가 인간의 행동에 과하는 한계를 말하는 것일 것이고 사회적 행동에 있어서는 그것은 다른 사람의 기능적 동원에 한계가 있다는 것을 의미할

사실을 존중하고 이성적으로 이해하려는 태도는 삶 전체의 교양적 수련에서 생겨나는 전인격의 소산이다

"장인들의 객체적인 것에 대한 헌신—자기소외라고 부를 수도 있는 헌신은 정신을 보편적인 것으로 높이는 역할을 한다"
(헤겔)

것이다. 한계는 강제력과 폭력의 사용에 한계를 긋는 것을 말한다.

이것은 단순히 물리적으로 그 사용이 불가능하다는 것만을 의미하지는 않는다. 원활한 목적과 수단의 정합은 다분히 인간의 사회적 통합에 연결되어 있다. 이 통합은 순전히 기능적인 것일 수도 있지만, 최선의 경우 모든 사람이 그 자신의 목적인 사람들의 공동체를 의미할 수도 있을 것이다. 목적으로서의 인간의 공동체는 사실적 상황에서 결정적인 요인이 되기는 어렵다고 하겠지만, 극단적인 경우를 제외하고는 하나의 잠재적인 이념으로서 사람들의 마음에 작용할 수 있는 것일 것이다. 전쟁의 수행에 있어서, 아군의 희생을 줄이려는 것은 단순한 의미에서 병력을 보존한다는 뜻만은 아닐 것이다. 베버가 말하는 바라지 않았던 부작용이 정확히 무엇을 의미하는지는 모르지만, 많은 정치적 상황에서 그것은 지나친 인간 가치의 희생이 포함되는 것이 보통일 것이다.

지나친 인간 가치의 희생

그러나 베버가 도덕적, 윤리적 선택에 결정적인 가치 기준이 없다는 것을 받아들인 것은 사실이다. 그리고 그는 실천의 영역에서 많은 것이 가치에 대한 단호한 선택과 결단적 행동을 통하여 이루어진다는 것을 알고 있었다. 이것이 그가 연구의 대상으로 권력의 문제에 집중적인 관심을 가졌던 이유이다. 그러나 여기에서도 그는 행동의 개인적인 선택이 도덕적 양심에 맞는 것일 수 있고, 그 안에 숨은 이성의 움직임이 있을 수 있다고 생각하였다. 그러나 그것이 전적으로 자의적인 선택이지 필연적인 법칙으로 결정될 수 없다는 것을 받아들였다.

결정적인 가치 기준이 없는 세계에서의 단호한 선택과 결단적 행동

역설적으로 이것은 극히 도덕적인 입장이라고 할 수 있다. 가치중립의 입장은, 사실 도덕적 선택은 철저하게 자율과 자유에 기초할 수밖에 없다는 것을 받아들이는 것으로 취하여질 수 있기 때문이다. 그러면서 위에서 본 바와 같이 그는 가치의 문제에 대한 이성적인 고찰을 계속하였다. 이것은 자율적인 선택—양심의 선택에, 철저한 지적인 숙고가 선행하거나 따라야 하는 것임을 받아들인 것이라 할 수 있다. 물론 가치와 사실 사이에는 그리고, 개인적 자율과 집단적 의무 사이에는, 아무리 근접하는 경우라도 건너뛸 수 없는 심연이 놓여 있다. 그러나 이 심연을 받아들이면서, 실천적 선택에 있어서, 암묵적으로—그것은 이 모순으로 인하여 암묵적인 것이 될 수밖에 없는 까닭에—최대의 이성적 숙고를 요구한 것이라고 할 수 있다. 그 숙고 자체가 깊은 도덕적 의미를 갖는 것이다. 숙고의 결과는, 필연의 요구가 되는 것이 아니라 자유로운 선택의 결과로 남아 있어야 하지만, 불가피하게 그 선택에 영향을 미치지 않을 수 없다. 이것은 이성이 그 자체로 도덕적 의미를 갖는다는 것을 말한다. 또는 이성은 도덕 안에 보이지 않게 움직이는 원리가 된다. 이것은 개인의 자율성이 모든 도덕의 기초라는 칸트적인 명제를 확인하는 것이다. 즉 이성은 도덕적 가치로부터 초연할 때 그것은 가장 도덕적인 것이 될 수 있다. 물론 그것은 숨은 이해관계에 대하여서도 초연하여야 한다. 그때 그것은 도덕 안에서 숨은 이성이 된다.

도덕과 이성의 이러한 착잡한 관계는 다시 한 번 "현대의 마음"에 내재하는 모순이라고 할 수 있다. 이 착잡한 관계는

베버의 가치중립의 입장은 역설적으로 극히 도덕적인 입장 이라고 할 수 있다

가치와 사실 사이 그리고 개인적 자율과 집단적 의무 사이에는 건너뛸 수 없는 심연이 놓여 있다

개인의 자율성이 모든 도덕의 기초

이성은 모든 도덕적 가치로부터 초연할 때 가장 도덕적인 것이 될 수 있다

도덕적 가치로부터 필연성을 빼앗으면서 다시 그것을 전적으로 돌려준다. 그러나 그 요청은 너무나 어려운 윤리적 실현을 기대한다. 실제에 있어서 이것은 대부분의 사람에게 도덕적 가치의 부재를 의미한다는 것을 부정할 수 없다. 이것은 개인의 경우뿐만 아니라 현대 사회의 합리화 과정에서도 그대로 드러난다. 개인의 삶의 기술이라는 관점에서 프로네시스는 이 어려운 요청을 대신하여 유용한 방편이 될 수 있다. 그러나 그것은 사회적 역학 관계 속에서는 집단 이익의 명령이 진정한 도덕성, 윤리성 그리고 이성을 대신하는 것을 허용한다.

집단 이익의 명령이 이성을 대신하는 것을 막지 못 하는 프로네시스

4장

성찰, 시각, 실존

1. 정의와 이성

개인의 자유와 자율성이 사람을 자연스럽게 도덕적 선택으로 유도할 것으로 기대하는 것은, 사람의 깊은 마음에는 '근본적으로 도덕적인' 이성이 숨어 있기 때문이다.

그런데 이러한 '근본적으로 도덕적인' 자율적 이성은 고정되어 있지 않다. 움직이기 때문에, 이성은 예측 불가능한 구체적 상황의 다양성에 상응하는 것이면서도 불안하다. 움직이는 이성은 집단의 전습된 지혜에서 그 지표를 갖는 도덕적 격률에 의지함으로써 안정적으로 지속한다. 바로 이때, 개인의 자율적 이성은 집단에 매개됨으로써, 스스로도 모르는 사이 이념화한다. 특히 집단이 거대하면 할수록 이념성은 강화된다.

우리의 경우 이성은 집단주의적 성격이 강하다. 곡절 많은 우리의 현대사는, 국가의 실체를 자명한 전체성으로 받아들일 것을 요구하였다. 민주화 투쟁 또한, 모든 투쟁이 그러하듯 민주주의의 명분에도 불구하고 개인이 아닌 집단의 중요성을 강조하는 움직임이 되었다. 그러나 이처럼 이성이 집단화되고 이념화될 때, 이념의 추상성은 삶의 구체성을 압박하게 된다.

현실에 있어, 협약은 이념적 전체성의 달성이 아니라 갈등하는 힘들의 일정한 균형을 의미한다. 이러한 힘의 균형을 넘는 진정한 이성의 원칙은 없는 것일까. 롤스의 정의론이 갖는 성찰적 균형의 핵심적 전언은, 가장 불리한 사람에게 보상과 이익이 돌아올 때에 한해서만 불평등이 정당화될 수 있다는 것이고, 이것을 합리적으로 그때그때의 상황에 맞게 수정하여 적용해 나간다는 것이다. 그런데 이처럼 움직이며 스스로를 수정하는 롤스의 정의론이 어떻게 일관성을 유지하며, 정합성을 가질 수 있을까.

너스바움에 의하면, 보편적 윤리체계를 위해서는 롤스의 성찰적 균형에 더하여 지각적 균형이 필요하다고 한다. 이때의 지각적 균형이란 '세계의 모든 개별성에 대한 감각적 경이'이며 그 '감각적 경이'를 통한 이성의 지각을 말한다.

2. 문학과 사회 그리고 개인

위의 이유로, 너스바움에 의하면 법률적 판단에 있어서 중요한 것은 문학이다.

너스바움은 법률적 사안들을 이해하는 데에 문학적 상상력이, 그리고 또 법관의 교육에서도 문학이 얼마나 중요한지를 역설한다. 그것은 문학이 개별적 지각의 감각적 체험의 세계이면서 구체적 개별성을 넘어가는 사유의 세계, 언어의 세계이기 때문이다. 문학은 감각적 지각의 현장 이면서 동시에 이념의 현장인 것이다. 문학은 대상과 타인에 대한 섬세한 공감과 지각의 명료 성을 지켜주는 일정한 거리를 보여주며 지각적 균형을 갖게 한다. 그리하여 문학은 공적 이성 의 일부인 것이다.

3. 존재론적 이성

삶과 사람의 모든 것이 사회적 전체성 속에 포착되지는 않는다. 이것을 인정하는 겸허함이 없 는 질서가 바로 전체주의이다. 문학적 상상력이 갖고 있는 감성적 공감의 이해력은 개체를 억 압하는 합리적 질서의 경직성과 폭력을 완화한다.

사람에게는 서로 다른 욕망이 있고 서로 다른 도덕과 윤리의 의무가 있다. 삶에 있어 모든 도 덕의 기본은 사람은 각자가 자신의 삶을 살아야 하는 독립된 존재라는 사실이다. 이에 반하여 도덕주의 그리고 집단적 도덕주의는, 모든 것에 대한 판단을 집단의 가치와 도덕에 맞춰 미 리 내림으로써, 삶의 구체적 인식을 방해한다.

"모든 개인은 그 자체로 목적인 것으로 대접되어야 한다"라는 칸트의 명제는 생명을 가진 모든 존재의 존재 방식에 대한 총체적 이해를 함축한다. 독립된 생명체들이 목적으로 대우되는 생명 의 존재 방식은, 일정한 간격을 유지하면서 서로 같이 있게 하는 이성적 감각의 공간이다. 오늘 우리 사회에서 벌어지는 정의의 투쟁이, 참다운 정의의 질서로 나아가려면, 그것은 개별적 삶의 감각적 공간의 존중에 이어져야 한다. 시가 중요한 이유는, 시가 진정한 의미에서 모든 인간의 감각적 지각 능력을 키워주기 때문이다.

4장 성찰, 시각, 실존

1. 정의와 이성

숨은 이성, 드러난 이성

이성이 참으로 주체적 활동의 표현이라면, 그것은 대상적으로 파악될 수 없다. 그것은 이해를 위한 되돌아봄의 뒤안으로 숨어 들어가게 마련이다. 그러면서 그것은 내적 필연성의 근원으로 작용한다. 그러나 이러한 숨은 이성이 전제하는 것은 개인의 자유와 자율성이면서, 이 자유와 자율성의 강조는 사람을 저절로 도덕적 선택으로 유도하리라는 것이다. 이것은 두 가지의 가능성을 상정하게 한다. 하나는 완전히 자유롭게 움직이는 사람의 심성의 깊이에는 도덕적인 무엇인가가 숨어 있다는 것이다. 다른 하나는 이성 그 자체가, 근본적으로 도덕적인 것이라는 것이다. 다만 이것은 쉽게 보이지 않을 뿐이다. 이 경우에 물론 이성은 다른 이차적인 목적에 봉사하는 것이어서는 아니된다. 그것은 순수하게 그 자체로 움직이

인간을 자연스레 도덕적 선택으로 유도할 것으로 기대되는 개인의 자유와 자율성

근본적으로 도덕적인 것인 이성과 도덕적인 것이 숨어 있는 인간의 심성

는 것이어야 한다. 신학적으로도 그렇겠지만, 존재론적으로
도 그 근원은 하나라고 하는 것이 옳다. 그러나 이성이 함께
하는 도덕적 판단의 향방은 미리 정해진 것이 아니다. 이것은
어쩌면 도덕적 가치 자체의 경우에 그러하다고 할 수 있다.
가치는 가치대로 이성의 작용의 밑에 숨어서 움직인다. 이성
이나 도덕적 가치나 그것이 주체적인 것인 한 쉽게 대상적으
로 파악될 수 없는 것은 당연하다. 살아 움직이기는 하되, 이
성이나 도덕적 가치가 불분명하고 판단의 향방이 미정의 상
태에 있는 것은 구체적인 상황의 다양성과 예측 불가능성에
맞아 들어가는 것이다. 이것이 참으로 상황에 맞는 도덕적인
판단을 가능하게 한다.

전체로서의 사회

그러나 이러한 미확정의 상태에서 움직이는 이성에게 모든
것을 맡기는 것은 심히 불안한 일이다. 이성의 작용은 현실에
있어서 여러 가지 도움을 필요로 한다. 도덕적 격률은 이러한
필요에 답한다. 프로네시스의 움직임도 여러 전습된 지혜에
서 그 지표를 찾는다. 아리스토텔레스의 용기, 중용, 명예, 우
의, 정의 등의 덕목들은, 이성적 정당성을 가지고 있으면서
도, 관습적으로 긍정되어 온 덕목들이다.

프로네시스의 지주는 공동체의 전통이나 관습에 있지만,
그것의 적용은 개인에 의하여 개인의 삶의 범위에서 일어난
다. 그러나 실천적 이성의 움직임에서 가장 손쉬운 준거점이
되는 것은 집단의 이름이다. 이성은 전체성을 지향하는 경향
을 갖는다. 이것과 집단이 하나가 되는 것을 용이하게 한다.

물론 준거가 되는 집단이 구체적인 것일 수도 있다. 그러나 그것이 개인의 삶에 매개될 때 벌써 그것은 이념화한다. 그리고 대체로 집단은 이념화된 전체성으로서 집단 구성원의 마음에 존재하게 마련이다. 집단이 커질수록 이념성은 강화된다. 그것을 하나로 묶는 것은 궁극적으로 합리적 조직이고 이성적 원리이다. 그런데 이 조직화되고 이념화된 집단이나 사회가 참으로 이성을 나타내는지는 확실치 않다. 이것은 이성의 참모습이라는 관점에서도 그러하고 그것이 개인의 마음에 작용하는 방식에서도 그러하다. 그렇다고 그것이 이성을 나타내지 않는 것도 아니다. 가령 국가로 조직된 집단에서 관료의 체제나 법률의 체계는 틀림없이 합리적 원칙 또는 이성의 현실화를 나타낸다고 할 수 있다. 그러면서도 그것은 삶의 구체적인 현실에 꼭 맞아 들어가지 않는다. 이것은 반드시 삶 그것이 비이성적인 때문만은 아니다. 어쩌면, 위에서 말한 주체적인 움직임으로서의 이성은 합리적 질서의 체계를 넘어가는 것일는지 모른다. 여기에서 우리가 생각해 보고자 하는 것은 이러한 합리성이나 이성의 양의성이다.

사람이 생각하는 총체적인 삶의 질서는 여러 가지이다. 그 원리는 보이지 않는 신의 섭리일 수도 있고, 가시적이면서 가시의 영역을 넘어가는 자연일 수도 있고, 사람을 에워싸고 있는 사회일 수도 있다. 자연은 신의 피조물로서 또는 현현으로서 생각될 수도 있기 때문에, 준거가 되는 것은 자연과 사회라고 간소화할 수도 있다. 우리가 사회를 생각할 때, 또는 일반적으로 삶을 규정하는 큰 틀을 생각할 때, 자연과 사회는 서로 섞이고 또 서로 비유로서 작용한다. 그리고 실제 사람은

실천적 이성의 손쉬운 준거점이 되는 집단에 개인의 삶이 매개될 때 벌써 그것은 이념화한다. 집단이 거대해질수록 이념성은 강화된다

자연의 질서 속에 사는 것에 못지않게 사회의 질서 속에 산
다. 이 두 개의 질서는 자연 경제 속에서 거의 하나로 존재할
수 있다. 물론 이러한 일체성이 반드시 의식되고 계획된 질서
로서 존재하는 것은 아니다. 그것은 자연 경제 상태에서는 산
천과 마을의 지각되는 현실에 그대로 드러난다. 수렵 채취 경
제, 농업 경제 속에서 자연의 질서는 직접적으로 또는 사회
적, 정치적 조직 속에 편입되어 보이게 또는 거의 보이지 않
는 형태로 존재하였다고 할 수 있다. 동양 사상의 형이상학적
기초로서 발견되는 인륜 도덕의 질서와 천지의 질서의 일체
에 대한 강조는 이러한 혼융의 상태를 나타낸 것이다. 어떤
경우에나 추상적으로 파악되는 사회적 질서는 작은 규모의
집단에서는 그렇게 일상적 삶의 테두리로서 중요한 것은 아
니었을 것이다. 그러나 촌락의 삶에도 일정한 사회적 조직이
있고 그것은 촌락 밖으로 이어지는 것이기 때문에, 사회는 현
실적인 관계보다는 상징적으로 또는 보이지 않는 힘의 체계
로서 그 연장선상에 존재하는 것이었을 것이다. 이러한 현실
적이고 상징적인 사회 질서는 그대로 보다 큰 규모의 사회의
이념이 될 수 있다. 조선조의 유교 체제 안에서 집안의 질서
가 국가 질서의 기본이라는 것이 끊임없이 강조된 것은 그것
이 큰 체제에 대한 유일한 구체적인 준거이기 때문이었을 것
이다. 다른 한편으로는 그 모든 것이 하늘과 땅의 우주적인
질서 속에 있다는 것이 강조되었는데, 여기에서 하늘과 땅은
구체적으로 지각되는 물리적 환경의 가장 큰 테두리를 말한
것이면서 비유적으로 이념화될 수 있는 것이었다. 그리하여
그것은 아날로그적 사고로 형이상학적 원리, 추상적 질서의

이념으로 전형화되어 가족과 사회 그리고 국가의 질서를 이해하는 틀이 되었다.

이러한 전통에 들어 있는 전체성으로서의 사회에 대한 개념은 현대에 와서 더 강화되었다. 서양 문명의 도전과 일본 제국주의의 지배로 인하여 우리는 민족을 삶의 가장 중요한 큰 틀로 생각하지 않을 수 없었다. 그 이후 비록 분단 상황에서나마, 국가건설의 역사, 근대화는 국가와 사회의 실체를 하나의 단순한 직접적인 전체성으로 받아들이는 것을 요구하였다. 민주화 투쟁은, 그것이 표방하는 민주주의라는 명분에도 불구하고, 모든 투쟁이 그러하듯이, 집단 내의 개인이 아니라 집단의 중요성을 강조하는 정치적인 움직임이 되었다. 그리고 민주화 투쟁에 중요한 사회적 요소—즉 계급적 갈등에서 분출되는 투쟁의 에너지와 그것의 이데올로기의 정당화도 집단의 중요성을 절대화하였다. 지금에 와서 단순한 민족적 사명으로 파악되는 통일의 구호도 그러한 절대화에 도움을 준다고 할 수 있다.

민주화 투쟁은 민주주의라는 명분에도 불구하고 개인이 아니라 집단의 중요성을 강조하는 정치적 움직임이 되었다

힘과 이해의 균형과 정의

여기에 대하여 자유주의적 민주주의는 개인을 우선적인 것으로 받아들이고 사회는 이들의 일정한 협약을 통하여 성립하는 것으로 본다. 극도로 이상화하여 본다면, 이 협약은 사람 하나하나가 존중되어야 한다는 윤리적 요구에 기초할 수도 있다. 그러나 어떤 동기에서 출발하든지 개인들과 그들의 기획들이 같은 공간에 존재하지 않을 수 없을 때, 그것들이 어떻게 하나의 종합적인 체계를 이룰 것인가 하는 문제가 일

어날 수밖에 없다. 그리고 그것은 전체와 개체 사이에 긴장이
나 갈등을 낳는다. 그리고 전체의 추상성은 개체적 구체성을
압박하게 된다. 그러나 개인에 대한 윤리적 존중에서 출발한
사회 체제는 아마 개인적 정황을 보다 구체적으로 살피는, 조
금 더 유연성을 갖는 것이 될 것이기 때문에 그 추상성은 완
전히 추상적인 것이 아닐 것이다. 그러나 많은 사회 협약은
만인전쟁을 피하는 것을 목적으로 하는 것이 보통인 것으로
보인다. 이룩된 사회 평화 속에서라도 모든 사람이 각자의 행
복의 기획을 가지고 있고 그것이 유일하게 정당한 것이라고

주장한다면, 결국 협약은 하나의 도덕적 전체성의 달성이 아
니라 사회 안에서의 갈등하는 힘들의 일정한 균형을 의미할
것이다. 그러나 힘의 균형이란 참다운 균형이라기보다는 대
치 상태 또는 휴전 상태이기 때문에, 여기에 대체하는 유일한
균형은 정의와 공정성의 균형이다. 그러면서 여기에 입각한
체제는 철저하게 추상적인 공정성의 원리에 충실한 것이어야
할 것이다.

롤스의 성찰적 균형

대체로 자유민주주의의 사회협약은 힘과 이해의 균형이면
서 동시에 그것을 한 단계 넘어서는 이성적 질서라고 할 수
있다. 여기에서 사회는 근본적으로 개인적인 이해관계에 묶
여 있다. 그러나 그것은 보다 적극적으로 이성적 고려에 의하
여 보다 좋은 사회로 안정될 수도 있다. 존 롤스의《정의론(A
Theory of Justice)》은 서양의 자유주의 사상에서 중요한 흐름을
이룬 사회계약론을 계승하는 것이면서, 이 계약에서 이성적

요소를 적극화한 것이라 할 수 있다. 현실 정치의 의미에서 그 중요한 영향의 하나는 그것이 엄정한 절차 안에서의 사회 복지의 이상을 옹호하고, 어쩌면 시장 사회주의를 주장하는 것으로 간주될 수도 있다는 데에 있다고 할 수 있다. (또는 마르크스주의의 관점에서는 그러한 토론이 아니라 프롤레타리아의 역사적 사명에 투철한 투쟁만이 정의로운 사회를 앞당기는 방법이며, 이성적 토의에 의한 합의를 말하는 것 자체가 현상을 옹호하고자 하는 보수적 입장이라는 주장도 있다.)[1] 그러나 여기에서 생각해 보려 하는 것은 정의로운 사회의 이념을 규정하는 데에 있어서 그가 강조하는 이성적 요소의 의미이다. 이것은 그의 최초의 공평성의 원리를 도출하는 데에서 살펴볼 수 있다.

그는, 자유롭고 동등하며 이성적인 개인들이 모여 선입견 없이—그렇다는 것은 자신이나 타인의 사회적 위치, 신분, 계급, 능력, 지능, 체력, 또는 선악관 등에 대하여 전혀 알지 못하고, 즉 그가 "무지의 베일"이라고 부르는 공평한 정보의 상태에서 자신의 특권이나 불리함을 알지 못한다고 상정하고—공평한 사회 정의의 이념에 동의하기로 한다면, 두 가지 원칙에 이르게 되리라고 말한다. 하나는 기본적인 권리와 의무를 평등하게 한다는 것이고 다른 하나는 사회적, 경제적 불평등, 가령, 부와 권위의 불평등은 그것으로 모든 사람에게, 특히 가장 불리한 위치의 사회 구성원에 보상이나 이익이 돌아올 때만 정당화된다고 할 수 있다는 것이다. 그러니까 부자가 부를 많이 누리게 된다면, 그와 동시에 그로 인하여 가난한 사

롤스의 균형은 첫째, 권리와 의무를 모든 이들에 평등하게 하는 것이고 둘째, 불평등은 가장 불리한 사람에게 보상이나 이익이 돌아올 때에 한해서만 정당화된다는 것을 받아들이는 것이다

---

1 가령 Milton Fisk, "History and Reason in Rawls' Moral Theory", Norman Daniels, *Reading Rawls* (New York: Basic Books, 1976).

람에게도 이익되는 바가 있어야 한다는 말이다.[2] 그러나 이렇게 제시된 두 개의 원칙은―또는 다른 원칙이라고 하더라도 그럴 것이다―간단히 제시되어 정당성을 갖는 것이 아니라 복잡한 개인적, 집단적 성찰의 절차를 거쳐서 비로소 정당성의 원칙으로 정착될 수 있다. 가령 종교에 의한 차별 또는 인종 차별, 또는 부와 권력의 배분에 대하여 내가 가지고 있는 판단들이 여기에 어떻게 맞아 들어갈 것인가를 생각하면서, 처음 상정된 상황과 나의 판단을 조정해 나가면서, 그 원칙들을 시험하는 것이다. 이것이 나올 수 있는 성찰의 상태를 그는 "성찰적 균형(Reflective Equilibrium)"이라고 부른다. 이것은 모든, 정의롭고 윤리적이고 이성적인 결정의 방법론의 역할을 한다. 이것은 일반화될 수 있다. 이러한 또는 어떤 윤리적인 원칙 또는 원리가 주어지면, 우리는 그것이 우리 자신의 신중하게 고려된 신념에 맞아 들어가는가 또는 그것의 연장이 될 수 있는가를 생각하여야 한다. 거기에 맞지 않는 경우, 우리는 우리의 판단을 고칠 수도 있고, 최초에 설정한 상황이 옳은 것인가 또 거기에 추가해야 할 것이 있는가를 새로 검토할 수도 있다. 그리하여 상황의 설정과 판단과 원리 사이를 왕래하면서 원리와 우리의 판단이 균형을 이루는 상태에 이르게 될 수가 있다.

그러나 이러한 성찰적 균형의 상태에 이르렀다고 하여 어떤 명제가 그대로 고정화되는 것은 아니다. 그것은 다시 새로운 검토를 통해서 수정될 수 있다.[3] 롤스는 그 외에도 이 사유

---

2 John Rawls, *A theory of Justice* (Harvard University Press, 1971), pp. 12~14.
3 Ibid., pp. 19~21.

의 과정에 관련된 여러 조건들을 설명하지만, 그가 강조하는 것은 개방적 합리성이다. 동시에 롤스의 설명은 전 과정을 개인의 사색의 과정으로 말하는 것 같지만, 아마 이것은 계약의 당사자들이 집단적으로 수행하는 일일 것이다.

그런데 이러한 절차적 합리성으로서 인간의 개인적, 집단적 현실의 전부가 적절한 균형에 들어갈 수 있고 또, 만약에 그러한 것이 있다고 한다면, 인간성의 본래적 깊이를 실현할 수 있는 것일까. 미국의 철학자 마사 너스바움은 일단 그것을 부정하는 것은 아니면서도 그것이 인간의 실존적 진실을 충분히 충족시킬 수 없다고 말한다. 그리고 그의 성찰적 균형에 대하여 "지각적 균형(perceptive equilibrium)"이 필요하다고 말한다. 너스바움은 일반적으로 롤스가 취하고 있는 사고의 절차를 아리스토텔레스, 칸트 또는 영국의 공리주의 철학자 헨리 시즈위크(Henry Sidgwick), 특히 아리스토텔레스의 윤리적 사고의 절차에 비교하면서 논평하고 있다. 이 논평은 그 특징을 특히 잘 부각시킨다고 할 수 있다. 아리스토텔레스로 대표되는 윤리적 사고의 절차는 우선 "좋은 삶"에 대한 주요 대안을 여러 개 서술하고 검토하면서 그것들을 우리 자신의 경험과 직관에 비추어본다. 또 이 대안들 사이에 긴장과 모순이 있고, 우리의 경험과 생각의 관계에서도 그러한 것이 있다면, 그러한 것들을 서로 조화시켜 일관된 그림을 만들어낸다. 거기에는 심오해 보이고 필수적이라고 보이는 것도 포함하도록 하여야 한다. 그러면서도 물론 일관성은 최대한으로 존중되어야 하고 또 그것이 공동체와 공유할 수 있는 것이어야 한다는 것도 배려하여야 한다. 여기에서 어떤 것도 수정하고 변경

성찰적 균형과 지각적 균형

윤리 체계 전체에 일관성과 정합성을 확보하도록 노력하는 것

하지 못할 것이 없지만, 그 윤리 체계 전체에 일관성과 정합성을 확보하도록 노력하는 것이 필수적이다. 너스바움의 생각으로는 롤스는 이러한 아리스토텔레스적 방법을 그대로 채택하면서도 이것을 훨씬 지적인 강조가 있는 것으로 바꾸어 놓는다. "성찰적 균형"이라는 말 자체가 지적 판단에 역점을 두는 용어이다. 롤스에서는 숙고된 판단이 다른 판단을 받아들이는 기준도 지적인 기준이다. 그의 원리는 여러 종류의 구체적인 상황에 대한 판단을 받아들이지만, 상황에 몰입된 데에서 나오는 판단은 받아들이지 않는다. 주저가 있는 판단 또는 별로 신용할 수 없는 판단도 배제되어야 한다. 화가 나거나 두려움을 느끼거나 이해관계가 개입되어 있다고 생각되는 판단도 수용하여서는 아니된다. 그러니까 원리적 원칙이나 원리 또는 사회 정의의 원리에서 고려하여야 하는 것은 초연하고 평정된 마음에서 행해진 판단이라야 한다. 그리고 그 원칙들은 "일반적"이며, "보편적"이며, "공공적(public)"이며 "모든 사람에게 수행 가능한 것"이라야 한다. 그것들은 "갈등하는 주장들에게 질서를 부여하고 최종적이고 결정적인 판단을 내릴 수 있어야 한다. 그러니까 정의의 원리는 모든 관련된 사항을 고려하고 그 경중을 비교 검토하는 일반 이론이 되어야 하고, 그 요구사항은 완전히 확정적인 것일 수 있어야 한다.[4]

원칙들은 "일반적"이며, "보편적"이며, "공공적"이며 "모든 사람에게 수행 가능한 것"이라야 한다

갈등하는 주장들에게 질서를 부여하는 것

---

4 Martha Nussbaum, "Perceptive Equilibrium: Literary Theory and Ethical Theory", *Love's Knowledge: Essays on Literature and Philosophy* (Oxford University Press, 1990), pp. 173~175.

지각적 균형

법률적 판단을 포함한 모든 실제적 판단에서, 이러한 "성찰적 균형"이 자유주의 국가의—사회적 양심을 포함하는 자유주의 국가의 근본이 되는 것은 사실이지만, 너스바움의 취지는 상황에 대한 보다 더 충실한 판단을 위해서는 그 이상의 구체적 검토가 필요하다는 것이다. 롤스가 말하는 것은 어디까지나 합리적 차원에서의 숙고를 말하는 것이지만, 필요한 것은 보다 더 구체적인 차원—섬세한 지각의 차원에까지 내려가서 생각하는 것이다. 참으로 어떤 특정한 상황에 대한 정당한 판단은 감각과 감정 그리고 상상력의 총화로써만 접근될 수 있는 "지각적 균형"을 통하여만 가능하다. 이 균형 속에서 "구체적인 지각은 서로간에 또 행동자의 일반적인 원칙에 '아름답게 어긋남이 없이 어우러지고' ……또 균형은 늘 새로운 것에 반응하여 재구성될 유연성을 갖는다."[5]

구체적 상황에는 추상적이고 일반적인 공식으로 포용할 수 없는 많은 것이 있다. 이 구체성은 이성만이 아니라 감각과 감정 그리고 상상력에 의하여서만 포착되는 면을 가지고 있다. 극단적인 예는 사람과 사람 사이에 존재하는 사랑과 같은 감정이 만들어내는 상황이다. 사랑이 단순히 환상이 아니고 또 단순화된 성관계가 아니라면(사실은 그러한 경우에도 그러하다고 하여야 하겠지만), 그 진상과 의미는, 너스바움이 생각하는 바와 같이, 사랑의 감정 또는 그것의 체험을 통하여서만 파악될 수 있다. 그러나 어떤 경우에나 인간의 현실로서 새로운

---

5 Ibid., p. 183.

감각과 지각과 감정 그리고 새로운 생각과 숙고가 필요를 요구하지 않는 경우가 있겠는가. "세계의 모든 감각적 개별성에 대한 경이"[6]는 끊임없는 것이다. 이것은 긍정적인 일에서도 그러하지만, 분노와 고통의 원인이 되는 부정적인 일에서도 그러하다.

지각과 사회적 일반성

너스바움의 주장이 사람의 삶 일반에 두루 해당될 수 있는가? 우리는 세계에 존재하고 일어나는 모든 하나하나의 새로운 것에 주의하고만은 살 수가 없다. 사람은 새로운 경이에 못지않게 익숙한 것의 지속 그리고 일반화된 형식에 의한 새로운 것의 수용을 필요로 한다. 그리하여 지각의 균형은 삶에 늘 적용되기 어렵고 특히 그것은 법이나 정치의 절차에 도입하기에는 너무나 섬세한 것이라고 할 수 있다. 아마 그것은 시적인 대상물이나 개체적 인간과 또 하나의 개체적 인간의 관계—그것도 매우 선택된 관계에만 적용될 수 있는 것이다. 학문의 영역으로 볼 때, 그러한 섬세한 개별성의 영역은 문학이라고 할 수 있다. 그것은 사회과학의 영역이 되기는 어렵다는 우리의 느낌 자체가 그 한계를 말하는 것일 것이다. 뿐만 아니라 참으로 개인적으로 절실한 체험이 어떤 형태로든지—그러니까 사람의 모든 섬세한 지각을 다 동원하여 공감하고 숙고하고 검증한다고 하여도 그것이 다른 사람에게 이해가 될 수 있는 것일까? 또는 그러한 이해가 판단과 선택에 도움

섬세한 감각적
개별성의 영역에
대한 경이

---

6 Ibid., p. 184.

이 될 만한 것이 될 수 있는가? 실존주의자들은 유일자로서의 인간의 고독을 어떻게 할 수 없는 실존의 진실이라고 말할 것이다. 또는 각도를 달리하여, 어떤 체험의 당사자도 그것을 바르게 이해하는 것일까? 궁극적인 의미에서의 체험의 현실은 모든 사람의 이해—섬세한 이해를 넘어가는 순수 체험이라고 할 수도 있을 것이다.

더구나 사회적 범주 속에 움직이는 제도가 그것을 넘어가는 지각적 균형의 정신 조작으로 알 수 있는 것들을 그 판단의 과정에 수용할 수 있는 것일까? 우리는 이러한 의문들을 가질 수 있다. 그러나 인간 현실을 바르게 이해하려면, 그것을 피해 갈 수 없다는 것은 분명하다. 그러는 한 거기에서 나오는 판단은 공적인 사회와 법률 질서에 연속적인 것이라고 할 수밖에 없다. 그러나 "개별성의 윤리적 의미 그리고, 감정의 인식상의 가치"[7]가 핵심적인 문제가 되는 것은 문학에 있어서이다. 체험과 상황의 인식에 있어서의 사물의 개별성에 대한 지각을 강조하는 너스바움이 문학에 대한 깊은 관심을 가지는 것은 자연스럽다. 그러나 그는 동시에 사회 현실에 대한 깊은 관심을 가지고 있다. 삶의 윤리적 의미가 사회 전체의 움직임에 연관이 없을 수가 없다. 너스바움은 이 두 가지를 개인적으로나 사회적으로 종합하여야 한다고 생각한다. 그는 몇 년 전에 브라운 대학의 철학과에서 시카고 대학의 법학대학원으로 자리를 옮긴 바 있다. 이것은 그가 "법률적 사고력의 복합적 발전에 있어서 문학이 특별한 위치를 차지한

사물의 개별성에 대한 지각

---

[7] *Love's Knowledge*, p. 175.

다"는 예일 대학 법대 교수 폴 거위츠(Paul Gewirtz)의 말에 전적으로 동감하는 것에 관계되는 일로 추측된다.[8] 그에게 성찰적 균형과 지각적 균형은 쉽게 분리되는 것이 아니다.

인간 존재의 세 영역

인간 체험의 이러한 착잡한 성격에 대하여 그리고 그것의 사회적인 의미에 대하여서는, 너스바움의 태도 자체도 분명한 것이 아닌 것으로 보인다. 그러나 인간을 이해하는 데에 있어서, 그는 세 가지 영역이 있다고 생각하는 것은 분명하다. 그리고 거기에는 서로 다른 원리가 작용한다. 하나는 성찰적 영역, 즉 비록 구체적인 사건에 의하여 자주 시정되어야 하는 것이기는 하나, 일반적 행동 원리와 숙고가 작용하는 영역이다. 그 다음에는 감정 이입과 상상력에 의한 공감을 요구하는 보다 구체적인 영역이 있다. 그리고 마지막으로 예외적인 경우가 아니면 다른 사람에 의하여 이해될 수 없는 개인의 실존적 영역이 있다.

이 세 가지 영역은 사회와 개인, 어느 쪽에 중점이 놓이느냐에 따라 구분된다. 그리고 거기에 작용하는 인간 능력을 생각할 때 사회에 가까울수록 이성이 중요하고 개인에 가까울수록 감성적인 요소가 중요하다. 성찰의 영역은 사회 규범의 영역이다. 그러나 그가 성찰적 균형에 대하여 지각적 균형을 내세우는 것을 보면, 그는 체험과 상황에 대한 지각적 이해가 사회적 의미를 갖는다고 본다고 할 수 있다. 개인적 체험은

성찰적 영역
공감적 영역
실존적 영역

---

8 "An Aristoelian Conception of Rationality", *Love's Knowledge*, p. 101.

절대적인 고독 속에 있는 것이어서 이해와 판단의 영역을 넘어간다는 것을 인정한다. 그러나 어떤 경우에 있어서는 개인적 실존의 이해도 어떤 특권적인 순간에는 일어날 수 있는 것으로 말한다. 이것은, 첫 번째의 경우와 마찬가지로 감정과 상상력이 가지고 있는 공감의 힘으로 가능하여진다.

그러나 나의 의견으로는 그것을 더 면밀하게 생각할 때, 이 마지막 경우도 단순히 감정과 상상의 사건이 아니라 이성의 사건인 것이 드러나지 않을까 한다. 그리고 이 실존적 사건에 개입되는 이성이야말로 원초적인 이성으로 생각된다. 이성의 다른 표현은 이것은 이차적인 발전일 수 있다. 우리는 아래에서, 너스바움이 이해하는 다른 영역에 존재하는 인간 상황의 몇 가지 예를 다시 살피면서, 거기에 움직이는 이성의 모습을 시사해 볼까 한다. 여기에서 이성의 본질은 체계도 초개인적인 것도 아닌 것으로 보인다.

2. 문학과 사회 그리고 개인

시적 정의

너스바움의 저서 중 《시적 정의: 문학적 상상력과 공적인 삶(Poetic Justice: The Literary Imagination and Public Life)》은 제목이 말하고 있듯이 문학의 사회적 의미를 밝히려는 저서이다. 여기에서 그가 다루고 있는 문제는 주로 공적인 법적 절차, 특히 법원의 판결에 있어서의 문학의 중요성이다. 그는 법률적 판단의 대상이 되는 사안들을 이해하는 데에 문학적 상상

문학은 공적 이성의
일부

력이 얼마나 중요한가 그리고 법관의 교육에 문학이 얼마나
중요한가를 증명해 보이려 한다. 그러한 의미에서 "문학은 공
적 이성의 일부이다." 그러나 필요한 것은 그것이 어디까지나
보다 공적인 사고 기능에 대하여 보완적 성격을 가지고 있다
는 것을 잊지 않는 것이다. 그는 문학의 중요성을 말하면서
그에 덧붙여, 문학으로 "공감적 상상의 규칙을 따르는 도덕적
추론을 대신하려는 것은 극히 위험한 일이고, 그것을 제안하
려는 것은 아니다."라고 말한다.[9] 주어진 사안을 법률적으로
접근할 때, 감정적인 유연성으로써 인간적 현실을 꿰뚫어볼
수 있어야 하지만, 그것은 동시에 이성의 관점에서 "공적인
명확성과 원칙의 관점에서의 일관성의 기준(a standard of pub-
lic articulability and principled consistency)"에 맞추어져야 하고
그렇게 하면서 그것이 "제도적 한계" 속에 있다는 것을 알아
야 한다. 이 점에서, 너스바움의 모범이 되는 것은, 앞에서 우
리도 언급한 일이 있는, 애덤 스미스가 생각한 "공평한 관측
자(the judicious spectator)"이다. 다만 스미스가 이성 또는 합리
성을 강조하는 데 대하여, 너스바움의 강조는 상상과 감정이
다. 그러면서도 이 강조의 차이는 같은 현상의 양면에 대한
주의의 차이이다. 그리고 그 외에 다른 중요한 차이가 있다
면, 그것은 스미스가 이성의 근원을 인간의 사회성에 두는 데
대하여, 너스바움의 이성은 전통적으로 축적된 그러나 어떤
특정한 전통보다도 모든 인간의 보편적 동의를 받을 수 있는

시작은 공감이다

프로네시스에 일치한다. 그러나 시작은 스미스의 경우나 마

---

[9] Martha C. Nussbaum, Poetic Justice: *The Literary Imagination and Public Life*
(Boston: Beacon Press, 1995), xvi.

찬가지로 공감이다. "공정한 관측자는 최대한으로 다른 사람의 처지에 자신을 두고 고통을 겪는 사람에게 일어났을 미세한 사정 일체를 공감할 수 있도록 하여야 한다." 그러나 동시에 그는 그것을 자신이 고통의 처지에 있는 것처럼 생각하여서는 아니되고, "마치 지금의 이성과 판단력으로 바라보듯이 바라보아야 한다."[10] 즉 보편적 원칙에 비추어 생각하는 것을 포기하지 않아야 되는 것이다. 관측자는 곁에서 보는 자이다. 다만 그는 가장 인간적인 친구와 같은 공감을 가진 관측자이어야 한다. 이것은 대체로 문학 읽기에 함축되어 있는 입장이다. 문학 작품은 그 자체로만이 아니라 작품과 독자와의 관계에서, "구체적인 상황에 즉하기는 하되 그렇다고 상대주의적인 것은 아니고, 일반적인 인간 행복의 개념을 구체적인 상황에 연계하여, 보편화 가능한 구체적 처방을 내리고, 우리로 하여금 상상력으로 그 안으로 돌아가볼 수 있게 하는, 도덕적 추론의 전형"[11]을 보여준다.

"그 사람의 처지에 서서 그 사람의 고통받는 사정 일체에 공감하여야 한다. 그러나 그 공감은 이성과 판단력으로, 관찰하듯이 보는 것에 기초해야 한다" (애덤 스미스)

문학의 지각 균형

이렇게 볼 때, 문학과 사회적 사고의 갈등은 정도의 차이에 불과하다. 물론 지금 우리가 문제화하고 있는 지각과 성찰의 관계에서도, 그 갈등은 본질적인 것이라고 할 수 없다. 문학의 사회적 의미는 이 점에 연결되어 있다. 문학에서 중요한 것이 지각이고 그것을 통하여 드러나는 구체적이고 개별적인

10 Adam Smith, *The Theory of Moral Sentiments* (I. 1. 4. 6.), quoted in *Poetic Justice*, pp. 73~74.
11 *Poetic Justice*, p. 8.

상황이라고 하더라도, 그것은 어디까지나 균형 속의 지각이다. 다시 말하여 그것은 지각으로 체험되는 것에 관계되면서도 반성에 의하여 일단 사유의 균형 속으로 지양된 것이다. 문학의 영역은 지각의 세계이다. 개별적 지각 체험을 빼고는 문학은 설 자리가 없다고 말할 수 있다. 그러나 그것이 반드시 지각 또는 감각의 세계에 완전히 잠겨 있는 것은 아니다. 그것이 언어로 표현된다는 것 자체가 문학이 감각 또는 지각을 넘어간다는 것을 말하여주고 있다. 그러니까 다시 말하건대 문학은 지각과 사유가 서로 부딪치는 공간이다. 문학의 언어는 이 부딪침에서 태어난다. 사실 지각도 이미 감각을 일정한 의미로 또는 이념으로 형성한 결과에서 생겨난다. 문학의 언어 그리고 예술의 언어는 지각의 형성 작용의 연장선상에 이루어지고 또 이 형성에 거꾸로 영향을 미친다. 문학의 지각 구체성을 넘어가는 추상적이고 일반적인 언어도 그 뿌리는 여기에 있다고 할 수 있다. 그리하여 문학은 지각의 현장이면서도 동시에 이념의 현장인 것이다. 이 현장을 열어놓는 것은 모든 일반 원칙이 요구되는 사회 현실의 포착에도 핵심적인 중요성을 갖는다.

> 문학은 지각과 사유가 서로 부딪치는 공간이다. 문학의 언어는 이 부딪침에서 태어난다

> 문학은 감각적 지각의 현장이면서 동시에 이념의 현장이다

문학의 애매성

그러나 문학은 다른 여러 가지 깊이를 숨겨가지고 있다. 위에서 말한 바와 같이, 너스바움은, 여기에서 파급되는 의미를 분명히 하지는 않는 흠이 있기는 하지만, 문학의 애매한 의미를 간과하지는 않는다. 되풀이하건대, 문학작품은 그것이 표현하는 모든 것을 언어와 형식적 구조 속에 종합할 것을 지향

한다. 이 지향에 있어서 그것은 이미 사유의 여과를 거친 것이다. 위에서 우리는 너스바움이 이 점에 있어서 문학이 공적 합리성의 일부가 됨을 주장하는 것을 보았다. 이 점에서 지각적 균형은 성찰적 균형에 대하여 보완의 역할을 할 뿐이다. 이 보완이, 그의 관점에서는 중요한 것이다. 그러나 다른 곳에서의 논의를 보면, 그는 바로 이것이 문학의 흠집이라고 생각하는 것으로 보인다. 문학에 스며 있는 이성적 요소가 근원적인 인간의 진정한 체험으로부터 멀어지게 하는 약점이 된다고 생각하는 것이다. 그러니까 이번에는 문학이 지각적 균형에 머무는 것이 그 결점이 되는 것이다. 그리고 그는 동시에 마치 문학이 이러한 한계를 넘어 근원적인 인간의 체험을 표현하거나 적어도 암시할 수 있는 것처럼 말하기도 한다. 사람의 체험에는 "성찰적 체험"이나 "지각적 균형"을 초월하는 인간 체험이 있다. 문학은 이것에 대하여 매우 애매한 관계에 있다.

제임스의 소설

지각적 균형의 예시를 설명함에서 너스바움이 예로 들고 있는 문학작품은 헨리 제임스의 《대사들(The Ambassadors)》이다. 이 소설의 주제를 전개하는 이야기는 간단하다. 청교도적인 도덕이 지배하는 미국의 매사추세츠의 울레트에 거주하는 뉴섬 부인은 프랑스에 가서 돌아오지 않는 아들 채드위크를 귀국하게 할 목적으로 자신의 대사로서 램버트 스트레더를 프랑스로 보낸다. 그러나 프랑스에 간 스트레더는 향락주의적이고 퇴폐적인 또는 심미적인 프랑스 사회에 물들어 그의 사명에 실패하고 만다. 그가 미국의 도덕주의로부터 프랑스의 심미주의로 전향을 하게 된 것은 채드의 상황 그리고 프랑스의 문화적인 분위기를 직접 접할 수 있게 되었기 때문이다. 그 결과 채드의, 남편과 별거 중인, 유부녀인 마담 드 비오네와의 사랑이 충분히 그럴 만한 것이라고 생각하게 된 것이다. 그가 마담 비오네의 아름다움과 교양 그리고 프랑스 문화의 매력에 굴복한 것이다. 이것은 감각적으로 그에게 작용하는 사람과 사물의 여러 모습들이 그의 감정과 상상력을 자극하여 그로 하여금 구체적인 상황을 공감적으로 이해하게 한 까닭이다.

지각적 균형의 한계

섬세한 공감과 대상에 대한 일정한 거리-초연함과 무관심과 무사공평함-는 지각의 명료성을 위하여 또는 지각의 균형을 위하여 불가피한 조건이다

그러나 스트레더가 사물과 인간의 개별성 그리고 구체성 (particularity)에 완전히 항복한 것은 아니다. 너스바움은 스트레더가 채드의 상황이나 프랑스의 문화에 섬세한 공감을 보여주기는 하지만, 어디까지나 거기에 대하여 일정한 거리를 지키고 있음에 주의한다. 그의 열의에는 "초연함"이 있고, "무관심"이 있고, 관측자의 "무사공평함"이 있다. 이것은 지각의 명료성을 위하여, 또는 지각의 균형을 위하여 불가피한 조건이다. 이것은 스트레더의 문학적 관심에 이어지는 심리적인 그리고 윤리적인 태도이다. 그것은 "삶에 대한 독자나 작가의 자세는 감정의 깊이를 희생하여 시각의 명료성을 얻는, 어둡고, 난잡한 성적 정열에 빠져드는 것을 포기하는, 또는 경멸하는, …… 그것을 단순화하고 독자의 관점에서 일반적 이야기로 줄여버리는…… 자세"이다.[12] 너스바움의 생각에

는 스트레더가 유지하고 있는 초연한 자세, "지각의 도덕(the morality of perception)"[13]에 의지하는 것은 인생의 중요한 부분을 놓치는 일이다. 스트레더의 태도로는 채드와 마담 드 비오네 사이에 존재하는 성적 사랑의 깊은 진실을 이해하지 못하게 마련이다. 사랑이라는 것도, 너스바움의 해석으로는, 자신들의 관계의 내밀성으로 몰입하는 것이 아니라 주변을 둘러보는 것이라면, 그것은 참다운 사랑일 수 없다. 사랑의 이해는 지각의 또는 이성적 균형 속에서 가능한 것이 아니라, "맹목과 열림, 배타성과 일반적 관심, 인상의 독해와 사랑의 몰입 사이의 불안정한 진동"[14]으로써만 가능하다. 그런데 이러한 어려움은 윤리적 문제 일반에도 해당되는 것이다. 윤리적 질문은 우리를 윤리의 임계선으로 이끌어간다고 그는 말한다. 사람의 윤리적 삶에 있는 "깊은 요소들은 그 폭력성이나 열도에 있어서 우리를 윤리적 태도의 너머로, 균형잡힌 비전의 추구 그리고 완전한 적합성의 밖으로 이끌어간다."[15]

3. 존재론적 이성

개체적 실존의 고독

너스바움은 사회의 합리적 질서가 필요한 것이면서도 개체의 구체적인 상황에 대하여 정당하지 못한 경우가 있다고 말

---

12 "Perceptive Equilibrium…" *Love's Konwledge*, p. 187.
13 Ibid., p. 188.
14 Ibid., p. 190.
15 Ibid.

하고 그것을 완화하여 줄 수 있는 것이 문학적 상상력에서 보는, 감성적 공감의 이해라고 하였다. 그러나 그는 동시에 그것이 구체적인 인간의 문제를 완전히 해결해 주지는 못한다고 생각하는 것으로 보인다. 조금 전에 언급한 지각적 균형─그 사회적 의미와 인간적, 실존적 진실에 관하여 양의적인 입장을 표현하는 지각 균형론은 1987년에 처음으로 강연에서 발표한 것이고, 애덤 스미스에 공감하는 "이성적 감정"의 이론은 1995년에 출간되었다. 생각이 그간에 바뀐 것인지, 아니면, 지각적 균형의 사회적 의미는 인정하되 사회를 넘어가는 그리고 이성적 이해를 넘어가는 귀중한 인간 체험의 영역이 있다는 것을 잊지 말아야 한다는 입장은 변함이 없는 것인지 불분명하다. 하여튼 너스바움은, 적어도 균형 이론을 발표하였을 시점에서는 그것이 성찰적인 것이든 지각적인 것이든, 사회적 이성을 옹호하면서도, 동시에 어떤 외부적 이해의 기도에서도 접근할 수 없는 인간의 구체적인 상황의 존재를 인정하였다. 상상력이나 감정이나 사유로써도 포착될 수 없는 철저하게 개체적인 인간의 실존적 고독에 대한 인식은 사회적 존재로서의 인간을 이해하는 데에도 중요한 것이다. 인간의 모든 것이 사회적 전체성 속에 포착되지는 않는다. 이것을 인정하는 겸허함이 없는 사회질서가 바로 전체주의이다.

실존적 성찰

문학적, 철학적 추구의 한 소득은 이러한 겸허함이라고 할 수 있다. 사회적 이성의 일부로서 문학은 그 지각적 이해로서 그에 기여한다. 그러면서 그 한계를 보여주어야 한다. 그러나

문학적 상상력의 감성적 공감의 이해

인간의 모든 것이 사회적 전체성 속에 포착되지는 않는다. 이것을 인정하는 겸허함이 없는 사회질서가 바로 전체주의이다

제임스의 《대사들》의 주인공이 그의 관조적 태도로 인하여 성적인 정열이나 성의 내밀성을 이해하지 못한다고 할 때, 이것이 모든 문학의 특징이라고 하는 것은 조금 과장된 것이다. 우리는 《대사들》의 헨리 제임스에 대조하여 로렌스나 헨리 밀러와 같은 작가를 생각해 볼 수 있다. 그러나 그러한 성적인 문학이 아니라고 하더라도 많은 문학 작품은, 너스바움이 말한 진동의 방법으로 통해서일망정, 성(性)만이 아니라 말할 수 없는 개체적 실존에 대하여 말하고자 한다. 그 경우 아마 가장 중요한 것은 이 실존을 성찰의 대상이 되게 하는 것이다. 그렇게 하는 것은 인간 조건의 냉혹성을 완화해 준다. 그리고 한 발 더 나아가 그러한 삶의 아름다움과 또, 그 깊은 표현할 수 없는 침묵에도 불구하고 그것의 이념성을 확인하게 한다. 이 점에서 사람은 지각이나 감각의 직접성을 벗어나지 못하는 것과 똑같이, 이념성을 벗어나지 못한다고 할 것이다. 사람의 깊은 실존은 이 이념 속에 포착될 수 없는 이념성에서, 합리성에 포착할 수 없는 이성에서 궁극적인 보람을 찾는다고 할 수도 있다. 우리는 이 점을 헨리 제임스의 다른 작품을 보기로 삼아—너스바움이 예로 들고 있는 삽화를, 그러나 그와는 다른 관점에서의 재검토를 통해 이 문제를 생각해 볼 수 있다.

상상된 이미지 속의 숨은 이성

헨리 제임스의 《황금의 그릇(The Golden Bowl)》은 매우 난해한 소설인데, 여기에서 우리가 문제 삼고자 하는 것은 소설 전체보다도 너스바움이 소설의 전개에서 하나의 중요한 계기를 이룬다고 생각하는 한 부분이다. 이 부분은 서로 사랑이 깊은 아버지와 딸이 어떻게 그러한 관계를 초월하여 새로운 인생의 길을 가게 되는가를 보여주는 부분이다. 부녀의 사랑은 너무 깊었던 까닭에 아버지는 딸을 그녀의 사랑하는 사람에게 떠나보내지 못하고 또 딸도 아버지를 두고 남편을 따라간다는 것이 지극히 어려운 그러한 심정이었다. 아버지와 딸이 정원을 산보하며 부녀 관계 그리고 부부 관계에 대한 이야기를 포함하여 이러저러한 말을 나누던 중, 아버지는 딸을 떠나보내는 것이 옳은 일임을 깨닫는다. 딸이 그녀의 남편에 대한 사랑이 절대적인 것임을 말하고 난 다음 이것을 문득 깨닫게 되는데, 제임스는 깨달음을 주로 이미지를 통해서 표현하고 있다. 여기에서도 구체적 상황의 판단의 중요성이 부각된다.

구체적 상황 인식을 방해하는 '모든 것에 대한 판단을 미리 내리는' 도덕주의

《대사들》에서 뉴섬 부인의 문제는 그 청교 도덕주의였다. 뉴섬 부인의 구체적 상황 인식을 방해하는 것은 현장을 모르는, 사정 이해의 부족이기도 하지만, 더 근본적으로는 모든 것에 대한 판단을 미리 내리고 있는 도덕주의이다. 《황금의 그릇》의 주인공들인 아담 버버 그리고 매기 버버의 문제는 오히려 그 심미주의에 있다. 모든 것이 아름다움의 조화 속에

때로 심미주의는 사람의 삶에 존재하는 갈등과 균열을 보지 못하게 한다

있을 수 있다는 것을 믿게 하는 심미주의가 이 부녀로 하여금 사람의 삶에 존재하는 갈등과 균열―아름다움을 뛰어넘는 균열을 보지 못하게 하는 것이다. 그리하여 자산가 유한계급에 속하는 이들은 그들이 사 모으는 골동품이나 미술품처럼 사람이 수집될 수 없다는 것을 깨닫지 못한다. 사람들에게는 서로 다른 욕망이 있고 서로 다른 도덕과 윤리의 의무가 있다.

적어도 이 소설에서는 아버지에 대한 사랑과 남편에 대한 사랑은 우선순위에 있어서 어느 쪽으론가 선택되어야 하는 그리고 그로 인하여 일어나는 인간관계의 균열을 받아들여야 하는 도덕적 과제를 부과한다. 이 선택은 개인이 그의 삶을 선택하여야 한다는 전제하에서 이루어져야 한다. 사람들은 각자가 자신의 삶을 살아야 하는 독립된 존재라는 사실이 모든 것의 기본이기 때문이다. 이야기의 결정적인 순간은 이 아버지와 딸이 그들이 개체적인 존재이며 개체적인 결정을 내려야 했다는 것을 깨닫는 순간이다. 제임스의 묘사에서, 이것은 감각적인 요소가 풍부한 구체적인 상황—구체적인 감각과 감정 그리고 상상력이 움직이게 되는 상황에서 일어난다. 가령 아버지에게 딸의 독자적 존재가 전달되는 것은 상상력을 통해서 나타난 매우 생생한 이미지를 통하여서이다. 너스바움이 인용하는 것을 다시 인용하면, 그것을 제임스는 다음과 같이 표현하고 있다.

> 딸의 말에 스며 있는 뜨거운 열정의 파동, 거기에 들어 있는 따스한 여름 바다, 눈부신 사파이어와 은빛의 물 가운데, 제 나름으로 빛을 발하며 떠 있는 어떤 산 목숨, 실수나 무서움이 아니라 놀이로 자맥질하는, 깊은 바다 위에 떠받들려 있는 어떤 짐승—이러한 느낌이 그로 하여금 자신은 그것을 젊은 시절 사람들에게 흔히 주지도 받지도 않았건만, 딸에게 다가올 삶의 황홀감을 실감나게 느끼게 하고 조심스럽게 그것에 찬의를 보내게 하였다. 그는 잠시 동안 말없이, 처음 있는 일도 아니지만, 숙연해지기까지 하며 앉아 있었다. 그것은 그가 잃어버린 것보

사람들에게는 서로 다른 욕망이 있고 서로 다른 도덕과 윤리의 의무가 있다. 삶에 있어 모든 것의 기본은 사람은 각자가 자신의 삶을 살아야 하는 독립된 존재라는 사실이다

다는 딸이 얻은 것이 크다는 느낌을 가져왔다. 그리고 알 듯하
다는 느낌이―내가 아니었더라면, 아무 일도 되지 않았을 것이
라는, 그것이 자기 몫이었으리라는 느낌이 솟았다.[16]

이 소설의 아버지는 딸과의 만남을 통해서 비로소 구체적
으로 딸이 독자적 인간으로서의 길을 가야 한다는 것을 깨우
치게 된다. 깨달음의 순간이 오기 전까지 아버지와 딸은 긴
산보를 하며 서로를 느끼고 서로의 삶을 생각할 수 있는 시간
을 갖는다. 이 깨달음이 바다에 노니는 물고기의 이미지로 전
달되는 것은 너스바움에게는 매우 중요한 의미를 갖는 것으
로 생각된다. 이 이미지는 감각과 감정에 작용하면서 동시에
옳은 도덕적인 판단의 계기가 된다. 그것이 딸의 삶의 싱싱한
발랄함을 전달해 주는 것이다. 그리고 다른 한편으로 그러한
이미지를 떠올릴 수 있는 것은 아버지가 너그럽고 풍성한 도
덕적 상상력을 가진 사람이기 때문에 가능하다.

감각적 이미지와 감
각적 지각에 매개되
는 도덕적 감수성

여기에서 감각적 이미지는 구체적이면서도 도덕적인 인간
관계의 매개체이다. 사람의 도덕적 인식은 단순히 연역적인
판단으로 이루어지는 것이 아니라 지각이 개입되어 이루어진
다. 그것은 "덩어리로 복잡하게 얽혀 있는 현실을 고도로 투
명하게 그리고 다양하게 민감하게 보는 것"을 가능하게 한
다.[17] 그것을 잘 나타내주는 것이 앞에서 본 부녀 상호 이해의
과정이라고 너스바움은 말한다. 그러나 이 장면의 의미를 더

---

16 "'Finely Aware and Richly Responsible': Literature and the Moral
   Imagination", *Love's Knowledge*, pp. 150~151. Henry James, *The Golden
   Bowl* (New York: Charles Scribner's Sons, 1909), II, 263~264로부터 인용.
17 Ibid., p. 152.

자세히 검토해 보면, 우리는 거기에 도덕적 감수성이 이미지에 의하여 매개되는 구체적 지각 이상의 것이 있음을 알게 된다.

사회적 이데올로기의 틀

물론 감각적인 이미지로 전달된다고 말하여지는 부녀의 바른 관계에 대한 깨우침이 어떤 감각적 직관에 의해서만 촉발되는 것만은 아니다. 감각과 깨우침 사이에는 여러 가지 문화적, 개념적, 기능적 층이 있다. 감각이나 지각의 이념성은 이여러 연관의 핵심으로 존재할 뿐이다. 우선 이 소설의 부녀 관계는 미국이나 유럽에 있어서의 개인의 사회적 존재 방식에 대한 문화적 전제 속에 있는 것이 틀림이 없다. 그것은 한국인의 입장에서는 이해하기 어려운 점이 있는 것에서도 알 수 있다.

개인의 사회적 존재
방식에 대한 문화적
전제

전통적 한국의 윤리 도덕에서 딸을 시집보내고 남편을 따라가게 한다는 것은 너무나 당연한 일이다. 동시에 한국에서 이것은 선택의 문제로 생각되지 아니한다. 여기에서 도덕적 선택의 주체는 개인이 아니라 딸과 아버지와 남편을 포함하는 사회제도이다. 아마 한국에서 문제가 발생한다면 그것은 배우자의 선택에 관한 것일 것이다. 이에 대하여 이러한 소설이 우리에게 새삼스럽게 생각하게 하는 것은 구미에서는 개인적인 선택을 당연하게 보는 제도와 관습이 있다는 사실이다. 이 소설의 부녀 관계에서도 이것은 근본적인 틀이 되어 있다. 그러니만큼 개인에 의한 직접적인 깨우침처럼 보이는 일에도 문화가 개입하고 있는 것이다. 여기의 상황에서 관습

적으로 개인의 의지의 자율성은 당연한 것으로 전제되어 있고 이 소설의 아버지는 그것을 새삼스러운 깨우침으로 재획득하는 것이다. 그러나 이것이 감각적이고 감정적인 체험으로서 일어나는 것임은 틀림이 없다. 그것은 체험의 직접성 속에서 새롭게 확인되는 것이다. 그리고 이러한 확인이야말로 하나의 원초적인 증거의 역할을 하는 것이다. 그러나 여기에서 주목하고자 하는 것은 이러한 문화의 개입이라는 사실보다도, 그 개입의 성격이 어떠한 에피스테메의 틀 속에서 일어나든, 그것은 다시 한 번, 단순한 감각적 체험이 아니라 거기에 또 하나의 다른 개입—철학적인 또는 형이상학적인 개입이 있어서 하나의 깨달음이 된다는 사실이다.

개체적 실존, 이해의 포기로서의 이해

되풀이하건대, 사람의 구체적인 상황은 현장적으로만 알 수 있다. 그리고 그것은 상황을 일반적인 관점만이 아니라 당사자의 입장에서 고려하는 것이라야 한다. 그리고 거기에는 감각과 감정과 상상력이 개입된다. 그러함에도 대상의 구체적 현실을 안다는 것은 완전히 현장적 현실에 몰입해 버리는 것을 뜻하지는 아니한다. 위에 언급한 제임스의 소설에서 아버지와 딸이 어떤 이해에 도달하였다고 하여 아버지나 딸이 상대를 참으로 알게 되었다고 하는 것도 지나치게 성급한 판단이다. 이야기의 이 부분에서 문제가 되어 있는 것은 독자적 인간으로서의 딸이다. 그리고 이루어진 결과는 딸을 떠나보내는 결정이다. 이 떠나보냄은 육체적으로 떠나보냄을 말하기도 하지만, 정신적으로도 독립을 인정하는 것이다. 아마 그 결과의 하나는 아버지가 자기의 인식의 틀이나 필요에 따라서 딸을 안다고 생각하는 것도 포기하는 일일 것이다. 아버지가 딸의 인생을 생각하며 발랄한 물고기의 이미지를 떠올린 것이 딸을 더 잘 알게 되었다는 것을 의미할 수는 없다. 물고기의 이미지는 결코 딸의 실체의 일부를 이루고 있는 것은 아니다. 그것은 아버지가 딸을 독자적 존재로 이해하는 데 필요했던 하나의 상상적 수단일 뿐이다. 이것이 상상된 것이라는 것 자체가 대상의 속성에 그것이 들어 있는 것이 아니라는 것을 말한다. 상상력이 필요했던 것은 바로 대상에의 직접적인 인식이 불가능한 때문이다.

그럼에도 불구하고 물고기의 이미지가 부녀 사이에 어떤 이해를 성립하게 한 것은 틀림은 없다. 그 이해는 개별적 존재의 자율성에 대한 것이다. 그러한 관점에서 본다면, 위의 소설에서의 부녀간의 이해란 하나의 구체적인 이해라기보다는 개체적 인간의 독자성과 자율성에 대한 일반적이고 추상적인 이해와 다를 것이 없다고 말하여야 할 것이다. 이해의 내용에 있어서 같은 것이면서도 다른 것이 있다고 한다면, 그것은 이러한 이해가 감각과 상상력을 자극하면서 전인적으로, 말하자면, 정열을 수반하여 이루어진다는 점일 것이다. 그리하여 그것은 추상적인 명제에 대한 동의가 아니라 감격적인 체험이 되고 감격의 힘은 추상적 동의와는 달리 실천적 의지와 하나가 된다.

지각과 이념, 에피파니

우리는 지각 현실에 들어 있는 원초적인 이념성, 쉽게 손에

지각과 이념과 직관
의 혼용

잡기 어려운 이성의 작업으로서 성격을 다시 한 번 검토할 필
요가 있다. 지각과 이념과 직관의 혼용은 실로 우리를 놀라게
하기에 충분하다. 아버지는 딸의 모습에서 보석처럼 빛나는
바다에서 자맥질을 하는 물고기—생명체가 일정한 환경 속에
조화되어, 물론 위험도 수반될 수밖에 없는 환경에서 생명을
영위하고 있는 모습을 본다. 이것은 역동적이면서도 공간적
인 이미지이다. 이 공간은 하나의 생명체를 떠받들기에 충분
한 공간이다. 그것이 한 생명체를 독립적으로 존재하게 한다.
그러한 의미에서 그것은 보는 사람으로부터 거리를 만들어내
는 것이기도 하다. 딸을 물고기로 상상하고 있는 아버지는 그
공간으로부터 차단되고 그 경험을 통하여 딸을 떠나보내야

차단하는 공간이면
서 서로를 이어주는
공간

한다는 것을 저절로 깨닫게 된다. 그러나 이러한 차단하는 공
간은 다른 한편으로 서로를 이어주는 공간이기도 하다. 물고
기는 이 공간 속에 있다. 물론 그저 있는 것이 아니라 거기에
서 움직이고 있다. 그 공간을—바다라는 감각적인 공간, 공간
이면서 감각인 공간을 살고 있는 것이다. 이 모든 것이 보석
처럼 빛나고 있는 것도 깨우침에 도움을 주는 것일 것이다.
말하자면, 깨닫는다는 것은 빛이 비치는 것과 같고 빛에 의하
여 도움을 받는다고 할 수 있다. 영어에서 깨우침이 illumina-
tion이나 enlightenment와 같은 빛의 비유를 가지고 있는 단
어로 표현되는 것은 우연이 아니라고 할 수 있다. 이러한 조
건하에서, 아버지가 생명력이 넘치는 독자적인 존재로 딸을
상상한다는 것은 그 모습에 공감하고 동의한다는 것이다. 그
리하여, 결국 아버지는 딸이 생명의 공간 속에 독자적으로 존
재하는 것임을 받아들이는 것이다. 이렇게 삶과 빛 속에 밝혀

지는 공간은 생명체들을 서로 일정한 간격 속에 두면서 동시에 같이 있게 한다. 모든 공간의 상상력은 아마 이러한 것일 것이다. 또는 더 나아가 모든 상상력은 그러한 것이라고 할 수도 있다. 그것은 결국 공간적 존재로서의 인간의 원초적인 있음을 직접적인 감각 체험을 통하여 되돌려놓는 일을 한다고 할 수 있다. 사람이 세계 안의 존재라는 것이 기본적인 실존 조건이라면, 그것은 인간 의식의 가장 기본적인 형태인 감각 속에서 이미 드러나기 시작하는 것일 것이다. 그러니까 여기에서 일어나는 것은 말하자면, 일종의 존재론적 이해이다. 모든 존재—특히 생명을 가진 존재가 그 나름의 독자성을 가지고 있다는 이해는 존재의 직접성에 대한 직관이면서 동시에 존재의 존재 방식에 대한 총체적 이해이다. 그러한 의미에서 그것은 단순한 사실성의 인정 이상을 넘어서 이념적 성격을 가지고 있다. 그러면서 동시에 그것은 직접적이다. 이 이념적 직접성은 그 깨우침의 방식에서 쉽게 드러난다. 그것은 하나의 추론의 결과라기보다는 감각이나 지각의 체험으로서 온다. 이러한 구체적 사건의 성격을 가진 이념의 출현이 에피파니라는 것은 앞에서 언급한 바 있다. 다시 말하여 그것은 중세의 신학에서 신의 출현을 말하지만, 제임스 조이스 이후 그것은 어떤 깨우침을 가져오는 구체적 사건을 지시하기 위하여 사용한 말이기도 하다.

물론 그것은 앞에서 언급한 문화적 환경에 의하여서 준비되는 면을 가지고 있다. 거꾸로 문화는 이러한 원초적인 사실을 보존하고 있는 한도에서만 참으로 의미 있게 작용할 수 있다. 그러한 경우에 그것은 지각 체험을 고양할 수 있다.

삶과 빛 속에 밝혀지는 공간은 생명체들을 서로 일정한 간격 속에 두면서 동시에 같이 있게 한다

모든 존재, 특히 생명을 가진 존재가 그 나름의 독자성을 가지고 있다는 이해는 존재의 직접성에 대한 직관이면서 존재의 존재 방식에 대한 총체적 이해이기도 하다

개인의 존엄성

《황금의 그릇》에서 아버지의 상상력이 개인적 실존을 확인하는 방향으로 작용한 것은 문화적인 압력—모든 개인을 하나의 주체적인 자기목적적인 것으로 간주해야 한다는 칸트적 윤리의 명제의 압력으로 인한 것이라고 할 수 있다. 그러나 거꾸로 칸트적 전제는 바로 이러한 원초적 상상력에 의하여 뒷받침된다. 사람이 그를 에워싸는 물리적 환경 속에 개체로서 투입되어 있다는 것은 윤리나 관습 이전에 인간 생존의 사실적 조건의 기본이다. 감각은 늘 이 사실을 우리에게 새삼스럽게 재확인시켜주는 역할을 수행한다. 이것을 하나의 인식의 순간으로 올려놓는 것이 우리의 물질적 상상력이다. 그러한 의미에서 칸트적 명제는 논리적 필연성이라기보다는 요청(Postulat)이고 이 요청의 근거는 자신과 타자 그리고 모든 개체적인 존재에 대한 직관에서 나온다. 이것은 일반적인 이해이기도 하고 위의 《황금의 그릇》에서 보는 바와 같이 지각적 시선을 통하여 깨우침의 대상이 되기도 한다. 물론 이것은 다시 문화적인 정형화에 의하여 사회 일반의 통념이 된다.

칸트의 명제는 논리적 필연성이 아닌 요청

개체의 독자성, 위엄, 그리고 자율에 대한 인정이 반드시 서양 전통에 한정될 수 없는 것이면서도 서양 고유의 생각으로 받아들여지는 것은 이러한 문화적, 사회적 전개로 인한 것이다. 그러나 다시 한 번, "모든 개인은 그 자체가 목적인 것으로 대접되어야 한다."는 칸트의 명제는 모든 사람이 직관적으로 알 수 있는 보편성을 가진 윤리적 명제이다. 그것의 보편성은 바로 그것이 다른 원리로부터 연역하여 증명하기 어려운 그 공리로서의 성격에서 드러나고 다른 한편으로는 그것이 개인의 삶에 있어서 생존의 실존적 기초 또는 부정할 수 없는 사실성(facticity)으로서 확인되는 것에서 알 수 있다. 또는 바로 이 사실성으로 하여 보편적, 윤리적 명제의 성격을 띤다고 할 수도 있다. 그러나 일반적으로 말하여, 우리는 여러 문화적 전통이 있지만, 우리의 인간에 대한 실천 이성적 이해가 지각에 의하여 보완되는 것과 똑같이, 지각 현상 속에 이미 이성의 움직임이 있음에 주목하게 된다. 사람이 이해를 향하는 동기를 가진 한, 이성적인 것은 어디에나 스며 있는 것으로 보인다.

개인의 존엄성과 사회

그러나 말할 것도 없이 그것이 늘 같은 형태를 갖는 것도 아니고, 지각 현상에 그대로 맞아 들어가는 것은 아니다. 그것은 특히 사회적, 문화적 맥락에 따라 삶의 세계의 현실성으로부터 일탈할 수 있다. 이 차이는 개인적으로나 사회적으로나 보다 넓고 긴 기획을 위하여 불가피하게 일어나는 일이다. 그러나 부정될 수 없는 실존의 사실성의 인정에 칸트의 윤리적 명제의 기본이 있는 것은 틀림이 없다. 이것은 위에서 본 바와 같이 지각 속에 직접적으로 드러날 수도 있다. 이러한 지각이 확장된 것이 인권 사상이라고 말할 수 있다.

부정될 수 없는
실존의 사실성

그러나 인권의 실현이 얼마나 복잡한 사회, 정치, 법률 제도의 발전을 필요로 하는가는 새삼스럽게 말할 필요도 없다. 그리고 그러한 것이 사실상 원래의 직관을 부정하게 되는 사례도 없을 수가 없다. 그러나 모든 사람이 사람으로서의 권리를 향유할 수 있는 질서의 밑에는 칸트의 직관이 있고, 또 그것을 뒷받침하는 것은 주어진 환경 속에서의 인간의 물질적 실존의 진실이다. 이것은 너스바움이 말한 바와 같은 지각의 판별력에 긴밀히 관계되어 있다. 오늘날 우리가 우리 사회에서 경험하고 있는 투쟁적 사회 상황은 정의를 위한 투쟁의 성격을 띤다. 이 정의의 투쟁은 만인 전쟁의 부정적 조건에서 발생하는 것으로 말할 수 있다. 그것이 보다 긍정적인 의미에서의 정의의 질서로 나아가려면, 그것은 인간의 실존적 조건에 이어져야 한다. 그 조건에 이미 이념적 투영은 존재한다. 정의의 질서는 그 가능성의 확장이라고 이해되어야 한다. 그러한 의미에서 우리의 감각적 삶을 온전히 유지하는 것은 극히 중요한 일의 하나이다. 이것을 떠맡고 있는 것이 위에서 이미 비친 바와 같이 문학이다. 문학이 법률적 심성의 수련에 중요한 기초가 되는 것은 당연한 일이다. 조선조의 과거에서 시를 쓰는 능력을 가장 중시한 것은 이러한 사실을 꿰뚫어본 때문이라고 할 수 있다. 그것이 참다운 의미에서 지각과 인식 능력의 향상에 기여하지 못했다면, 그것은 사람이 하는 일은 늘 살아 움직이는 삶의 현실로부터 일탈할 가능성을 가지고 있다는 것을 말할 뿐이다.

중요한 일의 하나는 감각적 삶을 온전히 유지하는 것이다

5장

해체와 이성

1. 시에 있어서의 해체와 형성

살아 있는 이성은 고정된 형식을 깨며 끊임없이 새로운 형식화의 에너지로 스스로를 드러낸다. 산다는 것은 살아 있는 나날을 새롭게 한다는 의미다. 낡은 것을 벗어나 새로운 것을 맞이하고자 하는 인간의 파괴와 창조, 해체와 형성의 회로에 숨어 움직이는 것은, 이성의 근원적 충동이다. 시는 이성의 근원적 충동을 가장 잘 포착하는 인식의 방편이다.

그리하여 사람은 하이데거의 말처럼 "시적으로 산다."

분명한 사실은 시와 연결이 없는 이성의 제도는 '삶을 잃어버린' 경직성의 제도로 전락한다는 것이다.

릴케는 묻는다. 사람이 만드는 형상들이 우주 공간 안에서 참으로 객관적 뿌리를 갖고 있는가, 과연 우리의 마음은 우리의 것인가, 별들의 것인가, 하고.

원형으로서의 아름다움은 밖에서 오는 것이면서 우리 마음 안에 잠재된 형상의 깨우침이고 질료에 내재된 가능성이다. 모든 예술 작품은 형상적 구현이다. 그것은 우주 공간에서는 하찮은 것에 불과한 것이면서 인간에게는 지속적인 것이다. 그러면서 변화한다. 사람은, 사람을 넘어서는 우주와 사람의 필요 사이에서 산다. 사람이 만드는 형상은 영원한 것이 못된다. 사물은 형성되고 일정한 시간이 지난 후에 파괴된다. 그러나 다시 한 번 그것은, 사람이 만드는 형상으로 우주 안에서 나 스스로를 정의한다.

사람은 무상한 존재이다. 어떤 의미에서 사람은 이 무상의 존재함을 증언하기 위해 여기에 있다. 한 번만 존재한다는 것은 한없이 귀중하다. 한 번이라도 땅 위에 있었다는 것은, 내가 땅 위에 있었다는 사실을 우주 안에 영원히 지우지 못하게 하는 분명한 사건이 되기 때문이다.

2. 사유에 있어서의 해체와 형성

윌리스 스티븐스에게 있어 해체는 세속적 허영으로 이루어진 자아를 벗어나 신의 창조의 세계에 일치하려 하고, 또 더 나아가 창조와 비창조를 아우르는 신의 의지에까지 나아가려는 노력이다. 그것은 세계의 고통과 멀어질까 두려워하며 창조가 아닌 고통의 절대적인 수락을 말한

5장 해체와 이성

1. 시에 있어서의 해체와 형성

이성과 지각

앞에 말했던 것을 다시 되풀이하건대, 사람의 체험과 세계에 움직이는 이념성, 또는 이성은 사실상 형식의 원리에 가까운 것이라고 하겠으나 그것은 고정된 형식이 아니라 끊임없이 새로운 형식화의 에너지로 스스로를 드러낸다고 할 수 있다. 그것은 관습화된 절차와 방법이 아니라 그것을 뒤로 남기면서 그것을 새로운 드러남으로 나아가는 움직임이다. 또는 그것의 과거의 업적에 대한 관계는 크게 작게 파괴와 창조 또는 해체와 형성의 회로로서 이해되어야 하는 어떤 것이다. 이 회로에서 쉽게 보이지 않으면서 움직이고 있는 것이 이 근원적 이성의 충동이다. 물론 이것은 다른 형상화의 힘들과 결합하여 가시적인 것이 된다. 시는 이러한 이성의 나타남의 순간을 가장 잘 포착하는 인식의 방편이라고 할 수 있다. 물론 시

끊임없는 새로운 형식화의 에너지로 스스로를 드러내는 '근원적 이성의 충동', 시는 이러한 이성의 나타남의 순간을 가장 잘 포착하는 인식의 방편이다

속의 이성의 출현 그것이 이성의 전 모습이라고 하는 것은 또 하나의 왜곡이 된다. 여기에서 말하려는 것은 그것이 원초적인 나타남의 모습을 살피게 한다는 것이다. 그것이 전부라면, 과학도 법도 사회제도도 필요없는 것이 될 것이다. 이러한 삶의 체제들은 시가—어떤 종류의 시가 포착하는 이성적 순간 또는 이념성의 순간으로부터 전개되어 나오는 것이라고 할 수 있다는 말이다. 그리고 이것과 끊임없는 연결이 없는 이성의 제도는 삶을 잃어버린 경직성의 제도로 전락하기 쉽다. 이런 의미에서 하이데거의 말대로, 사람은 시적으로 산다고 할 수 있다.

시와 연결이 없는 이성의 제도는 삶을 잃어버린 경직성의 제도로 전락한다. "사람은 시적으로 산다"(하이데거)

이미지와 급수—정지용

좋은 이미지는 이러한 순간을 제일 간단하게 예시해 줄 수 있다. 실감을 주는 이미지는 우리의 지각을 새롭게 한다. 정지용의 시 〈바다 6〉에 나오는 "해협이 천막처럼 퍼덕"인다는 이미지, 또는 깊은 산속의 풍경의 일부로서 "꽃가루 묻힌 양 날러 올라 / 나래 떠는 해"(《옥류동(玉流洞)》)라는 이미지들의 예를 들건대 이것들은 이미 있었던 지각 체험을 표현하는 것이면서 또 그것을 새로 창조하는 것이라고 할 수 있다. 그러나 그 효과가 전적으로 우연적인 것은 아니다. 여기의 이미지들은 두 가지 다른 사상(事象)들이 겹쳐서 이루어진다. 그것은 둘 사이에 공통점이 있다는 것을 말한다. 이 공통된 특징을 추출하여 하나로 종합하는 그러니까 추상적 패턴일 것으로 생각된다. 그러면 이 패턴은 추상적인 개념으로 요약 포착될 수 있을 것이다. 말하자면, 칸트의 미학의 개념에서 구체적 사례로부터 일반 명제로 나아가는, "성찰적 판단"의 과정에 비슷한 것이 일어날 것으로 말할 수 있을성싶다. 이 과정이 어떻게 되든지 간에, 추상 개념은 쉽게 추출되지 않는다. 그러나 무엇인가 두 구체적인 이미지를 넘어가는 종합화가 일어나는 것은 틀림이 없다. 이것이 쉽게 포착되지 않는 것은 두 이미지의 중첩이 단순한 이미지의 중첩이 아니라 두 개의 계열(級數, series)의 중첩이기 때문이라고 할 수 있다. 사실 참으로 효과적인 이미지들의 효과의 상당 부분은 그것이 그 일부를 이루는 보다 긴 과정에서 나온다. 간단하게는 이미지들은 그 전후 맥락을 가지고 있다. 천막처럼 펄럭이는 바다는 "유리판 같은 하늘", "속속드리 보"여서, 마치 봄의 산이 물밑에 잠겨 있을 듯한 느낌을 주는 바다 풍경의 일부이다. 천막은 봄 산의 야영의 산이다. 펄럭이는 것은 어떤 활력을 상징하는 것으로 생각된다. 시 〈옥류동〉은 모든 것이 고요하고 섬세한 조화의 상태에 있는 자연—폭포 소리도 "하잔"하고, 나뭇가지들이 꽃잎처럼 엷어 뵈고, 높은 봉우리들도 "자위 돌아 사폿 질듯"한 깊은 산속을 그린다. 이 산속의 고요의 신비는 모든 것을 압도한다. 거기에서 "태양마자도" 날개를 퍼덕이는 나비가 되는 것이다. 물론 이 고요함의 신비 속에서 시인 자신도 가라앉은 마음으로 관조에 들어간다. 이러한 이미지들은 다시 시인 자신의 삶의 역정에 깊이 관계되어 있다. 정지용에는 바다에 관한 시가 많지만, 바다는 "나의 靑春은 나의 祖國! / 다음날 港口의 개인 날씨여!"(〈해협(海峽)〉)라고 외치며 이국의 땅을 향하여 항해하던 청춘의 낭만주의에 관계되어 있다. 바람 부는 해협이 그에게 유쾌한 야영과 같은 느

이미지들은 전후 맥락을 가지고 있다

낌을 준 것이었을 것이다. 그러나 이것을 〈옥류동〉의 이미지에 연결하여 보면, 이 두 이미지는 일본 유학에 들떴던 젊은 시절에서 시작하여 보다 착잡한 경험의 세계를 거쳐 조선의 자연의 정신적 의미를 발견하는 데에로 나아갔던 시인 자신의 삶의 역정을 보여주는 것이라 할 수 있다. 그러면서, 물론, 그것들은 세계의 어떤 양상들을 드러내 보이고 그 접합점에 일어나는 그 나름의 경험의 가능성을 가리킨다.

사실 두 개의 이미지가 겹친다고 할 때, 그 겹침은 동심원처럼 확대되는 것이다. 삶의 두 순간, 삶의 두 계기에서의 삶의 스타일, 어떤 삶의 궤적과 자연의 모습이나 과정의 일관된 유사성—이러한 것이 겹치는 것이다. 아마 동아시아의 천지인(天地人)을 하나로 잇는 태극설(太極說)들에 들어 있는 통찰은 인간의 삶의 전체 사이에 있는 어떤 아날로지를 말한 것일 것이다. 다만 이 아날로지가 지나치게 도식화되어 그 설득력은 약화된다. 이 수많은 삶과 세계의 중첩에 어떤 로고스가 작용하는 것이 사실이라고 하더라도—그렇게 생각할 수밖에 없지만—그것을 정식화하기는 지난한 것일 수밖에 없다. 거기에 큰 패턴이 존재한다고 하더라도, 그것은 많은 경우 우연적인 사건으로 경험될 수밖에 없을 것이다.

이와 관련하여 효과적인 이미지에 접하면서 우리가 놓치기 쉬운 것은 그것이 우리가 무덤덤하게 별 느낌이 없이 보았거나 상투적으로 보았던 것을 벗어난 깨우침을 준다는 사실이다. 위의 이미지에서도 나비처럼 퍼덕이는 해는 대체로 찬란한 것으로 생각되는 해의 이미지와는 정반대의 이미지이다. 정지용이 평화와 조화를 에너지가 극도로 줄어진 상태, 그리

천지인(天地人)을 하나로 잇는 태극설(太極說)에 들어 있는 통찰

도식화된 아날로지는 설득력을 약화한다

고 모든 것이 따로 있으면서 하나로 조화된 상태로 파악한 것
은 매우 특이한 것이다. (태양은 나비가 된 대신, 많은 작은 것들은
자신의 따로 있는 존재를 분명하게 한다. "약초들의 소란한 호흡", "물도
젖여지지 않아 / 흰돌 우에 따로 구르고", "귀또리도 / 흠식한 양 / 옴짓 / 아
니 귄다" 등의 묘사는 이러한 광경을 그린다.) 하여튼 이미지들의 신
선함 그리고 그것을 통하여 세계의 신선함에 대한 인지가 있
기 전에, 세계와 사물에 대한 우리의 지각은 매우 불분명한
두루뭉수리의 상태에 있다. 거기에 명확함과 분명함이 생겨
난 것이다. 이 과정에서 중요한 것은 아날로지를 만들어내는
시인의 힘 또는 시와 언어의 형상화의 잠재력이 지각에 맞부
딪쳐서 일깨워진다는 사실이다. 그것은 모든 상투적 수사와
감정을 포함한 두루뭉수리의 상태를 벗어나려는 의지—형상
적 의지의 표현이기도 하며, 결국은 그런 것을 꿰뚫고 개체화
(individuation)로 향하는 의지의 한 표현이라고 할 수 있다.

근원적 열림—릴케

그러나 다른 한편으로 이 개체화는 근원적인 세계에로 열
림을 말한다. 위의 간단한 이미지들도 시인의 개성적인 표현
이지만, 그것을 통하여 새로워지는 것은 지각되는 세계의 모
습이다. 이것은 보다 형이상학적으로 파악될 수 있다. 릴케는
지각과 인식의 세계로의 열리는 일에 따르는 괴로움에 관심
을 가지고 있었다. 이 열림은 형이상학적인 성격의 것이라고
하겠는데, 그것에 대한 깨우침은 한달음에 도달되는 것이 아
니라, 경험과 형이상학적 예감이 부딪치는 계기에서의 끊임
없는 노력으로 도달되고, 또는, 그보다는 그 노력 가운데 실

모든 것이 따로 있으
면서 하나로 조화된
상태로 파악한 것

상투적 수사와 감정
을 벗어나려는 의
지—개체화로 향하
는 의지

현된다. 릴케의 비유를 빌려, 화살은 살이 나가는 순간에 자
신 이상의 것으로 초월하게 되는 것을 위하여 활줄의 긴장을
견딘다. 《제1비가》 이것은 조금 난해한 대로 초월과 초월의
사건적 불확실성을 잘 표현한 것이라고 할 수 있다.

어린 마음의 공간

릴케의 〈콜로나 가의 사람들(Die aus dem Hause Colonna)〉은,
후기 시의 철학적 단단함을 결하고 있으나, 이러한 문제를 주
제로 효과적으로 표현한 것으로 읽을 수 있다. 우선 요구되는
것은 사회의 관습의 틈으로 엿보이는 순박한 마음의 공간의
의미를 아는 것이다.

릴케는 12세기부터 16세기까지 이탈리아의 세도가였던 콜
로나 사람들의 초상화를 보면서 그들의 삶을 완전히 외면화
된 사회적인 상징물들에 일치하는 삶으로 생각한다.

> 그대들의 얼굴은 보는 것으로 가득하다,
> 세상은 그대들에게 이미지 또 이미지이므로.
> 무기와 깃발과 과일과 여인들로부터
> 그대들에게 거대한 자신감이 솟구친다,
> 만사는 있는 대로이고 있는 값대로라고.

그러나 이들 세도가의 사람들에게도 전쟁에 나가거나 법황
청의 고위직자의 붉은 옷을 걸치기 전, 그리고 가마나 수렵에
능하지도 않고 여인들과의 기쁨도 삼가야 했던 그러한 어린
시절—지금은 잊었을지라도 그 어린 시절의 기억이 있지 않

겠는가고 릴케는 말한다.

> 그때, 마리아의 출산이 그려져 있는
> 제단은 외로운 구석 화랑에 서 있었다.
> 그대를 사로잡은 것은 한 가닥의 꽃줄기;
> 밖에는 분수가 호젓하게
> 달빛 비추는 정원에서
> 물을 뿜고 있고, 그것이
> 하나의 세계 같다는 생각.
>
> 창문은 문처럼 발밑까지 열리고
> 풀밭과 오솔길이 있는 공원이 있다는 것,
> 별나게 가까이 그러나 또 멀리 있는,
> 별나게 밝게 그러나 또 감추어 있는.
> 샘물은 빗소리처럼 촬촬거리고
> 이 모든 별들이 서 있는
> 기나긴 밤에 이어 아침은
> 오지 않는 것인 듯.
>
> 그때 소년들이여, 그대들의 손은 자라고,
> 그때는 따뜻했던. (그대들은 몰랐지만.)
> 그때 얼굴들은 밖으로 활짝 피었지.

위에 인용해 본 두 부분은 다 같이 권세가의 집안의 분위기
를 전달하는 것들이고, 힘 있는 어른들 사이에서 아이들이 느

끼는 틈새는 그러한 분위기의 일부라고 할 수 있다. 이 틈새
의 외로움과 두려움은 릴케의 시에 가장 빈번히 나오는 주제
이기도 하다. 그러나 여기에 릴케의 보다 깊은 철학적인 관심
이 스며 있는 것도 우리가 읽을 수 있다. 어른들의 사회적 상
징물에 둘러싸인 자기중심적인 세계에 비하여 그 틈새로 아
이들은 더 넓게 열려 있는 세계—분수와 물과, 풀밭과 별 그
리고 한없는 듯한 밤의 세계를 느낀다. 성장하는 그들의 육체
는 사실 이러한 세계의 일부이다. 주목할 것은 그것이 실재하
는 것이든 아니든—그것들이 아이들의 마음속에 그려지고 있
다는 점이다. 필요한 것은 마음의 공간이다. 아이들은 완전히
어른들의 사회에 흡수되어 있지는 않지만, 그것의 일부이다.

그러나 어른들은 세계의 사실성의 틈으로 열리는 통일의 공
간을 느낄 줄 안다. 그리하여 마음은 다른 공간의 사실들로
열리게 된다. 그들의 마음의 서로 다른 급수를 이루고 있는
두 공간이 겹치고 사람과 자연의 두 공간이 겹치는 것이다.

밤과 폭풍

〈고독한 사람(Der Einsame)〉에서 말하고 있듯, 사람들은 대
체로 일상의 편안함에 안주하고 "말 속에 살고 있다." 먼 거
리(距離)는 마음을 통하여 열린다. 일상성을 넘어서 먼 것을
생각하는 사람은 "어쩌면 달처럼 아무도 살지 않는 / 하나의 세
계가 얼굴에 가까이 온다"는 것을 안다. 멀리 있는 것은 대체로
원초적인 자연의 힘이다. 〈보고 있는 사람(Der Schauende)〉이
라는 시에서, 그것은 폭풍이다. 폭풍은 사람들에게 좁은 관심
사를 넘어가는 큰 것을 알게 한다.

우리가 씨름하는 것들은 얼마나 작은가.
우리와 씨름하는 것들은 얼마나 큰가.
사물들처럼 우리도 거대한 폭풍에게
우리를 휘두르게 한다면,
우리도 멀게 되고 이름 없이 될 것을.

《형상시집(Das Buch der Bilder)》(1902, 1906)에서 밤과 폭풍은
주요한 주제의 하나이다. 〈폭풍의 밤에(Aus einer Sturmnacht)〉
는 밤의 풍경이 많이 이야기되어 있는데, 밤은 탈옥수들과 오
페라극장의 화재와 무덤에서 나온 망령들과 같은 것들로 가
득 차 있다. 릴케는 "밤이야말로 수천 년 동안 유일한 현실이
아닌가" 하고 묻는다. 이러한 밤의 생각은 낭만주의적 환상과
세기말과 20세기 초의 시대적 불안을 표현한 것일 것이다. 그
러면서 릴케에서 밤은 조금 더 형이상학적인 현상이다. 밤은
공간을 하나로 통일하여 보여준다. 그러나 거꾸로 밤은 다른
현실을 태어나게 하기도 한다.

우주적 공간, 형상에의 의지

《두이노의 비가(Duineser Elegien)》(1923)는 우주의 거대한 공
간 그리고 걷잡을 수 없는 원초적인 세계의 힘 가운데 놓인 인
간의 삶에 대한 긴 명상이다. 여기에서도, 모든 것을 해체하는
듯한 큰 힘의 주제는 계속되지만, 이와 더불어 릴케는 사물과
삶 그리고 그 이미지의 창조가 그러한 힘의 확인의 다른 이면
을 이룬다는 것을 말한다. 〈제1비가〉의 첫 연은 인간의 모든 것
이 부정되는 우주의 무한함에 대한 철저한 부르짖음이다.

상하로 도열한 천사들 가운데, 어느 누가
나의 외침을 들을 것인가? 그중의 한 천사가
나를 포옹한다 한들 나는 그 존재의 힘에
자지러질 것을. 아름다움이란 무서움의
시작일 뿐 우리는 가까스로 견디고
하찮은 우리를 짓부수지 않음이 놀라울 뿐.
모든 천사는 무서운 존재임에.

사람은 사람을 넘어가는 우주적인 것과 사람의 필요 사이에 위태롭게 존재할 수밖에 없다

우주 공간의 천사의 관점에서 볼 때, 지상의 존재인 인간의 일은 너무나 무의미하다. 아름다움은 인간이 하늘의 질서에 가까이 갈 수 있는 통로이나 그것의 참 의미는 인간을 넘어가는 것이기 때문에, 인간이 받아들일 수 없는 것이다. 그러나 비가는 여러 변주를 통하여 결국 사람은 아름다움—어쩌면 인간적인 것으로 변용된 아름다움을 통하여 인간을 넘어가는 우주적인 것과 사람의 필요 사이에 위태롭게 존재할 수밖에 없다고 말한다. 매일 보는 언덕 위의 나무, 늘 그렇게만 있을 듯한 익숙한 것들의 무변화—이러한 것들이 사람의 삶을 지탱하여 주지만, 밤이 오면, 우주 공간의 밤으로부터 불어오는 바람은 우리의 얼굴을 문드러지게 한다. 그러나 밤은 조용하게 환각을 깨우는 자이면서 그리움의 대상이다. 그런 만큼 그것은 이미 인간의 마음의 일부이다. 그러면서도 사람은 그 사랑이나 영웅적인 행동—그 소망의 실현을 포기하지 않는다. 그리고 인간의 소망이 순전히 인간의 주관에만 한정된 것이 아니라 지구 자체가 불러내는 것임을—객관적 동기에 의하여 불러내지는 것일 수 있다. 사람의 소망에서 나오는 소리를 성자의 경건함으로 조심해서 듣는다면, 그것은 땅을 벗어나는 어떤 거대한 것으로 변모한다. 바람결에 들리는 소리를 잘 들으면, 거기에는 정적으로부터 나오는 쉬지 않는 전언(傳言)이 있다. 거기로부터 삶에 대한 대긍정, 삶과 죽음, 우주의 비인간성과 삶의 소망 사이에 존재하는 삶에 대한 대긍정이 나온다. 이것을 언어로, 미술품으로, 일용품으로 표현하려 해왔던 것이 인간의 역사이다.

그러나 사람이 만드는 형상들이 참으로 우주 공간 안에서 객관적인 실재의 뿌리를 가지고 있는가 하는 데 대한 릴케의 괴로운 질문은 계속된다. 사랑은 인간 고유의 정열이지만, 그것이 단순한 성이 아니라 보다 높은 이상의 표현으로 고양되는 것은 무엇을 의미하는가? 사랑은 원초적인 정열이면서 많은 경우─르네상스의 플라톤주의에서도 그러했듯이─고양된 형상으로 파악하고자 하는 충동을 수반한다. 하늘의 별들의 원형에 따라 사랑하는 사람의 모습을 인지하고자 하는 충동과 같은 것도 그러한 것이다.

> 별들이여,
> 연인의 사랑하는 사람의 얼굴을 향한 애틋한 마음은
> 그대들에서 오는 것이 아닌가? 그녀의 맑은 얼굴을
> 알아보는 것은 맑은 별들로 인한 것이 아닌가?
>
> _〈제3비가〉

이것은 사랑의 이야기이지만, 일반적으로 사람은 자신과 자신의 내면을 외적인 것에 비추기 전에는 자신을 알 수 없으

사람이 만드는 형상들이 참으로 우주 공간 안에서 객관적 실재의 뿌리를 가지고 있는가 하는 릴케의 근원적 질문

마음은 그대들에게서 오는 것인가? 별들에게서 오는 것인가?

며 그것이 삶의 고통의 하나라는 것이 《두이노의 비가》에 되풀이되는 주제이다. 그는 말한다. "우리는 우리의 감정의 모습을 알지 못한다. 밖으로부터 형상화되는 것 외에는,"(〈제4비가〉) 이러한 형상화의 필요는 사람이 지각하는 모든 것에서 일어난다. 이것은 개인적으로도 그러하지만, 집단적으로도 그러하다. 문화는 바로 이 형상화의 역사이다. 〈제2비가〉의 여러 자연과 인조물의 형상들을 아름다움의 거울로 표현한, 약간 난해한 부분은 이러한 뜻을 담은 것으로 생각된다.

> 처음 복되었던 것들, 창조의 귀염둥이들,
> 높은 산이며, 아침 햇살 비추는 창조의 산봉우리들 —
> 꽃피는 신들의 꽃가루들, 빛의 마디와 굽이들,
> 통로며, 계단이며, 옥좌며, 존재의 공간들, 기쁨의 방패들,
> 폭풍처럼 휘몰아 사로잡는 감정, 그리고 홀연, 홀로,
> 흘러나갔던 스스로의 아름다움을 다시
> 스스로의 얼굴에 다시 거두어들이는 거울들.

여기에 들어진 여러 가지 것들은, 그 다음에 말하여지는, "감정을 가져도 곧 사라져버리는" "우리" —허망하기 짝이 없는 현대의 인간에 대조하여 자연과 영적인 것과 건축물과 도구들을 충분히 강력하게 그리고 인간적으로 형상화하는 데 성공한, 가령, 고전 시대의 희랍의 문화적 업적을 말하는 것으로 생각된다. 위의 인용의 뒷부분에서, 밖으로 흘러나갔던 스스로의 아름다움을 다시 거두어들인다는 것은 바로 이러한 형상화의 기본적인 기제를 말하는 것으로 생각된다. 나의 아

름다움은 다른 사람의 눈을 통하여 비로소 알 수 있다. 그렇게 하여서만 그것은 나의 아름다움이 된다. 그러나 여기에서 다른 사람의 눈과 자신의 눈은 거의 일치하는 것이라고 할 수 있다. 가령 아프로디테의 조각이란 아름다운 여신 또는 여인의 조각이지만, 그것은 물론 보는 사람의 눈에 비친 아름다운 여인의 상을 재현한 것이다. 여기에서 밖에서 보는 눈과 그자체로 아름다운 것을 어떻게 구별할 수 있겠는가. 모든 아름다움은 이렇다 할 수 있다. 원형으로서의 아름다움의 형상은 밖에서 오는 것이면서, 마음 안에 잠재된 형상의 깨우침이고, 질료에 근원적으로 내재된 가능성이다. 사람의 지각은, 그것이 인식으로 나아가는 도상(途上)에 있을 때, 밖으로부터 오는 형상의 각인(刻印)이면서, 그 자체 안의 형상이 드러나게 되는 절묘한 현상이다.

그러나 다시 핵심은 이러한 형상의 사실적 근거이다. 릴케는 되풀이하여 사람이 객관적 세계에 이르지 못한다는 것을 말한다. 〈제8비가〉에서 그가 말하듯이, 사람은 결코 "저 밖에 있는 것", 참으로 "열려 있는 것(das Offene)"을 알지 못한다. 아는 것은, "아니다가 없는 아무 데도 아닌 곳(Nirgends ohne Nicht)"에 대조하여, "형상(Gestaltung)"이고, "세계(Welt)"일 뿐이고, 한없이 꽃이 피는 "순수한 공간(reiner Raum)", 또는 우리가 바람이 없이 숨쉬고 한없는 것으로 아는, 살핌이 없는, "순수한 것(das Reine)"이 아니다. 사람은 끊임없이 사물의 세계를 보면서 그것을 정리하고 그것이 무너지면 다시 정리할 뿐이다.

그러나 확실한 것은 거부할 수 없는 표현 또는 형상에의 의

원형으로서의 아름다움의 형상은 밖에서 오는 것이면서, 마음 안에 잠재된 형상의 깨우침이고, 질료에 근원적으로 내재된 가능성이다

인식으로 나아가는 도상에 있는 사람의 지각은, 밖으로부터 오는 형상의 각인이면서 그 자체 안의 형상이 드러나게 하는 절묘한 현상이다

지이다. 그것은 긍정되어 마땅하다. 사람은 무상한 존재이다. 그러나 여기 이 순간에 무상하게 존재한다는 것은 무엇인가? 사람은 이 존재함을 증언하기 위하여 여기에 있다고 할 수 있다.─릴케는 이렇게 말한다. 여기 이때에 있는 모든 것들은 사람의 존재를 필요로 하고 사람에게 하소연한다. 한 번만 존재한다는 것은 한없이 귀중하다. 그러면서 한 번이라도 땅 위에 있었다는 것을 지울 수 없는 분명한 사건이다. 그리하여 사람의 삶에서 남을 만한 것을 말하는 것은 인간이 맡은 바 사명이라고 할 수 있다. 릴케는 〈제9비가〉에서 말한다.

> 어쩌면 우리는 말하기 위하여 이곳에 있는 것이다. 집이라고,
> 다리라고, 샘물, 문, 단지, 과일나무, 창이라고.
> 잘하면, 園柱라고 또는 탑이라고……

이렇게 말하는 것은 사물을 지칭하는 것이면서, 사물 자체의 의미를, 그 자체를 넘어서 말하는 것이다. 그러나 이것은 지구 자체가 원하는 것일 수 있다. 지구는 두 연인이 있게 하여 그들을 통하여 만물의 기쁨이라는 것을 알 수 있도록 하는 것인지 모른다. 그리하여 연인들은 사람이 만들어 놓은 예로부터의 문지방 그리고 앞으로의 연인들이 드나들 문지방을 드나드는 것일 것이다.

> 지구여, 이것이 그대가 원하는 것이 아닌가?
> 우리 안에서 보이지 않게 되기를. 그대의 꿈은 한번
> 보이지 않게 되는 것이 아닌가? 지구여, 보이지 않음이여!

[좌측 여백]

사람은 무상한 존재이다. 사람은 이 무상의 존재함을 증언하기 위해 여기에 있다. 한 번만 존재한다는 것은 한없이 귀중하다. 한 번이라도 땅 위에 있었다는 것은, 내가 땅 위에 있었다는 사실을 지우지 못 하는 분명한 사건이 되기 때문이다

지구가 두 연인이 있게 하여 그들을 통해 만물의 기쁨이라는 것을 알 수 있도록 하는 것인지 모른다

보이지 않게 된다는 것은 대상적 존재이기를 그치고 마음의 일부가 된다는 것을 뜻하는 것일 것이다. 이렇게 하여 릴케는 형상에의 의지가 지구 자체로부터 오는 동기라고 말한다. 그러나 이 점에서의 그의 모호한 입장은 여전히 모호하다. 그는 형상의 근거가 주로 인간의 의지이며 역사에 지속되는 문화적 업적의 모범이라는 쪽으로 기우는 것으로 보인다. 그러나 그 경우에도 이 지구의 사건은 모든 것을 해체하는 우주적 공간을 배경으로 일어난다. 사람이 이룩하는 형상은 문화 속에 지속하면서도 영원한 것이 못 된다. 사물들은 형성되고 일정한 기간 후에 파괴된다. 그러나 그것은 다시 형상으로서 스스로를 정의한다. 그렇다면, 이 창조의 끊임없는 과정을 가능하게 하는 것은 모든 것을 무화하는 우주 공간이라고 할 수 있다. 그러면서 사람의 창조물은 그에 대한 대조로서 의미를 갖는다. 사물의 세계를 넘어가는 천사와 다른 존재로서의 인간이 천사에 보여줄 수 있는 것은 이것이다.

> 사람이 만드는 형상은 문화 속에 지속하면서도 영원한 것이 못 된다. 사물들은 형성되고 일정한 기간 후에 파괴된다. 그러나 그것은 다시 형상으로서, 다시 한 번 사람이 만드는 형상으로서 스스로를 정의한다

천사에게 사물들을 말하라. 로마의 밧줄 꼬는 사람, 나일 강의 독 굽는 사람

그들을 보고 그대가 놀랐듯이 천사도 놀랄 것이다.

천사에게 보이라. 사물이 얼마나 복될 수 있는가, 티 없고, 우리 것인가.

비탄의 고통도 스스로 형상이 될 것을 정하면서,

물건이 되고, 물건 속에 죽는가를—그리고 바이올린 너머로 사라지는가를…

_〈제9비가〉

형성의 시적 계기

모든 예술 작품은
형상적 구현이다.
그것은 우주 공간에
대하여는 하찮은 것
이면서 인간에게는
지속적인 것이다.
그러면서 그것은 변
화한다

모든 예술 작품은 형상적 의미의 구현이다. 그것은 우주 공간에 대하여는 하찮은 것이면서 인간에게는 지속적인 것이다. 그러면서 그것은 변화한다. 그것의 변화와 재형성의 계기는, 정확히 릴케의 역점은 아닐는지 모르지만, 시적인 순간에 있다. 적어도 그 근원은 사람의 여기 있음과 그 무상성을 초월하는 형상적 계기의 만남에 있고 이것은 작업의 실제에 있어서 반드시 그러하지는 않더라도, 시적인 순간의 성격을 가지고 있는 것으로 말할 수 있다. 그것은 하나의 현현의 사건일 수밖에 없기 때문이다. 이것이 꼭 특별한 순간이라는 말은 아니다. 어쩌면, 우리가 마음의 유연함을 잃어버리지 않는 한, 마음과 세계 그리고 삶과 만나는 자연스러운 방식일 것이다.

조이스가 말하는 에피파니가 그것이다. 조이스적인 에피파니를 조금 더 일반화한 것으로서 볼 수 있는 로만 인가르덴이 문학작품의 한 속성으로 이야기한 "형이상학적 성질"도 문학과 그리고 삶에 들어 있는 그러한 순간을 말한다. 그는 말한다―잿빛의 일상생활 가운데, 갑자기 모든 것을 비추는 듯한 빛이 비칠 때가 있다. "어느 날―하나의 은총처럼―평범한, 주의하지 못했던, 흔히 감추어져 있던 사연에 관련하여 어떤 사건이 일어나고 그것은 우리와 우리의 주변을 형용할 수 없는 분위기로 감싼다." 그것은 우리의 심리 또는 대상에 연유하여서만 일어나는 것은 아니다. 이때 드러나는 것은 숨겨져 있던 삶의 깊은 의미라고 할 수도 있고, 하이데거 식으로 존재의 근원이 스스로 드러나는 것이라고 할 수도 있다. 이러한 드러남에는 삶을 움직이는 근본적인 그리움이 감추어져 있다. "이 그리움은 우리의 많은 행동의 숨은 원천이다. 그리고 또 철학적 인식, 그러한 인식의 동력이고, 다른 한편으로는 예술 창조와 향수의 원천이고, 서로 완전히 다르면서도 결국은 같은 목적을 추구하는 정신 활동의 원천이다."[1]

감추어져 있는 삶을 움직이는 근본적인 그리움

어쨌든 사람의 감각이나 지각의 경험에는 이미 어떤 원초적인 형이상학적인 것이 있고 또 우리가 보다 쉽게 접근할 수 있는 이성적 질서도 이러한 원초적인 체험에 스며 있는 형상적 충동, 형이상학적 충동의 후속적 발전이라 할 수 있다. 이 충동은 형상화의 충동이면서 형상에 머물지 아니한다. 그것이 창조의 힘이라면 그것은 끊임없이 그것을 넘어가고 또 그것을 해체함으로써 새로운 창조에로 나아간다. 이성적이고 합리적인 것이 삶의 질서의 근간이면서도 삶의 경직한 질곡을 이룰 수도 있는 것은 그것이 이러한 창조적 진화의 힘을 잃어버렸을 때이다. 이것은 도덕과 윤리에서 우리가 특히 많이 볼 수 있는 것이다. 진정한 도덕은 도덕을 싫어한다는 파스칼의 말도 이러한 뜻일 것이다. 도덕은 도덕주의와 동일한 것이 아니다.

진정한 도덕은 도덕을 싫어한다. 도덕은 도덕주의와 동일한 것이 아니다

2. 사유에 있어서의 해체와 형성

해체—스티븐스와 베이유

문명의 성쇠와 문명의 건설에 있어서의 시와 예술의 역할

"현대의 현실은 해체의 현실이다"(월리스 스티븐스)

---

1 Roman Ingarden, *Das Literarische Kunstwerk* (Tüebingen: Max Niemeyer, 1960), s. 310~313.

에 시적 명상을 집중했던, 미국의 시인 월리스 스티븐스는 "현대의 현실은 해체의 현실(a reality of decreation)"이라고 말한 일이 있다. 그리고 그것을 앎으로써, "우리 자신의 힘에 대한 귀중한 예감"을 가질 수 있다고 말하였다. 그래서 "어느 분야에서든지, 우리가 발견하기를 바랄 수 있는 최대의 진리는 인간의 진리가 모든 것의 최종적인 해결이다."[2]라는 것이다. 그가 여기에서 쓴 해체(decreation)라는 말은 프랑스의 철학자 시몬 베이유(Simone Weil)로부터 빌려온 것이다. 베이유에게 해체란 창조된 세계로부터 창조 이전의 근원에로 나아가는 것을 말한다. 이 비창조화 또는 해체의 노력은 무엇보다도 세속적 허영으로 이루어진 자아를 벗어나고 신의 창조의 세계에 일치하고 더 나아가 창조와 비창조를 아우르는 신의 의지에 일치하려는 노력을 말한다. 스티븐스는 이러한 종교적 개념을 시와 문명의 창조에 적용한 것이다. 그의 생각으로는 예술적 창조력의 근본은 세계를 창조하는 힘에 일치하며, 그것은 하나하나의 작품의 창조에도 개입한다는 것이다. 물론 이러한 생각은 낭만주의자들의 상상력에 관한 생각에 이미 나와 있는 것들이지만, 스티븐스의 세속적 세계관에서는 이 창조의 힘은 세계의 창조적 과정에 일치하면서 그것이 집단적으로 발휘되는 문명을 향한 인간의 의지를 표현한다. 그의 해체는, 신 앞에서의 세속적 자아의 포기, 그리고 문명의 창조가 아니라 세계의 고통의 절대적인 수락을 말한 베이유의 생각과는 상당히 다른 것이다. 다만 이러한 신 앞에서의

세속적 허영으로 이루어진 자아를 벗어나 신의 창조의 세계에 일치하고 더 나아가 창조와 비창조를 아우르는 신의 의지에 일치하려는 노력

문명의 창조가 아닌, 세계의 고통의 절대적인 수락을 말한 베이유

---

2 Wallance Stevens, "The Relation between Poetry and Painting", *The Necessary Angel* (New York: Random House, Vintage Books, 1951), p. 175.

완전한 몰아(沒我)의 상태를 말한 베이유도 세상의 모든 것을
포기한 것은 아니다. 베이유가 다른 곳에서 말한 것에 비추어
보면, 이러한 자기 소멸을 통한 신과의 일치는 다른 사람과
사물과의 관계에서 그것을 꿰뚫어 비추는 빛처럼 작용하는
데에 나타나는 것으로 생각했다. "어떤 사람의 마음에 신이
임하고 있는가 아니한가는 그가 지상의 삶을 어떻게 생각하
는가에 나타난다." 또 마음에 심은 신은 세계를 새로운 눈으
로 보게 하는 빛이다. "신을 증언하는 것은 말을 통해서라기
보다는 영혼이 창조자를 경험한 다음에 그 피조물이 새로 드
러내 보이는 바를 말이나 행동으로 표현함으로써이다."[3] 스
티븐스와 베이유 사이에는 일치점보다는 차이가 많지만, 세
계의 창조적 변화가 외적인 것이 아니라 숨어 있는 내적인 힘
을 통하여 이루어진다고 생각한 점에서는 일치한다고 할 수
있다. 어린아이가 나누기를 아는가 모르는가는 나누기 공식

나누기의 공식을 외
우는 것과 실제의
나누기

을 외우는 것이 아니라 실제 나누기를 하는 것을 보고 판별할
수 있다고 정신의 내적인 원리를 설명한 베이유의 말은 스티
븐스나 베이유 다 같이 생각한 원리의 동적인 기능에 대한 쉬
운 예시라고 볼 수 있다. 해체─베이유가 생각하는 것은 자기
의 해체이지만─습관적인 눈으로 보던 사물의 해체를 의미할
해체는 창조의 중요한 한 국면을 이룬다. 스티븐스가 "해체"

해체는 창조의 중요
한 한 국면

란 말을 쓴 것은 당대의 문명을 두고 말한 것이지만, 그가 생
각한 바와 같이, 그의 시대의 문명뿐만 아니라, 모든 창조의
노력─사실상 모든 지적인 또는 예술은 창조된 것의 해체와 새

---

3 "The World of Things", George A. Panichas ed., *The Simone Weil Reader*
  (New York: David McKay Co., 1977), p. 427.

로운 창조 둘 사이의 회로 속에 움직인다. 물론 이 해체란 보다 적극적인 파괴를 말하기도 하지만, 단지 습관적 사고나 지각을 괄호 속에 넣고 새로운 눈으로 본다는 것을 말할 수도 있다.

지각 체험 자체도 이러한 과정에 대한 가장 기초적이면서 또 원형적인 증거가 된다고 할 수 있다. 감각적 체험을 떠나서 성립할 수 없는 예술 그리고 시가 중요한 것은 바로 그것이 이러한 모든 것의 바탕이 되는 과정에 이어져 있기 때문이다. 지각에서 사물은 그 모습을 나타낸다. 예술은 그것을 보다 분명한 형상으로 포착하고자 한다. 이 형상에는 쉽게 논리로 환원할 수 없는—그러면서 그것에 이어져 있던—이념이 들어 있다. 그렇다고 이 형상이 영원한 것은 아니다. 그것은 형상의 끊임없는 변용의 한 국면에 지나지 않는다. 또 다른 한편으로 그것은 예술가의 마음의 역정의 일부이기도 하다. 그러나 이 모든 것이 심리적인 현상인 것은 아니다. 그것은 형이상학적 계시의 성격을 갖는다.

시와 예술이 감각적 체험의 지각으로 형상화한 것—이 형상이 물론 영원한 것은 아니다. 그것은 형상의 끊임없는 변용의 한 국면이면서 다른 한편 예술가의 마음의 역정의 일부이다. 그러나 이 마음의 역정은 심리적인 현상이 아니라 형이상학적 계시의 성격을 갖는다

인식과 감각의 닫힘과 열림—후설

지각과 지각에 뿌리한 예술의 형상화와 그 해체 그리고 재창조의 과정은 사람의 삶, 개인적인 그리고 집단적인 삶을 밑으로부터 받쳐들고 있는 예술적 표현에서만이 아니라 일관성의 역정으로서의 사람의 삶 속에서 추적될 수 있다. 또 그것은 지각을 넘어 인식의 문제로서의, 철학적 사유에도 있을 수 있다. 우리가 생각을 하는 경우에, 주의가 집중되는 것은 생각의 대상이다. 그러나 참으로 근본적으로 생각한다는 것은, 대상과 아울러 대상을 생각하는 주체를 생각한다는 것을 뜻

무엇을 생각한다는 것은 무엇인 대상과 아울러 대상을 생각하는 주체를 생각한다는 것을 뜻한다

한다. 그것은 움직임으로서의 마음과 움직임의 정지로서의
사유의 관계를 문제 삼지 않을 수 없는 것이다. 그리고 생각
의 대상이 되는 것은 실재 또는 어떤 분명한 명제이지만, 그
것은 움직이는 마음의 해체와 형성의 과정의 결과물에 불과
할 가능성이 있다. 후설의 현상학에서 사유와 사유된 것(cogi-
to-cogitatum)의 관계는 핵심적 주제이다. 여기의 구분은 지각
이나 인식의 현상이 마음의 움직임의 소산이라는 것을 시사
한다. 물론 후설의 현상학적 연구는 사유 또는 지향성으로서
의 사유가 구성해 내는 것들, 즉 노에마타(noemata)*의 구조
에 집중되었다. 그러나 사실 그의 더 큰 관심은 그에 맞서는
노에시스(noesis)* 또는 주체의 움직임이었다고 할 수 있다. 밝
히고자 하는 것은 지각되거나 사유되는 것의 변용의 가능성이
고, 그것을 통하여 드러나는 본질이지만, 더 중요한 것은 그
뒤에 숨은 주체적 동인이라고 할 수 있기 때문이다. 이 점에
관한 그의 견해를 잠깐 살펴보는 것은 형성과 해체의 과정으

---

* 노에시스(noesis)와 노에마타(noemata; noema의 복수): 후설은 《이념들
1(ideen1)》에서 데카르트의 '자아―타아(他我)를 뺀 순수 자아'가 경험하는 세
계를 '내재적 초월(immanente transzendenz)' 혹은 원초적 세계라 하였다. 이
원초적 세계에서 작동되는 의식은 '의식의 작용적 측면-주체로서의' 노에시스
와 '의식의 대상적 측면- 객체로서의' 노에마타로 구분된다.
노에시스는 감성적, 감각적 지각에서부터 판단까지 의식의 모든 지각작용을
망라하며, 원초적 세계의 '체험적 내실(reell)의 구성요소'를 가리킨다. 노에마
타는 노에시스와의 상관관계로 '지각노에마' '판단노에마' 등 넓은 의미의 '의
미(sinn)'를 지니고 원초적 세계의 체험적 내실이 아닌 '공허한, 텅 빈 무엇'까
지를 포함한다.
(사유의 세계에서 의식 문제의 핵심은, 의식은 '무엇에 대한 의식'이면서 '무엇
에 대한 의식의 의식'이라는 데 있다. 인간은 무엇을 생각하면서 무엇을 생각하
는 생각 그 자체를 또 생각하기 때문이다. 이 이유 때문에 의식 작용의 주체와
객체의 관계는 복잡하며 그것의 해부는 매우 어려운 지적구조를 요청하는 것이
고, 그러한 일의 대표적인 성과의 하나가 바로 후설의 '의식의 현상학'인 것이
다. 인간의 자기반성과 자기초월의 근거가 '무엇을 생각한다는 것에 대한 생
각'이기에 의식의 환원을 포함한 현상학의 작업은 귀한 뜻을 가지고 있다.)

로서의 지각이나 인식의 문제를 생각하는 데에 도움이 될 것이다.

사유지를 생각하는 것은 심리를 생각하는 것으로 간주될 수 있다. 그러나 말할 것도 없이, 모든 철학적 관심은, 과학에서나 마찬가지로, 심리나 경험의 흐름을 초월하는 추상화 또는 이념화할 수 있는 가능성에 대한 관심이다. 이것은 쉽게 논리적 구조에 대한 관심이 된다. 수학의 근본에 대한 생각으로부터 시작하여 후설이 철저하게 심리주의를 배제하려 한 것은 잘 알려진 사실이다. 그러면서 동시에 그는 지각이나 인식에 개입하는 형상이나 이념성이 논리가 구성해 내는 구조의 한 부분이라고 하지는 않는다. 그것은 그보다는 구체적인 경험의 계기에 밀착된 것으로 생각된다. 그 출처는 심리도 아니고 논리도 아니다.

해체 철학 이전의 초기에 후설에 관심을 가졌던 데리다가 〈생성과 구조(Genèse et Structure)〉라는 글에서 밝히고 있는 것은 바로 이 점이다. 의식이 지향하는 대상의 세계와의 관계에서 이념의 결정체라고 할 수 있는 의미는 반드시 어떤 논리적 구조에서 오는 것도 아니고 심리에서 생성되는 것도 아니다. 그것은 주관을 넘어가는 어떤 일반성을 가지면서도 동시에 주체의 활동에 밀접하게 관계되는 어떤 것이었다. 후설은, 데리다에 의하면, "사실적 의식에 있어서 논리나 수학적인 이념성의 규범적 자율성과, 동시에 그것이 주체성 일반―일반적이면서 구체적인 주체성에 근원적으로 의존한다는 것"을 다 옹호하고자 하였다. 이 두 가지가 하나가 되는 것은 그것들은 초월하는 제삼의 요인으로 인한 것이다. 그가 발견한 것은,

<table>
<tr><td>철학적 관심은 심리나 경험의 흐름을 초월하는 추상화 또는 이념화할 수 있는 가능성에 대한 관심이며 논리적 구조에 대한 관심이다</td></tr>
</table>

<table>
<tr><td>이념 혹은 의미는 논리나 수학적 이념성의 규범적 자율과 동시에 주체의 활동, 구체적인 주체성에 의존한다</td></tr>
</table>

"구체적이면서 비경험적인 지향성, '초월적 경험'—구성적이면서(constituante), 즉…… 생산적이면서 계시적인, 능동적이면서 수동적인 초월적 경험"이다. 여기에 근원적 일체성, 능동성과 수동성의 근원이 있다. 의미 또는 감각(sens)의 가능성도 여기에서 생겨난다.[4] 일체의 구조, 법칙적 관계, 또는 심리적 동인 등은 이 근원으로부터의 발전이다. 이것이 드러나는 것은 현상학적 환원을 통한 현상학적 공간의 열림에서이다. 즉 이 공간 안에서 모든 것이 사실적 논리나 인과관계로 완전히 설명되는 것이 아니라는 것, 즉 "진리에의 무한한 열림"[5]이 선행한다는 것이 밝혀진다. 진리는 이 열림 속에서의 주체의 활동이다. 그러나 그것은, 되풀이하건대, 심리적으로 설명될 수 있는 것은 아니다. 심리는 어떤 형상적 움직임의 전달체일 뿐이다. 이렇다는 것은 데리다가 설명하는 바와 같이, "의식 안에는 그것에 완전히 속하지 않는 사안(instance)이 있다."[6]는 것을 말하는 것이다.

그렇다고 후설이 사실의 법칙이나 논리를 부정하는 것은 아니다. 단지 그가 말하고자 하는 것은 그것을 초월하여 열리는 세계가 있다는 것이다. 거기로부터 시작하여 사실의 세계나 인간의 세계의 논리적 관계가 구성된다. 이렇게 후설은 논리적 진리의 밑에 초월적 구성의 근원이 놓여 있음을 말한다. 논리적 진리가 사실적 세계에 통용된다고 하면, 이에 대하여, 현상학적 공간은 "열림이면서, 괴멸이며, 구조의 가능성과 불

---

4 Jacques Derrida, "Genèse et Structure", *L'Ecriture et la difference* (Paris: Editions du Seuil, 1967), p. 235.
5 Ibid., p. 238.
6 Ibid., p. 242.

수학이나 물리학의
명제들의 어떤 것들
은 너무 성급하게
받아들인 실증적 인
과율을 절대시한 데
에서 나오는 결과물
이다

가능성, 모든 체계적 구조주의의 조건"[7]을 드러내준다. 수학
이나 물리적인 명제들은, 의식의 지향성에서 근원하는 것이
면서도, 너무 성급하게 받아들인 실증적 인과율을 절대시한
데에서 나오는 결과물이다. 초월적 의식의 구성물의 사실화
는 심리나 사회적 사물 이해에서도 볼 수 있다. 이것은 사람
의 "자아"의 경우에도 해당된다. 그것은 근복적으로 "스스로
를 존재하는 것으로 구성"함으로써 존재한다. 이것은 어떤 개
체적인 의지로 인하여서만 그렇게 되는 것은 아니다. 무엇보
다도 그 구성에 깊이 개입하는 것은 역사이다. 물론 이것은

자아 자체의 역사적
통일성—자아는 역
사 속에서 자기 동
일성을 유지한다.
스스로를 목적이라
하고 스스로를 목적
으로서 불러오는 로
고스

자아 자체의 역사적 통일성으로 쉽게 이해된다. 자아는 그 역
사 속에서 자기 동일성을 유지한다. 그것이 역사의 직관적 형
상(eidos)에의 접근을 가능하게 한다. 이 직관적 형상, 모든
것을 포괄하는 역사의 형상으로부터 "로고스의 분출, 이성의
한없는 과제라는 생각이 인간 의식에 일어나는 사건"이 발생
한다.[8] 이성은 여기에서 탄생한다. 그리고 역사를 통하여 일
어난 이성이 존재를 가로지른다. 여기에 스스로의 소리를 다
시 듣는 수단으로서 글쓰기가 큰 역할을 한다. 그렇다고 역사
적 이성이 존재에 대하여 외면적인 관계를 갖는 것은 아니다.
"스스로를 목적(텔로스)이라 하고 스스로를 목적으로서 불러
오는 이 로고스는—그 힘(듀나미스)의 작용(에네데르게이아)으로,
구현(엔텔레케이아)으로 향해가는 이 로고스는 역사 속에서 일
어나고 존재를 가로지르는, 그 위로 형이상학적 초월과 무한
한 본질의 현실성이 내려앉아 주는 이질적 경험성이 아니다.

---

7 Ibid., p. 243.
8 Ibid., p. 248.

로고스는 역사와 존재의 밖에서는 무(無)일 뿐이다."[9]

　이러한 요약과 인용은 혼란스러운 인상을 줄 수 있다. 그러
나 여기에서 중요한 것은 근원에 있어서 이성은 의식의 관조
적 열림에서 드러나는 초월적 주체의 이차적인 산물이라는
것이다. 그것은 현상학적 환원에 있어서 핵심적인 주체로 나
타나는 초월적 주체의 활동의 소산이다. 그러면서도 그것은
역사 속에서, 그러니까 역사가 되는 의식의 지향이 스스로 지
속하는 것인 한, 스스로 분출되어 나온다. 객관적 구조적 질
서는 그 업적이다. 그러나 그 자체는 끊임없이 그것을 넘어가
는 움직임으로써만 존재한다. 현상학적 통찰을 빌려서 복잡
하게 설명하여 본 이러한 일체의 의미와 감각 또는 진리의 공
통의 뿌리는 보다 간단하게는 위에서 살펴본 시적인 직관에
서의 초월적 이념성의 뿌리와 크게 다른 것은 아니다. 그런데
이미 말한 바와 같이, 이러한 일체성—동적인 일체성은 현상
학이 아니라도 대체의 철학적 반성에서 발견되는 것이라고
하여야 할 것이다.

주일무적(主一無適)

　마음의 활동의 근원성은 유교 철학에서도 중요하다. 유교
철학의 엄격한 도덕주의는 너무나 알려진 것이지만, 여기에
서도 그 도덕적 엄격성을 관장하는 원리는 어떤 경직된 원리
로 말하여지지 않는다. 마음의 수련이 중요하고 그것이 다른
모든 관심에 선행한다는 것도 이러한 생각이다. 심학(心學)은

9　Ibid., p. 249.

유교의 철학적 체계화를 시도한 성리학에서 핵심적 위치를
차지한다. 마음의 수련은 주로 마음을 하나로 유지하면서 동
시에 유연한 상태에 두도록 하는 수련이다. 이것은 실천을 바
르게 하기 위함이다. 그러나 마음의 수련이 동시에 사물의 세
계를 있는 대로의 모습으로 드러나게 하는 데에 중요한 준비
의 성격을 갖는 것도 틀림이 없다. 그렇기는 하나 심학의 핵
심적인 경전인 심경(心經)에서 실천적 의미를 지나치게 중요
시한 결과 마음과 세계의 인식론적 연결에 대한 고찰은 등한
시된다. 여기에서 사물의 정형화에 이념성이 어떻게 개입되
고 그것이 어떻게 의미를 갖는가에 대한 섬세한 분석은 찾기
어렵다. 이 점에서 그것은 세계를 도덕과 윤리적 함축을 가진
유추적 패턴의 반복으로 이루어졌다고 하는 것으로 만족하는
것으로 보인다. 사물의 인식에는 패턴의 인지가 개입되고 그
것은 우주론적 근거를 가진 것으로 생각하는 것이다. 그러나
성리학에서 상정하고 있는 인식과 실천의 주체로서의 마음과
세계의 관계가 창조와 해체의 과정에서의 움직임을 이룬다는
관찰은 성리학 일반에 들어 있는 통찰이다.

　퇴계의 《자성록(自省錄)》은 성리학의 저서이면서, 주자의
저서를 비롯하여 유교의 많은 경전들이 그러하듯이, 일상적
관찰과 고전의 주석을 유연하게 담고 있는 저서이다. 제목의
자성(自省)이란 말이 논어의 삼성(三省)의 요청에 이어진 자신
에 대한 되돌아봄을 뜻한다는 것은 다시 상기할 필요가 있다.
동서고금에서 많은 것의 근원은 되돌아봄의 공간 속에서 또
그것을 다듬는 데에서 되찾아진다. 물론 유교에서 맨처음 되
찾아져야 하는 것은 마음이다. 《자성록》에서, 부한(富翰) 김돈

서(金惇敍)에게 주는 편지는 주로 마음의 수련에 대한 여러 권고로 이루어져 있다. 마음에 관한 퇴계의 담화는 대체로 주자의 말 "主一無適酬酢萬變"이라는 구절에 대한 끊임없는 주석이라고 할 수 있다. 마음은 하나에 집중하고 자기 일관성을 지켜야 한다. 그러면서 그것은 하나에 머물지 않고 많은 것에 대응하여 움직인다.

敬과 萬變

이 마음에 들어가는 것은 경(敬)의 상태에서 시작된다. 김성태 교수는 이것을 주의라는 심리학적 개념에 연결시킨 바 있지만,[10] 영어로 옮기면서 사용되는 말 mindfulness, apprehensive awareness, reverence 등은 이 주의의 분위기를 전달해 준다. 경은 사물에 대하여 조심스러움과 두려움을 가지고 주의하는 것을 뜻한다. 이것은 마음을 집중한다고 하여도 그것이 반드시 적극적으로 어떤 것을 추구하기보다는 수동적인 상태에 있을 것임을 요구한다. 이 마음의 상태는 움직임과 고요함을 동시에 지니고 있다. 그것이 움직이지 않을 때, "心體가 虛明하고 本領이 깊이 순수하게"[11] 된다. 그렇기 때문에 그것은 하나에 집중하면서도 모든 이치를 포함하고 모든 일에 유연하게 대응한다. "사람의 마음〔은〕虛靈하여 측량할 수 없고 만 가지 이치가 본래 그 속에 갖춰져 있어서 사물에 感하기 이전에 知覺이 어둡지 않"다. 그리하여 "구태여 한 건한 건의 일마다 다 생각하지 않더라도 겉으로 비추고 두루 응

마음의 상태는 움직임과 고요함을 동시에 지니고 있다

---

10 김성태, 《경(敬)과 주의(注意)》(증보판)(고려대학교 출판부, 1989) 참조.
11 윤사순, 《퇴계선집》(현암사, 1982), p. 114.

하는 *妙用*이 있"다.[12] 마음이 비어 있으면서도 만물을 다스릴
수 있다면, 사물을 생각하고 처리하는 데에 있어서도, 그 생
각은 고정되어 있어서는 아니 된다. 그것은 늘 있음(有)에 매
어 있어도 아니 되고 그렇다고 없음(無)으로 도피하여도 아니
된다. 퇴계는 한 가지 일에 집중하는 것을 한 가지 일에 매이
는 것으로 착각하는 일에 대하여 다음과 같이 말한다.

"한 가지 일에 집중
하는 것을 한 가지
일에 매이는 것으로
착각해서는 안 된다"
(퇴계)

> 일이란 좋은 일, 나쁜 일, 큰 일, 작은 일을 막론하고 그것을
> 마음속에 두어(有)서는 안 됩니다. 이 "둔다"는 有자는 한 군데
> 붙어 있고 얽매여 있음을 말하는 것으로, 正心, 助長, 計功, 謀
> 利의 각종 폐단이 주로 여기에서 생기기 때문에 마음에 두어서
> 는 안 된다는 것입니다.[13]

그렇다고 생각하고 마음을 두고 하는 일을 포기하는 것은
불교나 노장에 있어서의 "枯橋, 寂滅"을 가장 높은 경지로 생
각하는 것이다. 일일三省한다든지, 중을 잡으라든지 (윤궐집중
允厥執中《書經》), 스승의 말을 존중하고 실천하라든지 하는 것
은 모두 필요한 일이다. "마음에 두는 것도 아니요, 아니 두는
것도 아닌 것(非箸意非不箸意)", 이것이 그 요체이다.

마음과 실천과 이론
유교의 실천적 역점은, 이미 말한 바와 같이, 바른 마음의
자세를 바른 인식보다는 주로 실천의 영역의 선행 조건이 되

---

12 같은 책, pp. 116~117.
13 같은 책, p. 118.

게 한다. 이미 하나에 집중하면서 머물지 않는 것이 만 가지 일을 당해 낼 수 있다는 공식에도 실천을 향한 오리엔테이션은 들어 있다. 실천은 큰 의미의 도덕적, 윤리적 또는 사회적 행동만을 말하는 것이 아니라 작은 일상적 행동거지, 작은 일의 수행 등을 말하는 경우가 많다. 마음을 하나가 되게 하는 데에 기본 준비 자세인 경(敬)은 서예, 시, 독서, 着衣, 看山, 看物 등에도, 성공적 수행을 위해서 필요한 자세이다. 그런데 흥미로운 것은 이러한 작은 몸가짐이 어쩌면 사물과 인식과 밀접한 관계를 가진 것으로 생각되고 있는 듯한 점이다. 선(禪)에서 앉는 자세가 불교적 진리를 깨닫는 데에 중요한 예비적 조작이지만, 성리학의 발달에 불교의 영향이 있었던 까닭도 있겠지만, 유교의 실천 윤리에서뿐만 아니라 지적 수행에서도 몸가짐은 중요한 것으로 말할 수 있다. 김돈서에게 주는 서한에서도 퇴계는 跪坐(궤좌), 危坐(위좌), 盤坐(반좌) 또는 바로 누운 자세(偃臥 언와) 등 앉고 눕는 자세에 대한 매우 자세한 논의를 펼치고 있다. 이러한 몸가짐의 인식론적 관련에 대한 (아마 분명하게 의식되지는 않는) 전제는 경치를 말하거나 나는 새를 볼 때의 사람과 사물의 상호작용 같은 데에도 들어 있다. 퇴계는 경치(情境)는 객관적으로 존재하는 것이지만, 그것에 관하여 시가를 읊는 것은 "사람의 몸과 마음이 함께 관계하는 일"로서 여기에서도 경이 필요하다고 말한다. 나는 새를 본다는 것은 조금 더 순수한 인식이나 자각 현상이다. 그런데 흥미로운 것은 사실적, 행동적 개입 못지않게 이성적 움직임이 함께한다는 생각이다. 이것을 연장해 보면, 실천이나 행동이 인식에 영향을 주는 것처럼, 이성적 이해 또는 더 극단적으로는 이론적 이해가 실천이나 행동의 기저를 이룬다는 말이 될 수 있다. 새를 볼 때, "동쪽을 바라보면서 꼭히 자주 보고 끝까지 시선이 좇아가지 않더라도 마음은 이미 새가 앞에 날아가는 것을 헤아"리게 된다고 퇴계는 말한다. 이것은 사람이 새의 움직임을 파악하는 것은 비상의 동작을 사실적으로 하나하나 관찰하는 것이 아니라—그 경우 그 비상은 제논의 움직이지 않는 화살에 비슷한 것이 될 수도 있다—일체적인 움직임으로 말하자면, 포물선의 이념성 속에서 파악한다는 것을 말하는 것으로 해석해 볼 수 있다. 퇴계가 새의 비상의 예를 든 다음 거울에 비치는 모습이나 밝은 빛이 사물을 비치는 모습을 예를 들고 있는 부분은 조금 더 쉽게 이해할 수 있다. 김돈서의 물음에 응하여 들고 있는 이러한 예들은 바른 인식 또는 지각은 신체를 정지 상태에 놓고 조용한 관조의 상태에 들어갔을 때 가능해진다는 것을 되풀이한 것이다.

신체적 조건(血肉之軀)에 매이지 않게 되면 편지에서 이른바 "선생의 마음은 마치 맑은 거울이 여기에 있어서 이곳을 통과하는 모든 사물이 절로 비추어지지 않음이 없는 것"과 같고 "거울이 사물을 좇아 비추는 것"이 아닙니다.

퇴계는 불과 빛의 비유를 덧붙여 다시 한 번 바른 인식의 과정이 어디까지나 능동적인 추구가 아니고 수동적인 수용의 결과란 점을 강조한다. 또는 중요한 것은 이 수동 상태라기보다 그 상태에서 가능해지는, 새의 비상이나 마찬가지로, 이론적 투시(projection)라는 말로도 생각될 수 있다.

일반적으로 사물이 통과하여 비치는 것은 마치 불이 하늘 가운데에 밝게 탐으로써 萬象이 두루 비치는 것과 같고, 사물을 좇아 비추는 것은 마치 햇빛이 일정한 사물을 좇아 내리비치는 것, 예컨대 응달진 벼랑의 뒷면이나 오두막의 아랫부분으로 스며드는 것과 같습니다. 이들 두 가지 말은 매우 비슷한 것 같지만, 실상은 크게 다른 것입니다. 어찌 후자를 전자로 의심, 혼동할 수 있겠습니까?[14]

이러한 퇴계의 관찰은 도가 통한 사람이면 제자리에 가만히 앉아서도 모든 것을 안다는 말로도 들리지만, 그것을 조금 더 좁혀서 생각하면, 구체적인 사물에 대한 우리의 지각이나 인식은 일체적으로 또는 어떤 일관된 이념성 속에서 작용한다는 말로도 이해될 수 있다. 이 생각은 앞에서 말한 바, 사실적 의식에 대하여 논리나 수학적인 이념성이 규범적 자율성을 가지고 있으면서 동시에 이 규범적 자율성이 구체적이면서도 일반적인 주체성에 근원적으로 의존한다는 후설의 생각에 지극히 비슷한 것이라고 할 수 있다. 경의 자세로써 허령하면서 열려 있는 상태의 마음—주체의 공간에 사실의 세계가, 즉 새의 비상이, 지각될 때, 그것은, 반드시 낱낱의 사실적 증거에 의존하는 것이 아닌, 어떤 이념성의 개입, 마음의 미리 헤아림의 개입을 통해 그 지각 또는 인식 행위가 완성된다는 것을 말한다. 이때 마음은 주체의 구체적 준비와 행위를 의미하면서도 동시에 그것을 넘어가는 일반성을 가진 의식이다.

마음은 주체의 구체적 행위를 의미하면서 동시에 그것을 넘어가는 일반성을 가진다

---

14 같은 책, pp. 121~122.

이념성의 근원

이 이념성의 근원이 무엇인가는 데리다의 설명으로는 형이
상학적인 답변을 요청하는 질문이라고 했지만, 이것은 성리
학의 경우에도 마찬가지라고 할 것이다. 그것은 결국 성리학
적으로 옮겨 생각하면, 이(理)가 무엇인가 하는 것이 될 터인
데, 이치(理)가 사람의 마음에 있음과 같이 사물에 있다는 생
각[15]은 성리학의 기본 공리이지만, 다시 그 근원은 무엇인가
하고 묻는다면, 그것은 우주론적인 진리에 의하여 설명되는

성리학의 너무 쉬운
우주론적 설명

도리밖에 없다. 성리학적 설명에서 의식에 작용하는 이념성
은 어쩌면 너무 쉬운 우주론적 설명으로 환원되어 그 진리에
의 무한한 열림을 잃어버린다고 할 수 있다. 이 우주론은 대
체로 위에서 여러 차례 비친 바와 같이, 지각 현상의 예들을
유추적으로 확대한 것이라고 할 수 있다. 더 깊은 설명이 있
을 수는 있겠지만, 마음과 사물에 나타나는 이치에 대한 설명
은 한편으로는 미적인 유추의 확대에, 다른 한쪽으로는 사람
의 심정의 움직임과의 유추에 근거한다고 할 수 있다. 가령
이치가 마음과 사물에 있다는 명제는 퇴계가 정자중(鄭子中)
의 질문에 답하는 편지에서 말한 것인데, 퇴계는 이것을 말한
후 계속해서 일월이나 사시의 움직임을 말하고, 생명체로서의
사람의 마음의 움직임을 설명한다. 이 설명에서 이(理)가 모든
것 속에 있음은 마치 해가 만물을 비추는 것과 같은 것이다.

해는 땅 아래에 있어도 틀림없이 밝게 빛납니다. 이것은 그

---

15 《퇴계선집》의 〈정자중에게 답함〉, p. 88. "이가 마음에도 있고 사물에도 있다
　　는 이론을 투철하게 알아야 합니다."

빛이 방출되어 달의 밝음이 되는 것만 보아도 알 수 있습니다. 그러나 겨울은 사시의 음이고, 지하는 지상의 음입니다. 지상의 햇빛이 겨울에 이르러 점차 미약해지는 것은 해가 미약해서가 아니라 궁극의 음이 그렇게 되도록 한 것일 뿐입니다.

이러한 시각으로 확인할 수 있는 자연 현상은 생명 현상에 대한 공감으로 확대된다. 퇴계는 주자를 인용하여, "'천지의 마음은 다만 하나의 生일 뿐이다. 무릇 사물은 다 생함으로써 이 만물이 있게 된다. 사람이나 만물이 생하고 생하여 다함이 없는 까닭은 그 생 때문이다.' '心體'는 이 모든 것을 포함한다. 그리하여 '仁은 물론 心의 德이고, 智 역시 심의 덕일 수밖에 없'"[16]다고 말한다.

성리학에서의 이러한 공감적 유추의 사고는, 조금 전에 말한 바와 같이, 진리의 개방성을 제한하고 그것을 이미 존재하는 사회 윤리의 체계에 종속하게 한다. (물론 그것이 삶의 실천적 지혜, 프로네시스에 근거한 것이라는 것은 인정할 수 있다.) 그러나 마음에 있어서도 일정한 금욕적 환원의 수련이 세계를 보다 새롭게 분명하게 포착하는 데에 도움을 주는 것은 사실이다. 그러면서도, 되풀이하건대, 그것은 주어진 이데올로기적 도식에 의하여 제한된다. 이것은 성리학적 영감을 배경으로 하는 시에서 쉽게 눈에 띄는 현상이다. 지각의 열림에 있어서 사물에 대한 정확한 관찰은 중요하다. 이것을 언어로 조작하는 것은 무엇보다도 시이다. 동아시아의 정신의 기율에서 시가 차지하는 높은 위치는 여기에 관계되어 있다. 퇴계와 같은 철학

성리학의 금욕적 환원의 마음 수련이 세계를 보다 새롭게 포착하는 데에 도움을 주는 것은 사실이면서도, 그것은 주어진 이데올로기적 도식에 의해 제한된다

16 같은 책, pp. 88~89.

자가 2천 수 이상의 시를 남겼다는 것은 놀라운 일이면서 놀라운 일이 아니다. 모든 것은 정확한 시적 관찰에서 시작한다.

> 이슬 맺힌 풀은 부드러이 물가를 두르고
> 연못 맑고 산뜻하여 그 맑음 모래 한 톨 없어라.
> 구름 날고 새 지나감은 본디 서로 비춤이라.
> 다만 두려운 것은 때로 제비 물결 찰까 함이다.[17]

이것은 자연 속의 풍경을 소박하게 그린 아름다운 시이다. 그러나 거기에는 성리학적인 구도가 숨어 있다. 맑고 깨끗한 작은 연못은 마음의 이미지이다. 그것은 자연의 모든 것을 비춘다. 또는 이 비추는 것들은 서로 대응을 이루어 하나의 조화된 통일성을 보여준다. 그러나 이러한 마음의 균형, 그리고 마음과 세계의 조화는 곧 깨어질 수도 있다. 그것은 지나치게 가까이 오는 어떤 사물로 인한 것일 수 있다. 그러나 그 깨어짐의 가능성은 이미 성리학적으로 설명되어 마음을 참으로 깊은 의미에서 흔들지는 못한다.

그 흔들림과 깨어짐의 가능성은 이미 성리학적으로 설명되어 마음을 깊은 의미에서 흔들지는 못한다

---

17 露草禾禾繞水涯, 小塘淸活淨無沙, 雲飛鳥過元相皆, 只怕時時燕蹴波 (“游春泳野塘”) 윤사순, 《퇴계철학의 연구》(고려대학교 출판부, 1980), p. 19에서 인용. 번역은 새로 하였다.

6장

직선의 사고와 공간의 사고

1. 깨우침과 일상

불교에는 깨우침이 홀연 오는 것이냐[돈오(頓悟)], 오랜 수련을 거쳐 점진적으로 얻어지는 것이냐[점수(漸修)], 아니면 홀연의 깨우침 이후에 긴 수련의 여로가 시작되느냐 하는 수행에 대한 여러 가지의 논의가 있다.

사실에 있어 보다 현실적인 문제 중 하나는 깨우침이 있은 후에도 그것으로 세속의 삶이 함께 끝나는 것이 아니라, 세속 속의 삶을 더불어 계속해야 한다는 일이다. 깨우쳤을 때나 깨우치지 못했을 때나 내가 사는 세계는 거기에 그대로 여전히 있기 때문이다.

어찌되었든 깨우침의 체험은 어떤 순간에 일어난다. 그 순간은 순간이지만 모든 시간에 열려 있는 순간이다. 그런데 많은 구도자들의 깨우침이 깊은 산에서 경험된 것이라는 것은 매우 시사적이다. 산은 거대한 자연의 모습—삶과 사람, 그리고 그 운명을 에워싸고 있는 거대한 테두리의 모습을 시각적 체험으로 제시해 준다. 그것은 숭고의 체험이다.

산과 땅을 통해 경험하는 이 숭고의 체험이 비일상적 체험이 되는 것은 우리의 일상이 근원적인 것으로부터 너무나 멀리 떨어져 있기 때문이다. 우리 일상은, 생활의 실용적 필요 속에서 세계를 드넓은 관조의 대상에서 일의 집중으로 개편한다.

2. 심미적 관조와 현실 세계

우리는 마음의 무한한 가능성을 희생함으로써 전문적인 직업과 특정한 의무에 헌신하고, 그 밖의 모든 것을 외면하면서 살고 있다. 우리의 욕망을 위해 우리가 내버린 시간들—이익과 경제적 가치의 관점에서 값 없다고 버려버린 숱한 그 시간—그 무가치를 무릅쓰고 그러한 시간을 경험하는 것은 중요한 일이다. 그 경험을 위해 우리에게 중요한 것은 기다림과 깨어 있음의 태도이다. 그리고 모든 현실의 실용적 목적을 포기하고 일체의 선입견을 저버린 바라봄—관조가 필요하다.

관조는 내면의 마음으로 한다. 여기 내면의 마음은 다시 밖으로 나가는 통로이다. 우리의 내면은 자연을 향하여 열리고, 자연은 모든 생명체를 포함한다. 여기에 깊은 전체성의 느낌이 있다.

그것은 실용적이지도 심지어 인간적이지도 않다. 이 느낌의 핵심은, 일어나는 것도, 생기는 것도, 말할 것도 없는 공허에 있다. 불교에서 말하는 무나 공과 같은 것이다. 무와 공의 체험은 구체적인 경험의 성격을 가지고 있다. 다시 한 번 이 체험은 세계의 전체성에 대한 원형적 느낌이다.

현실과 관조, 실용과 심미─이 두 개의 이념형은 한 세계 속에 그저 나란히 있지 않고 세계를 달리 구성한다. 관조를 버려버린 오늘날의 실용은 경제적 이익에 초점을 둔 세계의 변용이다. 하지만 이러한 삶의 일면적 실용화─지구 전체를 사람의 부분적인 이해관계에 맞추어 이용의 대상으로만 보는 것은, 세계에 대한 그릇된 사실적 이해로 우리를 몰고 간다.

6장 직선의 사고와 공간의 사고

1. 깨우침과 일상

돈오점수(頓悟漸修)

불교에는, 깨우침을 이야기하면서, 그것이 홀연 오는 것이냐 아니면 오랜 수련을 통하여 점진적으로 얻어지는 것이냐 또는 홀연 일어나는 깨우침이 있은 다음에 수련의 오랜 여로가 시작되느냐 등등에 대한 논의가 있다. 마지막 경우는, 핑가레트가 말하는 의례의 경우처럼, 수행 이전에 그것을 위한 결단이 필요하다는 것에 해당된다고 할 수 있다. 결국 모든 실천적 또는 지적 실행에는 그 실행에 선행하는 결단이 있어야 한다고 할 수 있다. 다만 그중에 수많은 결단은 의식되지 않을 뿐이다. 학문의 경우도 그러하다. 그러나 대체적으로 말하여 그것을 반드시 깨우침이라고 하는 것이 옳을는지 어쩐지 확실하지 않다. 그것은 깨우침이라고 할 때 대체로 놀랍고 갑작스러운 순간을 상정하기 때문이다. 인문과학을 포함한

학문에 있어서도 깨우침에 비슷한 것들이 이야기되지만, 그
것은 대체로 오랜 노력 끝에 이르게 되는 원숙의 경지를 말하
는 것일 것이다. 그러나 깨우침에 비슷한 계기가 전혀 없는
것은 아닌 것으로도 생각된다. 그것이 사실이 아니라고는 하
지만, 뉴턴이 사과가 떨어지는 것을 보고 만유인력을 생각하
게 되었다는 말은 학문 또는 과학적 사고에까지도 그러한 깨
우침의 순간이 있다는 말로도 들린다. 또는 칸트가 〈과학으로
서의 모든 미래의 형이상학을 위한 프롤레고메나(Prolegomena
zu einer jeden künftigen Metaphysik, die als Wissenschaft wird
auftreten können)〉에서 "흄의 저작에 대한 기억이 나로 하여금
독단론의 잠으로부터 깨어나게 하고 사변 철학의 영역에서의
연구에 새로운 방향을 주게 되었다."고 하였을 때, 잠에서 깨
어난다고 한 것은 하나의 비유적 표현이기는 하지만, 그의 철
학적 사고에도 돈오(頓悟)의 요소가 있었다는 것을 말하는 것
으로 생각될 수 있다.

지각과 의식의 지평

깨우침의 체험이라는 것은 종교적인 체험에서 가장 두드러
진 것이고 그 의미에 대한 해석은 종교학의 관점에서 주어지
는 것이 마땅할 것이다. 그러나 세속적인 설명도 불가능한 것
은 아닌 것으로 생각된다. 어쩌면 그것은 체험 일반의 원형인
데 그것이 압축되어 일어난다는 점이 종교적 체험에서 다를
뿐이라고 할 수 있다. 종교의 돈오의 체험은 어떤 강렬한 순
간에 일어난다. 그러나 그 순간은 모든 시간에 열려 있는 것
이기도 하다. 이것을 공간으로 옮겨보면, 이 체험은 하나의

깨우침의 체험은 어
떤 순간에 일어난
다. 그러나 그 순간
은 모든 시간에 열
려 있는 순간이다

점과 그것으로부터 방사하는 일정 크기의 또는 무한한 크기의 공간으로 이루어진 것으로 말할 수 있다. 다만 그 점은 하나의 점이면서 공간 전체에 일체가 된 것으로 느껴진다. 호직(胡直)의 체험에서 "불이 내 몸을 꿰뚫고 환하게 비추었다…… 사람과 하늘 안과 밖 사이에 아무런 틈이 없었다…… 나는 전 우주가 나의 마음이며, 그 영역이 나의 몸이고, 그 고장이 나의 마음이라는 것을 깨달았다."할 때 이것은 모든 것이 일체가 된 것을 말한다. 그 내적인 구조에는 자아가 있고 우주가 있다. 결국 체험의 게슈탈트는 하나와 전체, 이 두 가지 극의 분리와 혼융으로 이루어진다.

여기에서, 하나는 주체이고 전체는 그 주체의 대상 또는 표상으로서의 세계이다. 이것은 모든 체험의 원형이고 설명과 이해의 근본 유형이다. 현상학에서 모든 지각이나 인식 작용이 일정한 지평 안에서 일어난다고 하는 경우, 이것은 이러한 현상을 지칭하는 것일 것이다. 이 지평은 부분적인 것이기도 하고 총체적인 것이기도 하다. 지평은 지향성에 따르는 각각의 지각 현상의 주변에 흐릿하게 존재한다. 그러나 그것은 모든 지각 현상 또는 의식의 근본적인 형식이다. 궁극적으로, 지평은 "그것 없이는 어떤 지각 현상의 설명도 완전한 것이 될 수 없는, 포괄적인 준거의 틀로서의 세계의 종합적인 지평을 말한다."[1] 그러나 일상적인 삶에서 이것이 제대로 인식되지는 않는다. 특히 지평이 일체의 세계를 포괄할 만한 것으로 나타나는 경우는 드물고 이것이 직접적인 체험이 되는 것은

---

1 Herbert Spiegelberg의 해설. Herbert Spiegelberg, *The Phenomenological Movement*, Vol. I (The Hague: Martinus Nijhoff, 1960), p. 161.

특히 예외적인 경우이다. 그러나 그에 비슷한 것이 일상적 체험에서도 전혀 없는 것은 아니다. 가령 자연의 숭엄한 광경 앞에서 사람이 느끼는 것과 같은 것이 그러한 것일 것이다. 호직(胡直)의 깨우침, 또 그리고 다른 동아시아의 구도자들의 깨우침의 순간이 깊은 산에서 경험한 것이라는 것은 매우 시사적이다. 산은 거대한 자연의 모습—사람을 에워싸고 있는 거대한 테두리의 모습을 시각적 체험으로 제시해 준다. 그것은 숭고의 체험이다. 그렇다는 것은 그것의 총체적인 지각이나 인식이 사람의 능력을 넘어간다는 말이다. 그러나 동시에 우리는 주변의 어디에나 존재하는 땅의 모습을 볼 수 있다. 그것이 지구 위에 거주하는 사람에게 어떤 예외적인 영역을 가리키는 것은 아니다. 그것이 우리에게 비일상적 체험이 되는 것은 우리의 일상의 체험이 너무나 그 근원적인 형태로부터 벗어나 있기 때문이다. 이것은 특히 과학 기술의 사고가 지배하는 현대의 산업 사회에서 그러하다. 어떤 경우나 산의 체험은, 일상적 삶에도 있으면서 압축된 종교적 체험에 근접하는 것이기도 한, 세계의 지평에 대한 의식을 결정화(結晶化)하는 자연 현상에 대한 체험이다. 이것을 생각해 보는 것은 매우 흥미로운 일이 될 수 있다. 그것은 우리가 사는 세계의 어떤 측면을 보여주면서 우리가 어떻게 거기로부터 멀리 있는가를 알게 한다.

구도자들의 깨우침의 순간이 깊은 산에서 경험한 것이라는 것은 매우 시사적이다

산 그리고 주변 어디에서나 존재하는 땅을 통해 경험하는 자연을 통한 숭고의 체험이 비일상적인 체험이 되는 것은 우리의 일상 체험이 그 근원적인 형태로부터 너무나 많이 벗어나 있기 때문이다

산과 생활의 괴로움

이렇게 말하는 것은 산을 유사 종교적 체험으로서 긍정적으로 말하는 것이다. 그러나 그것은 일단은 피상적인 긍정에

불과하다. 산이 주는 체험의 진정한 의미를 알려면, 그 사실 성과의 관계에서 그리고 세계의 객관적 이해에 있어서 그것이 무엇을 뜻하는가를 알아야 한다. 우리는 여기에 대한 물음을 매우 현실적인 데로부터 시작할 수 있다.

한국은 산의 나라이다. 그리고 모든 한국 사람은 산을 자주 찾는다. 우리가 산과 골짜기를 바라보면서 거기에서 기쁨을 느끼고 더 나아가 보이는 것 전체의 아름다움을 세계의 진리의 하나로서 느끼는 것은 큰 만족을 주는 일이지만, 우리는 그것은 동시에 산과 골짜기의 현실을 구체적으로 보지 않는다는 일에 관계되는 일이라는 느낌을 갖는다. 아름다운 산의 풍경 안에는 무슨 일이 일어나고 있는가. 숲의 나무 사이에 조촐하게 놓여 있는 집안에는 누가 있으며 어떠한 생각 어떠한 일을 벌이고 있는가. 아름답게만 보이는 나무들의 상태는 가까이서 본다면 어떠한 것이겠는가. 우리가 이러한 질문들을 가지고 앞에 보이는 산과 골짜기를 바라보기 시작하면, 삶 의 모든 것이 아름다움의 광경에 포섭될 수 없다는 것은 분명하다.

우리가 산에 둘러싸여 있다고 하더라도 긴급한 생활의 필요는 우리로 하여금 에워싸고 있는 환경에 주의할 만한 여유를 가지지 못하게 한다. 실제적 삶의 필요 속에서 우리는 주어진 세계를 수동적으로 바라보는 것이 아니라 거기에 능동적인 작용을 가할 궁리를 하여야 한다. 중요한 것은 산에서 얻는 심미적 기쁨 또는 사물 자체의 만족스러움이 아니라 기술적 조종의 필요가 규정하는 사물에 대한 기술적 개입이다. 이 점에서 우리의 의식은 엄격하게 통제될 수밖에 없다. 이것이 우리의 정신의 작용을 달리하게 할 뿐만 아니라 우리의 주의의 범위를 달리하게 한다. 실제적인 삶에서 우리는 목하의 일에 집중하여야 한다. 그 집중은 의식의 확산을 요구하지 아니할 뿐만 아니라 그것과 상충한다. 그리하여 대상의 세계는 관조의 넓음으로부터 일의 관점에서의 조직으로 개편되어야 한다.

실제적 삶의 필요 속에서 대상의 세계는 관조의 넓음으로부터 일의 집중으로 개편된다

2. 심미적 관조와 현실 세계

정황의 이념성

수년 전 미국의 철학자 리처드 로티 교수가 한국에 왔을 때에, 나는 그의 저서들을 읽어야 했다. 그러나 여기에서 말하려는 것은 로티 교수의 저서나 철학이 아니고 그가 인용하고 있는 윌리엄 제임스의 어떤 글이다. 제임스는 미국의 애팔래치아 산악 지대를 가다가 숲을 잘라내고 그 대신 그 자리에 흙더미의 채소밭과 초라한 오막살이집과 돼지우리를 만들어 놓은 것을 보고, 자연의 미를 파괴하여, 아름다운 것이 아니라 추한 건조물로 그것을 대체해 놓은 것을 개탄하였다. 그러나 그곳의 농부들의 정황을 알아보니, 그들은 그 나름의 생각이 있어서 그러한 일을 하고 있었다. 그들은 그곳을 농사할 수 있는 옥토로 바꾸기 전에는 만족할 수 없다는 것이었다. 이것을 듣고 제임스는 눈앞에 그가 본 "상황의 내적인 의미를 완전히 놓치고 있었다는 것을" 깨닫게 되었다. 그가 본 개간지는 나무를 남벌하여 황폐하게 만든 땅에 불과했지만, 농부

들의 눈에는 "보기에도 흉하게 베어진 나무 밑둥들"은 그들의 자랑스러운 노력의 대가였다. 로티 교수가 인용하는 글에서 제임스는 말하고 있다. "나의 망막에 보기 흉한 광경에 불과한 터전은 농부들에게는 정신적 의미를 가진 추억을 상기시키는 상징이었고, 끈기와 노력과 성공의 찬가와 같은 것이었다."[2] 제임스가 깨달은 것은 그들의 정황이 "특이한 이념성 (the peculiar ideality of their conditions)"을 가지고 있다는 사실이었고, 그가 보지 못한 것이 이 이념성이라는 것이었다.

물론 농부들은 제임스라는 사람의 뒤켠에 있는 학문적 세계의 이념성을 보지 못하였을 것이었으니까 피장파장일지는 모르겠지만. 로티는 한 사람 한 사람에 고유한 이러한 이념성으로 하여 각자의 삶은 각자가 스스로 만드는 수밖에 없다고 말한다. 그리하여 각자의 삶의 그 특이한 이념성을 끝까지 밀고 나가면, 자기가 형성해 나가는 특이한 삶의 기획은 극단적으로는 도착증, 사디즘 또는 광증에서 나온 것일 경우도 있을 수 있다. 그런 경우도, 모든 삶의 기획이 다 같은 것은 아니지만, 어떠한 기획이 다른 것에 우선하는 것이라는 필연적 기준은 있을 수 없다고 로티는 생각한다.

이념성의 한 특성

그러나 로티가 제임스의 글로부터 이러한 자유주의적 추론을 끌어낸 것은 제임스의 글을 너무 성급하게 읽은 때문이라

제임스가 본 개간지는 나무를 남벌하여 황폐하게 만든 땅에 불과했지만, 농부들의 눈에는 그들의 자랑스러운 노력의 대가였다

---

2 William James, "On a Certain Blindness in Human Beings", in *Talk to Teachers* (New York: W. W. Norton, 1958), p. 152. Richard Rorty, *Contingency, Irony and Solidarity* (Cambridge University Press, 1989), p. 38가 인용하고 있는 것은 다른 판으로부터이다.

고 할 수 있다. 제임스가 농부의 노력을 오해한 것에 대하여 마음속으로 사과하고 새삼스럽게 경의를 표한 것은 반드시 모든 사람의 기획―광중의 기획까지도 존중되어야 한다는 뜻에서 그러한 것은 아니다. 그의 존경은 제임스가 농부들의 개간 사업을 일정한 각도에서 이해하고 있기 때문이다. 그것은 그가 예로 들고 있는 다른 예들과의 연계 속에서 보아야 바르게 해독될 수 있다. 농부들이 하고 있는 일은 두 가지로 생각된다. 하나는 그것이 경제적 동기를 가지고 있다는 것이다. 그러나 사람의 모든 일이 그러하듯이 그것은 그러한 경제적 동기를 떠나서 그 자체로서의 의미를 가지고 있다. 장인의 일도 농부의 일이나 마찬가지로 공리적 동기를 가지고 있다. 그러나 그의 일이 장인의 일이 되고 그의 생산품이 예술적 가치를 가지게 되는 것은 일 자체와 제품의 완성 자체가 장인의 작업의 목적이 되는 부분 때문이다. 제임스가 농부들의 작업에 경의를 표하는 것은 그 일의 공리성 합리성 때문이 아니라 그의 일의 경도 상태, 그 이념성 자체의 자기목적적(autotelid) 성격 때문이다. 제임스는 그것에 경의를 표하는 일반적 이유를 다음과 같이 설명한다.

삶의 과정이 그 과정을 사는 사람에게 열의를 전달하는 경우는, 어디에서나 그 삶은 의미 있는 것이 된다. 이 열의는 어떤 때에는 신체의 동작에, 어떤 때는 지각에, 어떤 때에는 상상 활동에, 어떤 때에는 반성적 사유에 엮여 들어가 있다. 그것이 어디에 엮여져 있든지, 거기에는 재미가 있고, 열기가 있고, 현실의 흥분이 있다. 그리고 "중요함"이라는 말이 가질 수 있는 유

일하게 실감 있는 그리고 적극적인 의미에서의 중요함이 있다.[3]

내면성과 세계의 열림

제임스의 이 농업 읽기는 다른 사례들에 이어진다. 한 예는
로버트 루이스 스티븐슨(Robert Louis Stevenson)의 어린 시절
의 이야기에서 따온 것이다. 그것은 아이들이 밤에 품속에 등
잔을 품고 자연의 외진 곳에 모여들었다가 그것을 서로 보여
주는, 아무런 의미가 없는 놀이에 대한 것이다. 놀이의 핵심
은 단지 빛이 새어나오지 않게 등잔을 간직하고 밤길을 간다
는 것, 그리고 그것을 친구들에게 보여준다는 것뿐이다. 재미
의 일부는 아마 아이들이 자기들만의 비밀 결사와 같은 것을
가졌다는 데에서 오는 것일 것이다.

그러나 스티븐슨이나 제임스의 생각으로는 보여준다는 것
은 그다지 중요하지 않다. 그 기쁨은 "어둠의 기둥이 되는 우
리가 우리의 어리석은 가슴 깊이에 허리춤에 등잔을 지니고
있다는 것, 그리고 그것을 혼자만 알고 있다는 것, 그리하여
고양되어 노래할 수 있다는 것"에서 오는 것이었다.[4] 이것은
깊고 넓은 마음의 무한성 속으로 해방되는 것을 뜻한다. 거기
에는 기쁨이 반드시 수반된다. 사람들은 이 마음의 무한한 가
능성을 희생함으로써, 전문적인 직업 그리고 특정한 의무에
헌신하고, 그 밖의 다른 모든 것을 외면하여 버리고 만다. 또
하나의 예는 철학자 조사이아 로이스(Josiah Royce)의 글에서

사람들은 마음의 무
한한 가능성을 희생
함으로써 전문적인
직업과 특정한 의무
에 헌신하고, 그 밖의
다른 모든 것을 외
면하면서 살고 있다

---

3 James, Ibid., p. 152.
4 Ibid., p. 153.

온다. 로이스가 그의 글에서 말하는 것은 이웃과 그의 고통과 기쁨 그리고 모든 생물체와의 사심 없는 공감에서 오는 해방 감이다. 그것은 지금까지 죽은 듯한 외적인 접근으로 알던 것을 그 내적인 의미를 통해서 생생하게 보게 될 때 느껴진다.

내면성과 자연

이러한 내적인 의미에 대한 신비스러운 느낌은 사람이 아닌 자연물에 의하여 자극된다. 드 세낭쿠르(De Senancour)나 워즈워스 또는 셸리와 같은 시인들이 말하는 것이 이것이다. 비슷하게 영국의 박물지 저자, 리처드 제퍼리스(Richard Jefferies)는 대지와 태양과 먼 바다—이런 자연 현상이 주는 일체감을 말한다. 제임스는 제퍼리스를 인용한 다음, 그런 자연과의 공감의 시간이 "상업적 가치의 관점에서는 값없이 보낸 시간"일 것이라고 한탄하여 말한다. 그러나 무가치를 무릅쓰고 그러한 시간을 경험하는 것은 중요한 일이다.

> 상업적 가치의 관점에서 값없이 보낸 시간-그 무가치를 무릅쓰고 그러한 시간을 경험하는 것은 중요한 일이다

그러나 우리의 실용적인 이해관계가 그렇게 막무가내가 되어 죽음의 아우성으로 몰려오기에, 개인을 넘어가는 가치 그것의 세계에 대하여 어떤 넓이의 통찰을 가지려면, 삶의 큰 규모의 의미에 대한 통찰을 갖고자 한다면, 우리는 실제적인 세계에 대하여서는 전혀 무가치한 존재가 되어야 하는 것처럼 보인다.[5]

> "삶의 큰 규모의 의미에 대한 통찰을 갖고자 한다면, 우리는 실제적인 세계에 대해서는 전혀 무가치한 존재가 되어야 하는 것처럼 보인다" (윌리엄 제임스)

워즈워스에게 산이 영감의 원천이 되었던 것같이, 휘트먼

---

5 Ibid., pp. 159~160.

에게는 사람들의 모임들이 영감을 주었다. 그에게 사람들은 "세상이 현존한다는 것을 보여주는 광경, 그 헤아릴 수 없는 의미 그리고 중요성"[6]에 대한 느낌을 주었다.

감각적 공허로서의 전체

제임스가 드는 예로서 어쩌면 가장 흥미로운 것은 W. H 허드슨(Hudson)의 아르헨티나의 평원에 대한 묘사이다. 그는 쌀쌀한 겨울날 말을 타고 넓은 평원으로 한없이 간다. 한 5마일을 가면 모든 것으로부터 500마일은 상거해 있는 듯한 느낌이 든다. 동물 한 마리 움직이는 것이 없다. 그는 언덕을 올라 안개 낀 지평선을 향하여 멀리를 내어다본다. 그리고·다시 조그만 나무숲으로 간다. 결국 그는 같은 자리에 가야 편안한 마음이 된다. 평원에는 하루 내 아무 소리도 들리지 않는다. 풀잎 흔들리는 소리도 없다. 생각도 완전히 정지된다. 그러나 그는 "기다림과 깨어 있음(suspense and watchfulness)"의 상태 에 있다. 그것은 생각하는 것이 아니다. 그에게 그것은 그와 그의 지능 사이가 차단된 상태에 있다는 느낌은 준다. 그러나 그것은 극히 강렬한 깨어 있음의 상태이다. 제임스는 이것이, "아무것도 일어나지 않고 아무것도 생각하는 것이 없고 아무 것도 기술할 것이 없는, 모든 것이 비어 있는" 상태라고 말한다. 시간의 관점에서도 그것은 무의미한 텅 비어 있는 시간이다. 그러나 "그 내적 의미를 아는 사람에게는, 이것은 말로 표현할 수 없는 그것만의 의미로 맥동한다." 제임스는 이러한

기다림과 깨어 있음

---

6 Ibid., p. 163.

상태를 경험해 보지 못한 사람은 불행한 사람이라고 말한다.[7]

전체로서의 세계와 그 체험

우리는 제임스의 사례들을 조금 길게 인용하였지만, 이것은 제임스 자신이 그렇게 하고 있는 것을 되풀이한 것이다. 제임스에게 그가 말하고자 하는 것은 설명에 의하여서보다는 자전이나 문학이 기술하는 여러 사례들에 의하여 예시될 수 있는 것이었을 것이다. 그럼에도 불가하고 여기에 일반화할 수 있는 특징들이 없는 것은 아니다. 제임스가 말하는 체험들은 변주가 되면서도 하나의 원형적 체험으로 수렴된다. 이 체험은 외면적인 것이라기보다 내면적인 체험이다. 그것은 사람의 내면에 깊이 잠겨 들어가야 얻어진다. 그러나 내면은 밖으로 다시 나아가는 통로이다. 내면은 대개는 자연을 향하여 열린다. 자연은 모든 생명체를 포함한다. 그리고 자연은 산, 평원, 해, 하늘, 먼 바다 등 큰 스케일의 자연이다. 여기에 전체성의 느낌이 있는 것은 틀림이 없다. 휘트먼의 경우처럼 많은 사람들의 움직임도 그러한 전체성의 느낌을 줄 수 있다. 이러한 것들은 심오한 의미를 전달한다. 그러나 그 의미가 실용적이거나 인간적인 것은 아니다. 허드슨의 경우는 이것을 가장 잘 보여준다. 제임스가 이 사례에서 말하려는 것은 이러한 경험의 핵심이 궁극적으로는 아무것도 일어나지 않고 생기는 것도 없고 말할 것도 없는 공허에 있다고 하는 것이다. 이 마지막 예는 불교적인 무나 공의 체험에 가깝다. 그러나

내면은 다시 밖으로 나아가는 통로이다. 내면은 자연을 향하여 열리고, 자연은 모든 생명체를 포함한다. 여기에 전체성의 느낌이 있다. 그러나 그 의미가 실용적이거나 인간적인 것은 아니다. 이러한 경험의 핵심은 아무것도 일어나지 않고 생기는 것도 없고 말할 것도 없는 공허에 있다

---

7 Ibid., p. 169.

그것은 어디까지나 경험적 성격을 가지고 있다. 허드슨이 말하고 있는 것은 "순수한 감각적 지각의 차원(the level of pure sensorial perception)"[8]에 있다. 그리고 이 원형적인 체험은, 허드슨의 경우는 조금 다른 듯하지만, 감각에 더하여 비이성, 고양된 감정을 수반하거나 그것에 의하여 매개된다.

불교적인 무나 공의 체험은 어디까지나 경험적인 성격을 가지고 있다

두 개의 이념성

이렇게 제임스가 예로 들고 있는 일련의 문학과 자전의 기술을 볼 때, 그가 로티가 말하는 것처럼, 모든 개인적인 환상에서 나오는 기괴한 기획을 긍정한 것이라고 말할 수는 없다. 그가 말하고 있는 것은 세계의 전체에 대한 어떤 원형적 경험이다. 그가 잘못 이해했다가 다시 정정한 농업 개간도 이러한 특성을 가졌다는 점에서—즉 고유한 이념성으로 표현되는 강렬한 내적인 지향을 가졌고 그것이 다시 이념성에 매개되어 넓은 세계에 연결된다는 점에서 긍정된 것이다.

세계의 전체성에 대한 원형적 경험

그러나 어찌하여 제임스는 처음에 그것을 오해한 것인가? 그럴 만한 이유가 있었던 것이 아닌가? 오해의 근거는 그것이 제임스의 미적 감각에 어긋났기 때문이다. 그것은, 자연에 대한 심미적 접근이 그러하듯이, 자연을 전체적으로 보여주는 것이 아니라 그 전체를 교란하는 일을 한다. 사실 위에서도 비친 바와 같이 그것은 보통은 "상업적 가치의 관점에서는 값없는" 일에 속한다. 그것이 그렇지 않다고 한 것은 그러한 실용을 위한 활동에도, 위에서 말한 바와 같이, 그 나름의 삶

---

8 Ibid., p. 166.

의 열정이 있다는 것을 제임스가 새삼스럽게 생각한 때문이다. 여기에 비치고 있는 농업의 양의성은 실용적인 일과 심미적인 관조의 대조에 일치한다. 뿐만 아니라 그것은 세계에 대한 근본적으로 다른 두 태도에 깊이 이어져 있다. 이 대조 또는 모순은 이보다 깊은 대조로 인한 것이다. 세상을 이념화하는 근본적인 방법의 차이가 여기에 있는 것이다. 그러니까 그것은 단순히 실용과 심미―얼핏 생각하면 현실과 관조의 세계가 서로 대조되는 것이 아니라 두 이념이 대조되고, 그것이 세계를 보는 방법에 관계되어 있는 것이다. 제임스는 정황의 이념성을 이야기할 때 농부들의 이념성을 자신의 이념성에 대조하여 서로서로 다른 사람의 일의 이념성을 보기가 어렵다는 것을 말한다.

타자의 이념성을 독해하는 일의 어려움

　그들이 나의 케임브리지에서의 실내 생활 스타일을 보았더라면, 그들이 나의 정황의 이념성에 대하여 맹목일 것처럼, 나는 그들의 정황의 특이한 이념성에 대하여 맹목이었던 것이다.[9]

성격을 달리하는 이념성―실용과 심미, 현실과 관조―은 한 세계 속에 나란히 존재하는 것이 아니라, 한 세계를 달리 구성하는 관점의 차이를 만들어낸다

제임스는 여기에서 이 두 개의 이념성을 단순히 타자의 이념성의 독해의 어려움으로 생각한다. 그러나 사실은 이 이념성은 근본적으로 성격을 달리하는 것이다. 그것들은 한 세계 속에 나란히 존재하는 것이 아니라, 한 세계를 달리 구성하는 관점의 차이를 만들어낸다.

---

9 Ibid., p. 152.

궤적의 질서와 복합성의 체계

사람의 사고는 시작하기 전에 이미 일정한 방향과 태도 또는 입각점 또는 관점(Einstellung, Stellungnahme)을 가지고 있다. 후설이 현상학적 환원을 말한 것은 이것을 조정해 보자는 뜻이다. 즉 선행하는 특별한 조정이 없이 일어나는 사고는— 물론 그 방법론적 주의에도 불구하고 여기에는 과학적 사고도 포함된다—주어진 대로의 사물의 실재성을 그대로 받아들인다. 이것은 대상이 의식과의 대응관계에 의하여 나타나는 것이라는 것을 망각한 것이다. 이에 대하여 현상학적 환원은 미리 정해진 태도가 없는 순수한 의식의 상태에 이르기 위한 방법으로 생각된다. 이렇게 하여 드러나는 선험적 주체에 대응하여 주어진 대로의 현상이 드러난다. 그러나 이러한 선입의 입각지가 없는 상태가 참으로 가능한지는 분명치 않다. 바타이유는 후설의 선입견 없는 태도는 이미 세계에 대한 지적인 접근을 선결정한 것이라고 한 일이 있다. 모든 의식의 태도에 그러한 것이 있다는 것은 분명하다. 물론 그것은 최대한도로 방법적으로 순수화될 수 있다. 학문은 이러한 순수성에 이르고자 한다. 그러면서도 그것은 철저한 반성이 결여된 경우 또는 그러한 경우에까지, 미리 정해진 입장을 숨기고 있을 수 있다.

위에서 말한 제임스의 농부의 이념성 밑에는 현실적인 관심이 스며들어 있다. 그것은 돈벌이에 관계되어 있다고 하겠지만, 반드시 그러하다고 하지 않더라도, 그의 개간 작업이 실제적인 기획의 일부인 것은 분명하다. 여기에 대하여 그것을 보고 풍경의 훼손을 한탄하던 제임스의 태도는 미적인 관

입각점 혹은 관점의 조정과 후설의 현상학적 환원

후설의 선입견 없는 태도는 이미 세계에 대한 지적인 접근을 선결정한 것이다

조의 태도이다. 그런 다음 그가 자신의 생각을 잘못된 것으로 말할 때, 그것은 반성적 성찰적 태도를 나타낸다. 이 두 태도는 연결되어 있다. 그것은 사심 없이 사물을 총체적으로 대한다는 점에서 비슷하다. 그러나 앞의 것이 대상 세계에 경도하는 데 대하여 뒤의 것은 그것이 의식 안에 비친다는 사실에 주의하고 그것을 다른 더 넓은 의식의 지평에 위치하게 한다는 점에서 다르다. 성찰은 반성을 포함한다. 이러한 여러 태도들은 단순히 병존의 관계에 있다고 할 수 있지만, 서로 갈등 속에 들어갈 수도 있다. 이 갈등은 이론적인 것이 될 수도 있고 현실에서 일어나는 것이 될 수도 있다. 심미적 관조의 반성의 태도는 즉각적인 현실 세계에의 개입을 필요로 하는 것이 아니기 때문에, 조금 더 여유를 가진 것이라고 할 수 있다. 그러나 갈등의 경우에 서로 다른 태도를 하나의 공간에 놓고 조정할 수 있는 것은 반성의 태도이다.

경제적 목적에 따른 세계의 변형

농부의 개간에 대한 입장은, 이미 말한 바와 같이, 실제적 태도로 일반화할 수 있다. 그것은 원래부터 농부 자신이 사회 안에 이미 존재하는 그러한 태도에 의하여 영향을 받은 결과라고 할 것이다. 그가 살고 있는 사회는, 그가 그것을 의식하고 있든 아니든 모든 인간 활동을 경제나 기업으로 간주하는 태도가 일반화된 사회일 것이기 때문이다. 그의 개간 기회를 움직이고 있는 것은 경제적 목적의 관점에서 합리적 태도이다. 그는 일정한 경제적 목적을 세우고 그것에 따라서 세계를 변형해 나간다. 변형의 행동은 그의 목적의 관점에서 합목적 적 합리성을 가지고 있다. 이것은 과학적인 절차와 사고와 같은 원형에서 나오는 사고와 행동을 나타낸다고 할 수 있다.

단순하게 말하면, 이 과학적 사고는 세계를 하나의 점으로부터 시작하여 그것의 법칙적 운동의 구조로서 이해할 수 있다고 생각하는 것이다. 움직이는 물체의 상태는 그 위치와 속도 그리고 가속도를 정확히 측정할 수 있다고 생각하는 것이다. 경제 합리성은 실천적 세계에서 여기에 맞아 들어간다고 볼 수 있다. 물론 그것은 과학적 세계관에 의하여 뒷받침된다.

일리야 프리고진은 이러한 과학적 태도는 근본적으로 고전 물리학에서의 절차를 대표한다고 생각하고 그것을 단자의 운동을 추적하여 "궤적(trajectories)"을 그리는 것과 같다고 생각한다.[10] 고립된 단자들이 균질한 공간에서 가역적으로 움직이는 이러한 "궤적"의 과학에 대조되는 것이 "복합성의 과학(The science of complexity)"이다. 이것을 정확히 정의하는 것은 현대 물리학에 대한 정확한 이해를 요구한다. 그러나 여기에서 우리의 관심은 그것과 일상생활의 어떤 태도 사이에 존재하는 유사성이다. 즉 이 관점에서 흥미로운 것은 이 복합성의 과학이 앞에서의 궤도의 과학이 고립된 점을 주시하는 것이 아니라 물리나 화학적 현상의 큰 부위를 종합적으로 살펴보려 한다는 것이다. 즉 그것은 어떤 현상의 체계를 이해하려 할 때, "그것을 그 구성요소들의 위치와 속도가 아니라…… 온도, 압력, 용적 등등의 일단의 '거시적인 패러미터(macroscopic parameters)'로 이해하려 하고 또 이 체계가 보다 큰 환경과의 관계에서 갖게 되는 '임계 상황(boundary conditions)'을 고려한다." 이러한 접근 방법을 대표하고 있는 것은 열역학

복합성의 과학

---

10 Ilya Prigogine and Isabelle Stengers, *Order Out of Chaos* (London: Flamingo, 1985), pp. 58~59.

인데, 거기에서 관심의 대상은 입자 사이의 상호작용으로 체계의 변화를 예측하는 것이 아니라 "우리가 밖으로부터 부여하는 변화에 체계가 어떻게 반응할 것인가를 예측하는 것이다."[11]

단자가 아니라 복합적인 구조를 살피는 것이 중요한 또 하나의 과학 분야는 생물학이다. 이것은 자연스러운 것으로 생각된다. 생명 현상은 유기적인 총체로서만 의미를 갖는 것일 것이기 때문이다. 생물학에서 복합성의 문제도 정확하고 전문적인 이해를 통해서만 평가할 수 있을 것이다. 그러나 여기에서도 주목하고자 하는 것은 전체적인 관점 또는 점이나 선보다는 넓은 공간을 조감하는 관점의 중요성이다. 다윈의 진화론에서 자연도태(natural selection)라는 하나의 추진력으로 생물의 진화를 이해하려고 한 것은 모든 것을 인력이라는 하나의 힘에 의하여 이해하고자 한 뉴턴의 물리학과 비슷한 것이라 할 수 있는데, 다윈과는 달리 유기체의 세계를 복합적 체계로, 체계 전체의 변화 또는 체계들의 상호작용과의 관련 속에서 이해하여야 한다는 입장이 있을 수 있다. (단순하게 이해되는 자연도태론에 전제되어 있는 것은 단자들의 움직임과 상호작용이 체계를 변화시킨다는 것이다.) 가령, 스튜어트 A. 카우프만과 같은 생물학자가 밝히려고 한 것은 개체를 통하여 작용하는 것으로 생각된 자연도태의 기제가 어떻게 하여 전체적인 체계 속에서 가능해지면서 또 제한되는가 하는 문제이다. 여기에서 체계는 고정된 것이 아니라 자기조직화(self-organization)를 통하여

다윈의 자연도태와 뉴턴의 만유인력

개체는 고정된 것이 아니라 자기조직화를 통해 질서를 만들어내는 체계이다

11 Ibid., pp. 105~107.

질서를 만들어내는 체계이다. 그것은 어떤 변이(mutation)를 자신의 일부로서 수용하는 유기체이기도 하고 그 연장선상에서 다른 종들을 포함한 생태적 환경 전체이기도 하다.[12]

변이를 자신의 일부로서 수용하는 유기체

　질서라는 관점에서 자기조직화는, 열역학의 비평형 체계나 생물학에서 나오는 증거로 뒷받침된다. 그러나 그것은 생명 현상 자체에 대하여 우리가 취할 수 있는 관점이나 입각점에서 거의 저절로 나온다고 말할 수 있다. 생명은, 위에서 말한 바와 같이, 유기체 전체로만 이해될 수 있다. 물론 이 전체는 다시 환경과의 상호작용에서만 성립하는 것이기 때문에 폐쇄된 평형 체계를 이루는 것은 아니다. 그 구성 요소나 미리 주어진 관점에서 절단하여 그것을 재구성하는 것이 아니라면, 이러한 전체의 구성은 그것 자체의 관점, 다시 말하여 자기조직화의 관점에서 이해될 수밖에 없다. 이것은 생물체를, 그 자체를 목적으로 생각하고 이성의 관점에서 이해하려고 할 때 취할 수밖에 없는 방법이 될 것이다. 프리고진은, 뉴턴의 물리학이 보여주는 패러다임을 말하면서, 그것이 기술 조작에서 영감을 얻었다는 점을 강조한다. 그 물리학은 "기술적 조종과 이론적 이해를 통합"한 결과이다.[13] 그는 이에 대하여 복합성의 과학은 이러한 기술적 조작이나 사람의 현실적 또는 이론적 개입이 없이 주어진 현상을 이해하려는 노력이라고 생각한다. 생물은 조작이 아니라 그 자체로 이해되어 마땅하다.

생물은 조작이 아니라 그 자체로 이해되어 마땅하다

12　Stuart A. Kauffman, "Themes," *The Origins of Order: Self-Organizaion and Selection in Evolution* (Oxford University Press, 1993), pp. xiii~xviii 참조.
13　Prigogine, p. 39.

현상학도 주어진 지각 현상을 주어진 대로 이해하고 기술하는 것을 그 최대 목적으로 생각한다. 어떤 경우에나 사물의 윤곽을 그리는 것은 대부분의 경우 일정한 관점을 포함하는 불완전한 스케치(Abschattung)가 될 수밖에 없다. 그러나 이것을 최대한으로 선입견 없이 주어진 대로의 형상에 접근하려는 것이 형상학적 환원의 목적이다. 이러한 주어진 것을 사람의 의도적 개입이 없이 그 자체로서 보면서도 그 안에서 어떤 질서를 발견하고자 하는 태도는 심미적 태도의 기본을 이루는 것이라고 할 수 있다. 참으로 엄정한 세계 이해에 이르고자 하는 철학적 성찰의 밑에 들어 있는 것도 그러한 것이라고 할 수 있다.

불완전한 스케치

의도적 개입 없이 그 자체로 보면서도 그 안에서 어떤 질서를 발견하고자 하는 태도는 심미적 태도의 기본이다

위에서 말한 농부 대 제임스의 관점의 차이, 그들이 가지고 있는 이념성의 차이에 관하여서도 이와 비슷한 것을 생각할 수 있다. 농부의 이념성은 개입의 이념성이다. 그것은 현실을 실천적 개입의 관점에서 조직화한다. 그러니까 일상적으로 관찰할 수 있는 이러한 대조는 사실상 세계 이해에 대한 복잡한 과학적, 철학적 사고에 이어져 있다. 그러니까 여기에는 세계 이해의 근본적 차이가 있는 것이다. 그리고 일상적 실천의 영역에서 그러한 것은 아니지만, 이 차이는 궁극적으로 중요한 의미를 가질 수 있다. 물론 복합성의 과학도 세계를 이해하는 것으로만 그치려는 것은 아니다. 세계를 바르게 이해한다는 것은 실천적인 함의를 갖는다. 궁극적으로 그것도 세계를 사람의 삶에 보다 맞게 재구성하거나 아니면 적어도 삶이 거기에 적응하는 데에 유용한 수단이 되지 않을 수 없다. 프리고진의 이론에서 볼 수 있듯이, 세계가 체계적으로 변하

고 세계의 질서가 한 질서로부터 다른 질서로 변하는 것은 그 상황이 여러 요인의 집적으로 하나의 한계에 이르러 새로운 질서가 저절로 나타나게 되는 것을 말한다고 한다면, 선형의 역학과 사고에 의하여 그것을 변화시키려 하는 것은 불가능한 것이거나 무모한 것이거나 쓸데없는 모순과 갈등을 만들어내는 일이 될 것이기 때문이다.

농부와 제임스의 태도의 차이는 그러한 장기적인 의미에서가 아니라고 해도 직접적으로 현실적인 의미를 갖는 것이기도 하다. 농부의 현실 개입적 이념성에 대하여 제임스의 이념성은 심미적인 것으로서 주어진 산의 풍경을 최소한도의 개입으로 그 자체로서 보는 태도에서 나온다. 어느 쪽이나 두 사람의 이념성은 미리 주어진 태도로 인하여 제한된 것이다. 아마 농부는 그것이 제한된 것이라는 것을 쉽게 인정하지 아니할 것이다. 그는 그것에 대하여 반성하지 않기 때문이다. 그러나 제임스의 심미적 태도는 보다 쉽게 반성으로 옮겨간다. 그리하여 이념성의 제한된 성격과 여러 이념성의 다양한 가능성, 그리고 그것들의 갈등의 가능성을 안다. 그러니까 제임스의 심미적, 성찰적 태도는 그로 하여금 사물을 보다 넓게 보고 또 그 뒤에 있는 폭넓은 가능성의 지평을 보게 한다. 이것은 뉴턴의 역학이 미세한 부분의 분석에서 출발하여 서슴지 않고 보편성에 대한 주장으로 나아가는 데 프리고진의 열역학이 체계 전체를 이해하고자 하면서도 과학적 이해를 거부하는 불확실성의 영역이 있음을 인정하는 것에 비슷하다.

이렇게 말한다고 하여 프리고진이 뉴턴 역학의 타당성을 부정하는 것은 아니다. 그것은 그 나름의 타당성을 가지고 있

다. 다만 그것이 어떤 관점에 입각했음을 알고 다른 과학적
이해의 가능성을 인정하는 것은 필요한 일이다. 이것은 농부
와 제임스의 대결에서도 마찬가지이다. 농부의 경제적 기획
이 잘못되었다고 할 수는 없다. 사람의 생존은 필수적으로 자
연에 대한 실천적 개입—부분적 이점의 동기를 가질 수밖에
없는 실천적 개입을 요구한다.

그러나 그것만의 일방적 강조로는 정당할 수가 없다. 지난
군사독재 기간의 자연시를 말하면서 그것은 노동의 삶에서
나온 것이 아니고 착취 계급의 한가로운 오락에서 나온 것이
라고 말하는 사람을 보았다. 이것은, 전혀 틀린 말은 아닐는
지 모르지만, 가렴주구가 특히 심한 상황이거나 한발이나 홍
수 등으로 하여 피폐한 경우가 아니라면, 전통적 농촌에서 일
하는 사람이 일에 열중한다고 하여 주변의 자연의 풍경에 대
하여 전혀 무관심하였다고 말하는 것은 인간을 지나치게 단
순하게 보는 일일 것이다. 그 결과가 결국 지주나 시장에 보
내질 수밖에 없는 것이라 하여 심어 놓은 곡식이 자라는 것을
지켜보는 일의 즐거움이 없을 수는 없다. 곡식의 성장 자체가
사람을 보다 큰 자연 환경에 연결시켜 주는 일이었을 것이다.
또 작물에 대한 관심은 저절로 하늘과 땅의 조건과 그 변화에
대하여 의식을 가지지 아니할 수 없게 하는 일이었을 것이다.
대체적으로 전통적 사회에서 산다는 것은 근본적으로는 의식
과 삶의 정향이 다르다고 하더라도 자연을 떠나서 사는 것은
아니고, 지금 우리가 생각하는 관점에서 보건대, 능동적 집중
의 실제적 태도와 수동적 관조의 심미적 태도가 확연하게 구
분되는 것은 아니다. 아마 그것들은 끊임없이 교체되는 관계

속에 있을 것이다. 이것은 우리의 삶의 일상적 연속 속에서 그러하고 일의 삶에서 그러할 것이다. 일상적 순간에 일어나는 의식의 방향은 너무나 교체 작용이 빠른 까닭에 우리가 별로 의식하지 못하는 것일 것이다. 그러지 않고서야 일을 하면서 일의 의미를 상황 속에서 파악하지 못하게 될 것이다. 산의 광경을 보는 경우에도 사실은 우리는 계속적으로 움직이면서도 풍경을 보는 것이다. 움직인다는 것은 발아래의 현실적 조건에 주의하는 것이 아니면 아니 된다. 한 관점에서 산을 본다는 것은 상대적인 것에 불과하다. 그리고 조용하게 서서 한 자리에서만 자연을 느끼고 거기에서 기쁨을 얻는 것은 아니다. 땅도 발로 걸어서 우리의 삶의 일부가 되는 부분이 있다.

실용과 심미의 구분은 자연을 떠난 삶에서 일어난다. 이탈리아의 사회학자가 토리노의 노동자들과 한 농촌의 농민을 비교 조사한 바에 의하면, 농민들은 공장 노동자들에 비하여 오락을 덜 필요로 하고 그런 만큼 삶 자체가 즐거움을 포함하고 있었다는 것이 있다. 오늘날 실제적인 일로 인하여 지평적 의식의 협소화를 경험하는 것은 도시의 근로자들일 것이다. 이것은 공장에서 일을 하나 회사에서 일을 하나 마찬가지일 것이다. 더구나 오늘날 도시에서 주거의 형태까지도 사람을 보다 큰 지평으로 열어놓기보다는 삶의 세계에 그것을 한정하며 특히 사람의 욕망 충족의 필요가 규정하는 대상들에 한정하게끔 설계되어 있어서 이러한 지평의 협소화는 더욱 조장될 수밖에 없다고 할 것이다.

그러나 삶의 만족의 문제를 떠나서 삶의 일면적 실용화는

실용과 심미의 구분은 자연에서가 아니라 자연을 떠난 삶에서 일어난다

그 관점에서도 문제를 가질 수 있다. 오늘날 실용적 태도의 문제점은 환경의 문제 등에서 드러난다. 이것은 사실 지구 전체를 우리의 부분적인 이해관계에서 나오는 이용의 대상으로 보는 것에 관계되어 있다. 그것은 다시, 위에서 시사된 바와 같이, 근본적으로 세계에 대한 사실적 이해가 잘못된 데에로 이어진다. 어느 때보다도 오늘날, 자연의 전체에 대한 우리의 느낌을 높여주고 이것을 포함하여 자연과 인간의 관계에 대한 폭넓은 의식의 화폭을 열어주는 성찰적 태도는 한가한 도락의 성격을 가진 것처럼 보이면서도 궁극적으로는 인간과 세계의 균형된 관계를 유지하는 데에 중요한 역할을 한다 할 수 있다. 이것은, 과학적으로, 선형 사고의 모델에 입각한 과학적 사고에 대조되는 새로운 큰 체계의 이론으로 뒷받침되는 것으로 생각된다. 그러니까 관조와 성찰은 단순히 주관적인 선택이 아니라 보다 충실한 과학적 이해에 긴밀하게 연결되어 있다고 할 수 있다. 프리고진은 고정적인 역학과 열역학의 궁극적인 통합의 가능성을 이야기한다. 관조와 성찰은 실용적 태도로 하나가 되는 것이 바람직한 일일 것이다. 자연 경제에 입각한 삶에서 그것은 늘 하나로 조화되었을 것으로 생각되지만, 이 조화의 가능성은 현대인도 잊지 못한다. 이것은 우리의 일상적 삶에서도 느끼는 것이다.

7장

산에 대한 명상

1. 산의 지각

매일의 기적은 생활의 곤비함 속에 퇴색한다. 아침의 상쾌함은 오후의 지루함이 되고 살아가는 사이 삶에는 고통과 절망의 순간이 잦아진다. 빛나는 순간은 설사 그럴 수밖에 없듯 짧은 것이지만, 그렇더라도 어두운 것들을 감쌀 만큼 넓은 순간이기도 하다. 이 "빛의 넓음"이란 "이제, 어둠은 끝"이라는 식의 어둠에 대한 보상의 뜻에서가 아니라, 어둠을 허용하고 수용하고 긍정할 만큼 폭이 넓다는 뜻에서이다. 진실로 빛의 존재는 어둠으로 하여 의미 있는 것이라 할 수 있다.

우리는 저녁 햇빛에서 그것이 아침으로부터 낮을 거쳐 어둠을 향하여 가는 것임을 직감한다. 그리고 어쩌면, 아침의 햇빛까지도 어둠을 거쳐서 어둠으로부터 태어난 밝음이라고 생각하게 된다. 그렇게 저녁 햇살은 고통과 절망을 포함하는 모든 시간을 하나로 포용하고 종합한다.

2. 산의 의미

산속을 가는 사람이라고 해서 늘 산을 의식하고 있는 것은 아니다. 그러나 산속에서 무엇을 하든 산은 그 사람의 사는 일의 테두리가 된다. 마찬가지로 우리가 어디를 가든지 우리는 여기에, 같은 지구 위에 있다.

지구는 우리를 둘러싸고 있으면서, 소유할 수도 없고 형체도 없고 시작도 끝도 없는 어떤 것으로 있다. 산은 지구 전체에 대한 제유로서의 의미를 갖는다. 산은 산에서 체험하는 우리의 감각과 정서를 통해, 우리에게 지구를 자각하게 한다. 산을 보는 감정은 삶의 실용적 맥락을 넘어가는 형이상학적 해방감을 가져다준다.

우리의 삶은, 쉴 새 없이 변화하면서도 한결같은 하늘과 수없는 지형적 변용을 보이면서도 지속하는 땅 사이에서 계속된다. 수없이 많은 일들이 일어남에도 우리가 미치지 않는 것은 우리의 의식 밑에 그러한 모든 것들을 받쳐주는 하늘과 땅의 좌표가 있기 때문이다.

우리가 세계에 편안히 있다는 것은 세계의 작용이 아니라 우리들 마음의 작용이다. 우리가 산에서 배우는 것은, 우리가 필요로 하는 것이 세계에 대한 신뢰라는 깨달음이다.

심신을 도야한다는 것은 보편적 인간이 된다는 것을 말한다. 자신의 마음을 닦는다는 것은 자신의 인격을 자신의 것으로 닦으면서 동시에 인격의 보편성을 구현하는 것을 뜻한다. 개성적인 것만이 보편성에 가까이 갈 수 있고 또 보편적인 것만이 개성적인 것에 가까이 올 수 있다. 모든 예술가의 예술적 순간은 개성적 비개성의 순간이다. 그것은 마치 이 수박이 맛이 있으니 먹어보라는 권유가 개인적 체험이면서, 그 개인적 체험의 보편적 진실성에 대한 믿음을 표하는 것과 같다.

7장 산에 대한 명상

1. 산의 지각

1) 공간과 시간의 넓이

산_ 되풀이하여, 한국은 산의 나라이다. 그리하여 적어도 현대적 도시들이 밀집한 건물들이 시선을 차단하기 전에는 한국인은 언제나 산을 의식하지 않을 수 없는 공간에서 생활하였을 것이다. 다만 오늘에 와서 산이 보이는 곳에서 거주하고 생활하는 것은 농촌 이외에서는 오늘날 값비싸게 얻어지는 큰 특권이 되었다. 그러나 아직도 산이 보이지 않는 것은 아니다. 그런 데다가 한국에서 국가적인 여가 활동의 하나인 등산은 어떤 경우에나 사실 쉽게 산의 체험을 제공해 준다. 이것은 사람이 가지고 있는 깊은 필요를 충족시켜 주는 것으로 생각된다.

산이 일으키는 감탄
-삶과 사는 세계가
하나가 됨을 느끼는
것-그것은 순간이
면서 전체이다. 그
러면서도 극히 가냘
픈 통일에 불과하다

공간_ 나는 다행스럽게 산이 많이 보이는 곳에 살고 있지
만, 맑은 아침에 산 쪽을 바라보면, 구름의 그늘이 영롱하게
비추어 있는 맑은 하늘이 있고 부드러운 곡선을 이루며 이어
지는 능선이 있고, 늘 그러한 것은 아니지만, 산 위에는 소나
무들이 솔잎의 하나하나를 드러낼 듯하면서도 하나의 커다란
깁처럼 펼쳐져 있고, 또 화강암 바위들도 그 씻은 듯한 표면
을 드러내며 놓여 있다. 밖으로 보이는 하늘과 산의 풍경은
보태고 뺄 것이 없는 그 나름의 완전함을 가지고 있다. 이것
은 유독 나만이 산을 보면서 갖는 느낌은 아닐 것이다. 산이
일으키는 이러한 감탄 속에서 많은 사람들은 그들의 삶과 그
들의 사는 세계가 하나가 됨을 느낀다. 그것은 순간이면서 전
체이다.

시간_ 그러나 이러한 느낌은 하나의 환상처럼 나타났다 스
러지는 순간의 극히 가냘픈 통일에 불과하다. 다음 순간에 이
러한 느낌은 사라지고 만다. 지금 내가 보는 풍경은 나의 기
분이 그런대로 나쁘지 않을 만한 처지에 있기 때문이다. 이것
이 일과성이라는 것은 나와 다른 처지에 있는 사람을 잠깐 생
각해 보아도 분명하다. 앞에서도 언급했지만, 우리는 대개 등
산객으로서 산을 보는 것일 터인데, 지나가는 손님으로서 산
을 보고 있는 것이 아니라 산의 골짜기에 살고 있는 사람의
형편은 어떤 것일까. 그는 지금 가장 고통스러운 상황에 처해
서 괴로워하고 있는지도 모른다. 그 고통은 아름다움이나 추
함과는 아무런 관계가 없는 가장 현실적인 육체적, 물질적,
사회적 원인에서 오는 것일 수 있다. 그러면 우리의 찬탄의

고통은 아름다움이
나 추함과는 아무런
관계가 없는 가장
현실적인 육체적,
물질적, 사회적 원
인에서 오는 것일
수 있다

순간, 황홀의 순간이 완전히 거짓된 환상에 불과한 것일까. 반드시 산에서 내려본 풍경을 말한 것은 아니지만, 산에서 내려보는 아름다운 풍경에 비슷하게 세상을 전체적으로 바라보고 그 아름다움을 말한 것으로서 슈베르트의 〈저녁 노을 가운데에서(Im Abendrot)〉가 있다. 가사만으로는 불충분하지만, 칼 랍페(Karl Lappe)의 가사를 다음에 번역해 본다.

오 그대의 세계는 얼마나 아름다운가,
아버지여, 세계가 금빛으로 찬란할 때,
내려 비치는 빛이 떠도는 티끌들을
반짝이는 빛으로 물들일 때,
구름 속에 빛나는 노을빛이
나의 고요한 창으로 내려올 때.

그대와 나에게 방황이 있으리라고
내 어찌 탄식하고 두려워하리
나 여기 가득한 그대의 하늘을
이미 내 가슴에 지닐 것이니,
이 마음 부서져 내리는 일이 있어도
빛남을 마시고 내 입술 빛으로 적시리.

슈베르트의 노래의 시간은 해질 무렵의 시간이다. 그러나 긍정의 순간은 우리에게 하루가 끝날 무렵인 해질 무렵보다는 아침일 가능성이 크다. 우리에게 살 만한 느낌을 주는 사건 중의 하나는 좋은 날씨의 아침의 상쾌함이다. 그것은 우리에게 짧게나마 하루를 지속하게 하는 하루의 첫 의지를 북돋아 줄 수 있다. 이 상쾌함은 빛이 전혀 안 드는 좁은 공간에 갇혀 있으면 모르거니와 우리가 움직이는 어떠한 공간에서든지 느낄 수 있다. 방안에서 아침 준비를 한다고 하더라도 우리가 그렇게 의식하든 아니하든 바깥의 햇살과 공기는 방안에 들어와 있고 또 우리는 그것을 알고 있는 것이다. 그러나 창을 열고 밖을 내다볼 수 있다면, 하늘과 땅의 맑음은 한순간 우리를 감격하게 할 만큼 우리에게 가득하게 다가오는 것이 될 수 있다. 그러나 이러한 매일의 기적은 우리의 생활의 곤비함 속에 곧 퇴색한다. 아침의 상쾌함은 오후의 지루함이 되고 살아가는 사이에 고통과 절망의 순간이 찾아진다. 그렇기 때문에 오히려 슈베르트의 긍정이 아침이 아니라 저녁 햇살이 비추는 온 누리를 보고 일어나는 것은 그 나름의 의미가 있는 것일 수 있다.

저녁 햇빛에 비추는 세계를 바라보는 것은 아침 햇살을 바라보는 것이나 마찬가지로 심미적인 만족감을 주는 순간이면서도 동시에 깊은 실존적 의미를 가지고 있는 일이다. 저녁의 햇빛은 어둠을 예상하고 있다. 그러기 때문에 그것은 더 한층 사라져 가는 밝음을 느끼게 한다. 그것은 시간 전부를 포괄하는 한순간이다. 우리는 저녁 햇빛에서 그것이 아침으로부터 낮을 거쳐서 어둠으로 향하여 가는 것임을 직접적으로 느낀다. 그리고 어쩌면, 아침의 햇빛까지도 어둠을 거쳐서 어둠으로부터 태어난 밝음이라는 것을 생각한다. 여기에서 어둠이란 상징적인 의미를 가진 것이기도 하다. 탄식과 주저와 방황은 삶의 어둠을 말하고, 햇빛 속의 티끌이나 나의 작음 그리

매일의 기적은 생활의 곤비함 속에 곧 퇴색한다. 아침의 상쾌함은 오후의 지루함이 되고 살아가는 사이에 고통과 절망의 순간이 잦아진다

우리는 저녁 햇빛에서 그것이 아침으로부터 낮을 거쳐서 어둠으로 향하여 가는 것임을 직접적으로 느낀다. 그리고 어쩌면, 아침의 햇빛까지도 어둠을 거쳐서 어둠으로부터 태어난 밝음이라는 것을 생각한다

고 창문까지도 세상의 일과 나의 왜소함을, 그리고 나의 모든 시간의 종말, 죽음을, 그리하여 그 슬픔을 표현하고 있다고 할 수 있다. 그러나 어떤 빛나는 순간은 언제나 그럴 수밖에 없듯이 짧은 것이지만, 어둔 것들을 감쌀 만큼 넓은 순간이기도 하다. 이 넓음이란 단순히 어둠에 대한 보상이 될 만하다는 뜻에서라기보다는 그것을 허용하고 수용하고 더 나아가 긍정할 만큼 폭이 넓다는 뜻에서이다. 또 어떻게 보면, 빛의 존재는 어둠으로 하여 의미 있는 것이라고 할 수도 있다. 슈베르트의 노래에서 찬탄의 시간이 저녁인 것은 그 나름의 깊은 의미를 가진 것이다.

노래에 말하여진 산천에 대한 찬미는 시간을 포함하고 있다. 그것이 고통과 절망에 대한 언급을 가지고 있는 것은 당연하다. 시간 속에 펼쳐지는 삶이 그러한 요소를 포함하게 되는 것은 불가피하다. 그럼에도 불구하고 저녁 햇살은 고통과 절망을 포함하는 모든 시간을 하나로 포용하고 그것을 종합한다. 산이 우리의 사는 공간을 하나로 종합하여 보여준다면, 저녁의 햇빛은 적어도 상징적 압축을 통하여 우리의 삶을 하나로 종합하여 준다. 슈베르트의 저녁은 세계를 말하는 것임에 틀림없다. 그것은 시간을 포함하는 세계의 아름다운 조화를 말하는 것이다. 이러한 의미에서 우리가 보는 산도 시간을 포함한다. 공간과 시간의 넓이는 그 자체로서 우리의 마음을 커다란 긍정에로 이끌어 간다.

빛나는 순간은 언제나 그럴 수밖에 없듯이 짧은 것이지만, 어둔 것들을 감쌀 만큼 넓은 순간이기도 하다. 이 넓음이란 어둠에 대한 보상의 뜻에서라기보다 어둠을 허용하고 수용하고 더 나아가 긍정할 만큼 폭이 넓다는 뜻에서이다. 이리하여 빛의 존재는 어둠으로 하여 의미 있는 것이라고 할 수 있다

저녁 햇살은 고통과 절망을 포함하는 모든 시간을 하나로 포용하고 종합한다

2) 행복의 공간

산의 행복_ 산을 보고 세상을 보고 찬탄이 이는 순간은 그것
이, 결국 어둠의 의식을 포함하게 되는 것이든 아니든, 적극
적으로 실존적 의미를 가질 수 있다. 그것은 덧없고 허망한
것일망정 행복의 한 전형을 나타내준다. 이렇게 말하고 보면,
행복이 무엇인가를 정의할 필요가 생기는 듯이 보인다. 그러
나 단순히 우리가 과부족이 없이 자기의 삶의 한복판에 있다
는—자기와 자기가 사는 조건으로서의 삶의 터전과의 사이에
간격이 없이 편안한 관계에 있는 상태라고 임시로 정의해 볼
수 있다. (이 정의는 삶을 제한하는 부정적인 요소까지도 수용하는 것일
수 있다.)

하여튼 바라보는 산과 세계가 가져오는 행복의 한 원인은
바라보는 광경이 적절하게 큰 폭의 것이라는 데에 관계되어
있다. 그 폭은 우리를 우리의 삶의 좁은 집착으로부터 해방시
켜 준다. 프랑스의 철학자 질베르 뒤랑(Gilbert Durand)은 높은
산에서 바라보는 풍경의 쾌감의 의미를 "왕자적 관조"의 느
낌에서 찾았다. 여기에서 아마 강조되어 있는 것은 힘의 느낌
일 것이다. 높은 데에서 펼쳐지는 풍경을 보는 것은 우리에게
아래 펼쳐진 것을 제압하고 있다는 느낌을 준다. 그러나 이것
을 권력의 느낌이라고만 설명하는 것은 조금 단순한 것으로
생각된다. 아마 여기에 관련되어 있는 것은 보다 근원적인 생
존의 의식이라고 하는 것이 옳다. 동물 생태학자들은 동물이
자기의 영역의 일정한 지역에 대한 민감한 본능적 반응을 가
지고 있다고 말한다. 이 영역은 특히 안전하게 지켜져야 하고

질베르 뒤랑의
"왕자적 관조"

이것을 지키는 데에는 시각적 제어가 중요한 수단의 하나가 된다. 그러나 다시 말하여 이것은 단순히 힘의 필요 또는 권력 의지의 관점에서 생각될 것은 아닐 것이다. 생명체의 근원적 필요의 하나는 자신의 삶을 규정하는 근본적 조건의 확인이고 그에 대한 신뢰이다. 이것은 세속화되는 세계에서도 끊이지 않고 이어지는 삶과 세계에 대한 초월적인 근거에 대한 탐구에서도 볼 수 있지만, 일상적인 차원에서 어떤 공간에서 느끼는 편안한 마음에서도 나타난다. 그 중간에 있는 것이 어떤 트인 공간에 대한 느낌일 것이다. 산에서 보는 광경은 내려다보는 것일 수도 있지만, 올려다보는 것일 수도 있다. 내려다보는 경우에도 아마 좁은 골짜기─정복자가 내려다보는 골짜기보다는 먼 지평선에 이르는 것일 수 있다. 중국화의 전통에서 먼 것을 그리는 방법은 세 가지로 분류되지만, 먼 것을 가장 잘 나타내는 것은 깊게 먼 것(深遠)이다. 그리고 풍경화에는 사람이 미치지 못하는 곳이 있어야 한다는 화법의 지침도 있다. 산을 올려보며 또는 산에서 더 멀리 있는 산을 보며 느끼는 것은 제압의 느낌이라기보다는 그것을 우러르는 느낌이고, 그것이 제압에 관계되어 있다면, 그것은 생물체의 자신의 환경에 대한 일체감의 확인에서 오는 안도감에 유사한 제압감일 것이다. 그런데 이것은 작은 일에서나 큰 일에서나 있을 수 있지만, 어떤 종류의 거대한 자연의 광경은 특히 이러한 효과를 갖는다. 사막이나 바다 또는 산이 그러하다. 물론 이 감각이 우리를 지나치게 압박하여서는 아니 된다. 그것은 우리로부터 적절한 거리에서 작용하고 또 적절한 넓이 속에 느껴질 수 있는 것이라야 한다. 그러면서도 그것은 우리

생명체는 자신의 삶을 규정하는 근본적 조건의 확인과 그에 대한 신뢰를 필요로 한다

에게 극히 가까이 있는 것이다. 트인 공간에 대한 느낌은 심미적인 의미를 가진 것이라 하겠는데, 그것은 먼 광경의 호소력이 단순히 멀다는 데에서 오는 것만은 아니라는 것을 생각케 한다. 바라보는 공간은 우리의 감각을 가득히 채워준다. 미학자들은 흔히 서양 말에서 미학이라는 말이 희랍어의 감각적이라는 말, "aestheai"에서 나온 것임을 지적한다. 미적 체험은 세계가 우리의 감각에 맞닿는 데에서 일어나고 어떤 때 이 맞닿음은 과부족 없이 적절한 것이 된다.

미적 체험은 세계가 우리의 감각에 맞닿는 데에서 일어난다

지평선_ 행복한 공간에 대한 느낌을 하나로 규정할 수는 없다. 시원하게 트인 넓은 공간이나 마찬가지로 아늑한 공간도, 그리고 직선적이고 기하학적인 공간이나 마찬가지로 곡선과 미로로 이루어진 공간도 행복의 필요를 다르게 충족시켜 준다. 산의 경우에 이 공간은 일정한 폭을 가진 것이라야 할 것이다. 그러나 그것의 한계는 일단은 지평선으로 정의되는 것이라 할 수 있다. 이 지평선도 클 수도 작을 수도 있지만, 적어도 가시적인 범위의 것이기는 하여야 할 것이다. 물론 지평선은 하늘의 둥근 궁륭을 포함한다. 거기에는 구름이 있고 해가 있고 별들이 있다. 그러나 그것들은 멀리 있으면서도 시각의 대상이 된다. 시각과 시각의 초월 사이의 긴장이 우리를 더욱 분발하게 하고 더욱 감각적으로 우리를 이끌어들이는 작용을 한다. 지평선은 다시 한 번 나의 높이와 나의 이동에 따라서 그 범위가 달라진다. 이 변화 또는 풍경의 가능성은 기상과 천체들의 기묘한 존재나 마찬가지로 풍경 안으로 우리를 더 가까이 이끌어간다. 그 변화는 급격한 것이 아니라

일정한 안정 속에서의 미묘한 변화이다. 큰 지평의 안정성에 바라보는 풍경의 근본적 의미가 들어 있다고도 할 수 있다.

세계에 대한 신뢰_ 바라보는 일정한 폭—감각적 가득함이 있으면서 일정한 거리 속에 펼쳐지는 공간은 우리에게 기쁨을 준다. 이것은, 같은 말을 되풀이한다면, 적절한 공간이 허용하는 것이다. 그것은 동시에 바라보는 것이 가능하게 하는 기쁨이다. 바라봄이 공간을 만들어낸다. 바라봄은 생각에 비슷하다. 결국 우리가 세계에 편안하게 있다는 것은 세계의 작용이라기보다는 우리의 마음의 작용이다. 우리가 필요로 하는 것은, 프랑스의 철학자 장 폴랑(Jean Paulhan)의 말을 빌려, 세계에 대한 신뢰이다. 우리는 이것을 신념으로 또 사상으로 대체하기도 한다. 그런데 산을 바라보는 데에서 우리가 얻는 것은 우리가 사는 세계에 대한 보다 직접적인 확인이다. 여기에서 우리는 보는 것만으로 세상에 편하게 있는 것이다. 본다는 것은 생각 이전의 생각이다. 그리하여 그것은 거의 삶과 일치한다. 그러나 삶 자체는 아니다. 세계의 풍경을 바라본다는 것은 바쁜 삶의 일을 잠깐 멈추어 세운다는 것을 말한다. 그리하여 그것은 잠깐 일손을 멈추고 일감을 되살펴보거나 나의 삶의 흐름 속에서 지나간 또는 지나가는 순간을 되돌아보는 것에 비슷하다. 이러한 점에서 산을 본다는 것은 생각한다는 것을 말하고, 그것이 주는 기쁨은 생각이 주는 기쁨 또는 생각이 열어주는 기쁨이다. 다만 여기에서 생각은 한다기보다 주어진다. 그리고 그것은 눈으로 보는 대상에 일치한다. 거기에는 생각에 따르게 마련인 애씀도 없고 의식적으로 시

우리가 세계에 편안하게 있다는 것은 세계의 작용이 아니라 우리 마음의 작용이다. 결국 우리가 필요로 하는 것은 세계에 대한 신뢰이다

도되는 생각에서와 같은 대상과의 거리도 없다. 생각은 감각에 일치한다. 산을 바라보는 일에서 우리가 조화와 통일의 느낌—하나가 됨의 느낌을 갖는다면, 이 하나됨을 생각과 감각의 하나됨도 포함하는 것이다.

3) 거대 공간과 그 변주

형상과 변주_ 이러한 통일과 조화—풍경과 생각과 감각의 일치에서 핵심이 되는 것은 보는 사람의 보는 일, 생각, 또는 세계에로의 열림이다. 그것은 나의 주관의 열림을 통하여 열리는 하나의 사건이다. 그러니만큼 모든 것은 자의적인 주관에 달려 있는 것이다. 내가 위치를 높이거나 좌우로 이동하면 내가 보는 세계의 구도가 달라지고, 더구나 전혀 다른 위치의 다른 사람의 관점에서는 세계는 전혀 다른 모습을 가진 것이 될 수 있는 것이 아닌가. 그러나 동시에 내가 보는 산의 풍경은 내 마음대로 만들어낸 허상도 아니고 객관적이고 독자적인 존재로서의 산에 무관계한 것도 아니다. 그러니만큼 내가 갖는 조화와 통일의 느낌도 완전히 허망한 것이라고 할 수 없다. 산의 풍경이 보는 나의 생각에 관계되어 있다고 하더라도, 위에서 말한 바와 같이, 그것은 만들어내는 것이 아니라 나에게 주어지는 것이다. 산이 널리 보아지려면, 거리가 있어야 한다고 할 때, 이 거리는 물리적 거리이면서, 심리적 거리이다. 이것은 산으로부터의 거리이면서 나로부터의 거리—잠깐일 망정 번거로운 일상적 관심에 대한 나의 집착으로부터의 거리이기도 하다. 우리가 작심을 하고 그러는 것은 아니지만, 흔히 명상의 수련에서 말하는 초연함이 우리의 보는 일에 따르는 것이다. (사실 종교적, 정신적 체험에서의 어떤 정신 상태는 우리의 일상 속에 이미 들어 있는 것을 주제화하는 것이라고 할 수 있다.) 이러한 찰나적 초연함의 괄호 속에—현상학적으로 말하여 에포케에 나타나는 것이 바깥 세계의 풍경이다.

찰나적 초연함

지질학적 거대 공간_ 말할 것도 없이 어떠한 인식이나, 그것은, 주관적이거나 주관의 형식에 의하여 구성되는 것이라고 하더라도, 인식의 대상에 의하여 제약을 받게 마련이다. 산이 산을 보는 우리의 눈을 제약한다. 이 제약은 우리가 바라보는 산의 경우에 더욱 강하게 작용한다. 우리에게 맞서는 대상이라고 하더라도 큰 것은 우리에게 큰 영향을 미친다. 세계에 대한 우리의 태도를 규정하는 조건으로 대상의 규모의 크기는 매우 중요한 것이다. 추상적 인식론이 놓치는 것은 인식의 성립에는 정서적 정황이 있다는 사실이다. 규모는 보다 조심스러운 인식을 위한 정서적 조건을 만들어낸다. 산은 우리를 압도한다. 그런데 이 압도는 단지 물질적인 측면에서만 그러한 것이 아니다. 산과 산이 거느린 공간의 크기는 인공적으로 만들어진 것이 아니다. 그리하여 그것은 우리에게 사람을 넘어가는 힘—지질학적인 과정이든 그 물질의 과정의 배경을 이루는 우주의 과정이든 아니면 다른 보다 초월적인 존재이든 사람을 넘어가는 현존을 생각하게 하는 것이다.

사람을 넘어가는 현존의 체험

거대 공간의 느낌과 실존_ 생각한다고 말하는 것은 잘못일는지 모른다. 그것은 생각하는 것이 아니라 생각의 밑에 잠겨 있는 느낌을 아는 것이다. 분명하게 생각되지 아니하면서 어떻게 이 느낌이 존재하는가는 분명치 않다. 여기에는 메를로-퐁티가 사람의 몸과 공간성에 대한 고찰에서 말한 바 "관상학적 의식"이 작용한다고도 할 수 있다. 사람의 얼굴을 보고 사람의 상태와 운명에 대하여 여러 가지를 즉각적으로 추정하거나 또는 그에 대한 느낌을 가지고 반응하는 것과 같은 것일 것이다. 사람은 태어나면서부터 변화하면서도 한결같은 하늘과, 수없는 지형적 변용을 보이면서도 지속하는 땅에서 산다. 그러나 이 하늘과 땅이 우리의 의식 활동에서 의도되는 대상이 되는 일은 별로 흔한 일이 아니다. 그럼에도 불구하고 그것은 의식적 실제적 삶에서 변함없는 근본적인 좌표로서 존재한다. 그리하여 하늘과 땅 그리고 그것이 시사하는 거대한 공간은 우리의 삶의 근간을 이루고 우리는 다른 많은 인상으로부터 그 바탕의 표정을 읽어내는 것을 익혀온 것이다. 그리고 그것이 실존과 인식의 안정을 보장한다. 하루하루의 삶에서 우리가 거쳐 지나가게 되는 외부 세계의 인상과 우리의 느낌과 생각은 얼마나 많고 혼란스러운가. 사실 이러한 것들로 이루어지는 의식의 상태는 환상이나 망상의 세계와 별로 다르지 않다고 할 수 있다. 그러나 그것이 우리를 미치게 하지 않는 것은 우리의 의식의 밑에 그러한 모든 것들을 받쳐드는 하늘과 땅의 좌표가 있기 때문이 아닐까.

공간의 좌표와 그 변주_ 이 좌표는 사람의 삶의 환경을 이루는 물질세계의 기본적인 인상들을 추출하여 가진 것일 것이다. 이것은 한편으로는 기하학적으로 추상화될 수 있는 좌표

사람은, 변화하면서도 한결같은 하늘과 수없는 지형적 변용을 보이면서도 지속하는 땅에서 산다

수없이 많은 일이 일어남에도 불구하고 우리가 미치지 않는 것은 우리의 의식의 밑에 그러한 모든 것들을 받쳐드는 하늘과 땅의 좌표가 있기 때문이다.

를 암시한다고 할 수 있다. 이러한 추상성은 수학의 존재 또는 우리의 일상적 사고에도 스며 있는 수학적 사고에서도 증거된다. 가령 자연 속에서 사는 삶에 비하여 도시의 삶에서 사는 사람이 삶의 기저를 이루는 자연에 접할 기회가 줄어들게 마련이다. 그럼에도 불구하고 그의 삶의 거대한 구조에 대한 느낌은 언제나 거기에 있고 또 그렇지 않은 경우에도 회복될 수 있는 어떤 것으로 존재한다. 그러나 다른 한편으로 삶의 다양성은 삶의 거대 좌표가 기하학적 좌표보다는 다양하고 유연한 형태의 것이 될 것을 요구한다고 말할 수도 있다. 게슈탈트 심리학의 관점에서 회화를 해석하려고 하는 학자들은—가령 루돌프 안하임(Rudolf Arnheim) 등 게슈탈트 심리학자나, 그 영향을 강하게 받은 E. H. 곰브리치(Gombrich) 같은 사람들은 좋은 그림의 밑에 들어 있는 바 어느 정도 일반화할 수 있는 좋은 모양, 게슈탈트를 말한다. 하늘과 땅과 산과 물과 나무 그리고 사람의 주거들로 이루어진 공간 환경에 대한 우리의 느낌의 밑에 놓여 있는 것도 이에 비슷한 게슈탈트라고 해야 할는지 모른다. 그러나 이 게슈탈트가 고정된 레퍼토리에 한정되어 있다고 생각하는 것은 잘못일 것이다. 삶과 세계의 근본적 단일성에도 불구하고 우리가 현실로 부딪치는 그 표현은 얼마나 천차만별인가. 좋은 모양들은 삼라만상의 세계의 표정을 수용할 수 있는 것이라야 할 것이다. 그리고 달리 생각해 보면 단순화되고 일반화되는 좋은 모양들은 수없는 경험적 사실에서 추출된 결과일 뿐이다. 이 수없는 경험적 사실들이 바로 좋은 모양을 만들어내는 실험의 현장이라고 할 수 있다. 그러면서 그것들은 끊임없이 좋은 모양에로 단순화되고 일반화되는 좋은 모양들은 수없이 많은 경험적 사실에서 추출된 결과일 뿐이다. 단일성은 하나의 추상적 구도 속에 포착될 수 없는, 좋은 모양에 접근해 가는 구체적인 경험적 사실 속에 그것을 보여주는 주체이다

수렴해 간다. 그리고 단일한 삶과 세계를 이루어낸다. 이것은 뒤집어서 말할 수도 있다. 삶과 세계는 원래부터 단일한 것이라고 할 수 있기 때문에 이 단일성이 수없는 다른 모양으로 표현되는 것이고, 이 단일성은 그것이 하나의 추상적 구도 속에 포착될 수 없는 것인 한 어떤 단일 구도가 아니라 좋은 모양에 접근해 가는 구체적인 경험적 사실 속에만 그것을 보여주는 주체라고 말하는 것이라 할 수 있다.

4) 지각과 삶의 깊이

제도와 관점_ 이 경험이 드러나는 현장이 우리가 산을 보고 세계를 바라보는 순간이다. 그렇다면 우리의 바라보는 행위는 주관적이면서 그것을 넘어간다. 그러나, 이미 말한 바와 같이, 내가 보는 산의 풍경은 아름다운 통일을 이루고 있지만, 이것이 반드시 풍경의 진실된 모습을 완전히 나타내고 있는 것은 아니다. 지금 내가 보는 통일된 그림은 내가 위치를 조금만 옮겨도 다른 것으로 바뀌어버리고 만다. 다른 사람의 위치와 관점에서 그것은 전적으로 다른 것이 된다. 그러나 동시에 산에 대한 투영도는 모든 시점에서 가능하다. 어떠한 위치라도 그것이 산속에 있거나 또는 산과의 관계에 있는 자리로 남아 있는 한(사실 무한한 공간 내에 있는 위치는 다 관계를 가지고 있다고 하여야겠지만), 산과의 관계를 그려내는 투영도를 허용할 것이다. 필요한 것은 이 투영도를 만드는 제도(製圖)의 노력이다. 그것이 어떠한 것이 되든지 사람들이 만드는 제도들은 근거가 없는 것이 아니며 그것은 객관적으로 존재하는 산이 허

용하는 변용이다. 객관적으로 존재하는 산은 무엇인가. 모든 투영도의 총화가 객관적인 산이라고 할 수 있다. 다만 이 투영도의 수는 무한대에 이르는 것일 것이다. 그러면서도 이것은 산 자체가 될 수는 없다. 그것은 어디까지나 사람에 나타나는 산으로 남아 있다. 다만 무한한 무리수가 일정한 정수에 가까이 가듯이 그 무한한 투영도들은 하나의 객관적인 산에 수렴될 것이다.

무한한 무리수가 일정한 정수에 가까이 가듯, 무한한 투영도들은 하나의 객관적인 산에 수렴될 것이다

삶의 경험과 시각_ 우리가 고개를 들어 앞을 내다보는 것만도 이미 이 제도를 수행한 것이 된다. 우리의 시각이 이미 기하학적 관계를 내장하고 있다. 필요한 것은 고개를 드는 일이고 보는 일이다. 그렇기는 하나 이 경우에 어떤 위치에서 어떻게 하더라도 산을 하나의 통일된 그림으로 파악할 수 있는 것은 아니다. 조망이 좋은 자리가 있고 좋지 않은 자리가 있다. 좋은 자리란 산경의 조화와 통일을 가장 잘 나타내주는 자리이다. 좋은 산경, 좋은 자리에 전혀 아무런 규칙성이 없을 수는 없지만, 그것은 다분히 보는 사람이 발견하는 것일 것이다. 그리고 그것은 보는 사람의 삶의 경로에도 관계되어 있다. 좋은 경치가 좋은 게슈탈트에 관계되어 있다고 한다면, 그것은 평면적인 의미에서의 일반화를 전제하는 것이기도 하지만, 보는 사람의 풍경에 대한 경험, 삶에 대한 경험에서 형성되어 나오는 어떤 본질적 형상의 성격을 갖는다고도 할 것이기 때문이다. 여기에는 물론 삶의 경로에는 예술사적 경험도 포함될 것이다. 뿐만 아니라 어떠한 풍경이든지 그것은 사람의 눈과의 만남에서 새로운 가능성을 열어 나가게 된다. 낯설고 서

먹서먹하였던 경치는 살아가는 데에 따라 새로운 정스러움이 나타나게 되고 마음에 새겨지는 경치로 바뀌게 된다. 그리고 이것은 단순히 친숙함만의 결과는 아니다. 친숙함을 통하여 자세히 보는 눈은 앞에 보이는 정경에서 새로운 면모를 발견하게 하는 것이다. 그것은 단순히 정서의 문제가 아니고 인식의 문제이기도 한 것이다. 독창적 예술 작품이 우리에게 새로 보여주는 것도 이러한 것이다. 그것이 원래 좋은 것이었든 아니든 작가의 친숙하고 깊어진 눈으로 그의 대상물에서 새로운 좋은 형상을 발견하고 그것을 구성해 내고 우리에게 그것을 볼 수 있게 해주는 것이다.

친숙함을 통하여 자세히 보는 눈

인지의 기쁨_ 좋은 풍경이 주는 감흥을 쉽게 설명할 수는 없다. 그러나 우리가 분명하게 의식하든지 아니하든지 간에 거기에는 인지의 기쁨이 숨어 있는 것이 아닌가 한다. 그것은 좋은 모양의 발견에서 오는 기쁨이다. 그러나 이 모양이 하나이면서 수없는 것이라고 한다면, 그것은 이미 있는 것을 재확인하는 기쁨만은 아니다. 그런데 무한히 변용하는 형상은 참으로 기하학적 원형의 변조에 불과한 것인가. 또는 기하학적 형상은 경험적으로 드러나는 형상적 사실들의 추상화이며 일반화인가. 아니면 현상계에는 기하학적 도형이나 좋은 게슈탈트에 수렴하면서도 그에 고정되지는 않고 무수한 경험적 현실 속에 투영되는 형상이 어른거리는 곳인가. 어느 쪽이든지 사람의 보고 생각하는 행위는 이 형상들이 구체화하는 고리가 된다. 그렇게 생각할 때, 문득 올려보거나 물끄러미 보는 풍경은 전혀 우발적인 것이면서도 어떤 현실의 과정 속에

독창적 예술 작품이 새로 보여주는 것─ 원래 좋은 것이었든 아니든 작가의 친숙하고 깊어진 눈으로 대상으로부터 새로운 좋은 형상을 발견하고 그것을 구성해 내고 우리에게 그것을 볼 수 있게 해 주는 것

있는 것이다. 우리는 현실의 세계를 생각하고 그것이 거울처럼 밝은 인식에 분명하게 투영될 수 있다는 인식의 원형을 가지고 있다. 보고 생각하는 행위의 무한한 전개와 그것의 사건적이고 형상적인 성격을 참작할 때, 세계를 비추는 거울은 무수한 거울들의 집합 또는 수정의 반사체들의 집합인지 모른다. 또는 그러한 수정의 반사체들이 바로 세계의 총체 그것일 수도 있다. 여기에서 우리의 작고 큰 관조와 사고는 이 수정 거울의 굴절을 만들어내는 수많은 각도이다. 그것은 먼지처럼 작을 수도 있고 또는 투명한 날의 하늘처럼 거대한 것일 수도 있다. 그것은 변하기도 하고 지속적인 것이기도 하다. 또 그것은 밝음을 비추기도 하고 어둠을 비추기도 한다.

세계를 비추는 거울은 무수한 거울들의 집합 또는 수정의 반사체들의 집합인지 모른다. 여기에서 우리의 작고 큰 관조와 사고는 이 수정 거울의 굴절을 만들어내는 수많은 각도이다

2. 산의 의미

1) 지각, 인식 그리고 행동의 큰 테두리

행동과 그 테두리_ 위에서 말해 본 것은 누구에게나 친숙한 경험이라 하겠지만, 그것은 사람의 삶과 생각에 대한 중요한 시사를 담고 있는 것으로 말할 수 있다. 불필요한 되풀이가 될 것을 무릅쓰고 그 시사하는 바를 교훈으로 옮겨 보기로 한다. 이 교훈은 사람의 마음이 어떻게 움직이는가에 대한 것이다. 산속을 가는 사람이라고 해서 늘 산 전체를 의식하고 있는 것은 아니다. 그러나 산속에서 무엇을 하든 산은 하는 일의 테두리가 된다. 아마 이것은 등산객이 아니라 산에서 사

산속을 가는 사람이라고 해서 늘 산 전체를 의식하고 있는 것은 아니다. 그러나 산속에서 무엇을 하든 산은 하는 일의 테두리가 된다

는 사람의 경우에도 마찬가지일 것이다. 산이 완전히 일상적인 삶의 테두리가 될 때 그것은 그러한 테두리이기를 그친 것처럼 보일 수 있다. 그러나 그 경우에도 그것은 반성적 천착을 통하여 회복된다. 교훈은 모든 지각, 체험과 사고는 일정한 환경 안에서—많은 경우 감추어져 있는 환경 안에서 일어난다는 것이다.

지각심리학은 우리의 모든 지각 행위가 "형상(figure)과 그 배경(background)"의 구조를 가지고 있다고 말한다. 현상학의 큰 발견의 하나는, 이미 비쳤듯이 우리의 모든 행위—의지적, 개연적 또는 실제적 행위가 일정한 지평 속에서 일어난다는 것이다. 언어나 체험 또는 행위의 깊고 참된 의미는 단순히 표면에 나타난 것만 가지고는 알 수 없다. 이것은 실천적 의미를 가지고 있다. 우리가 하는 일 또는 하고자 하는 일도 배경이나 바탕에 관계없이 기획될 때, 그것은 결국 삶의 보다 큰 테두리에 의하여 부정되고 말 것이다. 그보다 중요한 것은 그러한 것이 결국은 큰 테두리를 파괴하고 교란하여 의도한 것—우리의 의도가 보다 나은 삶을 위한 것이라고 가정한다면—우리가 의도한 것과는 반대되는 결과를 가져올 수도 있을 것이기 때문이다. 물론 삶의 큰 테두리가 늘 일정한 것으로 규정되어 있는 것은 아니다. 그것은 역사적으로 형성되는 것이라고 할 것이기 때문이다. 그리고 역사 속에서 행동한다는 것은 이 배경 또는 바탕을 바꾼다는 것을 말하는 것이다. 그러나 삶의 테두리의 모든 것이 다 바뀔 수 있는 것은 아니다. 근년에 와서 분명해지는 것은 삶의 어떤 환경적, 생태적 조건의 불가변성 또는 장구성이다. 산의 체험이 말하는 것은

우리가 하는 일 또는 하고자 하는 일도 배경이나 바탕에 관계없이 기획될 때, 보다 나은 삶을 위한 우리의 의도에도 불구하고 우리가 의도한 것과는 반대되는 결과를 가져올 수도 있다

여기에 관계된다. 그것은 흔히 감추어져 있는 큰 테두리의 존재를 우리에게 보이게 한다.

2) 테두리의 직접성과 간접성

원소적 바탕_ 산의 체험은 반드시 그 내용에 관한 교훈으로 그치지 아니한다. 그것은 사람이 대상 세계에 관계되는 방식에 있어서의 어떤 항구적인 조건을 말해 준다. 미국의 현상학자 알폰소 링기스(Alphonso Lingis)의 글에 〈원소적 바탕(The Elemental Background)〉이라는 글이 있다. 이것은 우리의 지각 체험의 배경의 문제를 다룬 것이다. 후설은 의식의 지향성이 예비되어 있는 여러 행위적 통로의 총체로서의 커다란 배경을 바탕으로 하여 가능하여진다고 생각하였다. 이 배경은 관념적 성격을 가지고 있다. 지각의 체험은 그에 선행하는 어떤 관념적 구도의 현실화로서 가능하여진다고 보기 때문이다. 다른 한편으로 하이데거도 비슷하게 우리의 체험은 그것에 선행하는 어떤 바탕 위에서 일어난다고 생각하였다. 그의 생각에 모든 현실적인 인식과 행위는 예비되어 있는 현실의 도구적 가능성 속에서 일어난다. 그러나 그것은 궁극적으로 존재의 열림에 이어진다. 이 존재의 열림은 무의 심연 위에서 일어나는 것이다. 그러니만큼 세계를 향하는 궁극적인 인식과 행위는 이러한 존재의 열림 그리고 그 무의 바탕을 되돌아보는 일을 의미한다. 존재의 피투성은 되돌아봄이나 되돌아감에서 드러나는, 이미 주어져 있는 바탕으로 던져진다는 것을 말한다. 그리하여 이러한 모든 인간존재의 움직임에 불안

> 지각의 체험은 그에 선행하는 관념적 구도의 현실화로서 가능하여진다
>
> 궁극적인 인식과 행위는 존재의 열림과 그 무의 바탕을 되돌아봄을 의미한다. 존재의 피투성은 이미 주어져 있는 바탕으로 되던져진다는 것을 말한다

과 죽음의 예상이 뒤따르는 것은 당연하다. 링기스는 인간의 현존과 그 큰 바탕에 대한 후설이나 하이데거의 생각을 수긍하면서도 이 바탕이 멀리 추상적으로 존재하는 것이 아니라 직접적으로 감각적 경험으로 존재한다고 말한다. 그리고 이것은 후설도 착안한 일이다. 링기스는 1934년의 후설의 한 텍스트는 그러한 생각을 엿보게 한다고 한다. 여기에 예가 되는 것은 물질적 존재이며 배경으로서의 지구이다.

지구는 〔후설에 있어서〕 이론적으로는 하나의 구체(球體)이고 행성이다. 그러나 그것은 또한 우리의 감각적 경험의 배경으로 언제나 존재하는 어떤 것이다. 그것은 무게와 안정의 근원적인 원천이며, 풍경은 그 위에 안정한다. 그것은 옆모습을 가지고 있지 않고, 그 윤곽을 한눈으로 살필 수 없기에, 완전히 탐지될 수 없고, 지각의 대상이 될 수 없다. 그것의 현존은 근원적 또는 원소적이다. 그것은 공간에 있기보다는 공간의 아래에 있어서 우리의 직립한 자세에 대하여 공간 축에 따라 펼쳐지는 광경을 지탱한다. 그것은 멀리 있는 것이 아니다. 우리가 우리의 신체에 가까이 가거나 그것을 떠날 수 없는 것과 마찬가지로 우리는 그것에 가까이 간다고 할 수 없다. 우리가 어디를 가든지 우리는 여기에, 같은 지구 위에 있다. 그것은 원근법을 통해서 하나로 구성됨이 없이 존재하는 하나이다.[1]

우리가 우리의 신체에 가까이 가거나 그것을 떠날 수 없는 것과 마찬가지로 우리가 어디를 가든지 우리는 여기에, 같은 지구 위에 있다

---

1 Alphonso Lingis, "The Elemental Background," James M. Edie (ed.), *New Essays in Phenomenology: Studies in the Philosophy of Experience* (Chicago: Quadrangle Books, 1969), p. 36. 링기스가 언급하고 있는 후설의 텍스트는 *Umsturz der kopernikanischen Lehre in der gewoehnliche Interpretation. Die Ur-Arche Erde bewegt sich nicht*, May 7~9, 1934.

지각과 전체_ 링기스는, 지구의 현상학적 의미에 대한 후설의 생각을 이렇게 해설하면서, 지구의 이러한 존재 방식이, 우리의 지각의 직관적 체험에 대하여, 그를 에워싼ㅡ그리고 그것을 생산해 내는, 바탕이 존재하는 방식이라 말한다. 되풀이하건대, 그가 강조하는 것은 우리의 배경에 대한 체험ㅡ그 중에 가장 중요한 것의 하나인 지구에 대한 체험이 구체적이고 직접적인 것이라는 것이다. 그러니만큼 그 바탕의 추상성이나 실존적 불확정성을 강조하는 것은 옳지 않다.

지구에 대한 체험

링기스는 레비나스의 최초의 영역자이다. 감각적으로 직접적으로 체험되는 세계에 대한 강조는 레비나스에 들어 있는 생각이다. 우리의 세계에 대한 체험에서 가장 중요한 바탕을 이루는 것은 지구, 바다, 빛, 도시와 같은 거대한 원소적인(elemental) 현상이다. 사람의 삶의 원소를 이루는 이러한 것들은 우리를 둘러싸고 있으면서, 소유할 수도 없고 형체도 없고 시작도 끝도 없는 어떤 것이다. 그것들은 "하나의 체계로 조직화하는 기술적 목적성", "대상적 작용의 지표 체계"로 환원될 수 없다. 우리의 그에 대한 경험은 바다에서 헤엄을 치는 것과 같은 것으로 대표된다. 바다에서 헤엄치는 사람에게 바다는 감각적 즐김의 대상으로 그러나 그 실체의 파악을 허용하지 않는 환영(幻影)처럼 나타난다.[2] 이와 같이, 레비나스의 생각에 따라 링기스가 사람의 모든 대상적 체험의 바탕으로서 "원소적 배경"의 감각적 직접성을 강조하는 것은 일리

삶의 원소(element)는 우리를 둘러싸고 있으면서, 소유할 수도 없고 형체도 없고 시작도 끝도 없는 어떤 것

"원소적 배경"의 감각적 직접성

2 Emmanuel Levinas, *Totality and Infinity: An Essay on Exteriority* (Pittsburgh, PA: Duquesne University, 1969), pp. 130~131. *Totalite et Infini*(1961)의 Alphonso Lingis에 의한 영역.

가 있다고 할 수 있다.

그러나 그것이 전부라고 하는 것은 문제가 있을 것으로 생각된다. "원소"라고 부르는 인간 체험의 커다란 배경에 대한, 레비나스의 설명에 있어서의 대표적인 예는, 방금 말한 것처럼, 바다이다. 바다를 헤엄을 통하여 접한다고 할 때, 그것은 과연 대상화하여 파악하기 어려운 환경이다. 그러나 그렇다고 바다가 과학적으로 파악될 수 없는 것은 아니다. 이것은 산이나 공기나 도시의 경우에도 마찬가지이다. 가령 도시를 예로 들어 낯선 도시를 경험하는 사람에게 그것은 우리의 몸을 에워싸는 바다와 같은 면이 있다. (미셸 드 세르토의 걸어서 알게 되는 도시가 이에 비슷하다.[3]) 그러나 도시는 계획되고 시공되고 거주되는 곳이다. 계획의 단계에서 그것은 완전히 기술적 작용의 대상으로 존재한다. 물론 거주자에게 경험되는 도시가 기획된 도시와 같은 것은 아니다. 그러나 그것은 낯선 사람의 길 걷기에 드러나는 원소는 아니다. 아마 그것은 둘 사이의 중간에 성립하는 어떤 실체일 것이다. 산의 경험으로 돌아가서 산은 완전히 직접적 직관이나 체험의 대상도 아니고 그렇다고 추상적 관념도 아니다. 원소적이라는 것은 산을 보는 사람과 산과의 관계를 설명하는 데에 있어서 가장 적절한 개념이다. 산은 눈앞에 보이는 산이면서 그것을 넘어가는 전체성을 시사한다. 이러한 경험에서 목전의 것과 그 너머를 이어주는 것이 지평이다. 지평은 큰 테두리가 그보다 작은 이곳 여기에 삼투하여 존재하는 방식을 가리킨다.

산은 직접적 직관이나 체험의 대상도 아니고 그렇다고 추상적 관념은 더더욱 아니다. 그것은 "원소적"이다

---

3 Michel de Certeau, "Walking in the City," Simon During (ed.), *The Cultural Studies Reader* (London: Routledge, 1993) 참조.

3) 전체의 현존의 정서적 매개

　지구의 제유_ 위에서 본 바와 같이 지평의 경험에는 대체로, 특히 산이나 지구의 경험에는, 관념이나 감각 이외에 간단히 정의하기 어려운 정서적 요소 또는 감흥과 같은 것이 개입한다는 사실에 주목할 필요가 있다. 그것은 헤엄치는 사람에게 느껴지는 바닷물과는 다른 것이다. 레비나스는 바닷물의 감각성을 말하면서, 감각적인 향수를 가져온다는 점에서 그것이 망치와 같은 연장을 다룬다거나 빵껍질을 눈앞에 본다거나 할 때의 느낌에 유사한 것이 있음을 말한다. 물질적 대상과의 감각적 접촉에도 그러한 것이 있다고 하겠지만, 좋은 산경에는 분명 감각적 즐김이라고만은 말하기 어려운 정서적 호소력 또는 감흥이 있다. 산은 단순히 감각으로 우리에게 다가오는 것이 아니라 지구 전체에 대한 제유(提喩, synecdoche)로서의 의미를 갖는다. 물론 그것은 추상적인 추리로 이어지는 관계가 아니라 우리의 감정을 통해서 직접적으로 느끼는 것이다. 순간과 한 지점에 한정된 우리의 지각에 작용하는 지평을 매개하는 것은 어떤 감정 상태이다. 가령 소위 높은 사람, 임금이나 대통령과 같은 사람의 앞에서 우리가 느끼는 외포감도 이에 비슷한 것이지만, 사실 우리의 현실 지각, 부분적이면서도 언제나 그것을 에워싸고 있는 환경에 이어져 있는 우리의 현실 지각은 생각보다는 이에 유사한 감정—사실 단순히 주관적인 심리 현상이 아니라 바깥의 정세(情勢)를 말하여주는 감정에 의지하고 있다고 하여야 한다. 전체는 대체로 배경의 또는 바탕의 감정으로서 우리에게 현존하는 것이

산은, 지구 전체에 대한 제유로서의 의미를 갖는다. 산은 감정의 제유로써 우리에게 지구를 지각하게 한다

되는 것이다. 산은 감정의 제유로서 우리에게 지구를 지각하
게 한다.

사람의 삶에 대한
느낌은 살림살이의
구체적인 현실에서
일어나면서도 형이
상학적이라고 할 수
밖에 없는 비실용적
성격을 갖는다

삶의 형이상학적 정서_ 그리고 여기에서 또 하나 우리가 주목
하여야 할 것은 이 감정의 깊이다. 산이나 지구가 우리에게
감정적 의미를 갖는 것은 단순히 커다란 땅덩어리라는 사실
로 인한 것이 아니라, 그것이 우리의 삶에 깊이 관계되어 있
기 때문이다. 물론 여기에서 삶에 대한 관계란 실용적인 것이
라기보다는 삶의 전체에 대한 느낌이다. 사람의 삶에 대한 느
낌은 살림살이의 구체적인 현실에서 일어나면서도 형이상학
적이라고 할 수밖에 없는 비실용적 성격을 갖는다.

4) 지각의 사건

지각의 쇄신_ 그러나 산에 대한 지각과 인식 그리고 정서는
언제나 전체성의 느낌은 아니다. 그것도 많은 경우 국부적인
지각을 통해서 매개된다. 이때 중요한 것은 그것이 새로운 각
적의 느낌을 주어야 한다는 것이다. 앞 장에서 이야기한 바
있는 이미지의 효과는 어디에서나 작용한다.

> 동쪽 울타리 아래 국화를 따다가
> 멀리 남산을 본다.
> (採菊東籬下 / 悠然見南山)

이러한 도연명의 구절은 작업의 중간에 문득 올려본 산을

말한 것이고 시 전체는 벽지에 은거하는 인생에 대한 감상을 말한 것이지만, 실제적인 일에 몰두하다가 문득 그것을 에워 싸고 있는 보다 큰 테두리로서의 산을 의식하게 되는 것을 말한다. 시를 하나 더 들면, 정지용이 〈春雪〉에서,

문 열자 선뜻!
먼 산이 이마에 차다

라고 갑작스럽게 다가서는 산의 느낌을 말하였을 때, 그것은, "옹숭거리고 살아날 양이 / 아아 꿈같기에 설어라"라는, 생활의 심경에서 나온 것이면서도, 그것이 "옹숭거리고 사"는 삶의 실용적 맥락과 대조된다. 산을 보는 감정이나 감흥은 작은 지각 체험에 촉발되어 삶의 실용적 맥락을 넘어가는 형이상 삶의 실용적 맥락을
넘어가는 형이상학
적 해방감 학적 해방감을 가져온다. 이 형이상학적 해방감은 어떤 적극적인 의미를 가진 것이 아니라 주어진 삶으로부터의 거리감일 수도 있다. 순간의 의아감도 그러한 거리를 만든다. 그러나 궁극적으로 이 의아하는 마음은 실존적 전율을 동반하는 것일 수도 있고 또는 삶의 초월적 근거에 대한 외포 또는 외경에로 이어지는 것일 수 있다. 우리가 의식하는 지평에는 이 모든 것이 잠재적으로 관계되어 있다. 그런데 이러한 느낌은 막연하면서 어떤 이념적 진리에 대한 직관에 이어져 있는 것이라고 해야 할는지도 모른다. 후설이 생각하는 것처럼 모든 경험적 사실이 철저하게 이념적인 구도의 가능성에 의하여 구획되어 있는 지평을 바탕으로 하여 일어난다면, 형이상학적 정서는 개념적으로 정의되지 아니하면서 하나의 이념적

성격을 가진 것이라 할 수 있기 때문이다.

5) 관조적 정지

거리의 관조_ 형이상학적인 것이 이념성을 가졌으리라는 것
은 그 체험이 정서나 감각의 직접성을 가진 듯하면서도 그것
이 사실적으로 주어지지는 아니하기 때문이다. 실제에 있어
서는 사실성 이상의 어떤 것도 직접적으로는 주어지지 아니
한다. 그러기 때문에 먼 거리나 깊이에 대한 느낌은 엄격하게
따지면 착각일 수도 있다. 후설은 입체적 사물에 대한 지극은
감각으로 인지할 수 없는 부분, 우리의 눈이나 촉각에 와 닿
을 수 없는 부분에 대한 이념적 구성을 포함한다고 생각하였
다. 그러면서도 우리는 앞에 있는 책상과 같은 물체를 전체적
으로 지각하는 것을 느낀다. 이와 같이 거리나 깊이는 이념적
으로 구성되고, 거기에 실존적 느낌이 따르면 그것이 형이상
학적인 것으로 느껴지는 것이라고 할 수 있다. 그러나 우리가
느끼는 바로는 이념보다 정서이다. 이 정서가 먼 것을 현존하
게 한다.

우리가 사는 현실의 핵심이 물건을 만지고 신체를 움직이
는 공간에 있다고 한다면, 지평의 체험은 어디까지나 가능성
으로서의 열림에 머문다고 할 것이다. 이것이 현실이 되는 것
은 말할 것도 없이 우리가 그 지평을 가로질러 여행함으로써
이다. 물론 우리는 여행하지 않더라도 먼 곳에 대하여 많은
것을 알 수 있다. 학교에서 배우는 지리 과목의 목적은 바로
이것이다. 이렇게 습득하는 지식은 산을 보는 때의 지평적 의

식과는 상당히 다른 것이다. 그것은 먼 것에 대한 의식이면서도 일상적 삶의 의식—먼 것에 대한 의식의 삶의 도구의 일부가 되는 그러한 일상적 삶의 의식의 일부가 된다. 사람들의 삶은 직접적인 상태에서 도구적인 세계 안에 있다. 그리하여 그들이 어떤 관심을 가지고 목전의 일을 넘어가는 지평을 의식한다고 해도 그것은 이 도구적으로 기획된 세계에서 일정한 도구적 관심이 그려내는 궤적으로 따라가는 일이 된다. 과학적 지식이나 사고는 반드시 일상의 실용적 연쇄 속에 있는 것은 아니다. 그것은 언제나 목전의 것을 넘어가는 전체적 체계 속에 있다. 그러나 이 전체성은 추상적으로 주어진다. 이에 대하여 우리가 보는 지평이나 산은 한 번에 지각으로 주어진다. 실생활이나 과학의 도구적 세계는 하나의 체계를 이룰 수 있지만, 그 체계가 전체로서 매 순간 속에 존재할 필요는 없다. 합리적 절차에 있어서 전체는 일단 납득된 다음에는 부분 속에 현존할 필요가 없다. 수학의 운산은 이성적 연쇄를 이루면서도, 이 연쇄가 운산의 매 순간에 현존할 필요가 있는 것은 아니다. 지평은 물론 우리의 시각에 나타난다. 또 그것은 우리에게 어떤 정서를 불러일으킨다. 그러나 그것들은 실용성이나 과학적 관심과는 거리가 있는 느낌이다. 지평이나 산은 그 거리로 인하여 우리와 복잡한 실용성이나 운산의 세계를 벗어난다. 그것은 순수하게 봄과 보임의 공간에 한 번에 존재한다.

다시 말하여 산은 그 거리와 크기로 하여 거의 자동적으로 관조라 부르는 태도를 유발한다. 그것은 사물에 대하여 일정한 거리—그러니까 실용적인 의도로부터의 일정한 거리를 유

과학적 지식은 언제나 목전의 실용을 넘어가는 전체적 체계 속에 있다. 그러나 이 전체성은 추상적으로 주어진다. 여기에 반하여 거대한 지평이나 산은 한 번에 구체적 지각으로 주어진다. 물론 이때에도 지평이나 산은 실용성이나 계산의 세계를 벗어난다

실용적인 의도로부터 일정한 거리를 유지하면서 사물이 나타나는 그대로를 보는 거리

지하면서 사물이 나타나는 그대로를 보는 것을 말한다. 이것은 어떤 사물의 있는 그대로 또는 그 미적인 성질의 관점에서 보는 것을 말하지만, 세계의 일체의 것을 그러한 거리 속에서 보는 것을 의미할 수도 있다. 이 후자의 경우 그것은 종교적인 태도에 가까이 간다. 그러나 사물을 일정한 거리에서 나타나는 그대로 보는 일은 일상적 삶에도 깊이 끼어들어 있다. 그것은 넓고 깊은 것일 수도 있고 짧고 옅은 것일 수도 있다. 위에 인용한 도연명이나 정지용의 시구에서 울타리 저쪽의 남산이나 문밖의 면산—"서늘옵고 빛난 이마받이"로 다가서는 산은 일상적 삶의 한순간이다. 그러면서도 우리의 의식 생활에서 이러한 관조적 정지가 의식적이고 방법적인 것이 될 수도 있고 거의 반성적인 계기를 얻어 주제화되지 못하고 사라져버리는 수도 있다. 일을 하다가 멀리를 올려보는 일상적 행위는 조금은 의식적으로 반복됨으로써 하나의 습관이 되고 삶의 일부가 된다. 그리고 그것은 보다 큰 의미에서의 관조의 훈련을 위한 계기가 될 수 있다. 그런데 사람 사는 데에, 삶의 테두리의 전체에 대한 의식이 중요한 것이라고 한다면, 관조적 태도는 실용성을 떠나면서도 유용한 삶의 일부분을 이룬다고 보아야 한다.

관조의 기쁨과 전체성_ 이러한 관조의 유용성을 되풀이하여 말한다면, 관조적 정지는 우선 세계와 사물에 대하여 사람들이 가지고 있는 향수에 깊이 관계되어 있다. 그것 없이 삶은 기술적 목적성 속에 편입되어 한없이 수단화되고 삶 자체의 즐김도 기쁨도 행복도 없는 삶이 될 수 있다. 관조는 사물 또는 대상 세계에 대한 즐김의 관계의 일종이다. 그러나 여기에서 더 중요한 것은 조금 전에 말한 바와 같이 삶의 전체에 대한 느낌이다. 즐김의 원인도 여기에 있는 것일 것이다. 관조의 순간에 삶 전체는 직접적인 정서로 존재한다. 그러나 그것이 반드시 표면에 늘 느껴지는 것은 아니다. 그것은 다른 행동과 사고와 감정의 바탕으로서 존재한다. 그러면서 행동의 여러 면들을 통제하는 것이다. 그리고 이 바탕의 위에 서 있을 때 저절로 세상과 사물의 세부에 대한 주의가 가능해진다고 할 수 있다.

경_ 관조는 조금 더 강화될 때 앞에서 설명한 바 있는 "경(敬)"이 된다. 이미 말한 대로 경은 영어로 사람들이 "mind-fulness", 즉 마음씀이라는 뜻으로 번역하는 일이 종종 있거니와, 퇴계가 이를 설명할 때, 경은 주로 일상 행동거지에서의 조심스러운 태도에서 나타나는 것으로 설명된다. 그것은 가령, 걸음을 걸으면, 걸음 걷는 일에 정신을 집중하는 상태를 말한다. 《성학십도》의 〈경제잠(敬齊箴)〉 부분에서, 말을 타고 개미집 두덩을 피해 나아가는 예는 아마 주의의 세심함을 설명하는 가장 재미있는 예가 될 것이다. 그러나 이러한 주의는 전체적인 공경의 마음에 의하여 뒷받침된다.

지각이나 인식의 대상과 그 바탕의 관계를 말하면서 이것을 경에 연결시키는 것은 그것을 지나치게 윤리화하는 것이 될 수 있다. 그리하여 여기에서 윤리적이란 어떤 특정한 윤리 체계보다는 어떻게 사느냐 하는 원초적인 문제, 푸코의 용어를 빌려, "자신을 돌보는 기술"이라는 뜻에서 이해하는 것이

경(敬) – '자신을 돌보는 기술' 그리고 바탕을 돌아보게 하고 그것에 힘입어 주의를 깊이 하는 '관조'

좋을 것이다. 그러나 이러한 연결을 통하여 우리는 바탕의 문제가 위에서 말한 바와 같이 실용성을 떠나 있으면서 실용적 의미를 갖는다는 것을 생각하게 된다. 또 그와 아울러 우리는 이 바탕을 돌아보게 하고 그것에 힘입어 주의를 깊이 하는 관조가 삶의 중요한 계기임을 확인하다.

관조의 실제적 행동의 교환_ 하던 일을 멈추고 주변과 멀리를 바라보는 일-관조는 오늘날처럼 기술이나 사회적, 정치적 행동의 관점에서는 낭비적이거나 퇴행적인 것으로 치부한다. 그러나 위에서 말하려고 한 바와 같이 그것은 자연스러운 삶의 과정의 일부이고, 그것에 빼어 놓을 수 없는 중요한 계기이다. 뿐만 아니라 그것은 자연스러운 즐김과 자유스러운 삶의 구성 요인이다. (자유로운 삶이란 것은, 원인과 결과, 동기와 행위 그리고 의무와 수행이 강제적 연쇄관계가 아니라 내부로부터의 영향과 선택의 바탕 위에서 이루어지는 삶이기 때문이다.) 그것은 더 나아가 삶을 심각하게 받아들이는 데에 필수 사항이다.

6) 사건으로서의 개체와 보편

미적 관조는 무사
공평한 마음에 이어
진다

실존적 개입_ 위에서 말한 미적 관조라는 미학의 개념은 흔히 무사공평한 마음에 이어져 있다. 그러나 그것이 사실이라고 하더라도 그것은 매우 특이한 관점에서의 무사공평함이다. 그렇다는 것은 과학적 사고에서의 무사공평함과는 사뭇 다른 것이기 때문이다. 이 차이 가운데 아마 가장 두드러진 것은 그것이 무사공평이라고 하더라도 개인적인 관점에 완전히 박혀 있는 무사공평함이라는 사실이다.

　산을 보는 우리의 눈은 해야 할 일에 대한 강박적 집착으로부터 마음을 옮겨 앞의 풍경을 보는 것이지만, 엄밀하게 말할 때, 이것은 앞에 있는 것만을 보는 것은 아니다. 그것은 풍경을 보면서 보이는 풍경 안에서의 나의 위치도 보는 것이기 때문이다. 이것은 모든 보는 행위에 다 일어나는 일이라고 할 수 있다. 보는 일이 생물학적 기능을 가진 것이라고 한다면, 이것은 당연한 일이다. 생물학적 관점에서 보는 대상에 못지 않게 중요한 것은 그것과 나의 관계이다. 가령 시각의 대상이 다른 생물체일 때 그것의 성질과 아울러 그것과의 거리나 비교적 우열 등은 중요한 관심사여서 마땅하다. 그런데 산과 같은 커다란 광경 앞에서 또는 그 안에서 보는 일에서도 그것과 나와의 관계는 시각 체험 안에 저절로 끼여드는 것으로 생각된다. 보는 거대한 광경에 압도되는 느낌을 갖는다는 것 자체가 대상과 나와의 비교가 없이는 있을 수 없는 것일 것이다. 그러나 눈앞에 펼쳐지는 풍경에 대한 나의 관계는 기본적으로 어떤 크기의 공간 안에서의 나의 오리엔테이션의 문제에 의하여 동기 지워지는 것이라고 할 수 있다. 이 오리엔테이션은 작게도 크게도 작용한다. 산길에서 걷는다는 것은 발밑을 조심스럽게 살피면서 간다는 것을 말한다. 그런데 이 조심스러움이란 단순히 발을 잘못 딛어 넘어지는 것만을 두려워하여 일어나는 느낌은 아니다. 산길을 갈 때, 특히 그것이 시야가 막히지 않는 곳이라면, 사람들은 발밑을 살핀다고 주위를 돌아보고 위를 올려보게 마련이다. 오리엔테이션의 문제는 몸과 공간에서의 움직임과 공간 그것과의 밀접한 연결 속에서 일어난다. 앞에 광대하게 펼쳐지는 풍경은 이 연장선상에 있다. 그러면서도 커다란 풍경을 보고 장엄함의 느낌을 갖는 것은 하나의 관조적 정지의 순간, 심미적 순간을 이룬다.

관조와 심미의 순간은 진리의 순간이기도 하다

진리의 사건_ 이 관조와 심미의 순간은 진리의 순간이기도 하다. 저기에 저런 모습으로 산이 있다고 하는 것은 그것을 객관적인 실체로 확신하는 행위이다. 이 확신은 몇 가지 계기를 가지고 있다. 나는 산을 보고 산을 보는 나를 보고 그것을 아우름으로써 산의 객관적 실체를 확신하는 것이다. 그러니까 확신은 두 가지의 변증법의 결과에 근거한다. 보는 나와

보는 나와 그것을 다시 보는 나 사이의 간격과 변증법적 교환

그것을 다시 보는 나가 있다는 것은 둘 사이에 간격이 생긴다는 것이고 또 두 개의 나 사이에 변증법적 교환이 일어난다는 것을 말한다. 이 변증법은 숨겨져 있어서 직접적인 인상을 준다. 그러나 더 중요한 것은 나와 산과의 사이에 일어나는 변증법이다. 산은 틀림없는 실체이면서 나와의 관계에서 확인되는 실체이다. 세계에 대한 과학적 접근에서 이것은 보이지

과학의 밑에 들어 있는 주관적 관심

않게 되지만, 과학적 인식론에 대한 비판의 하나는 과학의 밑에 들어 있는 주관적 관심을 도외시한다는 것이다. 결국 지각과 인식을 뒷받침하는 모든 지평 가운데에서 가장 근본적인 것은 실존적 관심이다. 이에 대하여 심미적 태도는 이 관심까지를 포함한 상태에서의 에포케(epochè/판단의 중지나 보류)에 기초한다고 할 수 있다. 그런 면에서 그것은 우리의 일상적 태도에 극히 가까이 있으면서도 멀리 있다는 역설을 내포하고 있다.

개체와 보편성_ 심미적 태도에 개입하는 주관성에 대해서는 본다는 사실—또는 여기에서 유독 문제 삼고 있듯이 산을 본다는 사실과 관련하여 조금 더 고찰해 볼 필요가 있다. 모든 예술작품에서 예술적 개성의 개입이 절대로 중요하다는 것은 우리가 예술 작품을 대할 때마다 잘 아는 일이다. 광고나 통속 예술과는 달리 심각한 예술적 목표를 가졌다고 할 수 있는 사회주의 리얼리즘의 결정적 오류는 예술가의 개성을 빼어놓고도 좋은 예술작품이 산출될 수 있다고 생각한 것이다. 그러나 베토벤의 음악은 그의 대부분의 작품에서 베토벤적인 특성을 가지고 있다. 정선이나 반 고흐의 작품이 고귀한 것은 그것들이 어느 것이나 분명한 인격적 서명을 가지고 있기 때문이다. 그러나 다른 한편으로 마음 내키는 대로 자의적인 상상력이 훌륭한 작품을 만든다는 생각이 있다. 그러나 이것이 사실이라면, 상식적 규범을 가장 멀리 벗어난 작품이 가장 좋은 작품일 것이다. 그렇다면, 그것이 어떻게 하여 여러 사람에게 호소력을 가질 수 있을 것인가? 좋은 작품은, 언제나 금방 또는 당대에 알아주는 것이 아니 되더라도, 결국은 어떤 보편적 호소력을 갖는 것이다. 그리고 방금 말한 바와 같이, 그것이 동시에 가장 개성적인 것이라고 한다면, 답은 이 명제의 역설적 결합에서 찾을 수밖에 없다. 그렇다고 한다면, 우리는 개성적인 것이 보편성에 가까이 갈 수 있고, 보편성이 개성적인 것에 가까이 올 수 있는 것이라고 생각하여야 한다. 사실 사람들의 개성이 보편성에 가까이 갈 수 있다고 하는 것은 모든 사람들이 받아들이고 있는 것이다. 사람들이 훌륭한 사람이라고 생각하는 사람은 바로 그런 사람을 말한다. 교양

사회주의 리얼리즘의 결정적 오류는 예술가의 개성을 빼어놓고도 좋은 예술작품이 산출될 수 있다고 생각한 점이다

개성적인 것이 보편성에 가까이 갈 수 있고 또 보편적인 것이 개성적인 것에 가까이 올 수 있다

심신을 도야한다는
것은 보편적 인간이
된다는 것을 말한
다. 자신의 마음을
닦는다는 것은 자신
의 인격을 자신의
것으로 닦으면서 동
시에 인격의 보편성
을 구현하는 것을
뜻한다

이나 수양의 개념이 말하고 있는 것이 그것이다. 심신을 도야
한다는 것은 보편적 인간이 된다는 것을 말한다. 그렇다고 도
야된 인격이 아무 특징이 없는 평균적 인간이 된다는 것을 말
하는 것은 아니다. 자신의 마음을 닦는다는 것은—또는 더 넓
게 심신을 닦는다는 것은 자신의 인격을 자신의 것으로 닦으
면서 동시에 보편성을 구현한다는 것을 말한다. 거꾸로 우리
가 보편성을 알게 되는 것은, 그것이 인간의 삶과 관련되는
한에 있어서는, 뛰어난 개인에 구현됨으로써이다. 그렇다고
이 보편성이 반드시 미리 알려져 있던 어떤 것이 개인을 통하
여 예시되는 것을 의미하는 것은 아니다. 그것은 구체적인 현
현을 통하여 비로소 그러한 것으로 인지되는 것이다. 그것은
조금은 짐작되었다 하더라도 구체적 현현을 통해 소급하여
새로운 가능성으로 존재했던 것으로 인지되는 것이라고 할
수 있다. 이것은 모든 인간적인 수월성을 두고 하는 말이지
만, 사실 과학의 세계에도 그것이 인간에 관계되는 면에 있어
서는 해당되는 일이라고 할 수 있다. 과학적 명제에서의 새로
운 발견이란 무엇인가? 결국 새로운 발견이란 오래전부터의
사물과 우주의 법칙을 들추어내는 것에 불과하다. 그럼에도
불구하고 그것이 새로 발견된다는 것은 그것의 탄생이 개인
적인 능력과 수련과 운수에 의하여—물론 인간의 집단적 역
사의 업적을 발 딛고 서면서—매개된다는 것을 말한다고 할
수 있다. 예술가가 수양된 현자일 수는 없다. 그는 높은 정신
의 세계—본질의 세계를 지향하는 사람이 아니다. 그러나 그
러니만큼 더욱 그는 체험의 세계의 개체적 현상에 민감하다.
그러나 그것은 거기에 내재하는 특수와 보편의 변증법 속에

예술가의 예술적 순
간은 개성적 비개성
의 순간이다

파악될 수 있어야 한다. 그리고 적어도 그의 예술적 순간은, 엘리엇이 말한 바와 같이, 비개성—또는 개성적 비개성의 순간이어야 한다.

형상의 변주_ 그러나 개체와 전체의 변증법은 보다 모든 생명의 발현의 통상적 과정이라 할 수 있다. 가장 아름다운 꽃은 관념 속에서만 존재할 수 없다. 그것은 하나의 개체로서의 꽃 그리고 그것의 한 송이에 구현됨으로써 현실이 된다. 그러기에 이 현실은 관념 속에서 예상되었던 것에 완전히 일치하지 아니한다. 모든 생명체는 각 유기체에 고유한 원형의 구현이지만, 동시에 그러한 구현—반드시 원형의 복사가 아닌 구현을 통해서 현실이 된다. 그런데 이러한 변증법은 더 가까운 일상적 지각 체험의 원리이기도 하다. 우리가 산에서 산을 볼 때, 나는 산을 내 식으로 보는 것인가? 나는 그저 볼 뿐이다. 그리고 우리는 내가 보는 산이 있는 대로의 산임을 안다. 그러나 조금만 되돌아보면, 내가 보는 산은 그것을 보는 순간에 밀접하게 관계되어 그렇게 있다는 것을 우리는 안다. 내가 찾아가 본 산은 같은 산이라도 그때마다 다르다. 어떤 산에 대한 감동적인 경험은 다시 되풀이하려 하여도 되풀이되지 않는다. 그것은 일회적인 체험이다. 그것은 반복되지 않는다. 그러나 그렇다고 그것은 내가 만들어내는 것도 아니다. 이것은 다른 많은 일회적인 경험과 마찬가지로 잃어버린 체험을 기억 속에 되찾는 것이 쉽지 않은 데에서도 알 수 있다. 내가 보는 산은 공간적으로도 일회적이지는 아니하면서 독특한 것이다. 우리는 우리가 보는 산의 모습이 내가 서 있는 위치에

개체와 전체의 변증법은 모든 생명의 발현의 통상적 과정일 뿐이다

감동적인 체험은 일회적인 체험이다

밀접하게 관련되었음을 안다. 우리가 동료에게 이 자리로 와서 조금 바라보거나 내려보라고 하는 것은 바로 이것을 알고 있기 때문이다. 우리가 일상적 지각 체험, 가령 후각이나 미각의 경우에, 수박의 맛을 알려면 먹어 보는 도리밖에 없다는 데에서 우리는 지각으로 체험되는 사실들이 극히 개인적인 직접성을 가지고 있다는 것을 안다. 그렇다고 그것이 개인적인 환각이라고 말할 수는 없다. 이 수박이 맛이 있으니 먹어보라는 권고는 바로 개인적 체험의 보편적 진실성에 대한 믿음을 표하는 것이다. 그렇다고 어떤 특정한 대상에 대한 모든 사람의 지각적 체험이 똑같은 것은 아니다. 뿐만 아니라 같은 사람에 있어서도 그것은 경우에 따라서 달라지는 것임은 위에서 말한 바와 같다.

이 수박이 맛이 있으니 먹어보라는 권고는 개인적 체험의 보편적 진실성에 대한 믿음을 표하는 것이다

세계는 개인적 지각 능력과의 관계에서 늘 새로운 사건으로 드러난다. 그런 의미에서 사람의 지각적 체험은 언제나 세계의 새로운 양상을 드러내고 그것을 풍부하게 한다. 이 과정을 보다 분명히 하는 것이 예술작품이다. 일본의 호쿠사이(北齋)의 우키요에(浮世繪)에 후지산을 주제로 한 〈부악삼십육경(富嶽三十六景)〉이라는 것이 있지만, 이것은 그 시도에 있어서 물리적 현상과 보는 관점의 변증법이 어떻게 세계의 사건적 다양성을 새로이 드러나게 하는가를 예시하는 것으로 볼 수 있다. 다만 여기에서 첨가하여야 할 것은 이 드러남이 어디까지나 예술가의 내면적 수련과 기량적 연마에 대응하여 나타난다는 것이다. 위에서 말한 바와 같이 여기에서 우리가 확인하는 것은 다시 한 번 개인적 수련과 개인을 초월하는 실재의 사건적 일치이다.

예술에 있어, 세계의 드러남은 어디까지나 예술가의 내면적 수련과 기량적 연마에 대응하여 나타난다

7) 체험적 사실의 다의성과 일체성

형상의 변주_ 지각과 그것의 재창조로서의 예술작품에서의 특수와 보편성의 일치는 형이상학적 설명을 필요로 하는 것일 것이다. 그러나 그 외에 달리 여기에서 흥미롭게 생각해 볼 수 있는 것은 위에서 말한 바 개인적이면서도 다개인적인 또는 간주간적인(intersubjective) 지각 체험의 일체성이다. 흔히 보듯이 관점의 다양성은 개체간의 갈등의 원인이 되게 마련이지만, 미적 체험에서는—그 한 예로서 산을 보는 체험에서는 그러한 갈등이 별로 존재하지 않을 수 있다. 사람들 사이의 갈등이 당연한 것으로 되어 있는 오늘의 사회 상황에 비추어 이 점은 잠깐 더 생각해 볼만한 사실이다. 물론 간단한 답은 이미 나와 있다. 즉 관점의 차이에도 불구하고 그것이 곧 갈등의 원인이 되지 않는 것은 말할 것도 없이 이해관계가 개입되지 않기 때문이다.

개인적이면서 다개인적인 또는 간주간적인 지각 체험

여기에서 이해관계란 물질적인 것이기도 하고 주체와 주체의 사이에 존재하는 투쟁적 관계, thymos(격정/플라톤의《국가》에서 수호자의 정서 혹은 성향을 가리킴)의 관계이기도 하다. 아마 산을 보는 사람이 부동산 투자자라고 한다면, 그들의 개인적인 입장은 잠재적으로 갈등 상태에 들어갈 것이다. 투쟁적 관계의 빌미로서 조금 더 분명치 않은 것은 산에 관한 어떤 지적인 또는 미적인 관점이 강조되는 일이라고 할 수 있다. 지적인 발언은 보이지 않으면서도 있을 수 있는 다른 발언과의 대치 관계에 있는 것이 보통이라고 할 수 있다. 이것은 마음 속에서만 진행되는 사고의 경과에서도 그러하다. 있을 수 있는 여러 관점과 해석의 내적 대치를 뚫고 앞으로 나가는 것이 사고이다. 여기에 대하여 산의 아름다움을 보는 심미적 관점은 부동산의 관점에서의 갈등, 또 지적인 관점에서의 대치 비교의 관점을 떠나서 성립한다. 그러나 심미적 관점도 아마 분명한 언어로 표현된다면, 그것도 갈등의 원인이 될 수 있을 것이다. 심미적 평가는 이미 체험을 벗어나서 사회적 경쟁의 상태로 들어가는 것이기 때문이다. 체험에 대한 발언이 반드시 평가의 성격을 갖는 것이 아니라고 하더라도 발언이 되었다는 점에서 벌써 그것은 갈등의 가능성을 열어 놓는 것일 수 있다. 도대체가, 사회적 소통을 겨냥하는 것이 아닌 것까지도, 언어는 사회적 성격을 갖는다. 언어적 표현은 그 자체로 잠재적으로 투쟁적 성격을 갖는다고 할 수 있다.

언어적 표현은 그 자체로 잠재적으로 투쟁적 성격을 갖는다

그럼에도 불구하고 엄밀한 의미에서의 지적인 그리고 심미적인 태도에서 투쟁은 극한적 갈등에까지 나가지 않는다고 할 수 있다. 지적인 판단에서는 다른 관점을 고려하지 않고는 사고의 진행 자체가 불가능하고 그러니만큼 그것을 수용하거나 적어도 균형의 상대로서 인정할 준비가 되어 있어 마땅하다. 그런 데다가 그것은 주어진 사실 증거를 바탕으로 진리 주장을 할 수밖에 없기 때문에, 적어도 순수하게 지적 판단의 절차를 따르는 한 완전히 주관적인 것이 될 수는 없다. 산을 보는 데에 있어서, 논쟁자의 처지는 두 가지 조건, 즉 경쟁적 관점의 존재와 사실적 증거의 존재를 도저히 무시할 수 없게 되어 있다. 산의 존재는 그것을 보고 그것에 대하여 어떤 판단을 내리는 데에서 절대적인 사실적 증거로서 눈앞에 너무나 압도적으로 확인될 수밖에 없다. 심미적 관조의 경우는,

모든 진리 주장은 다른 관점을 고려하지 않고는 사고의 진행 자체가 불가능하기 때문에 또한 주어진 사실 증거를 바탕으로 진리 주장을 할 수밖에 없기 때문에, 순수하게 지적 판단의 절차를 따르는 한 완전히 주관적인 것이 될 수는 없다

언어적 표현을 통하여 사회적 공간으로 진출하기 전에는, 조금 다른 관점에서 생각하여 볼 만하다. 심미적 관점에서 사실성—감각적인 체험의 대상으로서의 사실성은 절대적이다. 심미적 관점에서 그것은 판단이나 그 언어적 판단 이전에 그 힘을 인간의 감성 위에 발휘한다. 그리고 산의 거대성이 이 힘을 피할 수 없는 것처럼 느끼게 하는 데에 도움을 준다. 지적인 객관화 또는 과학의 경우와는 다른 것이지만, 거대한 사실적 증거의 강력성은 주관적 관점에 투쟁의 여유를 크게 남겨 주지 아니한다.

거대한 사실적 증거의 강력성

8) 침묵과 감성의 현실

침묵의 합일_ 두 사람이 같이 산을 보고 그 감흥을 공유하는 것은 그 감흥을 말로 표현하지 않아도 가능하거나 아니면 감흥은 오히려 그쪽에 더 크다고 할 수 있다. 그들은 침묵의 공감 속에서 산의 아름다움을 그 평화와 함께 향수하는 것이 될 것이다. 침묵은 그 자체로서 평화의 조건이 될 수도 있지만, 그것은 동시에 사물 세계의 다양성을 허용하는 행위라고 할 수도 있다. 그런 경우에 그것은 언어의 일의성에 대조된다. 사물의 다양성은 언어적으로 표현하여 다의성 또는 모호성이라고 할 수 있다. 레비나스의 관점에서 모든 대상은 절대적인 타자이다. 그것은 사람의 지각이나 인식에 의하여 포착될 수 없다. 아마 그것이 다양성 또는 다의성을 드러낸다는 것은 벌써 그것이 타자로서 사람과 대면한다는 것을 말하는 것이다. 이 대면이 이루어지는 것은 인간의 감성적 기관들—감각이나

침묵은 평화의 조건이며 사물 세계의 다양성을 허용하는 행위이다

지각 또는 감정을 통하여서이다.

다시 한 번 말하건대 예술은 이러한 감성의 계기를 확대하고 반성적으로 수용한 것이라고 할 수 있다. 간주간적 화합 또는 융합의 모델은 예술의 예에서 암시될 수 있다. 신비평가들은 시의 언어의 특징으로 그 모호성 또는 다의성을 들었지만, 시의 언어는 언어를 넘어 사물의 다양성으로 나아가고자 하는 언어라고 할 수 있다. 시에 반드시 수반되게 마련인 감정도 이에 관련되어 있다. 위에서 말한 것처럼 감정은 사물의 모호한 현존에 대한 증표이다. 그러나 이 감정은 많은 것을 하나로 융합하는 매체가 된다. 그것은 사람과 사람, 사람과 사물 간의 중간지대를 형성한다. 음악은 이러한 매체의 융합에 형태적 완성감을 부여하는 예술이라 할 수 있다. 거기에서 소리와 감정은 가장 완전하게 합일할 수 있다. 물론 여기에서 합일을 가능하게 하는 것은 형식이다. 그것은 무정형의 사물에 형체를 주는 원리라고 할 수 있는데, 그것은 동시에 정신의 요구에 완전히 대응하는 것이라고 할 것이다.

사물의 원리나 정신의 원리로서의 형식이 완전히 고정된 것은 아니다. 그리고 그것은 정신의 주관적 과정이기도 하고 객관적 세계의 과정이기도 하다. 물질과 정신이 부딪치는 사건적 과정의 한 양태가 형식이다. 물론 이러한 과정 그리고 거기에서의 형식의 의미를 밝히는 것은 간단히 말해질 수 있는 것은 아니다. 다만 여기에서 말하고자 하는 것은 이러한 융합의 과정이, 위에서 문제로 삼아본 간주간적 화합에 하나의 바탕이 될 수 있다는 것일 뿐이다.

시의 언어는 언어를 넘어 사물의 다양성으로 나아가고자 하는 언어이다

감정은 사물의 모호한 현존에 대한 증표이다. 그러나 이 감정은 많은 것을 하나로 융합하는 매체가 된다. 그것은 사람과 사람, 사람과 사물 사이의 중간지대를 형성한다. 음악은 이러한 매체의 융합에 형태적 완성감을 부여하는 예술이다. 형식은 물질과 정신이 부딪치는 사건적 과정의 한 양태이다

Está

8장

진리의 길 : 부정과 긍정

1. 방법적 부정과 부정의 체험

마음은 해체의 과정을 통하여 스스로의 지속을 확인한다. 해체와 지속의 과정에서 중요한 것은, 마음이 한 편으로는 세계를 있는 그대로 인식하면서 다른 한 편으로는 초월적 세계를 향하여 끊임없이 열린다는 점이다. 마음은 언제나 고요하면서도 끊임없이 움직인다.

사람은 구체적인 상황에서 선택에 부딪칠 때, 공적 세계와 공적 담론의 틈에 들어 있는, 그러면서 그것의 밑바탕을 이루고 있는 우연들을 발견하게 된다.

세계와 사회가 아무리 이성적으로 구성되어 있다고 하더라도 개인의 실제적 결단은 언제나 일반적인 법칙으로 통제될 수 없는 실존적 위기-무의 세계 속으로 빠져들어 가는 것과 같은 위기를 느낀다. 이 위기의 느낌은, 사회가 정해놓은 삶의 길에서 벗어나 스스로의 삶의 길을 선택하는 우리들 모두를 계속적으로 따라다닌다.

2. 실존의 모험

우리가 세계를 하나의 전체로 이해하는 것은 위기의 순간, 이 "죽음의 그늘" 아래에서 일어나는 실존적 사건이다. 내가 나를 아주 중요하게 느끼고 생각할 때, 실제에 있어 나에게 나타나는 세계는 너무나 작은 일부이다. 이 부분성이 세계의 무한함에 대한 나의 존재의 유한함을 드러내준다. 세계의 무한성 속의 나의 유한성, 이 실감 넘치는 실존적 순간은 해체와 허무의 순간이며 바로 역설적인 총체적 긍정의 순간이다.

유한한 나는 유한하기 때문에 한없이 귀중한 존재인 것이다. 어떤 의미에서 나는 내 존재의 무상함을 증언하기 위해 여기에 있다. 한 번이라도 내가 땅 위에 있었다는 것은 무한한 우주 속에 내가 분명히 존재했다는 사실을 지우지 못하게 하는 확실한 사건이기 때문이다.

그런데 이 모든 마음의 움직임에는 이미 이념성이 개입되어 있다. 무한이나 무상의 실감은 경험적 사실을 넘어가는 어떤 것, 그러면서도 경험임에 틀림없는 어떤 것을 지칭한다. 해체나 창조도 그것이 사실적 사건 이상의 체험과 결단을 포함하는 한에서는 이미 이념적 투기로서의-하이데거적 의미의-성격을 가졌다고 할 수 있다. 이 모든 것이 주체적 의식의 한 계기이면서 동시에 세계의 가능성이다.

3. 부정의 체험-몽테뉴 등
테일러는 현대 서양 문명의 기원을 "근본적 반성"에서 찾았다. 이러한 근본적 반성은 데카르트의 방법적 성찰에서 가장 분명히 볼 수 있다. 이 반성은 회의를 통해 과학적 합리성으로 나아간다. 말하자면 어둠에서 빛으로, 내면에서 외면으로 나아가는 것이다. 이러한 명증성과 합리성의 길과 다른 내면적 반성의 전통이 있다.
아우구스티누스로부터 시작하여 루소, 괴테, 워즈워스로 이어지는 이 내면지향은 몽테뉴에서 그 전형을 보인다. 밖이 아니라 안을 향하는 자아의 탐구는 무서운 내면적 불안을 겪는다. 몽테뉴의 경우 불안의 극복은 어떤 확실한 진리에 의한 것이 아니라 자신의 고유한 삶의 형식을 발견하는 데에서 찾아진다.

4. 부정의 체험-퇴계 등
퇴계의 경우 마음의 수련은 공부나 행동에 있어서의 몸가짐과 지행일치를 위한 고된 수련일 뿐아니라 스스로의 내면과 세상을 향한 보다 고통스러운 부정의 길이었다. 그것은 오랜 체증과 같은 신체적 고통뿐만 아니라 숱한 출사(出仕)와 봉사(奉仕)를 거부한 괴로움의 생애로 표출되는 것이었다.
불교의 구도자들이 겪는 수행의 체험도 한용운의 시 〈?〉에서 볼 수 있듯, 선악이 뒤바뀐 세계에서 부르짖는 절망의 외침과도 같은 어둠의 길이었다.

5. 대긍정
데카르트는 방랑을 거쳐, 독일 울름의 무더운 방에서 악마의 속임수를 생각하며 방법적 확실성을 예감한다. 데카르트처럼 몽테뉴도 아우구스티누스도 부정과 긍정은 서로 연결되어 있다. 그것은 정신의 역정에 불가피한 변증법이다. 논어에서 나온 말이지만 동양의 많은 구도자들의 자전 제목이 "곤학기(困學記)"인 것도 그러한 과정의 불가피함을 표현한 것이다. 모든 구도의 길에는 병과 불안과 잠 못 이루는 밤과 괴이한 환각의 괴로움들이 있다. 그러나 그것을 통해 호직(胡直)의 경험과 같이 인간계와 비인간계를 꿰뚫는, 우주와 일치하는 자아의 한없는 연속성을 체험한다.

대부분의 경우, 진리 체험의 긍정적 첫 순간은 대자연과의 교감 속에서 일어난다. 한용운은 그것을 "아침별의 첫걸음"이라는 말로 표현하였다.

6. 과정 속의 이성

일반적인 구도의 과정에 비해서 학문은 계시의 순간보다 반성과 성찰의 일상화에 관심을 가진다. 그 원리는 물론 합리성과 이성적 질서이다. 문제는 학문이 이러한 합리적 일상화를 통해 외면적이고 기계적인 수단으로 전락되기 쉽다는 데 있다. 그것을 뛰어넘어 학문이 지속적인 열림과 숙고의 구도적 공간으로 유지되는 것은 진리의 탐구가 깨우침의 체험에 이어짐으로써이다.

오늘의 한국 사회는 끊임없이 성급한 의견과 신념과 확신을 요구한다. 신념과 확신은 집단의 이름으로 진리를 강요하며 또 다른 권력 의지로 현현한다. 아주 긴급한 실천의 장에서 아무리 그것을―의견과 신념들―이 필요한 경우가 있다 하더라도, 마음의 역정으로부터 단절된 의견과 신념과 확신들은 삶의 단편화와 그에 따른 인간과 사회의 단편화를 초래한다. 이 단편화는 억압의 기제를 끊임없이 만들어내며 또 다른 갈등과 분쟁의 지속적인 씨앗이 된다.

먼저 손쉬운 독단론을 거부하고 회의와 탐색의 길고 험한 여로를 따라 이성과 개인적 체험을 다져야 한다. 그리고 그것을 통해 주체의 힘을 길러야 한다. 이때 주체는 경험의 애매성을 존중하면서 스스로를 키워나간다.

진리는 오류로부터의 유기적 성장의 결과이다. 그리하여 오류는 진리의 한 부분이 된다. 과정은 최종의 결과 속에 완전히 흡수되지 않는다. 중요한 것은 진리를 찾는 정신이 지속되는 것이다.

우리가 지각하게 되는 세계는 원초적으로는, 물질적으로 주어진다. 그러나 그것이 지각되는 것은 형상적 구성을 통해서이다. 현상학적으로 말하면, 의식의 지향성에 대응하는 현상은, 질료와 형상의 종합으로서만 의식의 지평에 나타난다.

질료의 신비와 형상의 신비는 우리로부터 멀리 있는 것은 아니다. 산처럼, 우리 스스로의 몸처럼, 그것은 우리에게 지극히 가까이 있으면서도 합리적 인식의 대상으로는 쉽게 주어지지 않는 신비로, 다시 한 번 "가까이 있는 영원"으로 남아 있는 것이다.

8장 진리의 길 : 부정과 긍정

1. 방법적 부정과 부정의 체험

우리의 지각과 인식 그리고 그 형상화는, 정도를 달리하여, 위에서 말한 해체의 과정을 포함한다. 사람의 마음은 그것을 통하여 스스로의 지속을 확인한다. 그러나 이 과정에서 더 중요한 것은 한편으로는 세계를 있는 그대로 인식하는 것이고, 다른 한편으로는 그러한 인식에 사람의 마음이 그것을 넘어가는 이념성 또는 이성을 향하여 열리는 것을 경험하는 것이다. 이것은 다시 말하여, 우리가 세계와 사물을 창조적인 신선함 속에서 경험하게 되는 일이면서, 스스로를 그 과정의 일부로서 확인하는 일이기도 하다. 그러나 이것을 순수한 마음의 움직임으로만 이해하는 것은 그 중요한 동기를 놓치는 것이다. 진리를 향한 단심이 어디에서 오는 것인가 하는 것은 보다 존재론적으로 설명되어야 하는 어떤 것이지만, 마음의 고요한 움직임 속에도 실존적 동기는 들어 있다. 그리고 이

사람의 마음은 해체의 과정을 통하여 스스로의 지속을 확인한다

중요한 것은 한편으로는 세계를 있는 그대로 인식하는 것이고, 다른 한편으로는 초월적 세계의 이념성 또는 이성을 향하여 열리는 것을 경험하는 것이다

동기가 없이는 마음의 움직임 그리고 그것의 세계와의 일치는 의미 있는 사건이 되지 못한다.

위에 논한 해체와 창조를 포함하는 마음의 과정은 인문과학의 연구 방법과 목표의 기본적인 구도를 이루는 것이기도 하다. 그런데 여기에서 볼 수 있는 이론과 그 실존적 계기의 일치와 차이는 마음의 과정의 실존적 의미를 드러내주는 좋은 예가 될 수 있다. 맨 처음에 우리가 생각한 과제는 여러 가지 확신과 실천적 행동의 계획을 분석, 평가, 선택하는 일이었다. 그것을 위하여 필요한 것은 마음이 스스로 안에 되돌아봄의 공간을 만들고 그 공간에서 배치되는 여러 가능성을 검토할 수 있는 자유를 얻는 것이다. 그러면서 마음은 객관적 세계에 일치할 수 있어야 한다. 그러기 위하여 마음은 주어진 대로의 세계를 괄호 속에 넣고 회의와 부정의 과정을 거치면서 사물과 사건의 흐름의 복수성으로부터 스스로를 하나의 통일성으로 구성 또는 재구성하여야 한다. 그러나 이 모든 움직임의 밑에는 해체의 위협이 들어 있다. 그것은 방법적이면서도, 무화의 위협을 가진 것이다. 그리하여 해체의 밑에 놓여 있는 허무는 단순한 방법을 넘어간다.

인문과학적 탐구는 전통적으로 고전이 되어 있는 전적들이나 의례를 공부하는 것으로 되어 있다. 그러나 어떤 경우에나 전통에서 전수되는 것이 고스란히 전달되는 법은 없다. 가장 안정된 환경에서도 고전은 해석의 노력에 의하여 매개되어야 한다. 그리하여 그것은 새로운 시점에서 이해할 수 있는 것이 될 뿐만 아니라 새 상황에서 유용한 것으로 변용될 수 있다. 고전의 의미는 새 독자의 마음에서 새로워지고 또 새 마음을

하나의 통일성으로 구성 또는 재구성하는 움직임의 밑에는 해체의 위협이 들어 있다. 그리하여 해체의 밑에 놓여 있는 허무는 단순한 방법을 넘어가는 허무이다

만드는 일에 도움을 주어야 한다. 고전은 새로운 물음의 대상
이 된다. 여기에서 의문과 동의, 이해와 그 수정이 일어나게
된다. 그러는 사이에 텍스트에는 틈이 벌어지고 텍스트 너머
에 새로운 빈자리가 있는 것이 발견된다. 그리하여 이미 정해
져 있는 것 가운데 새로운 자유의 변두리가 생긴다. 동시에
인문과학적 탐구의 마음이 깊은 어둠을 가로지르는 교량에
불과하다는 것을 알게 되기도 한다.

텍스트 너머의 새로운 빈자리

　이러한 어둠과 부정의 경험이 모든 사람에게 일어나는 것
은 아닐 것이다. 방법적 회의가 있기는 하여도 그것은 극단적
인 것이 되지 않고, 대체로 학문의 세계에 머무는 한 우리는
현실 세계에서 실존적 선택에 부딪치는 것은 아니다. 우리가
생각하는 것이 물리적 세계이든, 사회이든, 아니면, 사회를
관류하고 있는 주관적 의지의 세계이든, 우리의 생각은 비개
인적이고 익명의 관점에서 모든 것을 일반화한다. 우리는 일
반화된 성찰적 지성이 되는 것이다. 그러나 구체적인 상황에
서 개인적인 선택에 부딪칠 때, 우리는 공적 세계와 공정 담
론의 틈에 들어 있는, 그러면서 그것의 밑바탕을 이루고 있는
우연성들을 발견하게 된다. 세계와 사회가 아무리 이성적으
로 구성되어 있다고 하더라도, 개인의 실제적인 결단은 언제
나 일반적 법칙으로 통제될 수 없는 실존적 위기─무의 세계
속으로 빠져들어 가는 것과 같은 위기를 느끼게 된다. 이 위
기의 느낌은 어떤 순간에만 일어나는 것이 아니고 사회에서
정해놓은 삶의 길을 벗어나 스스로의 삶의 길을 선택할 때 계
속적으로 우리를 따라다닌다.

2. 실존의 모험

그러나 이 길 없는 길에 들어가는 것은 어떤 사람들에게는 바로 경험 세계의 깊이와 그 창조적 세계를 경험하는 일이 된다. 어쩌면 여기에서 앞에서 말한 모든 마음의 움직임들은 현실적 모험이 된다고 할 수 있다. 나의 실존의 순간에 세계는 구체적인 사건이 된다. 그러나 그것이 하나의 전체성이 되는 것도 이 순간에 있어서이다. 이때 세계는 미지의 전체로서 우리의 선택에 대하여 커다란 배경으로 나타난다. 그것은 하나의 큰 위협이라고 할 수도 있다. 그 뒤에는 바로 죽음의 가능성이 숨어 있다. 사실 우리가 세계를, 의식적으로 또는 암묵리에, 하나의 전체로 이해하는 것은 이 죽음의 그늘 아래에서 일어나는 실존적 사건이다. 물론 이것은 현실이라기보다는 가능성이고, 에피파니이고, 초월적 전체성이다. 여기에 대하여 나 자신도 그 안에 있으면서 또 그 밖에 있는 초월적인 주체로서 구성된다. 실제에 있어서 나에게 나타나는 세계는 극히 작은 일부이다. 그러나 부분성은 벌써 세계의 무한함에 대한 나의 존재의 유한성을 드러내준다. 무한성 속의 유한성─이것이 무상한 그러나 실감에 찬 나의 경험에 생생한 느낌을 준다. 이 실존의 순간은 진정한 해체와 허무의 순간이기도 하지만, 세계 전체에 대한 총체적인 긍정의 순간이기도 하다. 여기에서 해체는 다시 창조로 움직여간다. 그런데 이 모든 움직임에는 이미 이념성이 개입되어 있다. 무한이나 무상의 실감은 경험적 사실을 넘어가는 어떤 것─그러면서도 경험임에는 틀림없는 어떤 것을 지칭한다. 해체나 창조도, 그것이 사

나의 실존의 순간에 세계는 구체적인 사건이 된다

우리가 세계를 하나의 전체로 이해하는 것은 이 죽음의 그늘 아래에서 일어나는 실존적 사건이다

세계의 무한성 속의 나의 유한성, 이 실감 넘치는 경험의 실존적 순간은 해체와 허무의 순간이며 동시에 총체적 긍정의 순간이다

실적 사건 이상의 체험과 결단을 포함하는 한에 있어서는, 이미 이념적 투기로서의 성격을 가졌다고 할 수 있다. 이 모든 것은 주체적 의식의 한 계기이면서 동시에 세계의 가능성이다.

다시 말하여 부정과 긍정의 근원적인 또는 원초적인 체험은 학문적 연구에 속하는 것은 아니다. 학문은, 인문과학의 경우에도, 과학적 탐구의 조건들, 그 합리적 방법론과 연구 과제를 가지고 있어야 하고, 그 움직임에는 하나같이 명증성과 확실성과 증거가 수반되어야 한다. 학문 안에 일어나는 불안정성은 전체적인 안정성의 방법적 불안정성에 불과하다. 그러나 학문적 탐구의 원초적 또는 원시적 뿌리를 상기하는 것은 필요한 일이다. 위에서 시사한 바와 같이 구체적이면서 일반적인 모순의 변증법으로 인하여 무한한 창조적 움직임이 될 수 있는, 이념성이 일어난다. 그리고 이성적인 원리는 여기에 단초를 갖는다. 제도화된 학문에 있어서도 새로운 시험은 그 창조적 에너지를 이 원시적인 시작에서 얻는다고 할 수 있다. 과학적 또는 인문과학적 성찰도 실존적인 걱정과 관심이 여는 공간 안에서 일어나는 것이라고 할 수 있다. 데카르트의 첫 전기 작가 아드리앙 바이예는 그가 방법을 모색하는 동안, 그가 "진리에 대한 사랑"과 관련하여, 얼마나 "격렬한 불안감"에 시달리고 "머리에 불"이 이는 것을 느끼고 "한껏 저상한 그의 정신으로 하여금 환영들을 보게 한 열기"에 시달렸는가를 전하고 있다.[1] 앞에서 언급한 바 있지만, 그의

> 학문 안에 일어나는 불안정성은 전체적인 안정성의 방법적 불안정성에 불과하다

---

1 Adrien Baillet, *Vie de Monsieur Descartes* (Paris: La Table Ronde, Collection Grandeurs, n. d), pp. 35~37.

주저들이 서사적 성격을 가지고 있는 것은 심히 흥미로운 일이다.

그것은 다시 한 번 반복하여 지적하자면 그의 방법이 일시적인 기량의 습득이 아니라 개인적 정신의 역정의 소산이라는 것을 말하고, 이성의 존재 방식에 중요한 시사를 해주는 것이다. 즉 진정한 이성의 근원은 그 방법적 효율성을 넘어가는 근원으로부터 나오는 것이다. 이것은 서양의 정신사에서 계속 관찰할 수 있는 것이다. 다만, 중세적 일체성에 가까웠던 데카르트와 같은 경우와는 달리, 과학과 정신의 역정은 서로 다른 독자적 영역에서 존재하게 되었지만, 이 두 가지는 원래 하나의 시대적 테두리 속에 존재하였다고 할 수 있다. 몽테뉴나 루소, 괴테, 워즈워스 등의 자전적인 기록 등은 과학적 발전의 시대에 나온 것인데, 이것은 전체적으로 시대의 정신적 삶의 일부를 이루는 것으로 간주되어야 할 것이다.

3. 부정의 체험—몽테뉴 등

"근본적 반성"(테일러)

이러한 작가들의 예는 찰스 테일러의 글에서 거명한 것을 빌려온 것이다. 테일러는 현대 서양 문명의 기원을 "근본적 반성(radical reflexivity)"에서 찾는다. 그것은 모든 것의 근본을 자아를 돌아보는 데에서 찾으려는 입장을 말한다. 이 입장은 데카르트, 로크, 칸트 또는 "그가 누구이든지 간에 대부분의 현대인"이 나타내고 있는 것이지만,[2] 데카르트의 방법적 성찰에서 가장 분명하게 볼 수 있다. 이 반성은 회의를 통하여 명증성과 과학적 합리성으로 나아간다. 그러나 동시에 테일러는, 이것과는 다른 보다 어둡고 분명하게 내면적인 반성의 전통이 있음을 지적한다. 여기에서 진리는 물리적 세계에 있는 것이 아니라 사람의 마음 안에 있다. 이 전통은 아우구스티누스로부터 시작한다. 아우구스티누스는, "밖으로 나가려 하지 마라, 진리는 사람 안에 있으니"라고 말한다. 그리고 자신 가운데, 즉 "자신이 자신에 임하는" 곳, "자신의 현재성의 내밀함" 안에서 신을 발견한다.[3] 그러니까 중요한 것은 사람의 내면 그리고 거기에 잠재해 있는 능력 가운데 신의 자취를 찾는 것이다. 내면의 탐색과 수련은 바로 진리와 신에 이르는 길이다. 아우구스티누스의 내면 지향은, 이미 말한 바와 같이, 루소, 괴테, 워즈워스로 이어진다. 그러나 테일러의 생각에 가장 전형적인 인물은 몽테뉴이다. 몽테뉴의 주제는 자아의 진리를 확인하는 일이다. 나의 정체성은 무엇인가? 나는 참으로 누구인가? 이러한 것을 문제로 하는 자아 탐구는 매우 위험한 일이다. 몽테뉴에 드러나듯이 이것은 "무서운 내면적 불안정성"[4]을 겪어 가야 한다는 것을 의미한다. 그의 경우, 이 불안정성은 어떤 확실한 진리에 의하여 극복되는 것이 아니라 자신에의 고유한 삶의 형식, "유동 상태에 있는 자신 특유한 삶을 표현하는 모양들"을 발견하는 데에서 찾아진다.[5]

---

2 Charles Taylor, "Inwardness and the Culture of Modernity," in Axel Honneth et al, (ed), *Philosophical Investigations in the Unfinished Project of Enlightenment* (Cambridge, Mass: MIT Press, 1992), p. 103.
3 Ibid., p. 104.
4 Ibid., p. 106.
5 Ibid.

테일러가 "근본적 반성"—아우구스티누스적이든 데카르트 적이든—근본적 반성을 서양의 전통만이 지닌 문화적 특성으로 말하는 것은 매우 유감스러운 일이다. 이것은, 많은 전통에서 발견될 수 있는 정신적 체험이라고 해야 할 것이다. 다만 서양에서 그 가능성의 두 가닥으로의 분리는 인간성의 단편화를 가져오면서도 동시에 그것을 방법적 역점으로 하여 역사적 일관성을 발전시켰다고 할 수 있지 않나 한다. 그 결과 내면적 탐구로 나아가는 내면화는 "부정의 길(via negativa)"을 통하여 진리의 확신으로 나아가는 것이 아니라 체험적 현실에 밀접하게 연결되어 있는 발견의 가설과, 그것을 초월하여 있는 형이상학적 계기를 동시에 유지할 수 있었다. 또 이러한

애매성의 고뇌를 그대로 유지할 수 있었던 것은 과학적 이성의 방법적 집요함의 모범으로 뒷받침되었다. 물론 과학적 진리의 도구적 성격과 그 확신이 가져온 인간 세계의 단편화 또한 부정할 수 없다는 것은 사실이다.

4. 부정의 체험—퇴계 등

하여튼 우리는 위에서 주자 그리고 퇴계의 마음에 대한 관찰로서, "主一無適酬酢萬變"을 언급하였다. 이것은 마음을 되돌아보면서 진리를 수용할 상태에 이르게 하는 내면의 길을 나타낸다. 이 과정에서 중요한 것은 그 정신적, 이론적 측면이지만, 우리는 여기에서 얻어지는 내면적 수련의 실존적 측면에도 주목할 필요가 있다. 마음의 수련은 공부나 행동에

있어서의 지행일치 또는 몸가짐의 수련만이 아니라 보다 고
통스러운 "부정의 길"일 수도 있다. 퇴계는 20세에 이미 무리
한 공부로 몸이 야위는 소화불량증에 걸렸거니와,[6] 일생 계속
된 신병과 관직 임명과 사퇴의 반복은 학문의 길이 그에게 적
지 않은 고통의 길이었음을 말한다고 할 수 있다. 그러나 몽
테뉴가 경험한, "무서운 내면의 불안정성" 그리고 "순서도 없
고 이치도 없는, 기이한 환영과 괴물들"[7]의 환각은 불교적인
수행의 체험에서 더 많이 볼 수 있다. 중국의 구도자들의 기
록을 빌려 보건대, 13세기의 조흠(祖欽)의 경우, 구도는 아침
부터 저녁까지 한시의 평화도 밝음도 없이 어지럽고 혼란한
"의심의 수련"으로 시작된다.[8] 한용운의 시 〈?〉에서, "人面의
악마와 獸心의 천사"와 같은 내외가 뒤바뀐 이미지나, "미친
불에 타오르는 불쌍한 靈은 절망의 북극에서 신세계를 탐험
합니다"와 같은 선악이 뒤바뀐 세계에서의 외침과 같은 것도
수행의 길의 어둠을 말하는 것일 것이다.

5. 대긍정

테일러는 서양의 근본적 반성을 설명하면서, 내면으로의
전환에 부정의 순간이 있고 긍정의 순간이 있음을 지적하고

---

6 윤사순, 《퇴계철학의 연구》(고려대학교출판부, 1980), p. 4.
7 Taylor, p. 106.
8 Pei-yi Wu, *The Confucian's Progress: Autobiographical Writings in Traditional China* (Princeton University Press, 1990), p. 79.

데카르트는 방랑을 거쳐 울름의 더운 방에서 악마의 속임수를 생각하면서 방법적 확실성을 예감한다. 부정과 긍정은 서로 연결되어 있다. 그것은 정신의 역정의 불가피한 변증법이다

학문의 길에는 병과 불안과 잠 못 이루는 밤과 괴이한 환각의 괴로움이 있다

있다. 몽테뉴는, 위에서 잠깐 언급한 바와 같이, 부정에서 긍정으로 나아간다. 아우구스티누스도 영혼의 어두운 밤을 거쳐서 신앙으로 나아간다. 데카르트는 철학적, 지리적 방랑을 거쳐서 독일 울름의 더운 방에서 악마의 속임수를 생각하면서 동시에 방법적 확실성을 예감한다. 이 부정과 긍정은 서로 연결되어 있다. 그것은 정신의 역정의 불가피한 변증법이다. 유교에 있어서 이러한 변증법의 시련은 그렇게 가혹하지 않은 것으로 보인다. 그러나 시련이 없는 것은 아니다. 논어에서 나온 말이기는 하지만, 여러 저자의 자전의 제목이 "곤학기(困學記)"가 되어 있는 것도 그러한 과정의 불가피함을 표현한 것이다. 16세기의 호직(胡直)의 《곤학기》에 기록되어 있는 것처럼, 학문의 길에는 병과, 불안과 잠 못 이루는 밤과 괴이한 환각의 괴로움이 있다. 그러나 마지막에 호직은 "인간계와 비인간계를 꿰뚫는, 전 우주와도 일치하는 자아의 한없는 연속성"을 발견한다.[9] 16세기 후반 17세기 초의 고반룡(高攀龍)의 긍정적 진리의 체험은 더 극적이다. 이 진리의 순간은 대체로 자연과의 교감이 일어나는 때이다. 긴 여로의 끝에 깊은 산속에서 잠을 깬 그는 물소리가 차고, 그 맑음이 뼈에 사무침을 느낀다. 그 다음에 곧 그는 깨달음의 순간을 경험한다.

    내 마음에 남아 있던 불안은 말끔히 사라졌다. 내 어깨를 누르던 만근의 무게가 가벼워졌다. 나는 마치 번갯불에 얻어맞은 듯, 불이 내 몸을 꿰뚫고 환하게 비추었다. 나는 이 변화와 완전

---

9 Ibid., pp. 122~123.

히 일체가 되었다. 사람과 하늘 안과 밖 사이에 아무런 틈이 없었다. 나는 전 우주가 나의 마음이며, 그 영역이 나의 몸이고, 그 고장이 나의 마음이라는 것을 깨달았다. 모든 것이 밝고 허령하였다.[10]

이러한 극적인 긍정의 순간은 한용운의 시의 여러 곳에서도 볼 수 있다. 한용운에게 그가 님이라 부른 진리의 참 모습은 대체로 침묵과 부재의 뒤에 숨어 있지만, 〈讚頌〉과 같은 시에서 그것은 화려한 송가의 대상이 된다.

님이여, 당신은 백 번이나 단련한 금결입니다.
뽕나무 뿌리가 산호가 되도록 천국의 사랑을 받으소서.
님이여, 사랑이여, 아침별의 첫걸음이여.

"아침별의 첫걸음"
(한용운)

이러한 긍정의 찬가는 구도의 끝에 오는 정신적 자산을 말한다. 그러나 다른 한편으로 이러한 자산이 맹목적 확신의 근거로 작용하는 수가 있는 것도 부정할 수 없다. 그런 경우 우리는 이러한 부정과 긍정, 해체와 창조를 포함하는 정신의 과정의 일부라는 것을 기억할 필요가 있다. 그리고, 앞에서 말한 바와 같이, 이것이 단순히 확신이 아니라 방법을 가진 이성으로 발전할 때, 그것은 보다 넓은 탐색의 길을 열어놓는 것이 될 수 있다. 그러나 이 탐색은 다시 사실적 이성을 넘어가는 어떤 것에 근거하여 살아 움직이는 것이 된다.

---

10 Ibid., pp. 139~140.

6. 과정 속의 이성

반성적 자아의 단련에는 어둠의 속을 향한 여로가 있고, 또 지금 막 살펴본 것과 같은 긍정의 순간이 있다. 물론 이러한 여정이 학문의 길이라고 할 수는 없다. 다만 이러한 것이 있다는 것을 잊지 않는 것은 중요하다. 학문은 이러한 계시의 순간보다는 반성과 성찰의 일상화에 관심을 가지고 있다. 그 원리는 합리성이나 이성적 질서이다. 그러나 우리의 반성과 성찰은 합리적 일상화를 통하여 외면적, 기계적인 수단으로 전락한다. 그것이 외적인 방법과 형식을 넘어서 계속적으로 열림과 숙고의 공간으로 유지되는 것은 그것이 그 합리성을 넘어가는 깨우침의 체험에 이어짐으로써이다. 그렇다고 그것이 계속적인 이성과 주체의 과정의 밖에 존재하는 영감으로만 존재하는 것은 아니다.

이러한 전 과정을 다시 회상하는 것은 오늘의 시점에서 중요한 일이다. 오늘의 한국 사회는, 끊임없이 성급한 의견과 신념과 확신을 요구한다. 실천의 장에서 그것이 필요하지 않은 것은 아니지만, 마음의 복잡한 역정으로부터 단절된 신념 그리고 정책들은 결국 인간의 단편화, 사회의 단편화를 초래하는 것이 되기 쉽다. 가장 중요한 것은 이성과 개인적 체험의 시험을 거치지 않고, 쉬운 독단론을 구하는 것이 아닌 주체의 힘을 기르는 것이다. 회의와 탐색의 여로는 그 존재 방식의 한 부분이다. 모든 것이 그것에 끝나는 것은 아니지만, 주체는 경험의 애매성을 존중하면서 그것을 통하여 스스로를 다져나간다.

학문은 계시의 순간보다는 반성과 성찰의 일상화에 관심을 가진다. 그 원리는 물론 합리성이나 이성적 질서이다. 그러나 학문의 반성과 성찰은 이러한 합리적 일상화를 통하여 외면적, 기계적 수단으로 전락한다. 학문이 그것을 넘어 지속적인 열림과 숙고의 구도적 공간으로 유지되는 것은 깨우침의 체험에 이어짐으로써이다

오늘의 한국 사회는 끊임없이 성급한 의견과 신념과 확신을 요구한다

외적인 수단으로서의 이성은 이야기의 이성에 귀 기울여야
한다. 이야기의 시작에 주인공은 흔히 오류에 빠진다. 그것이
그로 하여금 정신의 역정을 가게 하는 단초가 된다. 그러나
그가 바른 길을 찾고 바른 답을 찾았다고 해서, 그의 오류의
과거가 의미를 상실하는 것은 아니다. 이야기는 순수한 논리
에 의하여 움직이지 않는다. 진리는 오류로부터의 유기적인
성장의 결과이다. 그리하여 오류는 진리의 한 부분이 된다.
과정은 최종의 결과 속에 완전히 흡수되지 아니한다. 중요한
것은 진리를 찾는 정신이 지속되는 것이다. 우리의 지각 체험
의 형성에, 진리의 깨달음에 그리고 윤리적 실천에서, 그것의
인간적 의미를 살리는 것은, 이 진리를 찾고 있는 정신의 지
속이다.

그렇다고 진리가 이야기 속에 완전히 흡수되는 것도 아니
다. 그러면서 그것과 완전히 따로 존재하는 것도 아니다. 그
것은 마치 사물 위에 명멸하는 어떤 환각의 불처럼 존재한다.
그것은 이야기의 계기마다 그것을 밝혀주는 빛이 된다. 그러
면서도 그 빛은 비유가 시사하는 것처럼 마치 태양이 땅 위를
비치는 것과 같이 그 영원한 진리를 드러내 보인다고만 할 수
는 없다. 사건과 상황의 위에서 비추어지는 빛은 그때그때 이
야기의 밖에 별도로 존재하지 않는다. 그 진리는 그 과정에서
고유한 것으로 빛을 낸다고 할 수 있다. 또 그 빛을 어떻게 포
착하는가 하는 것은 보는 사람의 시각 작용에 달려 있다. 그
리고 그것은 그 시점에서 그의 도덕적 윤리적 결단의 가능성
을 연다. 그러나 그 가능성은 오래 지속하지 않는다. 이러한
관계는 말하자면 태양의 광선이 어두운 우주 공간을 통과하

진리는 오류로부터
의 유기적 성장의
결과이다. 그리하여
오류는 진리의 한
부분이 된다

과정은 최종의 결과
속에 완전히 흡수되
지 않는다. 중요한
것은 진리를 찾는
정신이 지속되는 것
이다

여 지구에 도달하고 비로소 사람의 눈에 밝은 빛을 드러내는 것과 같다고 할 수도 있다. (살인의 현장에 우리가 있게 되었다고 할 때, 살인 직전과 직후에 우리가 취해야 할 바른 행동이 전적으로 달라지는 것과 같은 것이 하나의 예가 될 수도 있을 것이다. 죽음이 일어나기 전 우리의 행동은 목숨을 구하는 데에 집중되는 것이 옳을 것이다. 일단 죽음이 일어난 다음 우리의 행동은 살해자를 어떻게 할 것인가 하는 문제가 된다.)

의식의 지향성에 대응하여 나타나는 현상은 언제나 질료와 형상의 종합으로서만 의식의 지평에 나타난다

진리의 사건적 성격—그것이 일정한 사정이나 사건에 고유한 것으로서 발생한다는 것은 우리의 감각 또는 지각의 작용에 이미 들어 있는 것이다. 우리의 외부 세계에 대한 감각적 체험은, 가장 기초적인 경우에 있어서도, 지각 작용에 의하여 객관적인 세계에 대한 의미 있는 형상의 인지가 된다. 조금 달리 말하면, 우리가 지각하게 되는 세계는 원초적으로는 물질적으로 주어진다고 할 수 있다. 그러나 그것이 지각되는 것은 형상적 구성을 통하여서이다. 현상학적으로 말하여, 의식의 지향성에 대응하여 나타나는 현상은 언제나, 질료(hyle)와 형상(morphe)의 종합으로서만 의식의 지평에 나타난다. 그러면서도 질료의 신비와 형상의 신비는 우리로부터 멀리 있는 것은 아니다. 그것은 우리에게 극히 가까이 있으면서도, 합리적 인식의 대상으로 주어지지는 않는 신비로 남아 있다.

가까이 있는 그러나 신비로 남아 있는

Ⅱ 부

인간
중심주의를
넘어서

1장

진화와 인간

1. 이미지

학문에는 사람의 존재 방식에 대한 상정이 들어 있다. 예를 들어 오늘의 경제학이 갖고 있는
인간의 존재 방식은 인간은 이기적 욕망의 존재라는 것이다. 오늘의 세계는 과학과 기술문명의
세계이다. 기술적 응용을 통해 인간 생활에 커다란 변화를 가져온 과학기술은 그 성공의 자부
심만큼이나 물건과 세계를 조종의 대상으로 보게 한다. 동시에 인간 자신도 조종 가능한 대상
으로 생각하게 만든다.

하지만 오늘, 우리가 되돌아보아야 할 것은 과학이 어떻게 인간의 이해에 영향을 끼쳤는가 하
는 것보다, 분명하게 검토되지 않은 관념들이 어떻게 과학에 영향을 끼쳤는가 하는 것이다.

2. 사회생물학적 유추

마르크스가 마르크스주의자가 아닌 것처럼 다윈은 다윈주의자가 아니었다. 사람이 우주의 중심
에 있지 않다거나 또는 동물과 친족관계에 있다고 하여 사람의 위엄이 손상된다고 주장하는 것
은 전혀 논리적이지도 과학적이지도 않은 말이다.

자연도태의 개념으로 널리 알려진 다윈 진화론의 사회생물학적 유추에 의하면 살아남는 것은
우수한 능력을 나타내는 것일 뿐 아니라 사회진화의 과정에 의해 정당화되는 일이다. 이러한
사회적 다윈주의 사상은 당대를 지배하는 무자비한 산업주의 사회 사정에 맞아들어 가는
것으로 제국주의 단계의 자본주의 체제에 자연원리의 정당성을 부여했다.

3. 진화론과 이데올로기

그 시대 여론의 풍토에 지배되는 과학이론의 이데올로기적 측면과 함께 사회이론은 이미 이루
어진 현실의 이념적 형식화의 결과이고 그 범위 안에서 현실변화의 설계도 역할을 하는 관념
적 구성물이다. 사회적 다윈주의나 사회생물학은 인간에 대하여 유전 결정론적 입장을 가지고
있다. 인간의 자유를 말하는 이론들은, 이 결정론 때문에 그것에 반하여 더욱 새로운 매력을
지닌다.

4. 필연성과 예측 불가능성

실상 다윈은 생존경쟁을 말하면서 개체와 개체의 투쟁보다, 결핍으로 특징되는 환경과의 투쟁을 더 많이 생각했다. 다윈주의의 수정을 요구한 발견과 이론 중 강력한 것은 굴드의 '단절적 평형이론'이다. 굴드의 생각으로는 생명의 진화 또는 변화를 지배한 것은 필연적 법칙이 아니라 우연성이다. 진화의 과정은 우연적 변화의 연속일 뿐 생존자를 정당화해 주는 어떤 필연성도 방향성도 목적도 없는 것이다.

5. 시간의 원근법과 관찰범위

공룡의 절멸을 가져온 6500만 년 전의 이변은 생존경쟁으로 인한 것이 아니라 지구환경의 변화 같은 생명 외적인 사정으로 인한 것이다. 그것은 생물의 적응능력이란 좁은 관점으로는 설명될 수 없는 엄청난 변화이다. 이 변화의 원인은 기후변화, 공기 중 산소량의 증감, 해수면의 상승 등등을 포함한 더 큰 지구의 성격 변화 또는 우주적인 사건에 있다. 공룡 절멸의 원인이 된 아스트로이드 혜성과의 충돌, 맨틀의 대류작용, 지각 구조판의 구성 변화, 지구 궤도의 변화 등이 진화론보다 생명체 변화를 설명하는 '있는 그대로의 역사'인 것이다. 리키에 의하면 다윈주의의 잘못은 생명만을 살피고, 생명의 절멸이 생명의 보다 큰 테두리를 이루고 있다는 것을 등한히 했기 때문이라고 말한다.

생명에 대한 진화론의 관점과 고생물학이나 지질학의 관점의 차이는 시간과 관찰범위의 차이다. 생태학적 사고는 생존경쟁을 개체적 차원에서가 아니라 생명의 총체적 차원에서 봐야 한다고 생각한다. 다른 종이 기존의 생태계에 침입할 때, 침입자가 싸워야 하는 것은 어떤 특정한 개체나 종이 아니라 일정한 지역의 생태공동체 전체이다. 이때 중요한 것은 종의 수가 많은 경우가 종의 수가 적은 경우보다 더 강한 공동체를 이룬다는 사실이다. 성숙한 공동체의 성공은 그것을 구성하는 종의 우수성이 아닌 종의 다양성에 기인한다.

6. 카오스, 공진화, 메타다이내믹스

진화를 포함한 생명의 전체적 현상은 19세기의 진화론자들이 생각한 것보다는 더 무한하고 복잡한 요인들에 의해 추진되는 것으로 볼 수 있다.

유기체에 보이는 질서는 자연도태의 직접적인 결과가 아니라 자연도태가 거기에 작용하게끔 허용한 자연 질서의 결과이다. 한 종의 진화는 다른 종과 환경과의 공진화가 된다. 이러한 공진화는 혼돈의 가장자리에 균형을 잡는 데까지 계속된다.

7. 가치, 사실, 과학 이데올로기

효율극대화와 이윤 추구, 이기적 욕망의 존재인 경제인간의 이미지는 진화생물학과 자본주의 경제학이 공유하고 있는 것이다. 여기에 대한 이타주의 생물학이 없는 것은 아니나 그것은 동어반복에 지나지 않는다.

사실 인간이 도덕적 존재라는 가정은 인간의 오랜 내면적 체험에 근거한 것이다. 이 체험에서 근본적인 것은 자기가 속한 친족이나 집단에 대한 느낌이 아니라, 인간에 대한 보편적 유대감과 생명체에 대한 자비의 느낌이다.

윤리학의 관심은 인류학적으로 발견되는 윤리와 도덕의 현실보다 그것을 꿰뚫어 보편적 규범으로서의 윤리와 도덕이 성립할 수 있는가 하는 데에 있다. 이것은 수학이 경험의 세계와 관계하면서 그것을 초월하는 독자적 이념의 세계에 속하는 것과 비유될 수 있다.

윤리는 생물학적 경험의 근거를 가지고 있지만 그것의 경험적 귀납의 테두리에서 대답되지는 않는다.

8. 존재의 열림

인간 그 자체가 발명이며 이데올로기일 수 있다. 진화론에 잘못이 있다면, 그것이 인간중심주의 이데올로기에 감염되어 있다는 점이다.

자연을 대상화하고 합리성의 규칙 아래 정리하려고 하는 과학에는, 조종의 의도가 숨어 있다.

하이데거 식으로 말하면 그것은 또 다른 시킴을 위하여 시킴을 받을 수 있게 대령하고 서 있으라는 것이다.

우리 시대의 풍경화는, 모든 과학기술을 동원하여 자연만물을 사람의 편의에 봉사하게 해야 한다는 생각의 일반화이다. 필요한 것은 인간의 관리능력이나 이해능력을 넘어가는 부분이 자연에 존재한다는 것을 인정하는 일이다. 자연에 대하여 많은 것을 알게 되면 될수록 우리는 자연에 대한 인간의 통제가 부질없는 일이라는 것을 인정하게 될 것이다.

사람이 생각할 수 있는 정도의 변수를 넘어가는 복잡계에서는 우연성이 중요한 몫을 맡고 있다. 예측 불가능성이 이미 세계의 체계 내에 포함되어 있는 것이다. 사람이 모든 것을 다 알고 모든 것을 다 관리한다는 것은 불가능하다.

우리가 알고 만나는 세계는 세계의 지극히 작은 부분이다. 드러난 세계는 감추어진 세계의 아주 작은 사건이기 때문이다. 세상이 신비로운 것은, 만물은 드러나면서 더 큰 세계로 자신을 감추기에 신비로운 것이다. 드러남은 더 큰 감춤과 더불어 존재의 무한한 신비를 우리에게 느끼게 한다.

9. 큰 마음

자연의 비인간성은 인간으로 하여금 인간을 넘어서서 자연의 세계를 보라는 의미를 가지고 있다. 그리고 자연의 아름다움을 크게 느끼고 바로 알라는 의미를 가지고 있다.

크게 느끼고 바로 아는 큰 마음은 인애와 무사공평한 진실에 대한 존중을 포용하는 마음이다. 큰 마음은 자연의 냉엄한 기율을 통해 자신의 좁은 고통을 초월하는—사람이 자연 속에서 '생성 소멸하는 가운데 온전하게 있는' 조화를 배우는 마음이다. 그리하여 큰 마음의 눈은 세상의 모든 것에서 아름다움을 본다.

1장 진화와 인간 : 혼돈의 가장자리

1. 이미지

　오늘의 세계는 과학 또는 과학기술문명의 세계이다. 과학과 기술은 오늘의 삶을 일반적으로 규정하고 있는 가장 큰 테두리를 이룬다. 일상적인 삶에서 그것이 사람들의 삶에 미치는 영향의 거대함은 새삼스럽게 말할 필요도 없다. 또 그것은 다른 분야의 학문연구에서도 주제나 방법론상으로 커다란 참조의 틀이 된다. 그런가 하면 다른 한편으로 과학은 시대적·지적 풍토와 사회적 여론의 풍토에 크게 영향을 받는다. 다만 이러한 상호영향 관계는 그리 분명히 의식되지 않을 수도 있다.

　과학이 다른 학문에 주는 영향 가운데 핵심적인 것 중의 하나는 그것이 시사하는 인간의 이미지이다. 인문과학의 많은 성찰 밑에 들어 있는 것은 인간이란 무엇인가 하는 질문이다. 인간의 문제는 인문과학의 영역처럼 생각된다. 그러나 모든

인간이란 무엇인가 하는 질문

학문에는 사람의 존재방식에 대한 상정이 들어 있다. 그것이 의식되지 않더라도 학문적 절차만으로도 인간에 대한 어떤 가정이 시사된다. 그리고 학문의 영향은 이 이미지를 통해 교환된다. 그러나 이미지는 학문구성의 공리가 되는 까닭에 적극적으로 검토의 대상이 되기 어렵다.

경제학이 가진 인간의 본질에 대한 전제는 인간이 기본적으로 이기적 욕망의 존재라는 것과 그것을 실현하기 위한 방법으로서 '주고받고, 교환하고, 장사하고' 하는 타고난 성향을 가지고 있다는 것이다. 더 일반적으로 사회과학은 인간이 여러 가지 수단에 의해 조종될 수 있는 존재라는 것을 상정하는 것으로 보인다. 그것은 이 수단의 확정과 작용에 큰 관심을 기울인다. 인간본성의 한 전제로서의 이기적 욕망은 이러한 수단의 하나이다.

과학이 그 기술적 응용을 통해 인간생활에 커다란 변화를 가져오는 것은 새삼스럽게 말할 것도 없다. 그것은 우리가 갖는 인간에 대한 생각에도 보이지 않는 영향을 준다. 과학기술이 거둔 커다란 성공은 물건과 세계를 조종의 대상으로 보게 한다. 동시에 인간 자신을 조종할 수 있는 대상으로 생각하게 하는 경향을 갖는다. 이론적인 물리학이 다루는 세계가 인간의 삶의 토대 또는 테두리를 이루는 것임에는 틀림이 없다. 물리학에서의 분자나 원자 또는 미립자세계나 우주 공간의 일들은 중요하고 흥미롭지만 오늘의 인간에게 어떠한 관계를 갖는지 분명치 않다. 그러나 이 분야에서의 연구는 이미 그 실험적 조작—그리고 조종의 방법으로 인해 사람을 조종이 가능한 대상적 존재로 규정하는 인간관에 스스로를 위임하기

모든 학문에 숨어 있는 사람의 존재방식에 대한 가정적 상정

인간은 기본적으로 이기적 욕망의 존재라는 경제학의 전제

과학기술의 성공은 물건과 세계를 조종의 대상으로 보게 한다. 동시에 인간 자신도 조종 가능한 대상으로 생각하게 만든다

쉽다. 과학과 기술이 시사하는 인간관은 근본적으로 비슷한 것이라고 생각된다.

아마 인간을 생각하는 데 더욱 중요한 것은 신경과학이나 인지과학 등에 있어서의 연구일 것이다. 그러나 여기에 드러나는 인간의 모습도 그다지 깊이 있는 것이 아닐 수도 있다. 그것은 이미 방법론적으로 자연과학의 일반적 전제에 묶여 있는 것으로 생각된다. 오늘의 생물학은 물리적 현상을 다루는 물리학이나 화학과 비슷한 점을 많이 가지고 있다. 그런 것이 보다 직접적으로 인간의 이해에 관계를 가지고 있는 것은 말할 것도 없다. 사람을 구성하는 분자나 세포의 작용, 유기체의 대사작용, 삶과 환경의 교환 관계 등에 대한 지식이 인간을 이해하는 데 시사하는 바가 있을 것임은 쉽게 추측할 수 있다.

생물학적 존재로서 인간을 이해하고자 하는 생물학 내의 보다 적극적인 움직임은 에드워드 윌슨(Edward O. Wilson) 등이 주창한 사회생물학에서 찾을 수 있다. 이것은 생물학의 법칙과 동물행태학의 관찰들을 인간의 사회활동에 적용해 보려 한 것이다. 그러나 윌슨의 사회생물학은 환영받기보다는 더 자주 비판의 대상이 되는 것으로 보인다. 가장 비판되고 있는 것은 상당 정도 윌슨의 관찰들이 갖는 정치적 함의이다.

사회생물학의 정치
적 함의

과학이 내놓는 인간의 이미지는 대체로 사람들에게는 환영을 받지 못하는 경우가 많다. 과학은 본질적으로 사람을 결정론적으로 보는 경향이 짙기 때문이다. 그것은 인간을 조종의 대상까지는 아니더라도 적어도 물리학적 또는 생물학적 세계의 법칙들에 얽매어 있는 비교적 하찮은 존재로 보이게 하기 때문이다. 과학의 역사에서 다윈의 진화론은 생물학적으로 하나의 토대를 이루는 이론일 뿐만 아니라 일반적으로 현대적 인간관과 세계관에 지대한 영향을 준 과학사상이다. 그것은 한편으로 인간과 사회 이해의 과학적 설명의 실마리를 제공해주는 것으로 환영받았다. 그러나 다른 한편으로 그것은 인간이 스스로에 대하여 가지고 있는 주관적인 이해를 전혀 근거 없는 것으로 생각하게 만들었다. 진화론의 자연주의적 인간관은, 사람이 전통적으로 중요하게 생각한 여러 진선미의 가치를 객관적 근거가 없는 주관적 환상으로 보이게끔 한다.

진화론의 자연주의적 인간관은 전통적인 진·선·미의 가치를 객관적 근거가 없는 주관적 환상으로 보이게 한다

이것은 진화론의 발생지인 영국 또는 미국의 여러 세대 시인들의 반응에서 잘 볼 수 있다. 테니슨이나 브라우닝 또는 아놀드는 가장 직접적으로 진화론이 보여주는 세계에 대한 우울한 반응을 보여준 대표적인 시인들이지만, 더 일반적으로 말해 19세기 중반에서 20세기 초에 이르는 영미 시(詩)의 문제의식을 결정하고 있는 것도 자연의 법칙이 지배하는 몰가치의 세계에서 인간의 가치가 어떻게 존재할 수 있으며, 그러한 가치를 완전히 버릴 수 없는 인간이 어떻게 살아야 하는가 하는 물음이었다고 말할 수 있다.

시인들의 심정적인 반감은 무엇을 말하는가. 이를 과학주의의 관점에서 간단히 답하는 것은 문제를 단순화시킬 뿐이다. 심정적 반감의 문제를 떠나서, 또 다른 중요한 문제는 과학이 시사하는 인간관의 상당 부분이 반드시 과학적이라고 할 수 없다는 점이다. 다시 사회생물학 문제로 돌아가보면 그것에 대한 비판은 그 법칙들이 엄밀한 과학적 사고에 기초한

것이라기보다는 주로 유추에 의존하고 있다는 데 기초해 있다. 이것은 지금의 단계에서 사회생물학이 충분히 과학적이 아니라는 말이 되고, 다른 어떤 것에 의해 영향을 받고 있다는 것이 된다. 물어보아야 할 것은 과학이 어떻게 인간 이해에 영향을 끼치는가 하는 것보다도, 오히려 거꾸로 분명하게 검토되지 않은 관념들이 어떻게 과학에 영향을 끼치는가 하는 것이다.

과학은 이데올로기의 영향을 받으며, 이데올로기로서 작용하기도 한다. 진화론의 영향은 상당 부분 이데올로기적인 것이었다. 물론 그렇다고 해서 과학과 다른 관념 또는 이데올로기의 관계를 지나치게 간단한 것으로 여겨서는 안 된다. 과학이 주는 인간에 대한 암시가 엄밀성을 결여한다고 해도 인간의 일면을 밝혀주는 데 도움을 주는 것임은 틀림없기 때문이다. 또 과학이 시대의 지적 풍토에 의해 영향을 받는다면 그것은 과학이 그 영향으로 인해 세계의 어떤 특정한 면에 새삼스럽게 주의하게 되었음을 말하는 것일 수도 있다. 주의해야 할 대상에 관한 진술은 그 나름의 독자성 속에서 옳을 수도 있고 그를 수도 있다. 그러나 과학의 건강을 위해서나 보다 바른 인간 이해를 위해 이데올로기적 측면의 비판이 당연한 것은 물론이다.

전통적으로 인간 이해의 문제는 인문과학의 소관사로 생각되어 왔다. 철학을 비롯한 인간 이해는 성찰에 의존해 이루어지는 것이었다. 좀 더 엄밀한 관점에서는 인식의 기본적 장으로서 의식에 나타나는 기본적인 현상을 기술하고 분석하는 현상학적 관점에 의존했다고 할 수 있다. 여기에 사물 자체의

물어보아야 할 것은 과학이 어떻게 인간 이해에 영향을 끼치는가 하는 것보다, 거꾸로 분명하게 검토되지 않은 관념들이 어떻게 과학에 영향을 끼치는가 하는 것이다

결과적으로 인문과학의 노력은 명증한 결론보다는 암중모색의 혼란이 더 많이 눈에 띈다

근본으로 끊임없이 되돌아가 논리적 분석의 엄밀성을 존중하려는 노력이 없는 것은 아니다. 그러나 결과적으로 인문과학의 노력은 모든 내면의 문제가 그러하듯이, 명증한 결론보다는 암중모색의 혼란이 더 많이 눈에 띈다.

늘 인문과학의 선망이 되곤 하는 과학의 확실성

그리하여 과학의 확실성은 인문과학적 사고에서도 늘 선망의 대상이 된다. 그러나 과학이 시사하는 인간관은 그 방법적 구속으로 인해 벌써 우리에게 직관적으로 주어지는 인간 이해로부터 비껴나간다는 느낌을 준다. 인간 이해에서 그 자신의 직관으로 접근되는 자료를 버리는 것은 증거의 가장 중요한 부분을 버리는 것이다. 사람의 지능에 관한 논쟁에서 철학자 설(Searle)은 두뇌에서 진행되는 운산을 컴퓨터 시뮬레이션으로 재생한다고 하더라도, 그때 컴퓨터가 사람이 가지고 있는 바와 같은 의식 또는 더 나아가 감정을 가지고 있다고 할 수 있느냐는 질문을 제기하고 의식의 부재가 컴퓨터와 인간을 갈라놓는 것이라고 주장한 일이 있다. 내면의 모든 성찰이 반드시 신뢰할 만한 증거가 되는 것은 아니지만, 내면에 대체될 수 있다고 주장하는 외면적 증거가 체험의 직관을 완전히 부정하거나 또는 적어도 그에 대한 적절한 인과관계를 설명할 수 없다면 그러한 인간 이해의 기획은 성공한 것이 될 수 없다.

우리가 인간을 말할 때 그것은 스스로의 삶을 살아가는 개체로서의 존재—물론 삶의 토대가 되는 물리학적·화학적·생물학적 환경에 의해 뒷받침되고 그에 작용하는 동시에 다른 한편 사회와 문화의 망 속에 이어져 있는 개체적 존재로서의 인간을 말한다. 사람이 분자나 세포로 이루어진 것은 사실이지만, 그러한 것의 결집이 이루는 개체는 그 구성분자와는 또 다른 어떤 존재이다. 일정한 형태로 조직된 분자와 세포들은 새로운 성질, 요즘 더러 쓰는 용어로 말하건대, 창발적인 성질(emergent property)을 드러낸다. 인간을 과학적으로 살펴볼 때 문제가 되는 것은, 이 새로운 존재론적 차원을 어떻게 그 관찰에 포함시키느냐 하는 것이다. 오늘날 이 차원에 대한 충분한 이해는 없는 것 같다. 그러나 과학에서도 복잡한 조직의 어떤 국면에서 나타나는 새로운 성질과 작용이 과학적 연구의 새로운 과제로 등장하고 있다. 전통적 인간 이해는 이러한 차원에 삽입될 수 있을지도 모른다.

이러한 각도에서 문제에 접근할 때 궁극적으로 철학적 인간학이나 자연과학의 인간 이미지는 서로 수렴될 가능성도 있다. 그리고 궁극적으로 인간과 세계에 대한 과학적 지식과 자각적 이해는 서로 크게 떨어져 있지 않다는 것이 드러날지도 모른다. 이러한 수렴은 사람의 삶에 매우 중요하다. 앞에서 말한 바와 같이 모든 학문에 인간에 대한 어떤 전제가 들어 있고, 모든 사람의 일에 인간에 대한 어떤 이미지가 들어 있다면, 우리의 인간 이해가 객관적 사실과 인간의 내면적 요구에 적절하게 맞아들어간다는 것은 인간경영의 토대가 믿을 만한 것이 된다는 것을 말하기 때문이다.

생물학의 진화론은 생물학의 범위를 넘어 인간과 사회의 이해에 중요한 기여를 했다. 이 기여는 위에서 말한 것처럼 시대가 요구하는 이데올로기를 상당 정도 제공했기 때문이다. 그러나 진화론적 사고의 계속된 발전과 세련화는, 생물학에 이론적 기여로서만이 아니라 인간과 인간의 생존조건에 대한 이론적이고 실제적인 지식으로서 그 깊이를 더하게 되었다. 여기에 대해 진화론의 인간 이해가 전통적 인간학 또는 우리의 직관적 이해와 어떤 관계가 있는지는 아직 분명하지 않다. 생물학이 인간론의 일부를 이루어야 할 것임은 의문의 여지가 없다. 그러나 반대로 생물학은 철학적 인간론의 물음에 답해야 할 문제점들을 가지고 있다. 그러한 문제점들을 생각하는 것은 생물진화론의 관점을 넓히고 세련화하는 데 도움을 줄 것이다.

2. 사회생물학적 유추

이미 비친 바와 같이 다윈의 진화론은 현대적 생물학이 성립하는 데 가장 중요한 토대의 하나가 되었을 뿐만 아니라 현대적 인간관과 세계관의 성립에 커다란 영향을 미쳤다. 그러나 과학적인 이론으로서의 진화론과 세계관의 일부로서의 진화론의 관계가 반드시 일 대 일의 대응을 이루는 것은 아니다. 다윈의 진화론이 당대와 그 이후에 미친 영향을 논하는 한 글에서 모스 펙캄(Morse Peckham)은 그것과 그것에 영향을 받은 다윈주의 사이에는 아무런 관계가 없다고 말하고 있다. 다윈은 과학을 말한 것일 뿐인데, 다윈주의자들은 그의 생각을 유추적으로, 즉 정당한 이유 없이 도덕과 형이상학의 영역에까지 확대했다는 것이다.[1] 말하자면 다윈 자신은, 마르크스

마르크스가 마르크스주의자가 아닌 것 같이 다윈은 다윈주의자가 아니었다

---

[1] Morse Peckham, "Darwinsm and Darwinisticism," Philip Appleman ed. Darwin(New York : Norton, 1979) 참조.

가 자신은 마르크스주의자가 아니라고 했던 것과 같이, 넓은 의미의 다윈주의자가 아니었던 셈이다.

아이디어의 영향은 반드시 면밀한 합법칙적 관계로 설명할 수 있는 것은 아니다. 그러한 연결이 정당하든 아니하든 간에 진화론은 우선 인간을 신의 특별한 창조행위로 본 기독교의 인간관 및 세계관에 가장 큰 충격을 주었다. 진화론은 코페르니쿠스와 뉴턴으로부터 이어지는 과학적 사고로부터 계속된 과학혁명의 또 하나의 단계였다. 코페르니쿠스 혁명이 지구를 우주의 중심에서 밀어내고 그와 더불어 사람의 지위를 격하시킨 것이라면, 다윈은 다시 한 번 사람을 동물과 연속선상에 놓음으로써 창조물 중에서 인간의 특권적 위치를 위태롭게 하였다.

냉정하게 생각해 볼 때, 사람이 우주의 중심에 있지 않다거나 또는 다른 생명체와 연속적인 친족관계에 있다고 하여 사람의 위엄이 손상된다는 것은 전혀 논리적이지도 과학적이지도 않은 주장이다. (사람의 선 자리가 중심이냐 또는 차별되어 있는 것이냐 하는 것이 사람의 위엄에 관계된다는 생각은 오늘날에도 사람들의 일상적 통념이 되어 있다.) 그 반대로 다윈의 생각을 하나의 세계관의 철학으로 확대한 다윈주의자들도 그리 과학적이었다고 할 수는 없다. 그것이 반드시 다윈에서 시작한 것이라고 말하는 것은 옳지 않지만, 다윈의 종의 진화에 관한 생각은 시대의 진보에 대한 사상의 일부를 이루었다.

다윈이 표현하는 생각의 하나는 생물진화가 하등생물로부터 보다 복잡한 조직을 가진 고등동물로 나아간 것이고, 사람이 여기에서 그 진화의 정점에 있다는 것이다. 이것은 사회와

사람이 우주의 중심에 있지 않다거나 동물과 연속적인 친족관계에 있다고 하여 사람의 위엄이 손상된다는 것은 전혀 논리적이지도 과학적이지도 않은 주장이다

인지의 진보에 생물의 진보라는 더욱 넓고 확실한 근거를 제
공해 주는 것으로 생각되었다. 사회적으로 커다란 영향을 끼
친 것은 진보의 사상보다 이러한 진보－생물의 진화로부터
유추한 진보의 계기에 관한 것이다.

　다윈의 진화론에 들어 있는 여러 생각 가운데, 요즘 용어로
말해 사회생물학적 유추의 과정에서 특히 당대의 상상력을
사로잡은 것은 진화의 근본적 계기가 되는 자연도태의 개념

**자연도태의 개념과
적응능력의 이점**

이었다. 자연도태는 어떠한 종이 번성하거나 도태되는 원인
이 "보다 뛰어난" 적응능력에 있다는 뜻이다. 사람들은 이것
이 사회의 진화에도 확대될 수 있는 것으로 생각했다. 적응능
력의 이점이란 단순한 이점이 아니라 다른 종과의 경쟁관계
에서의 비교우위를 뜻한다. 이 종과 종의 투쟁은 물론 같은
종의 내부에서 개체와 개체의 투쟁으로부터 시작된다. 개체
든 종의 경우든, 다윈은 일정한 먹이의 환경에는 여러가지의
생물들이 쐐기처럼 박혀 있고, 새로운 날카로움을 가진 쐐기
는 이미 박혀 있는 쐐기를 밀어내고 제 자리를 확보하는 것으
로 생각하였다. 여기에서 살아남는 자는 생존에 적절한 자이
다. 적자생존이라는 말은 이러한 관계의 한 면을 말한 것이다.

　사실 이 말을 발명한 것은 다윈이 아니라 스펜서(Herbert
Spencer)지만, 어찌됐든 이 말은 다윈 이후의 사회사상에서
중요한 말이 되었다. 살아남는 것은 우수한 능력을 나타내는
것일 뿐만 아니라 사회진화의 과정에 의해 정당화되는 일이
다. (연대적으로 다윈을 앞선 스펜서의 사회진화론은 생존을 위한 자유경
쟁 이외에 사회 내에서의 인도주의적 감정의 확산을 진화의 한 증표로 보
았다.)

흔히 사회적 다원주의라고 불리는 사회사상은 미국의 사회학자 섬너(Willam G. Sumner) 같은 사람에 의해 극단적인 형태로 표현되었다. 섬너의 사회사상을 지나치게 단순화하는 것은 잘못이지만, 그가 사회란 생존을 위한 경쟁과 투쟁의 장이며, 여기에서 승자와 패자가 갈라지는 것은 당연한 삶의 원리일 뿐만 아니라 결과적으로 사회 전체의 발전에 기여하는 것이라고 생각한 것은 사실이다. 그리고 현실적 방안으로서 그에게 생존투쟁에서의 약자와 패자의 도태를 방지하거나 완화하려는 사회정책적 조치는 결과적으로 사회발전을 저지하는 일이고 부도덕한 일이 된다. "이치에 맞지 않는 간섭과 원조로 사회적 압력의 희생자들을 고통으로부터 구하려고 하는 것은 어리석음과 부도덕에 상금을 주고 그것을 더욱 확산하는 일이다"[2]고 그는 말했다.

살아남는 것은 우수한 능력을 나타내는 것일 뿐 아니라 사회진화의 과정에 의해 정당화되는 일이다. 섬너에 의하면 생존투쟁에서 약자와 패자의 도태를 방지하거나 완화하려는 사회정책적 조치는 사회발전을 저지하는 일이고 부도덕한 일이 된다

사회적 다원주의 사상은 당대를 지배하던 무자비한 산업주의의 사회사정에 맞아들어가는 것이었다. 그것은 제국주의단계의 자본주의체제에 자연원리의 정당성을 부여했다. 여기에서 특기할 것은 이러한 사회적 다원주의가 동북아시아와 한국에서도 중요한 사상적 영향을 끼친 사실이다. 신채호(申采浩)는 역사가 유교적 역사관에서 말하는 사필귀정(事必歸正)의 정당성이 아니라 산업과 군사력의 강약에 의해 결정된다고 생각하고, 그에 따르는 사회적 국가적 자강운동을 주창하였다. 이러한 신채호의 역사사상은 국가의 "우승열패, 생존경

사회적 다원주의 사상은 당대를 지배하던 무자비한 산업주의의 사회사정에 맞아들어가는 것이었다

---

2 Stow Parsons(ed.), *Social Darwinism : Selected Essays of William Graham Sumner* (Englewood Cliffs, N. J. : Prentice Hall, 1963), p. 23.

쟁, 적자생존의 세계에서는 열자나 약자는 패배할 수밖에 없
다는 진화의 공례"라는 것을 인정한 청말(淸末)의 사상가들인
엄복(嚴復), 양계초(梁啓超)로부터 온 것이었지만, 결국 이것은
스펜서의 사회진화론에서 연유한 것이었다.[3] 이것은 진화사
상을 제국주의적 국제관계에 적용한 것인데, 이러한 국제관
계의 투쟁적 이해는 오늘날에도 한국의 국제관계 이해에 하
나의 근본 틀이 되었다. 그리고 이에 더하여 이러한 투쟁적
관계는 사회 내에서의 인간 이해에도 근본적 이해의 틀로 작
용하게 되었다. 신채호의 당대에 어찌되었든, 적어도 오늘날
의 한국에서 "인류사회가 아(我)와 비아(非我)의 투쟁"[4]으로
형성된다는 생각은 일반적 공리가 되었다. 물론 이것은 우리
역사와 사회의 현실—국제적으로는 제국주의 환경에, 국내적
으로는 사람과 사람의 갈등과 전략적 관계를 기본으로 한 사
회체제로 특징되는 현실에 의해 정당화된 것이었지만, 그 사
상적 원류의 하나가 사회진화론에 있다는 것은 틀림없다.

진화사상을 제국주
의적 국제관계에 적
용한 스펜서의 사회
진화론

3. 진화론과 이데올로기

사회이론은 이미 이
루어진 현실의 이념
적 형식화의 결과이
고, 그 범위 안에서
현실변화의 설계도
역할을 하는 관념적
구성물이다

  사회적 다원주의는 과학적인 사회이론이라기보다 이데올
로기라고 해야겠지만, 그렇다고 해서 전적으로 맞지 않는 허
위의 조작이라고 말할 수는 없다. 사회이론이란 통시적인 보

3 신일철, 〈신채호의 근대국가관〉, 강만길 편, 《신채호》(고려대학교 출판부,
   1990), p. 6.
4 《신채호전집》 상(을유문화사, 1972), p. 31. 신일철, 위의 논문, p. 20.

편성을 말하는 것이라기보다는 이미 이루어진 현실의 이념적 형식화의 결과이고, 또 그러니만큼 그 범위 안에서 현실변화의 설계도 역할을 하는 관념적 구성물이다. 다만 그러한 설계도는 한편으로 현실여건의 변화와 더불어 현실적 효과를 상실하게 된다. 다른 한편으로 그 생명력의 길이는 인간의 유토피아적 충동을 포함하는 보다 깊은 사고에 뿌리내린 정도에 따라 결정된다. 그러나 인간의 관념적 구성물이 현실을 완전히 포착하여 지나치게 긴 생명력을 가질 수는 없다.

이론의 생명력의 길이는 인간의 유토피아적 충동을 포함하는 보다 깊은 사고에 뿌리내린 정도에 따라 결정된다

　다윈의 진화론에서 최초의 가장 중요한 사상적 파생물인 사회적 다윈주의가 진리라기보다는 이데올로기라고 한다면, 생물학적 진화론에서도 그러한 면을 간과할 수 없다. 진화론의 여러 부분들에 두루 해당되는 것은 아니지만, 진화론에 절대적인 경험적 증거가 있다고 할 수는 없다. 오늘날에 와서도, 천동설이 주창되지는 않지만 여전히 창조주의가 그런대로 이야기되는 틈이 있다는 사실에서도 이것은 드러난다. 다윈의 진화에 대한 생각은 그 이전의 생물학이나 지질학의 연구에 힘입었을 뿐만 아니라, 계몽주의사상에서 진보의 이념 또는 애덤 스미스의 경제사상, 무엇보다도 당대 사회의 경제적 현실 등으로부터 영향을 받았다. 과학사상이 사회적 조류에 자극되어 일어나고 쓰러지는 것은 비단 다윈의 진화론에서만 보는 것이 아니지만, 다윈 이후의 진화론 자체의 전개도 시대적 상황과 관련되어 있다.

　리키(Richard Leakey)는 진화론자들의 인간진화의 증표에 대한 역점의 변화를 다음과 같이 시대적 분위기에 관련해서 말하고 있다. 다윈이 기술과 두발걷기(bipedalism)와 큰 머리

로 특징되는 인간의 진화에서 석제무기의 출현을 중요시한 것은 당대의 투쟁적 인간관에 관련되어 있다. 비교적 평온한 시기였던 20세기 초에는 두발걷기보다는 큰 머리가 인간의 특징으로 생각되고, 기술의 경이에 감탄하던 시대 분위기에 따라 기술이 인간진화의 원동력으로 생각되어 "도구사용자로서의 인간"이라는 주제가 크게 부상하였다. 그런가 하면, 이차대전 이후로는 사람을 다른 유인원으로부터 구별해 주는 것은 동료인간에 대한 난폭성이라고 생각되었다. 그리하여 오스트레일리아의 해부학자 다트(Raymond Dart)의 "살해자로서의 인간"이라는 말이 널리 유행하였다. 1960년대에는 현대 문명의 모순으로부터 떨어져 존재하는 수렵 경제의 원시부족 생활이 낭만적 관심의 대상이 되고, "사냥꾼으로서의 인간"이라는 주제가 진화론적 인간론의 중요한 관심사가 되었다. 여기에 대하여 다시 1960년대 이후 여성운동의 대두와 더불어 남성 위주의 수렵에 대하여 여성적인 채취를 인간진화의 핵심적 요소로 보는 "채취인으로서의 여성"이라는 주제가 중요시되었다.[5] 이러한 역점의 이동은 과학이론이 그 시대 여론의 풍토에 얼마나 지배되는 것인가를 보여준다. 그러한 한도에서는 과학에도 이데올로기적인 면이 적지 않게 작용하는 것이라고 할 수 있다.

그 시대 여론의 풍토에 지배되는 과학이론의 이데올로기적 측면

물론 여기에서도 이데올로기의 의미는, 위에서 이미 시사한 대로, 사회이론이나 우주관의 경우와 마찬가지로 시대현

---

5 Richard Leakey, *The Origin of Humankind* (New York : Basic Books, 1994), pp. 10~11.

실 속에서 투사 가능한 부분을 두드러지게 한 것이라는 해석
이 가능하다. 그리고 이러한 이데올로기적 관련이 반드시 과
학적 이론의 정당성을 그대로 결정하는 것은 아니다. 과학적
이거나 아니면 인문적인 진리의 발생적 환경과 정당성의 환
경은, 변별적으로 가려져야 마땅한 것이며 동일한 것이 아니
다. 진화론의 경우는 여러 부분에서 실험적인 검증이 불가능
한 것이기는 하나 그것이 과학적 이론으로 남아 있는 한 계속
적인 수정과 개선을 통해 타당성을 가진 이론으로 남아 있을
수 있다. 인문사회과학의 여러 명제들이 갖는 난점은 검증과
수정을 가능하게 할 기제를 가지고 있지 않다는 것이다. 그렇
다고 그것이 전혀 허무맹랑한 것은 아니고, 거기에 적용되는
진리의 기준이 더 복잡한 것이라고 말하는 게 옳다.

위에서 살핀 바와 같이 생물진화의 동인으로서 자연도태의
개념은 19세기 서양이나 또한 한국의 경우에서처럼, 급속한
산업화의 과정이나 제국주의의 위협 아래에 놓여 있는 사회
의 사회현상을 인간의 본질적 속성에 비추어 설명해 주는 것
으로 받아들여졌다. 그러나 그것이 인간의 전부가 아니라는
느낌도 적지 않았다. 펙캄의 지적에 의하면, 다윈도 생물의
생존에 있어 경쟁에 못지않게 협동이 중요하다는 데 주목하
였다. 그리고 사회진화론의 원조라고 할 스펜서도 윤리적 감
정의 진화가 인간진화의 하나의 결과라고 언급하였지만, 19
세기 진화론 논쟁에서 그 옹호에 앞장섰던 헉슬리(Thomas H.
Huxley)는 자연도태를 통한 진화와 윤리적 태도 사이에 필연
적 연결이 존재할 수 없음을 선언하였다. 우주적인 과정에서
약육강식의 생존경쟁이 그 하나의 특징이라고 한다면, 윤리

생물학적 인간의 진
화와 윤리적 태도의
진화와의 관계

적 관점에서의 "사회진화는 이 우주적 과정을 그 하나하나
의 단계에서 저지하고 대체하는 것"이라고 그는 말했다. 그
리하여 사회진화의 표지가 되는 선(善)의 실행은 "무자비한
자기주장, 경쟁자 밀쳐내기 또는 짓밟기가 아니라, 각자가
동료인간을 존중하고 더 나아가 상호부조하는 것을 요구한
다."[6]

섬너에게 이러한 윤리적 태도의 옹호는 종교가나 유토피아
몽상가, 소설가들이 내놓는 허구에 불과한 것으로서 "힘들여
행한 연구결과가 아닌 안이한 감정의 소산"[7]에 불과하다. 그
러나 그러한 실증주의와 과학적 근거의 주장에도 불구하고,
엄격히 따지고 보면 헉슬리의 주장이 오히려 과학적이라고
할 것이다. 인간 생존의 두 개의 영역인 사실과 가치 사이에
존재하는 것은, 섬너가 말하는 바와 같은 법칙성이 아니라 유
추관계이다. 또 이 둘 사이의 느슨한 관계는 안간의 내적 체
험의 직관에도 반대된다. 인간의 특징 중 하나는 자유이다.
이것은 사람들의 직접적인 경험의 내용을 이룬다. 궁극적으
로 주관적인 자유가 객관적인 조건화 작용의 한 결과라고 할
수 있는 면이 없진 않지만, 현실세계의 삶에서도 실증되는 자
유는 인간의 경험적 사실의 일부이다.

사회적 다윈주의, 그리고 그것의 후계자라 할 수 있는 사회
생물학은 인간에 대하여 일단 유전결정론적인 입장을 가지고

6　Thomas Henry Huxley, "Evolution and Ethics," Appleman ed. *Darwin*, p.
　327.
7　Parsons, p. 11.

있다.[8] 이에 대하여 인간의 자유를 말하는 모든 이론들은 사람들에게 기이한 매력을 행사하는 것으로 보인다. 이것은 방금 말한 것처럼 사람들의 원초적인 경험에 비추어 정당한 것처럼 보이기 때문이기도 하지만, 자유로운 존재로서 스스로를 확인하고자 하는 사람들의 숨은 소망을 정당화해 주기 때문이다. 사실 진화론의 한 책임은 이러한 소망의 진화론적 근거를 찾는 일을 포함한다고 할는지 모른다.

유전결정론의 인간관과 자유의 인간관

4. 필연성과 예측 불가능성

과학이 과학으로 남으려면 대상세계의 필연성의 궤적들을 추구하는 것일 수밖에 없고, 또 그런 만큼 그것은 방법론으로 인해 결정론을 벗어날 수 없다고 할 수 있다. 그러나 20세기 진화론의 발전은 그 자체로서 이미 19세기의 결정론을 완화하는 여러 요소들을 포함한 것으로 보인다. 그리고 그 결과 19세기의 실증주의가 그러했던 것처럼 진화에 있어서도 기계론적 설명의 확실성은 과학 자체에서 근거한 것이 아니었다는 의심을 갖게 한다.

기계론적 설명의 확실성은 과학 자체에서 근거한 것은 아니다

테니슨의 장시 〈임메모리암〉은 다윈주의의 영향을 많이 드

---

8 이것은 물론 논의를 위한 단순화에 불과하다. 섬너의 경우도 그러하지만, E. O. 윌슨도 자기의 입장이 그러한 결정론이 아님을 여러 차례 천명한 바 있다. 가령 그는 인간의 공격성을 논하는 자리에서, 그 진화의 결과로서 물려받은 공격성—특히 남성에 강하게 나타나는 공격성을 인정하면서도, "유전적 편향의 제시가 현재와 미래사회에서의 그것의 계속적 실천을 정당화할 수 없다고 말한다." E. O. Wilson, *In Search of Nature* (Washington, D. D. : Island Press, 1998), p. 93.

러내는 작품이다. 여기에서 그의 자연관은, "이빨과 손톱에
붉은 피를 묻힌 자연"이란 이미지로 요약된다고 할 수 있다.
이 이미지는 자연환경이 먹느냐 먹히느냐의 피나는 싸움의
관계로 이루어진다는 것을 나타낸 것이다. 이 싸움은 개체와
개체, 종과 종 사이에 전개된다. 투쟁적 생존에 대한 생각은
다윈이 맬서스의 《인구론》을 읽고 영감을 얻은 것으로, 투쟁
은 먹이의 결핍상황이나 그 압박이 커진 상황에서 일어난다.

다윈은 개체와 개체
의 투쟁보다는 결핍
으로 특징되는 환경
과의 투쟁을 더 많
이 생각했다

다윈은 생존경쟁을 말하면서, 개체와 개체의 투쟁보다는 결
핍으로 특징되는 환경과의 투쟁을 더 많이 생각한 것이라고
할 수 있다. "궁핍의 상황에서 늑대 두 마리가 살아남기 위해
서로 싸우는 경우"는 차라리 드문 경우이고, 오히려 더 많은
것은 "사막 변두리에서 식물이 가뭄과 싸우면서 살아남는 경
우"였다. 결핍상황에서는 피나는 싸움은 다른 살아남는 방법
중 하나에 불과하다. 먹이의 양을 줄임으로써 살아남는 경우
나, 경쟁자에게는 쓸모없는 먹이를 활용하는 경우도 살아남
기 위한 중요한 방법이다. 또 종과 종 사이에 경쟁이 없는 것
은 아니지만, 서로 다른 종은 대체로 환경 내에서 다른 종류
의 지위(ecological niche)를 차지하기 때문에 늘 직접적 대결
이 그 생존의 조건이 되지는 않는다.[9]

대체로 다윈 이후, 특히 20세기의 진화에 관련된 생물학의
발전은 생존경쟁이나 자연도태를 넓은 의미로 생각할 것을
요구하는 것으로 보인다. 유전학과 분자생물학의 발달은 종

9 여기의 지적들은 Richard Levins and Richard Lewontin, *The Dialetical
Biologist* (Cambridge, Mass : Harvard University Press, 1985), p. 77에서 빌려
온 것이다. 그러나 이 부분에서 저자들의 관심은 생존경쟁이나 자연도태보다
는 적응의 고정성을 부정하는 데 있다.

의 진화와 변화에 대한 관심을 개체로부터 유전자로 옮겨가
게 하고, 보다 나은 적응에 중요한 역할을 하는 유전자나 분
자 수준에서의 돌연변이가 개체나 종 차원에서의 생존전략에
대해 갖는 관계는 보다 덜 직접적인 것으로 생각되게 하였다.
이 관계를 해체한 것으로 생각될 수 있는 극단적인 경우는 일
본의 생물학자 기무라의 '중립진화(neutral evolution) 이론'이
다. 이 중립진화론은 세포 내의 핵산이나 아미노산의 진화가
(의미있는 변화라는 관점에서) 중립적인 변이의 고정화의 결과라
는 사실을 밝힘으로써 개체 차원에서 적자생존의 방향으로
진행되는 진화를 의심스럽게 한 것이다.

기무라의 중립진화
이론

19세기의 개체와 개체, 종과 종의 피나는 생존투쟁의 그림
은 여러 가지로 수정되고 섬세해졌지만, 대체적으로 보아 그
것이 자연도태의 개념을 완전히 부정해 버리는 것은 아니다.
마이어(Ernst Mayr)는, 조금 전에 언급한 중립진화론을 포함하
여 다윈주의 또는 신다윈주의에 대한 비판과 반대를 간략하
게 검토한 다음 이렇게 말하고 있다. "진화의 기본이론은 완
전히 확인된 것이기에 현대생물학자들은 진화를 그저 사실로
받아들인다. …… 그것은 태양이 지구를 도는 것이 아니라 지
구가 태양을 돈다는 관찰만큼이나 사실이다."[10] 물론 여기에
는 진화의 기본적인 동력으로서의 자연도태가 포함된다. 그
럼에도 불구하고 수정의 폭—주로 그 작용범위의 한정화로
표현되는 수정의 폭은 인간 이해라는 관점에서 진화와 자연

---

10 Ernst Mayr, *One Long Argument : Charles Darwin and the Genesis of
  Modern Evolutionary Thought* (Cambrdige, Mass. : Harvard University Press,
  1991), pp. 162~163.

도태의 의미를 크게 바꾸어놓는다.

다윈주의에 도전하거나 수정을 요구한 발견과 이론 가운데, 마이어가 언급하는 것으로 굴드(Stephen Gould)의 '단절적 평형(punctuated equilibrium) 이론'이 있다. 고생물학자 굴드의 관찰에 의하면 화석으로 증거되는 생물의 진화는, 다윈과 그 후계자들이 말하는 것처럼 오랜 시간을 통한 점진적인 변화를 통해 진행되어온 것이 아니라, 급격하게 변화와 정지—수백만 년 간격의 변화와 정지의 되풀이로서 진행되었다고 주장한다. 진화의 과정에 대한 이러한 관찰은 독일의 생물학자 쉰데볼프(Schindewolf)가 말하는 '도약적 진화 이론'과 비슷한 것이다. 마이어의 생각으로는 이것은 다윈주의의 점진주의에 대한 큰 도전이 될 수는 없다고 한다. 그렇다는 것은 적어도 빠른 변화의 시간 중에서도 자세히 들여다보면 변화는 점진적인 것이기 때문이다.[11] 사실 빠른 도약 또는 폭발의 기간이라는 것도 지질학적인 시간으로는 수백만 년을 말하는 것이기 때문에 그것은 보기에 따라 폭발적인 것이기도 하고 점진적인 것이기도 한 것이다.

생물학적으로 빠른
도약 또는 폭발의
기간이라는 것도 지
질학적 시간으로는
수백만 년을 말하는
것이기 때문에, 그
것은 시간의 원근법
에 따라 폭발적인
것이기도 하고 점진
적인 것이기도 하다

그러나 단절적 평형이론의 함의는 진화의 리듬과 시간에만 관계되는 것이 아니다. 굴드의 주장은 설사 그것이 궁극적으로 다윈주의 속에 수용되는 것이라 하더라도 다윈적 진화론의 많은 개념을 약화시키는 효과를 갖는 것이 틀림없다. 그리고 그것이 그의 의도였다. 그의 생각으로는 생명의 진화 또는 변화를 지배한 것은 어떠한 필연적 법칙이 아니라 우연성

---

11 Mayr, p. 154.

(contingency)이다. 따라서 진화에는 발전의 일정한 방향도 종착점도 없다. 진화에 필연성 또는 법칙성을 부여하는 것은 자연도태와 환경적응이다. 다윈주의는 생존경쟁에서 작은 이점들이 누적되는 것을 통해 환경에 보다 더 잘 적응하는 형태로 바뀌어가는 것이 생물진화의 기제라고 말한다. 그러나 굴드의 관점에서 적자생존을 보장하는 자연도태는 한정된 국지적 현상을 말한 뿐이고, 생명의 폭발과 느린 변화 또는 정지라는 것으로 특징되는 큰 범위와 긴 시간의 생명현상에는 적용되지 아니한다. 생명형태의 급격한 폭발은 적응과 도태의 균형을 깨어버리고, 그 엄격한 균형이 가능하게 하는 법칙성을 깨어버린다. 그는, 캐나다의 브리티시컬럼비아 주의 버제스에 있는 쉐일(Bugess Shale)의 화석들을 재검토한 결과를 주된 증거로 삼았다. 생명이 어떤 시기에 폭발적으로 여러 형태를 발전시키고 이 형태적 실험은 점진적으로 다시 소수의 형태로 표준화된다고 말하면서, 이 과정에 작용하는 것은 '제비뽑기'의 우연이라고 주장한다. "현대적 생명의 체계는 기본법칙─자연도태든, 해부학적 설계의 우수성이든, 기본법칙에 의해 보장되었던 것이 아니다. 그것은 대개 우연성의 산물이다."[12]

다시 말해 생물의 국지적 적응에 효과적인 형태변화는 지구환경의 장기적인 변화에 대처하는 변화가 될 수 없다. 이 예측 불가능성이 최대로 드러나는 것은 종의 절멸의 에피소드에서이다. 가령 지금에 와서 백악기 말의 공룡의 절멸은 지

---

12 Stephen Jay Gould, *Wonderful Life* (New York : Norton, 1989), p. 288.

굴드의 주장은 다윈 적 진화론의 많은 개념을 약화시키는 효과를 낳았다. 굴드의 생각으로는 생명의 진화를 지배한 것은 필연적 법칙이 아니라 우연성이다. 진화의 과정은 우연적 변화의 연속일 뿐 생존자를 정당화해 주는 필연성도 방향성도 목적도 없는 것이다

구와 아스트로이드가 충돌한 결과로 이야기되지만, 이것은 정상적 지구환경에 대한 공룡의 적응능력과는 아무런 관계가 없는 일이다. 마찬가지로 공룡에 이은 포유류의 생존과 성공도 그 생존능력이나 적응능력과는 관계가 없다. 설령 있다고 하더라도 그것은 전혀 우연적으로 생겨난 특징의 이점으로 인한 것이지, 준비되고 예견된 적응능력으로 인한 것이 아니다. 절멸의 시기에 법칙이 있다면 그것은 전혀 다른 종류의 법칙이다. 그러나 그것은 "다윈이 생각하였던 바 국지적 인구에서 이루어지는 성공의 이유와 오랜 지질학적 시간 속에 살아남고 번식하는 원인 사이에 존재하는 연속성을 깨뜨려버린다."[13] 그리하여 진화의 과정은 사실상 우연적 변화의 연속일 뿐 생존자를 정당화해 주는 필연성도 방향성도 목적도 없는 것이다.

5. 시간의 원근법과 관찰범위

굴드의 주장은 다윈적인 진화론을 거의 전적으로 부정하는 것으로 들린다. 그러나 그 자신은 다윈의 진화론을 부정하는 것이 아니라고 말한다. 그러면서 그는 다윈의 텍스트에서 그자신의 입장을 뒷받침할 부분을 찾아내어, 다윈이 진화의 필연에 대한 우연성의 우위를 인정했다고 주장한다. 우리는 이미 굴드의 주장을 검토한 마이어가 그것을 큰 범위의 진화론

---

13 Gould, p. 308.

속에 포함하고 있음을 언급하였다 그러나 진화론과 굴드의 거리는 부정할 수 없는 것으로 보인다. 그러면서도 법칙적 진화와 우연의 "있는 그대로의 역사(just history)" 사이에 조화의 가능성이 없는 것은 아니다. 이것은 굴드가 생물학자라기보다는 고생물학자이며, 그러니만큼 조금 더 긴 시간의 관점에서 생명현상을 바라보는 눈으로 문제를 보았다는 점에 관계된다고 말할 수 있다.

6500만 년 전 공룡의 절멸을 가져온 대이변이 생명의 역사를 점진적 진화와 다른 각도에서 보게 한다면, 그와 비슷한 이변이 지질학자의 연대로는 5억 5000만 년 전 캄브리아기의 특이한 생명 폭발 이후 다섯 번 정도 있었다고 이야기된다. 이러한 이변은 생명현상의 내적인 사정, 가령 생존경쟁으로 인한 것이 아니라 생명 외적인 사정, 지구환경의 변화 같은 것으로 인한 것이다. 그것은 생물의 환경적응능력이란 관점에서는 설명될 수 없는 커다란 변화이다. 이 변화의 원인은 기후변화, 공기 중 산소량의 증감, 해수면 승강 등의 관계 등을 포함한, 더 큰 지구의 성격변화 또는 우주적인 사건에 있다. 생물의 거대환경조건을 해설하면서 리키가 설명하고 있는 것처럼, 직접적인 원인은 기후변화나 해수면의 변화에서 찾아지지만 궁극적으로 그것은 "맨틀의 대류작용(mantle convection), 지각구조판(tectonic plates)의 구성의 변화, 지구 궤도의 변화 등"[14]과 공룡 절멸의 원인이 되었다고 하는 아스트로

이변은 생명현상의 내적 사정, 즉 생존경쟁으로 인한 것이 아니라 지구환경의 변화 같은 생명 외적인 사정에 따른 것이다

---

14 Richard Leakey and Roger Lewin, *The Sixth Extinction* (New York : Doubleday Anchor Books, 1995), p. 51.

이드나 혜성과의 충돌 등이다.

지질학자 로프(David Raup)와 세코프스키(Jack Sekopski)의 계산에 의하면, 이 충돌은 대체로 2600만 년 가량의 간격으로 일어나며 위에 말한 다섯 번의 이변도 이 주기에 일어난 사건이다. (이 설에 의하면, 다음번의 이변은 앞으로 1300만 년 후의 일이 된다.) 캄브리아기에서 오늘에 이르는 현생누대(顯生累代/phanerozoic) 기간 중 생명 절멸의 60퍼센트는 이러한 대이변을 포함한 여러 천문학적 사건으로 인한 것이다.[15]

그런데 이러한 이변은 단순히 제대로 번창해가는 생명의 진화를 중단시키는 역할만 하는 것이 아니다. 그것은 진화 자체에 결정적인 역할을 한다. 그것은 생명의 다양한 전개를 가져오는 "진화의 혁신"의 계기가 되고, 또 진화의 큰 리듬을 결정한다. 대이변 이후에 갑작스러운 생명과 종의 폭발이 일어나고, 이어 불안정상태가 출현하고 이것이 다시 안정적이고 지속적 진화로 이어지는 생명의 거대한 리듬은 이러한 거대한 사건에 관계되어 있다. 생명형태의 전개는 절멸에 밀접히 관계되어 있는 것이다. 그리하여 리키는 다윈주의의 진화론의 잘못은 생명만을 살피고 생명의 절멸이 생명의 큰 테두리를 이루고 있다는 것을 등한히 했기 때문이라고 말한다.

리키는 다윈주의 진화론의 잘못은 생명만을 살피고 생명의 절멸이 생명의 큰 테두리를 이루고 있다는 것을 등한히 했기 때문이라고 말한다

그렇다고 다윈적 진화론과 그 법칙이 모두 틀렸다는 것은 아니다. 이미 위에서 말한 바와 같이 점진적 진화는 국지적 현상을 말하고 있을 뿐이다. 리키 그리고 리키가 의존한 다른

---

15 Leakey and Lewin, p. 56.

학자, 가령 시카고대학의 고생물학자 야블론스키(David Jablonski)에 의하면 동물이 소멸하는 데에는 두 가지의 다른 틀―배경적 소멸(background extinction)과 대량소멸(mass extinction)의 틀이 있고, 이 두 시기에서 생명 또는 종의 소멸 원인은 서로 다르게 된다. 혜성이 충돌하는 것과 같은 위기에서 종이 절멸되는 원인은 위에 말한 바와 같은 거대환경에서 생겨나는 원인으로 인한 것이지만, 그렇지 않은 경우인 점진적 생명진화의 배경으로 존재하는 종의 소멸은 다윈주의적 자연도태로 인한 것이라는 설명이다. 그리하여 "생명의 역사에서 거대규모로 진화의 모양을 형성하는 것은 배경적 소멸과 대량소멸의 지배기구의 교대이다."[16]

생물학적 진화론의 배경적 과정과 고생물학이나 지질학의 생명의 지질학의 카타스트로프를 포함한 거대진화의 과정에 대한 관찰의 차이는 관찰범위의 크고 작은 차이다. 이 범위의 크기는 단순히 수량적인 것만을 말하는 것은 아니다. 생태학적 사고는 그 나름대로 적정한 범위의 크기를 가지고 진행되는 사고이다. 생태학적 사고는 진화의 문제―자연도태를 그 동인으로 하는 진화의 문제에서도 차이를 가져온다. 진화의 문제들을 다양한 테두리에서―시간적으로나 공간적으로 복합적인 관점에서 서술하면서 최근의 연구들을 일반독자를 위해 매우 적절히 요약하고 있는 리키의 저서는 생명진화의 문제와 그것이 이루는 어떤 생명의 총체적인 질서를 생각하는

관찰범위의 차이

---

16 David Jablonski, "Background and mass extinctions : the alternation of macroevolutionary regimes," *Science*, vol. 231(1986), quoted Leakey and Lewin, p. 67.

데 있어 매우 시사적인 사례들을 제시하고 있다.

그중 하나는 생존경쟁이 개체적 차원에서가 아니라 생태학적인 총체적 맥락에서 생각되어야 한다는 사례이다. 하나의 신종이 이미 다른 종이 기득권을 확보하고 있는 생태계의 지위(ecological niche)를 침입해 들어갈 때, 그것은 생존투쟁에 이겨야 한다―이것이 자연도태라는 개념에서 나오는 상식이다. 그러나 케이스(Ted Case)의 컴퓨터 모델연구에 의하면, 이러한 경우에 침입자가 상대로 싸워야 하는 것은 어떤 특정한 개체나 종이 아니라 일정한 지역의 생태공동체 전체이다. 이 공동체가 서로 강한 상호작용의 관계를 가지고 있는―다양한 종이 영양배분이나 먹이망의 구성에 깊은 상호의존 관계 속에 짜여져 들어가 있는 경우, 그것은 약한 상호작용의 공동체보다도 강력하게 우수한 침입자를 막아낸다. 그 결과 약한 경쟁자도 다양한 종의 공동체에서는 더 높은 생존 가능성을 가지게 된다. 이 공동체는 어디에서나 대개 비슷한 특징을 가지고 있어서, 이러한 공동체조직에 일정한 규칙이 있음을 시사한다.

핌(Stuart Pimm)과 포스트(Mac Post)는 또 다른 컴퓨터실험에서 이것을 더 면밀하게 확인했다. 그 발견의 하나는 종의 수가 많은 경우가(물론 일정한 범위 안에서) 적은 경우보다 강한 공동체를 이룬다는 것이다. 또 다른 발견은 다양한 종이 모여 일정한 성숙단계의 집합을 이루고 있는 경우, 즉 역사적으로 일정한 평형상태를 이루게 된 공동체에서는 방어력이 강해진다는 것이다. 이러한 모델의 현실성은 가령 하와이섬에 새로운 종이 들어오는 경우, 그것은 오래된 본토 식물들이 있는

생존경쟁은 개체적 차원에서가 아니라 생태학적인 총체적 맥락에서 생각되어야 한다

침입자가 싸워야 하는 것은 어떤 특정한 개체나 종이 아니라 일정한 지역의 생태공동체 전체다

종의 수가 많은 경우가 종의 수가 적은 경우보다 더 강한 공동체를 이룬다

곳이 아니라 여러 신종들이 모여 있는 숲에 쉽게 발을 붙인다는 것으로 확인될 수 있다.

성숙한 공동체의 성공은 그것을 구성하는 종의 우수성에 기인하는 게 아닌가 생각할 수도 있지만, 이러한 공동체에서 하나하나의 종이 침입에 실패한 종에 비해 더 우수한 생존능력을 지닌 것은 아니다. 또 하나의 중요한 컴퓨터를 통한 생태학적 실험은 이러한 공동체의 기이한 역사적 성격이다.

이것은 이미 핌과 포스트에 의해서도 발견된 것이지만, 드레이크(Jim Drake)에 의해 더 분명하게 확인된 것이다. 생태공동체는 여러 종들의 결합으로 이루어질 수 있는데, 이 결합은 한편으로는 서로 대체 가능한, 그러니까 특별히 생존능력이 강한 것이 아닌 종들의 여러 다른 조합으로 이루어질 수 있고, 다른 한편으로는 구성분자로서의 종이 적절한 순서로 추가됨으로써만 제대로 이루어진다. 다시 말해 이 후자의 경우 어떠한 공동체에 가입하는 종은 처음에 공동체 가입에 실패하더라도 다음의 적절한 시기에 추가되면 가입이 허용되는 것이다. 즉 "하나의 지속적인 생태계(persistent ecosystem)의 최종적인 구성내용은 이 체계의 성숙과정에서 종이 이 체계에 들어오는 순서에 달려 있다."

더 확대해 말하면, 하나의 생태계는 역사적 체계로서 "지속적 체계 Z에 이르기 위해서는 그 생태계가 A에서 Y를 통과해야 한다. 그리하여 한달음에 Z에 이를 수 없다." 이러한 사실들은 진화의 과정에서 무엇이 살아남고 무엇이 소멸하는가가 반드시 좁은 의미의 자연도태와 적응으로 결정되는 것은 아니라는 것을 말한다. 또한 그것이 가역적이고 선형적인 필연

진화의 과정은 좁은
의미의 자연도태와
적응으로 결정되는
것은 아니다

의 논리로만 설명될 수는 없다는 것을 말한다.[17]

6. 카오스, 공진화, 메타다이내믹스

이렇게 볼 때, 진화를 포함한 생명의 전체적 현상은 한편으로 19세기 진화론자들이 생각한 것보다는 더 무한하고도 복잡한 요인들에 의해 추진되는 것이라고 할 수 있다. 그러나 다른 한편으로 그것이 간단히 설명되지 않는다고 해서, 전혀 아무런 모양새도 이치도 없이 진행되는 것은 아니다. 어떤 학자들은 혼돈의 원리로서 그것이 밝혀질 수 있다고 생각한다. 그 예는 생태구성체의 인구문제에서 쉽게 찾을 수 있다. 하나의 생태공동체 종들의 총 인구는 먹이 양의 제한, 경쟁, 포식자의 약탈, 병 등의 원인들이 서로 결합하여 작용함으로써 대체로 크게 늘어나지도 줄어들지도 않는 일정한 균형을 이루는 것으로 생각된다. 기후변화와 같은 외적인 요인이 이 균형을 깨뜨릴 뿐이다. 이러한 경우에도 인구는 다시 새로운 균형으로 돌아간다. 그러나 실제로 새로운 균형상태는 반드시 원상을 회복하는 것이 아니라, 전혀 종잡을 수 없는 것은 아니지만 커다란 파장을 보이며 요동하는 것이 발견되었다.

이에 대한 일단의 설명은 먹이나 포식자와의 관계에서 구해질 수도 있지만, 어떤 연구자들은 이러한 일정한 테두리에서 인구의 불규칙적인 변화의 진폭 또는 요동은 외적인 요인

---

17 Leakey and Lewin, pp. 160~167.

으로 인한 것이 아니라 생태공동체 내의 동역학(dynamics)으로 인한 것이라고 생각한다. 그리고 생태계의 인구형태와 움직임을 지배하는 것은 최근에 와서 '카오스'라고 불리게 된 현상인 것으로 추측한다. 말의 뜻대로 이것은 혼돈을 말하고 불규칙하고 예측 불가능한 것을 말하지만, 동시에 일정한 수학적 형식화를 허용하는 물질의 움직임이다. 수학자들은 이것을 '결정론적 혼돈(deterministic chaos)'이라고 부른다.

이러한 기이한 변화의 모양은 생태공동체의 시간 축의 움직임만이 아니라 공간적 확산에서도 증명된다. 일정한 지역의 종들은 서로 간격을 두고 듬성듬성하게 자리를 차지하여 성장한다. 이 듬성듬성한 성질(patchiness)은 지역 내 환경적 조건의 차이나 경쟁적 생존능력의 차이로 설명될 수도 있겠지만, 그 깊은 이치는 생태계 자체의 내적 동역학 내부에 있다. 지역의 내적인 특징이 균일한 경우에도 그러한 생태계적 특징은 드러나게 마련인 것이다.[18]

생태학적인 사고에 적용될 수 있는 카오스는 보다 일반적으로 진화의 문제에도 적용될 수 있다. 카우프만(Stuart A. Kauffman)은 복잡계의 수학으로 생명현상—분자 차원에서 생명의 발생과 진화 그리고 거시적 시간에서 생명의 진화를 설명할 수 있다고 생각한다. 그에게 진화의 주요한 계기의 하나가 자연도태인 것은 틀림없다. 그러나 그것은 보다 복잡계의 한 부분을 이루는 것이다. 그의 표현에 의하면, "유기체에 보이는 질서는 대개 자연도태의 직접적인 결과가 아니라 자연

카오스는 혼돈을 말하지만, 일정한 수학적 형식화를 허용하는 물질의 움직임이다. 수학자들은 결정론적 혼돈이라 부른다

---

18 Leakey and Lewin, pp. 153~160.

유기체에 보이는 질
서는 자연도태의 직
접적인 결과가 아니
라 자연도태가 거기
에 작용하게끔 허용
한 자연질서의 결과
이다

도태가 거기에 작용하게끔 허용된 자연질서의 결과이다."[19]
달리 말하면 유기체가 분자의 차원에서든 보다 큰 사회의 차
원에서든, 자연도태에 의해 환경에 적응해 나가는 것은 사실
이지만 자연 도태는 전체적 상황을 지배하는 '메타다이내믹
스'를 타고 작용한다는 것이다.

근본적인 것은 전체를 포함하는 복잡계의 '자기조직화
(self-organization)'이다. 그가 말하는 '복잡한(complex)' 체계
는 일사불란한 규칙이 지배하는 '질서정연한(ordered)' 체계
의 중간에 있는 것이다. 그것은 점진적으로 증가하는 질서와
혼돈 사이를 파동하며 그 사이에 성립하는 체계이다. 생명은
분자의 차원, 개체 발생의 차원이나 생태적 또는 진화적 차원
에서 이 체계의 특징을 나타낸다. 개체와 종의 생존과 적응은
다른 개체와 종들과 투쟁적 관계에서 이루어지지만, 다른 한
편으로 그것은 다른 개체와 종의 생존의 총체에 영향을 준다.
한 종의 진화는 다른
종과 환경과의 공진
화가 된다
그 때문에 한 종의 진화는 다른 종과 환경과의 공진화(coevo-
lution)가 된다. 하나의 종의 진화는 그 종의 총체적 적응성
(inclusive fitness)을 증가시키고 또 공진화자에게도 도움을 주
는 쪽으로 진행된다. 각각의 행동자들이 미세한 이익을 추구
하면서 상호조정이 이루어지는 이러한 공진화의 체계는 "혼
돈의 가장자리에 균형을 잡는 데까지 공진화한다." 이것은 질
서정연한 체계처럼 완전히 안정된 체계는 아니다. 그것은 상
당히 커다란 진폭과 예기치 않은 이변을 포함한다. 여기에는

---

19 Stuart A. Kauffman, *The Origins of Order : Self-Organization and Selection in Evolution* (New York : Oxford University Press, 1993), p. 173.

종의 절멸과 같은 거대한 그러나 어느 정도까지 주기적인 이
변도 포함된다.[20]

생물의 진화에서 '메타다이내믹스'의 존재는—특히 법칙적
으로 예측할 수 없는 혼돈을 포함하는 메타다이내믹스의 존
재는 생명의 문제가 선형적이고 기계론적인 합리적 법칙으로
설명될 수 없다는 것을 말한다. 이와 비슷한 것은 화학자 프
리고진의 비평형체계이론에서도 지적된 바 있다. 그것은 복
잡계에서 또는 소산구조(dissipative structures)에서의 질서와
혼란의 혼재, 그 변화와 요동(fluctuations), 예측 불가능한 질
서의 출현, 변화과정의 역사성과 불가역성 그러면서도 일정
한 질서의 존재 등을 종합하여 정리한 바 있다.[21]

자연세계에서는 단선적인 합리성의 원리들로 이해할 수 없
는 복잡한 현상들이 있으며, 이것은 새로운 연구방법을 요구
하고, 또 그런 가운데 사람들이 지금까지 가져왔던 과학과 자
연에 대한 습관적 개념이 수정되지 않을 수 없다는 생각들은
달리 논의되는 생각이다. 글레익(James Gleick)은 《카오스
(Chaos)》에서 이러한 분야에 성립되는 새로운 과학을 대중적
으로 설명한 바 있다.

생명의 기원이나 진화에, 프리고진 식으로 표현하면 역학
이 아니라 열역학적인 사고가 도입되는 것은 놀라운 일이 아
닐 것이다. 사실 이러한 신과학의 발전에 생물학 연구가 한
계기를 제공한 것이라고 할 수도 있다. 프리고진의 생각은 생

---

20 Kauffman, pp. 261~268.
21 일리야 프리고진 · 이사벨 스텐저스, 유기풍 역, 《혼돈 속의 질서》(민음사,
    1990).

물학분야의 연구결과에 영향을 받고 있다. 그러나 이러한 신과학적 사고는 생명의 문제를 포함한 과학의 영역과 방법, 의의에 새로운 관점을 제공할 뿐만 아니라 인간이나 사회 이해에 대한 새로운 함의를 가질 것으로 생각된다. 전통적으로 인문과학의 인간에 대한 사고는, 위에서 비친 바와 같이, 과학적 연구에 완전히 폐쇄적이지는 않으면서도 기계론적인 인간이해에 늘 유보를 표명해 왔다. 체험적 직관에서 오는 인간현실의 자유와 필연의 계기는 과학의 입장에서도 다시 존중되어야 하는 사실로 인정되는 것으로 보인다.

7. 가치, 사실, 과학 이데올로기

위에서 우리는 인간의 윤리적 진화가 생물의 진화—특히 그것이 약육강식의 원리에 의해 추진되는 것이라고 할 때, 그러한 종류의 생물진화와 별개의 것으로 생각해야 한다는 주장을 언급하였다. 그러나 생물의 진화가 보다 복잡한 과정으로 이루어지는 것이라고 한다면, 진화과정에서 여러 가치의 위상은 단순한 반대 모순의 관계보다는 더 복잡하게 생각되어야 하는 문제가 될 것이다. 사실 핵심적인 것은 과학에 대하여 과학성을 옹호하는 것보다도 과학의 이데올로기적 기능을 비판적으로 검토하는 것이다. 이 비판에서 가치는 반드시 사실에 대립하는 것이 아닌 것으로 드러날 수도 있다. 그러나 다른 각도에서 말해 과학 이데올로기의 비판은 과학의 건강 그 자체를 위해서도 필요한 것이다.

핵심적인 것은 과학의 이데올로기적 기능을 비판적으로 검토하는 것이다 개체와 개체, 종과 종, 집단과 집단의 관계가 살벌한 투쟁 관계로 생각된 것은 19세기 서양사회의 산업주의 질서의 일반화가 작용한 것이며, 그 이외에도 진화의 여러 중심개념들이 시대 여론에 의해 지배되어 왔다는 것은 위에서 이미 언급하였다. 그러나 이러한 연관은 더 근본적인 차원에서 이야기될 필요가 있다. 간단한 예로, 레빈슨과 르원틴은 그들의 저서 《변증법적 생물학자》에 실은 '이론과 이데올로기로서의 진화'라는 글에서 진화의 개념에 작용한 이데올로기적 연관들을 살피고 있거니와, 비교적 중립적인 것으로 들리는 적응의 개념의 기능적 이해에도 이데올로기가 들어 있음을 지적하고 있다.

시대 여론에 의해 지배되어 온 진화의 여러 중심개념들

진화는 환경의 도전에 최선의 효율적 방법으로 적응하는 자에게 생존을 허용하는 식으로 진행된다. 최선의 효율적 방법이란 생물체가 살아가는 데 필요한 자원 획득에 최소한도의 에너지 소비와 획득자원의 생식목적을 위한 최대한의 배정으로 측정된다. 다시 말해 자원 획득과 배정의 문제는 최소한의 시간과 최대의 소득을 확보하는 문제가 된다. 이러한 이론에서 최선이란 능률을 말한다. 이것을 비롯한 근본개념들의 출처가 자본주의 경제학이라는 것은 분명하다. 그리하여 "진화에 있어 효율극대화(optimalization)는 시간할당이 재생산 또는 생식, 달리 말해 회사 전체의 성장을 위한 투자를 극대화하는 데 가까운 것이 되리라고 전제한다." 그러나 '능률', '낭비', '투자에 대한 최대의 이윤 회수' 등의 말이 가지고 있는 도덕주의적·이데올로기적 함의는 진화론자의 의식에는 기록되지 않는다고 레빈슨과 르원틴은 말한다.[22]

자본주의 경제학과 진화론이 공유하고 있는 효율극대화의 이데올로기

이러한 예가 말해주는 것은 과학적 개념 속에 들어 있는 이데올로기의 영향이지만, 위에서도 지적한 바와 같이, 동시에 그것이 반드시 그렇게 영향을 받은 개념을 무의미하게 하지는 않는다. 한 영역에서의 생각은 다른 영역에서, 그렇지 않았더라면 간과했을 어떤 특징을 발견하고 고정하는 데 도움을 준다. 그리하여 한 시대의 과학과 문화는―물론 그것이 어떤 것이든지 간에 이론의 잠정적 성격에 대한 겸허한 인정이 있어야겠지만―상부상조하며 공진화한다고 할 수 있을지 모른다. 그러나 이 공조관계는 쌍방통행이어야 마땅할 것이다.

레빈슨과 르원틴이 기능주의적 적응이론의 경제학적 관련을 지적한 것은 다분히 그러한 효율극대화의 이론이 조금 더 섬세한 고려와 관찰에 의해 수정될 수 있는 것임을 시사하려는 것이라고 할 수 있다. 이데올로기적 오염의 인식은 새로운 사고의 단초가 될 수 있는 것이다. 그러나 경제학의 모델은 어쩌면 그러한 뉘앙스의 수정으로는 변할 수 없는 깊은 의미를 가진 것이다. 경제학은 그 전제 가운데 인간에 관한 일정한 의미를 가지고 있고, 그것이 경제인간이다. 아마 경제인간의 이미지는 경제학과 생물학이 공유하고 있는 것일 게다. 그것은 다 같이 사람의 특질이 삶의 지속을 위한 자원 획득에 있다는 것을 인정한다. 그 획득방법은 합리성의 운산으로 추정되는 것이다. 이러나저러나 경제학이 경제인간을 전제로 하듯이 생물학은 생물학적 존재를 그 전제로 한다. 그리고 이것은 생물로서의 인간―생존의 투쟁적 추구를 특징으로 하는

이론의 잠정적 성격에 대한 겸허한 인정이 전제된 과학과 문화의 쌍방통행

이기적 욕망의 존재인 경제인간의 이미지는 자본주의 경제학과 진화생물학이 공유하고 있는 것

---

22 Richard Levins and Richard Lewontin, pp. 25~27.

인간에 대한 직관을 그 바탕에 가지고 있다. 이것은 도덕과 윤리의 문제에서 단적으로 드러난다.

　이타주의의 생물학적 근거는 중요한 관심사 중 하나이다. 이타주의의 생물학적 근거 이 관심이 대두하는 것은 피할 수 없는 도덕에 대한 질문 때문이기도 하지만, 실제 생물의 삶에서 관찰되는 것 때문이기도 하다. 이타주의에 대한 설명은 생물체의 이기주의가 근본적으로 유전자에 기초한 것이기 때문에 진화의 관심사는 개체의 생명보다도 총체적인 적응성 그리고 총체적인 유전자의 증대에 관심을 가지고 있다는 것이다. 그리하여 저절로 혈족선택(kinship selection)으로 얻어지는 유전자의 총체가 중요해진다. 이타주의는 여기에서 생긴다. 또는 이것은 상호주의적 체제를 유도해낼 수 있는 게임 전략으로 설명되기도 한다. 이러한 설명은 어느 쪽이나 동어반복에 가깝다. 생명의 근본적 이기성을 전제하면, 그것에 반대될 수 있는 현상도 그것으로 환원하여 설명하는 것이 마땅하다고 할 수밖에 없다. 생물학적 사고가 인간이 의문을 갖는 모든 문제를 생각하는 데 적절한 테두리가 될 수 없다는 것을 생각할 때 이타주의 또는 도덕과 윤리의 문제는 중요한 실마리가 된다. 그러한 의미에서 이것은 조금 더 생각해볼 만한 주제이다. 이는 경험주의적 과학의 적용범위와 의의를 생각하는 데 중요한 시사를 던져줄 수 있다.

　헉슬리가 말한 바와 같이 진화론과 인간의 도덕적 윤리문제는 참으로 별개의 영역을 이루는지는 모른다. 물론 모든 도덕과 윤리가 경험을 초월하는 절대영역을 구성하는 것은 아니다. 도덕과 윤리는 문화와 사회에 따라 다른 것이고, 또 어떤 경우 서로 모순되는 것임은 새삼스럽게 말할 필요도 없다. 그런 점에서 도덕적 입장은 과학의 입장보다도 더 일방적인 편견 위에 서 있다고 할 수 있다.

인간이 도덕적 존재라는 가정은 아마 인간의 오랜 내면적 체험에 근거하는 것이다. 이 체험에서 근본적인 것은 인간에 대한 보편적 유대감, 더 나아가 모든 생명체에 대한 자비의 느낌, 또는 더 일반적으로 "넓은 바다에 융합되는 느낌"이지, 친족에 대한 또는 일정한 집단에 대한 특별한 느낌이 아니다. 후자의 경우는 육체를 가진 존재로서 생물체가 혈육에 대하여 또는 소속집단에 대하여 갖는 느낌이라는 것이 분명하다. 이것은 자각적으로 확인할 수 있는 느낌이다. 그런 의미에서 도덕적 체험은 생물학에서 말하는 이타주의와는 조금 다른 성격을 갖는다고 할 수 있다. 그러나 이러한 차이에 입각한 도덕의 옹호 역시 그 근거로 하고 있는 것은, 혈족 이타주의의 경우와 마찬가지로 경험적 증거이다. 이 경험이 어떤 특정한 순간의 경우 또는 조금은 예외적인 경우라는 것이 다를 뿐이다.

그러나 내가 지적하고 싶은 것은 도덕에 들어 있는 초험적 성격의 차원이다. 인간의 심성이나 체험에 기초하는 자연주의적 윤리관이 없는 것은 아니지만, 윤리학의 큰 관심사 중 하나는 인류학적으로 발견되는 윤리와 도덕의 현실보다도 어떻게 하여 그것을 꿰뚫어 보편적 규범으로서의 윤리와 도덕이 성립할 수 있는가 하는 데 있다. (적어도 윤리적 사고의 칸트적 전통에서는 그러하다.) 도덕과 윤리가 인간성의 한 면 그리고 경험적 사실에 기초하여 현실세계의 힘이 되는 것은 틀림없지

인간이 도덕적 존재라는 가정은 인간의 오랜 내면적 체험에 근거하는 것이다

도덕에 내재하고 있는 초험적 성격–윤리학의 문제는 인류학적으로 발견되는 윤리와 도덕의 현실보다 그것을 꿰뚫어 보편적 규범으로서의 윤리와 도덕이 어떻게 하여 성립할 수 있는가 하는 데에 있다

만, 그 정당성의 근거까지도 반드시 현실에서 연유하는가 하는 것은 확실치 않은 것이다.

이것은 말하자면, 수학의 근거를 경험의 세계에서만 찾을 수 있는가 하는 문제와 비슷하다. 수학이 경험의 세계와 관계되어 있는 것은 확실하다. 그러나 그것의 정당성이 반드시 거기에서 온다고 할 수는 없다. 생물학의 관점에서 수학의 능력은 다른 두뇌기능이나 마찬가지로 인간의 생존에서 적응의 이점을 제공하였을 것이다. 그러나 거기에서 생겨난 수학의 모든 것이 인간생존에 의해 정당화되는 것은 아닐 것이다. 또 고도의 수학적 사고가 적응능력과 함께 보다 정치하게 경험적으로 발전되어갔다고 말할 수도 없다. 수학의 능력은 경험적으로 획득된 능력으로 시작하면서 동시에 그것을 초월하는 독자적 이념의 세계에 속하는 것이다. 그러한 의미에서 그것은 점진적으로 획득된 것이 아니라 일시적으로 주어지는 것으로서, 그것을 주는 경험적 계기를 초월한다.

수학은 경험적으로 획득된 능력으로 시작하면서 동시에 그것을 초월하는 독자적 이념의 세계에 속하는 것이다

윤리도덕의 문제가 반드시 수학 또는 과학이나 철학의 선험적 명제의 정당성 문제와 같은 것이라고 할 수는 없을 것이다. 그러나 그것이 경험의 귀납을 초월하는 보편규범을 가진 것처럼 보이는 것이 윤리학적 사고의 큰 문젯거리라는 점은 틀림없다. 이것은 생물학적 경험적 근거를 가지고 있으면서 그것의 경험적 테두리에서만은 답할 수 없는 차원을 갖는 것으로 보인다. 그러나 어떤 종류의 플라톤주의에 대한 답이라고 생각되지는 않는다. 다만 여기에서는 더 깊은 고찰이 필요하다는 것을 말할 수 있을 뿐이다. 또 우리가 할 수 있는 접근 중 하나는 불분명한 대로 인간존재에 대한 보다 근원적인 존

경험의 귀납을 초월하는 보편규범

재론적 고찰로부터 과학의 문제를 생각해 보는 것이다.

　20세기의 사상가 가운데 가장 신랄한 과학비판가 중 한 명은 하이데거이다. 일단의 과학에 대한 그의 정의는 그것이 '현실의 이론(die Theorie des Wirklichen)'[23]이라는 것이다. 그러나 하이데거는 과학이 가장 근원적이고 엄정한 현실인식을 가능하게 해주는 게 아니라고 말한다. 과학의 현실은 주로 효과적으로 작용하는 것을 지칭한다. 그것은 더욱 근원적인 것에 대한 일정한 가공으로 열리는 세계에 대상적으로 존재한다. 과학이 보여주는 대상의 세계는 일정한 조작을 거쳐 구성된 것이다. 과학은 대상으로 고정된 것만을 실재로 인정한다. 또 이러한 사실들을 이론을 통해 분과화되고 서로 연관된 다양한 인과관계 속에서 조망할 수 있다는 것이다. 이러한 과정에서 놓치는 것은 실재가 현존하는 것으로부터 나오는 과정이다. 실재는 "현존하는 것이 현존하게 되는 것(das An-Wesende in seinem Anwesen)"을 말하며, 현실을 이루고 있는 대상과 사실은 그 한 결과를 나타낸다는 것, 그리고 이론은 "현존하는 것이 나타나는 모습을 주의깊게 봄으로써 보는 것 가운데 머무는 것"[24] 또는 "현존하는 것의 드러남에 대한 경의의 주시(das verehrende Beachten der Unver-borgenheit des Anwesenden)"[25]라는 것을 잊어버리는 것이다. 그러므로 "과학적 표상은 자연의 본질을 포괄할 수 없다. 그렇다는 것은 자연의 대상성은 처음부터 자연이 스스로를 보여주는 한 가지

23　Martin Heidegger, "Wissenschaft und Besinnung," *Vortrage und Aufsatze* (Tübingen : Gunther Neske Pfullingen, 1954), s. 46.
24　*Vortrage und Aufsatze*, s. 52.
25　Heidegger, s. 53.

모양에 불과하기 때문이다."[26] 필요한 것은 새로운 물음을 통해 과학의 뒤에 숨어 보이지 않는 것을 되찾는 일이다. 그것은 성찰(Besinnung)을 통해 "물음에 값하는 것에 몸을 맡김"으로써 가능하다. 물음에 값하는 것이란 인간존재에 호소해 오는 심각한 어떤 것을 말한다. 그러나 중요한 것은 성찰을 통하여, "우리의 모든 함과 안 함(Tun und Lassen)이 수시로 지나쳐갔던 공간이 스스로 열렸던 곳으로 다가가는"[27] 것이다. 하이데거가 그의 글들에서 끊임없이 언급하는 이 공간은 진리와 시가 열리는 또 그것이 열리게 하는 공간이다.

물론 과학과 기술은 열린 공간에서의 한 드러남이며, 이 공간을 열려 있게 하는 한 방편이다. 그러나 하이데거의 생각으로는, 이 공간에서의 드러남은 드러남으로서의 진리의 성질이 그러하듯이, 동시에 감추는 것이기도 하다. 과학은 특히 드러남과 감춤의 역설적 공존을 통해 끊임없이 계속되는 존재의 가능성을 외곬으로 한정하는 경향을 가지고 있다. 이것은 기술 속에서 더욱 분명하게 드러난다. 기술은 일정한 틀(Gestell)을 세우고 그것의 강박성 속으로 사람을 몰아간다. "기술의 틀이 갖는 강력한 힘은 기술의 운명 중 일부이다. 그것은 사람을 드러냄의 길로 나서게 함으로써, 사람들이 그러한 부림(Bestellen)에서 드러나는 것만을 추구하고 밀고 나가며 거기에서만 기준을 취하게 될 가능성에 가까이 가게 한다. 그렇게 하여 다른 가능성이 봉쇄된다. 더 빨리 더 많이 그리고 늘 더 근원적으로 드러남의 본질과 드러남에 스

26 Heidegger, s. 62.
27 Heidegger, s. 68.

스로를 맡기며 필요한 드러냄에의 귀속이 그 자신의 본질임을 경험할 다른 가능성이 봉쇄되는 것이다."[28] 기술의 강박성에 대한 하이데거의 말은 과학일반에 해당하는 말이다. 과학과 기술은 그 나름의 진리이면서 "보다 근원적인 드러남(ein ursprüngliches Entbergen)"으로 돌아가고 "보다 시원적인 진리의 요청(der Anspruch einer anfangricheren Wahrheit)"을 경험할 길을 차단한다.[29]

진화론과 같은 생물학은 이러한 철학적 과학비판에 어떠한 관계를 갖는가? 과학기술의 체제 하에 있는 지식의 한 분과로서, 우리는 그것이 적어도 인간에 관한 한 "보다 시원적인 진리(anfangriche Wahrheit)"에 비해 부분적인 진리가 보여주는 문제점들을 노정할 것으로 생각할 수 있다. 보다 시원적인 진리란, 그것이 과학적인 것이든 아니든 인간을 포함하는 것이다. 하이데거 식으로 말하면 결국 세계와 진리 또는 존재에 대한 인간의 열림 없이는 어떠한 진리도 불가능한 것이기 때문이다. 생물학적 진리도 이 열림의 시원 또는 더 전통적인 관점으로 말하면, 인식론적 토대와의 관련 위에서 생각해야 마땅하다. 진화가 사실이라고 한다면, 그것도 이 인간의 시원적 열림에 관계하여 이행되어야 한다. 이 열림으로부터 과학이 나오고 수학과 논리의 세계가 나오며, 윤리와 도덕 그리고 아름다움의 세계가 나온다.

---

28 "Die Frage nach der Technik," *Vortrage und Aufsatze*, s. 33~34.
29 Heidegger, s. 36.

8. 존재의 열림

물론 이러한 인간활동의 여러 부분이 근원적인 인간존재의 열림에 어떻게 관계되는가 하는 것은 분명하지 않다. 그것이 단순한 인문주의로 돌아가는 것일 수는 없다. 위에서 언급한 헉슬리의 도덕 옹호를 포함하여, 어떤 개인의 직관적 도덕관 또는 어떠한 문화적 전통에서 나온 도덕과 윤리체계가 이 관계에 대한 물음에 답변을 제공할 수 있다는 것도 부분적인 접근방법의 하나에 불과하다. 인간과 인간의 본질로 돌아가는 길은 소박한 자아의 중심으로 돌아가는 것일 수 없다. 푸코가 말하는 것처럼 인간 그 자체가 발명이며 이데올로기일 수 있다. 그리고 오류의 원천일 수도 있다.

인간 그 자체가 발명이며 이데올로기일 수 있다. 그리고 또 오류의 원천일 수 있다

사실 진화론에 잘못이 있다면, 그것은 검토되기도 하고 검토되지 않기도 한 인간의 이데올로기에 관계되어 있다. 자연도태를 통한 진화는 위에서 말한 바와 같이 시대적인 발전개념에 연루되어 있다. 여기에는 비록 잔인한 시련을 통해서일망정 역사가 일정한 방향과 목적을 가지고 나아간다는 생각이 들어 있다. 또 이러한 발전의 역사에서 여러 가지 사회와 삶의 방식이 하나의 궤도에 정리될 수 있고, 이러한 발전의 그래프에서 서구사회는 그 정점에 있다는 생각이 함축되어 있다. 생물진화에서 진화는 보다 단순한 것에서 복잡한 것으로, 보다 발달한 것으로 진행되고, 거기에서 인간은 물론 정점에 있다는 생각을 포함한다. (인간 중에도 발달된 인종이 있고 덜 발달된 인종이 있으며, 한 사회에도 그러한 차이가 있다는 생각이 인종주의와 우생학을 뒷받침했고, 그것은 엄청난 잔인의 정치를 만들어냈다.)

진화론에 잘못이 있다면, 그것은 인간중심주의 이데올로기에 관계되어 있다

인간중심주의 진화론
과 발전의 그래프 그
리고 그것이 뒷받침
한 인종주의와 우생
학은 엄청난 잔인의
정치를 만들어냈다.
월슨과 같은 사람의
눈에는, 세상의 주
인이 있다고 한다면
그것은 사람이나 포
유류가 아니라 곤충
일지 모른다

그러나 진화론에서 말하듯이 자연도태와 적응이 진화의 기준이라고 한다면, 사람이 다른 생물에 비해 더 성공적이었다고 할 수 있는가. 그러한 생각은 인간중심의 사상에 관계되어 있다. 공룡시대에 이어 오늘의 시대를 포유류시대라고 하지만, 이것은 사람의 관점에서 나온 생각이다. 어떤 생물학자는 실제로는 절지동물의 시대라고 하는 것이 옳다고 말한다. 그 학문적 관심을 개미에 주로 쏟은 월슨과 같은 사람의 눈에는, 세상의 주인이 있다고 한다면 그것은 사람이나 포유류보다도 곤충이다. 오늘날의 생물의 생체량(biomass)으로만 따져도, 곤충은 오늘날 세계 생체량의 80퍼센트를 차지하고, 그것은 북극권에서 티에라 델 푸에고와 태즈메이니아까지 세계의 방방곡곡에 서식한다.[30] 그 수나 공간적 점유의 범위를 떠나 그 활동의 복합성·정교성 등으로 보더라도, 곤충의 세계는 미묘하기 짝이 없다. 월슨은, "마음이 크기에 사로잡혀 있기에 망정이지, 그렇지 않다면 사람들은 코뿔소보다 개미가 더 경이로운 존재라고 할 것이다"[31]라고 말한다. 적응능력이라는 관점에서 볼 때, "……나무는 그 화학적 환경에 극히 섬세하게 조율되어 있고, 나방은 바람을 타고오는 페로몬 분자의 실마리에 의지하여 몇 마일 떨어진 거리에 있는 다른 나방을 자기 짝으로 알아낼 수 있다. 이러한 능력도 평가되어야 하는 것이 아닌가?" 리키는 인간이 진화의 마지막 꽃이라고 할 수 있는가 하는 문제를 생각하면서 이렇게 묻는다.[32]

---

30 E. O. Wilson, p. 48.
31 Wilson, p. 145.
32 Leakey and Lewin, p. 91.

이러한 예가 아니라도 우리는 수천 년의 문화적 진화 후에 사람이 해결했다고 하는 이동, 거주, 기후, 식료의 문제를 벌써 수백만 년 전에 해결한 조류나 어류 또는 절족류의 예를 얼마든지 생각할 수 있다. 1987년 시카고에서 열렸던 '진화와 진보'를 주제로 한 회의에서, 진보와 진화를 연결해서 생각할 수 있다는 명제를 지지한 생물학자는 한 사람밖에 없었다. 진화가 발전을 나타낸다는 생각에 가장 비판적인 사람은 굴드지만, 그는 이 회의에서 생물의 점진적 발전이라는 생각은 "유해하고, 문화에 뿌리를 가지고 있는, 실험적으로 검토될 수 없는 비생산적 개념으로서 우리가 참으로 역사의 모양을 이해하려면 다른 것으로 대체되어야 할 개념"이라고 말했다.[33] 굴드의 생각에 이러한 발전적 진화의 개념은 인종주의와 사회적 약자에 대한 억압 의도와 연계돼 있다.

그러나 인간중심의 생각은 문화적 사회적 이유보다는 더 깊은 곳—과학의 인식론적, 그러니까 자기비판에 철저하지 못한 과학의 인식론에서 나오는 것이라고 할 수 있다. 하이데거의 말대로, 과학적 사고는 자연을 대상화하고 합리성의 규칙 하에 정리하는 사고이다. 이러한 정리 밑에는 조종의 의도가 숨어 있다. 하이데거는 기술에 들어 있는 일반적인 태도를 설명하면서 그것은 사물로 하여금 제 자리에 서 있으라고 시키는 것, 또 다른 시킴을 위하여 시킴을 받을 수 있게 대령하고 서 있으라고 하는 것이다. "그것은 비행기가 그 몸체 전체에서 출발명령을 기다리는 양으로 만들어지는 것과 같다. 또

인간중심의 생각은 문화적 사회적 이유보다는 더 깊은 곳—자기비판에 철저하지 못한 과학의 인식론에서 나오는 것이다

자연을 대상화하고 합리성의 규칙 하에 정리하는 과학적 사고의 밑에는 조종의 의도가 숨어 있다. 하이데거에 의하면, 그것은 사물로 하여금 제 자리에 서 있으라고 시키는 것, 또 다른 시킴을 위하여 시킴을 받을 수 있게 대령하고 서 있으라는 것이다

---

33 Leakey and Lewin, p. 93.

는 그것은 석탄으로 하여금 사람에게 열을 주도록 준비하고 있으라고 하는 것과 같다. 그러나 이러한 기술의 자연에 대한 태도는 진리에 대한 과학의 태도에 이미 드러나 있다. 이러한 명령적 분위기는 사람들에게 자기도 모르게 시대적 상황에 따르게끔 하는 가르침이 되어 있다." 사람이 자연을 연구관찰의 대상으로, 그 자신의 표상영역으로 포착하려고 할 때, 그는 자연에 연구대상으로 다가가 대상이 용도품이 되어 사라질 때까지 그러한 추구를 계속하라는 요청에 답하고 있는 것이다.[34]

어떻게 보면, 장 피아제가 어린아이들의 태도로서 '유아적 보편주의'라고 부른 자기중심주의—표면에 드러나거나 드러나지 않거나 자기중심주의의 한 표현인 인간중심주의적 사고는 과학인식의 근본에 들어 있는 조작주의 또는 행동주의에 비하면 오히려 극복되기 쉬운 것이다. 모든 과학기술을 동원하여 자연만물을 사람의 편의에 봉사하게 해야 한다는 생각의 보편화는 새삼스럽게 거론할 필요도 없다. 뿐만 아니라 사람과 사물 또 사람과 사람의 관계는 시킴과 부림의 관계로만 규정된다는 생각은 인간의 모든 행동에서 기본적인 강령이 되고 있다. 이것은 자연과 인간의 관계가 극히 부자연스러운 우리 사회에서 특히 두드러지는 것이다. 그러나 이러한 과학적인 태도 또는 행동과 조작의 이데올로기는 이미 과학 안에서 행해지고 있는 것임을 상기할 필요가 있다. 위에서 언급한 생태학적 사고 또는 더 나아가 복잡성의 이론 같은 것은 과학

인간의 자기중심주의는 '유아적 보편주의'에 불과하다

모든 과학기술을 동원하여 자연만물을 사람의 편의에 봉사하게 해야 한다는 생각의 일반화와 조작주의 이데올로기

---

34 *Vortrage und Aufsatze*, s. 23~26.

의 한계에 대한 과학 내에서의 대체모델의 탐색을 나타낸다.

사실 단순한 진화론에 대한 비판, 또는 그것에 관련해 문제 삼을 수 있는 과학의 이론과 방법론에 대한 비판이 생물학계 내에서 일어난다는 것은 여러 가지 의미를 갖는다. 우선 생각 되는 것은 과학의 일방적인 입장을 극복하는 것은 반드시 반 (反)과학주의의 관점에서 이루어지는 것이 아니라는 점이다. 오히려 그것은 과학과 관련할 때 가능하다. 과학이 가장 위대 한 진리의 한 방식이라는 것은 분명하다. 다만 인간본질에 이 어져 있는 보다 근원적인 드러남으로서의 진리에 과학이 복 귀하는 것은 매우 복잡한 경로를 경유해야 할 것이다.

과학의 일방적인 입 장을 극복하는 것은 반드시 반과학주의 의 관점에서 이루어 지는 것이 아니라 오히려 과학과 관련 될 때 가능하다

되풀이하건대, 과학과 이데올로기의 관련은 경계해야겠지 만, 그것이 과학 본래의 성격을 규정하는 것은 아닐 것이다. 그 둘의 관계는 늘 엄밀한 것이라기보다는 유추적이다. 그러 니만큼 과학 내의 비판적 사고로써도 극복될 수 있는 것이라 고 할 수 있다. 이데올로기적 유추가 의도적이거나 의식적인 것은 아니다. 그것은 시대의 변화에 따라 저절로 탈락하기도 하고, 과학 자체의 발전 속에서 버려지는 가설이 되기도 한 다. 다른 한편으로 우리가 생각하게 되는 것은 비록 일정한 부분적 태도에서 출발하였다고 하더라도 과학은 그 스스로의 발전을 통하여 보다 큰 것에 이르는 길을 되찾을지도 모른다 는 것이다.

의도적이거나 의식 적인 것이 아닌 이 데올로기적 유추

가령 환경과 생태계의 문제는 자연에 대한 과학의 태도와 보다 정신적 태도의 착잡한 연관을 시사해준다. 오늘날 생태 계의 위기는 새삼스럽게 지적할 필요도 없이 모든 인류가 직 면한 가장 큰 테두리의 문제임에 틀림없다. 따라서 여기에 대

해서는 여러 종류의 입장이 모두 다 문제의식을 가지고 있고 이에 대한 다양한 해결책을 제시하고 있다. 문제의식과 해결책의 차이는 단순히 이데올로기적 차이만이 아니라 실제 사람들이 부딪치고 있는 상황 자체의 복합성을 표현한다.

문제의식과 해결책의 차이는 이데올로기적 차이만이 아니라 실제 사람들이 부딪치고 있는 상황 자체의 복합성을 표현한다

오늘날 진행되고 있는 동남아나 브라질 같은 곳의 열대림 파괴는 관련된 지역의 생태계—식물이나 동물 그리고 토착민의 생활환경을 파괴하고 있을 뿐만 아니라, 열대림의 산소생산량, 수분증발량 등이 생명의 환경인 지구전체의 생태조건에 막대한 영향을 끼친다는 것을 생각할 때, 인류 또는 지구의 운명을 심각하게 위협하고 있는 사태이다. 다른 지역에 비할 수 없이 높은 생물학적 다양성을 가지고 있는 이 지역에서의 종의 절멸이나 또한 새로운 식료나 약재의 개발을 위한 가능성을 파괴해 버리는 데 대해서도 우려가 표현되고 있다. 그러나 다른 한편으로 여기에는 자본주의의 무분별한 탐욕이 관여되어 있고, 사람들의 보다 나은 삶에 대한 간단히 무시할 수 없는 욕구가 들어 있다. (이 욕구는 토착민의 그것보다는 구체적인 차원에서 여러 가지 모순과 불균형을 포함한 국가 단위의 발전이라는 관점에서 표현되지만.)

생태계 파괴에는 자본주의의 무분별한 탐욕과 토착주민들의 보다 나은 삶에 대한 무시할 수 없는 욕구가 들어 있다

이에 대하여 생태계의 문제는 뒷전으로 밀리거나 그것은 합리적인 관리 방식을 통해 처리될 수 있다는 주장이 성립한다. 이 관리는 자연자원의 관리 자체를 말하기도 하지만, 과학의 발전, 가령 유전공학이나 핵융합을 통한 에너지문제의 해결이나 또는 심지어 우주의 다른 별로 이주하는 등으로 생태계문제를 해결할 수 있다는 생각을 포함한다. (물리학자 프리먼 다이슨은 공상과학적인 환상을 펴면서 사람은 기술발전과 유전공학을

이용한 인간 자체의 새로운 진화를 통해 피와 육체를 떠나 초전도체의 회로 속이나 별 사이의 성운에 확산되어 새로운 생명으로 살 수도 있을 것이라고 말한 바 있다.)[35] 그러나 생태계보존은 단순한 공리주의적 관점에서만은 정당화될 수 없다. 이것은 소위 '심층생태학 (deep ecology)'의 입장에서 어떤 학자들이 주장해온 바이다.[36] 이들의 주장은 과학적인 근거가 있으며, 시인이나 철학자들의 직관을 포용한다. 그것은 결국 인간의 관리능력이나 이해능력을 넘어가는 부분이 자연에 존재함을 인정할 것을 요구한다. 그런데 주목할 것은 이러한 공리적 관점을 넘어가는 입장이 과학 자체에서도 등장하고 있다는 점이다.

> 인간의 관리능력이나 이해능력을 넘어가는 부분이 자연에 존재한다는 것을 인정해야 한다

생태계의 문제와 비슷하게 인간과 자연의 다양한 관계를 생각하게 하는 오늘날의 중요한 문제 중 하나는 '종의 다양성'이라는 문제이다. 여기에서도 우리는 과학과 인문적 전통의 차이와 일치의 착잡한 얼크러짐을 본다. 생태계의 파괴에서 오는 충격은 인간의 삶에 직접적인 영향을 끼치는 것이지만, 지구 생태계의 현황은 단순히 인간의 활동으로 인해 없어져가는 종의 수로서 극적으로 표시될 수 있다. 오늘날 생명의 종은 일 년에 3만 종이 없어지고 있다고 한다. 물론 어떤 경우에나 종이 영생하는 것은 아니다. 종은 300만~400만 년의 주기로 소멸된다. (여기에는 인간도 포함된다고 볼 수 있다.) 이러한 소멸은 '배경적 소멸'을 나타낸다.

> 인간으로 인해 없어져가는 '종의 다양성'

---

35 Freman Dyson, *Infinite in All Directions* (New York : Harper and Row, 1988), p. 107.
36 Bill Devall and George Sessions, *Deep Ecology* (Salt Lake City : Gibbs Smith, 1985) 참조. 이 사화집의 여러 필자와 책 끝의 문헌록 참조.

그런데 이에 비해 오늘날 인간으로 인해 일어나는 소멸은 그 12만 배에 이른다. 그리하여 리키는 지금 지구의 생명은 공룡 절멸 때 있었던 것과 비슷한 또는 그것을 넘어서는 절멸의 위기에 처해 있다고 말한다. 이것은 지금 우리가 직면해 있는 위기가 여섯 번째의 절멸 위기라는 것을 의미한다.[37] 윌슨의 계산에 의하면, 오늘날 없어지는 종은 매년 2만 7000종에 달하고, 이것은 매일 74종, 매시간 3종이 없어진다는 이야기가 된다. 그러나 그의 계산으로는 이 종의 소멸은 배경적 소멸의 1000배 또는 1만 배에 해당한다. 이것이 대절멸의 경우에 비견되는 가공할 규모의 것이라는 데에는 그도 의견을 같이한다.[38]

손상돼 가고 있는 다양성의 중요함은 여러 가지이다. 그 경제적인 가치에는 위에 언급한 바와 같이 사람의 생활에 도움을 줄 수 있는 약재 등 새로운 소재의 자원이 거기에 있다는 것으로 논란의 대상이 된다. 또 생태공동체의 필요도 말해진다. 그러한 공동체 구성에 다양한 종이 참여해야 한다는 것은, 아직 충분히 연구되지는 않았지만 인정된 생물학적 사실 중 하나이다. 지하에 자라는 곰팡이가 없이는 농작물이 자라는 좋은 토양이 이뤄질 수 없다는 사례 같은 것이 그 작은 예가 된다. 또한 생태계는 지구 전체의 물과 공기의 건강을 유지하는 데 필요불가결한 역할을 한다는 것이 지적된다. 사람들은 아직도 다양한 생물체의 총체가 제공하는 '생태서비스'

---

37 Leakey and Lewin, p. 241.
38 E. O. Wilson, *The Diversity of Life* (New York : Norton, 1992), p. 280.

의 체계를 충분히 이해하지 못한다. 그것이 중요하다는 것은 우리의 일상생활을 통해서 또 생물학의 연구를 통해서 이제야 조금씩 깨우쳐가고 있다. 그러나 사람들은 이것을 오랫동안 알아왔다고도 할 수 있다. 윌슨은 사람은 오랫동안 다른 생물체와의 공진화를 통해 다른 생명체에 대한 감정적인 유대감을 가지게 되었다고 말한다. 이것을 그는 '생명친화감(biophilia)'이라고 부른다. 여기에 이어져 있는 것이 인간이 자연에 대해 갖는 심미적 만족감이다. 인간이 스스로를 정신적이라고 느낀다면, 그것은 근본적으로는 생명친화감 더 나아가 자연친화감에 이어져 있는 것이다. 이것은 많은 문화에서 종교와 철학과 시가 말해온 것이기도 하다.

생명친화감─인간은 다른 생물체와의 공진화를 통해 다른 생명체에 대한 감정적인 유대감을 가지게 되었다

오늘날 지구 전체의 위기로 등장하고 있는 생태계의 위기에서 그에 대한 과학적 접근이나 그렇지 않은 접근 역시 모두 어느 한쪽을 간단히 무시할 수 없는 인간의 삶의 여러 면─또는 인간이 세계와 우주라는 공간에 열려 있는 존재로서 가지고 있는 여러 선택들을 나타낸다. 그것들은 서로 상보적이기도 하고 상충하는 것이기도 하다. 어느 쪽이나 인간생존 자체에 들어 있는 가능성을 나타내고 또 그 안에 들어 있는 심각한 딜레마를 나타낸다. 그러나 동시에 여러 선택들이 오늘에 와서 단순히 상충하는 것이 아니라 서로 보완하며, 더 나아가 일치점에 이르고 있다는 느낌은 강해져가는 것으로 보인다.

생태계보존의 한 근거는 한편으로는 인간 자신의 삶을 위한 필요에 있다. 이것은 적절한 관리의 문제로 환원된다. 그러나 인간의 편의라는 관점에서 정당화되지 않는 종의 다양성은 그것이 미지의 효용과 작용을 가질지 모른다는 생각으

'종의 다양성'과 그 훼손은 인간의 편의라는 관점에서 정당화될 수 없다

자연에 대하여 사람
이 많은 것을 알게
된다는 것은, 자연
을 사람이 더 통제
할 수 있게 된다는
것을 의미하지 않
고, 자연의 움직임
은 사람의 개입을
넘어선 차원에 있다
는 것이 드러나는
것일지 모른다

로 보존되어 마땅하다고 말해진다. (실로 유기체의 종 수는 1000
만에서 1억에 이르는 것으로 생각되지만, 이들에 대한 연구는 극히 일부분
이 이루어졌을 뿐이고, 이름이라도 주어진 것은 100만 정도에 불과하다.
이 종들이 어떤 상호작용을 통해 생태계를 이루는가에 대해서 사람이 아
는 것은 더욱 적다.) 계속적인 연구를 통해 다양한 종을 다 알게
되는 데만도 수천 년이 걸린다는 계산이 있지만, 사람이 많은
것을 더 알게 된다는 것은 반드시 사람이 자연을 더 통제할
수 있게 된다는 것을 의미하지 않을 가능성이 있다. 어쩌면
알면 알게 될수록, 자연의 움직임은 사람의 개입을 넘어선 차
원에 있다는 것이 드러날지도 모른다.

다시 한 번 앞에서 언급한 생태관리의 문제로 돌아가보자.
이 문제에서 흥미로운 것은, 자연은 사람에 의한 파괴에 약한
반면 보존을 위한 사람의 적극적인 개입 역시 거부한다는 사
실이다. 유럽에서 도나우강 제방이 어떻게 강물을 죽게 하여
주변 유역의 생태적 조건을 악화시켰는지는 자주 지적되었던
일 중 하나다. 콘라드 로렌츠의 표현으로 제방을 쌓은 것은
"강을 관에 넣은 것"과 같다.[39] 리키는 케냐의 자연보호사업
책임자로 오랫동안 일했지만, 이 보존정책의 수행에서 그가
내린 결론은 "자연의 무한한 다양성과 복잡성의 과정을 이해
하고 수긍하고, 통제 가능하다는 무지에 근거한 생각을 버리
고, 인간의 통제가 부질없는 일이라는 것을 인정하는 것"[40]이
었다.

인간의 통제가 부질
없는 일이라는 것을
인정하는 것

---

39 Konrad Lorenz, *On Life and Living* (New York : St. Martin's Press, 1991), p.
95.
40 Leakey and Lewin, p. 160.

코끼리를 밀렵으로부터 보호하면, 다시 말해 사람이 간섭하지 않는 자연상태에 두면 코끼리 수가 지나치게 불어난다. 그것은 서식지의 초목에 큰 피해를 가져오게 된다. 먹이의 부족은 차차 코끼리의 수도 감소시킨다. 이것은 자연보호론자나 코끼리 보호론자들의 걱정거리가 되지만, 코끼리 수의 증감과 수림의 파괴는 숲과 들판에 서식하는 다른 동식물을 포함한 전체 생태계의 건강한 순환에 중요한 역할을 한다. 이러한 순환의 순리는 보다 넓은 시공간—리키의 관찰로는 케냐의 암보셀리 공원 전지역의 균형의 원리이기도 하다. 이 구역은 500만 년 전에 산이 융기하고 강이 흐르고 또 강이 막혀 호수가 됨으로써 오늘의 지형을 갖추게 되었다. 그리하여 본래의 다습한 지역은 보다 건조한 지역이 되었다. 킬리만자로와 같은 높은 산은 비를 막으면서 동시에 늪지와 못과 계곡을 만들어냈다: 그 결과 오늘날 동식물은 매우 다양한 지역에 서식하게 되었다. 그러나 현재 이 지역은 점점 건조해지는 과정에 있다. 그리하여 늪지가 사라지고 동식물이 소멸한다. 이 소멸에 기여한 요인 중 하나는 불어나는 코끼리떼였다. 이러한 변화는 사람들의 걱정거리가 되었지만 리키의 의견으로는, 오늘의 황폐한 상황은 100년 전의 여행자가 보았던 것과 같다. 그것은 자연 속에 진행되는 어떤 순환과정의 한 모습일 가능성이 크다는 것이다.[41]

생태계 관리의 문제나 다른 생명현상에 있어 삶의 관리가 충분한 것이 될 수 없다는 것은 단순한 능력 부족의 문제만이

우연성, 다시 말해 예측 불가능성이 이미 체계 내에 포함되어 있다

---

41 Leakey and Lewin, pp. 212~215.

공리적인 동기 또는
시킴과 부림의 틀도
신비에 맞닿아 있
다. 그리고 그 신비
는 공리를 초월한
다. 그러면서 그것
은 어떤 질서를 수
렴한다

아닐 가능성이 크다. 위에서 우리는 카오스이론을 언급하였
다. 그것은 사람이 생각할 수 있는 정도의 변수를 넘어가는
복잡계에서의 우연성이 중요한 몫을 담당한다는 것, 다시 말
해 예측 불가능성이 이미 체계 내에 포함되어 있다는 것을 말
한다. 모든 것을 다 알고 모든 것을 다 관리한다는 것은 이론
적으로 불가능한 것이다. 통시적 진화 또는 공시적 생태계는
이러한 체계에 속한다는 것이 점점 분명해지는 것으로 보인
다. 그것은 적어도 선형적인 합리적 법칙의 관점에서 볼 때
신비의 영역에 속한다.

근본적으로 공리적인 동기 또는 시킴과 부림의 틀도 신비
에 맞닿아 있다. 그 속에 움직이는 사고의 끝에도 신비가 나
타난다. 그리고 그 신비는 공리를 초월한다. 그러면서 그것은
어떤 질서를 수렴한다. 이것은 심미적·정신적 태도에서 이미
예견된 것이다. 보다 근본적으로 그것은 인간의 존재론적 열
림 속에 포함된다. 하이데거에게 철학적 사고의 근본은 존재
에 대한 경이감(Erstaunen)이다. 또 자연이 드러난다는 것 자
체가 사람들로 하여금 그 신비를 느끼게 한다. 신비는 세상만
물이 드러나면서 동시에 스스로를 감추는 까닭에 생겨난다.
드러남은 감춤 가운데 작은 사건에 불과하다. 드러남은 감춤
과 더불어 존재의 무한한 신비를 우리에게 느끼게 한다. 여기
에 대응하여 움직이는 것이 사람의 생각이다. 이에 대하여 과
학적 사고는 사물을 우리의 시킴에 따라 대령하게 하는 사고
이다. 사실 이것은 과학에 한정된 이야기는 아니다. 이것은
시대의 사고 틀이 되어 있다. 그것은 오늘의 행동을 규정하고
언어를 규정한다. 오늘의 정보 생산과 여론 형성을 목표로 하

신비는 세상만물이
드러나면서 스스로
를 감추는 까닭에
생겨난다. 드러남은
감춤 가운데 작은
사건에 불과하다

사람과 사물을 대령
시키고자 하는 언어
를 벗어나 스스로를
있음대로의 사물에
맡기는 사고

는 언술과 그 언술이 지향하는 목표들은 모두 사물과 사람을 대령시키고자 하는 언어이다. 여기에 대하여 하이데거 식의 생각은 스스로를 있음대로의 사물에 맡기는 사고이다. 그것은 차라리 존재에 대한 경건한 열림의 느낌이다. 여기에는 심미적 또는 정신적 정서를 동반한다. 그러나 그것이 비논리에 스스로를 맡기는 것은 전혀 아니다.

우리는 하이데거와 같은 철학자의 언어가 철학 속에 남아 있는 데 주목해야 한다. 그의 언어는, 모든 참다운 철학언어가 그러했듯이, 논리 속에 있으면서 논리를 초월한다. 그것은 더러 지적되듯이 신학에 비유될 수 있다. 신학은 논리나 말로 표현할 수 없는 것을 말하고자 하면서, 가장 논리적인 사변의 언어를 쓴다. 자크 데리다는 "말하면서 말하지 않는 것"이 어떻게 가능한가를 논한 일이 있다.[42] 그가 지적하는 것처럼, 이것은 신학의 수법이다. 그러나 그것이 하필 신학에 한정되고 또 수법에 불과한 것인가? 인간의 언어는, 질서가 혼돈의 가장자리에서 파동하고 출현하고 소멸하듯이, 생성소멸한다. 그리고 인간에게 선험적으로 보이는 모든 형식화된 언어와 이념도 질서와 혼동 사이에서 출현하고 소멸한다. 인간의 도덕과 윤리도 그러한데, 명멸하는 하나의 질서의 암시일는지도 모른다. 과학의 진리 또는 가장 믿을 만한 질서의 암시 중 하나이다. 우리가 분명하게 규명할 수는 없지만, 시와 철학과 과학의 언어는 보다 근원적인 혼돈과 질서

논리 속에 있으면서 논리를 초월하는 것, 아니 논리를 초월하면서 오히려 논리 속에 있는 것, "말하면서 말하지 않는 것"

---

42 "Comment ne pas parler : Denegations," *Psyche : Inventions de l' autre* (Paris : Gelilee, 1987).

의 파동의 그림자라고 할 수 있다.

9. 큰 마음

자연의 비인간성은
사람들로 하여금 인
간을 넘어서서 자연
의 세계를 보라는
의미를 가지고 있다

미국의 시인 로빈슨 제퍼스는 20세기 영미문학에서 자신의
문학에 진화론적 관점을 가장 근본적으로 수용한 사람이라고
할 수 있다. 그에게 세계는 약육강식의 생존투쟁이 지배하는
야만적인 창고이다. 세계에 신이 있다면, 그것은 사람보다도
야성의 폭력 속에 사는 맹수나 맹금이 더 잘 이해할 수 있는
신이다. 그러나 자연의 비인간성은 사람들로 하여금 인간을
넘어서서 자연의 세계를 보라는 의미를 가지고 있다.

……시원(始原)의 아름다움은 암석의 결과 알갱이 속에 살
아 있다.

우리의 벼랑을 타고 오르는 끝없는 태양처럼. 그러나 사람
은?

우리는 우리의 마음을 우리 자신으로부터 벗어나게 하여야
한다.

우리는 우리의 생각을 조금은 비인간화하여야 한다. 그리
고 우리가 거기서 온

바위와 대양처럼 자신을 가져야 한다.

_〈카멜 곶〉 중에서

그리고 로빈슨은 말한다. 자연의 아름다움을 보아야 한다고.

느끼고 말할 것은 사물들의 놀라운 아름다움—지구, 돌, 물,
짐승, 남자와 여자, 해, 달 그리고 별—
인간성의 피어런 아름다움, 그 생각들, 광증과 정열,
그리고 인간이 아닌 자연의 한없이 높은 실재성—
사람은 반쪽은 꿈이니, 아니면 사람은 꿈꾸는 자연.
그러나 바위와 물과 하늘은 변함없다—자연의 아름다움을
크게 느끼고, 크게 알고, 크게 표현하는 것
그것이 시의 할 일이다.
나머지는 잡동사니일 뿐…….

_〈사물의 아름다움〉 중에서

크게 느끼고 크게 알고 크게 표현하는 것은 큰 마음을 갖는
다는 것이고, 이 큰 마음은 "선견, 인애, 무사공평한 진실에
대한 존중"을 포용하는 마음이다. 그러나 무엇보다도 그것은
자연의 냉엄한 기율을 통해 자신의 또 사람의 좁은 고통을 초
월하는 전체—사람과 종족과 바위와 별들이 생성소멸하는 가
운데 온전하게 있는 유기적 전체의 조화를 우러르는 것을 배
우는 마음이다.

> 사람과 종족과 바위와 별들이 생성소멸하는 가운데 온전하게 있는 유기적 전체의 조화를 우러르는 것을 배우는 마음

……덕이란 온전함이다.
큰 아름다움이란 유기적 온전함이다. 삶과 사물의 온전함,
성스러운
우주의 온전함. 그것을 사랑하라, 사람이 아니라,
그것을 떠난 사람을 사랑할 것이 아니라.

_〈대답〉 중에서

자연의 아름다움은
그 무참한 것까지도
포함하는 것이다
시적인 눈은 세상의
모든 곳에서 아름다
움을 본다

시인들은 늘 자연을 두고 그 아름다움을 말해 왔다. 그 자연은 무참한 것을 포함하는 것이었다. 그러나 사람은 그것까지도 아름다움으로 초연하게 바라볼 수 있다. 시적인 눈은 세상의 모든 곳에서 아름다움을 본다. 그것은 이용하고 명령하고 부리고 하는 것과는 별로 관계가 없다. 그러나 그 아름다움을 보는 눈은 이 인간의 지극히 실용적인─그것 없이는 살 수 없는 실용적인 경영에 근본적인 차이를 가져오는 것이기도 하다.

2장

진실, 도덕, 정치

1. 사물과 시

있는 그대로 본다는 것은, 있는 그대로 본다는 것이 얼마나 어려운 일인가를 이해하는 일이기도 하다. 릴케는 로댕을 통해 관찰은 사실의 기율을 받아들임으로써 비로소 가능한 일임을 깨달았다. 릴케는 관찰의 결과를 그대로 적고자 했고 우리는 그것을 '사물의 시'라고 부른다.

2. 물질적·사회적 쓸모

우리 자신의 관점과 관심은 타자의 관심과 관점을 무화하려 한다. 인간 중심의 오류는 모든 것을 인간의 쓸모라는 관점에서 보는 것의 문제들을 지적한 말이다. 특히 오늘의 쓸모는 본질적 의미에서의 쓸모보다, 경제적 가치와 이윤의 증대라는 관점에서의 쓸모에 집중되어 있다.

3. 도덕

잘못된 점은 표범 가죽에 우의(寓意)를 부여한 것이 아니라 그러한 우의화의 습관이 우리 사고의 객관 구속성을 약화시킨다는 것이다. 오늘에 있어 우리의 도덕적 사고가 갖고 있는 약점은 대상 세계를 왜곡하고 그 사실로부터 떠나기 쉬운 데에 있다. 도덕 우위의 생각에서 일어나는 인간 왜곡은 우리가 늘 조심해야 하는 일 중의 하나이다. 도덕에 있어서 가장 중요한 점은 인간의 모든 것이 도덕에 포함되는 것은 아니다라는 사실을 이해하는 일이다. 하지만 오늘, 우리의 도덕은 살아 움직이는 인간 현실에 대한 성찰을 포기하고 체제의 변호나 정치의 강제력과 결합하여 권위주의적 체제의 생산에 기여하곤 한다.

도덕의 동의과정 안에는 언제나 조작의 가능성이 들어 있다. 도덕을 교육하는 것은 어디에서나 늘 좋은 것은 아니다. 도덕이 부도덕일 수 있다는 것은 도덕 교육이 깊이 고려해야 할 사항이다. 특히 아동의 도덕 교육은 어른 사회의 규범을 주입하는 것이 아니라 아동의 단계에서 아동의 삶의 필요에 대응하는 것이 되어야 한다. 어찌되었든 도덕은 인간에게 괴로운 제약이면서 동시에 인간의 자기실현의 지표이다. 그것은 억압적이면서 필연적이다.

4. 정치

정치는 권력 현상에 기초한 것이고 권력은 강제력을 의미하며 강제력의 행사는 부도덕의 가능성을 갖는다. 분명한 것은 도덕 없는 정치는 폭력으로 전락한다는 사실이다..

도덕 스스로에도 강제적 요소가 들어 있다. 또한 도덕의 강제적 수단은 자주 정치권력의 수단으로 이용된다. 그리하여 정치의 강제력은 신체를 억압하고 도덕의 강제성은 정신을 억압한다. 큰 도덕과 작은 도덕의 갈등은 거의 모든 정치적 행동의 본질에 들어 있는 것으로 보인다.

작은 도덕의 희생을 조건으로 정의를 요구하는, 자기정당성의 강박에 빠져 있는 모든 정치 집단은, 섬세한 도덕적 고려를 의지박약을 드러내는 것으로 간주한다.

오늘의 현실 정치가 갖는 또 다른 문제는 사실적 진실을 쉽게 무시하고 조작과 은폐를 당연시하는 태도이다. 그 결과 현대 정치는 진실도 거짓도 없는 냉소주의에 깊게 침윤된 것이 되었다. 사실적 진실을 잃어버리는 것은, 우리가 서 있는 현실의 자리를 가늠하는 데 꼭 필요한 원초적 감각을 잃어버린다는 것을 의미한다. 사회주의 국가들이 몰락한 원인의 하나도 사실과 정치 선전의 혼동이 초래한 현실의 상실에 있다고 할 수 있다.

5. 정치와 사고의 유연성

사회를 전체의 관점에서 보는 정의와 개인의 구체적 사정과의 모순은 피할 수 없는 일인지도 모른다. 그러나 전체의 관점에서 희망을 주고 목표를 제공하는 유토피아의 거대한 꿈, 그것의 경직화는 언제나 반유토피아적 결과를 가져온다.

어떤 정치적 목표도 그 자체로 정당한 것은 아니다. 정당화는 그것을 가능하게 하는 구체적 삶에 의해서만 정당화된다. 이 삶은 미래에도 있지만 보다 현재 속에 있는 것이다. 이데올로기적 사고의 폐단은 구체적 현실을 경시하는 데 있지만, 또 다른 폐단은, 지나칠 정도로 지적인 인상에도 불구하고, 모든 정확한 사고를 가로막는 자기중심적인 경멸감을 조장한다는 데에 있다.

도식적 사고는 현실과 사고를 동시에 단순화한다. 생각을 못하게 하는 것은 권력 정치집단에게는 편리한 일이고 또 대부분의 사람에게는 편하게 사는 일이기도 하다.

6. 역사

역사는 이데올로기적 편향이 강하게 드러나는 지적 영역의 하나이다. 사실적 정보의 조작은 대중으로 하여금 사실적 추세를 일정한 방향으로 알게 함으로써 새로운 지시를 사실적 필연성으로 받아들이게 하려는 것이다. 역사는 왜곡된 역사든 왜곡되지 않은 역사이든 지배이데올로기가 원하는 상황의 그림을 기정사실화하는 역할을 가지고 있다.

역사의 도덕적 교훈 기능이, 주관적 효용에 역점을 둔다고 해서 역사의 허구화를 허용한 것은 아니다. 도덕적 요청 자체가 거짓을 금지한다고 할 수 있다. 그러나 다른 한편으로 도덕은 그러한 위험을 내포한다. 큰 도덕은 작은 도덕의 희생—사실의 변경과 조작을 허용하는 면허가 될 수 있기 때문이다.

7. 보편성과 실존적 균형

역사는 주관에서 나오지만 그 주관은 훈련된 주관이다.

객관성은 주관성에 대응하여서만 나타나는 세계의 한 양상이다. 주관의 수련이 없는 곳에 객관은 존재하지 않는다.

오늘의 삶만이 생존의 유일한 시간이고 그것의 연장선상에서의 미래만이 의미 있는 관심의 대상이 되어 마땅하다. 과거가 의미를 갖는다면, 그것이 오늘에 있어서도 살아 있는 힘으로 작용하는 한도에서이다. 우리의 지향이 과거를 향한 것이든 현재와 미래를 향한 것이든, 어떤 경우에나 그것은 깊은 차원에서 오늘의 실천적 기획에 의하여 동기 지워진 것이라 할 것이다.

그런데 실천적 기획은 객관적 합리성으로부터 기계적으로 연역되어 나오는 것이 아니라 여러 대안 가운데 하나로서 선택된 것일 뿐이다. 그것은 주관적 의도에 연결된 것일 수밖에 없고, 그러는 한 그것은 더욱 대안적 선택이기 마련인 선택이다.

여러 대안은 현실 속에 열리는 미래로의 통로의 다기성을 말하며, 각각의 다양한 통로는 동시대의 공간 안에서 사람의 여러 실존적 위치를 나타낸다.

하나하나의 개별적 실존은 참다운 보편성의 하나하나의 근거이다. 그러나 우리 사회에서는 이러한 보편성 대신에 경직된 전체성이 너무나 자주 정치적 도덕적 수사의 최종 심급으로 추앙된다.

8. 문학의 진실과 보편성
전체의 정당성을 실현하기 위해 동원되는 뻔뻔스런 거짓과 책략처럼, 큰 도덕의 정당성은 너무 쉽게 작은 도덕의 부정으로 나아간다.

문학적 사유에 있어, 모든 사람은 그 자체가 목적이라는 칸트의 명제는 옳은 것이다. 모든 사람은 모두가 목적이라는 명제는 현실 속에서 하나의 아포리아이다. 모든 사람을 위해서는 어떤 선택을 할 수밖에 없고 그것은 모든 사람을 위해 어떤 사람을 배제하기 때문이다. 인간의 도덕적, 정치적 의무 속에 들어 있는 아포리아는 문학의 비극적 주제 가운데 하나이다. 그러므로 진정한 문학적 인식은 문학적 주체의 보편성 훈련을 필요로 한다.

주관을 최소화하고 있는 그대로의 사물을 인식하고자 하는 노력은, 지적 획일성과 상투화 속에 숨어 있는 자신의 현실적 이해관계로부터 스스로를 단절하는 도덕적 기율과 절제이다. 어떤 의미에서 문학의 상상력은 주체의 관점을 나 자신으로부터 대상으로 옮길 수 있는 힘이다.

1. 사물과 시

1902년 스물 일곱의 나이로 릴케가 파리에 가서 로댕을 만
나고 그의 비서를 하게 된 것은 시에 대한 그의 태도에 있어
서 커다란 전기를 이루는 일이었다. 로댕은 그에게 동물원에
가 볼 것을 권고하였다. 로댕에게는 정확한 관찰이 예술의 근
본이었다. 로댕은 그 작업에서도 사실적인 규율을 존중하였
다. 예술가적인 영감이나 도취가 아니라 노동의 집요함으로
써 일에 임하는 그의 태도에도 릴케는 큰 감명을 받았다. 관   관찰은 사실의 기율
찰은 사실의 기율을 받아들임으로써 가능한 일이었다. 릴케   을 받아들임으로써
는 시나 시를 쓰는 그의 태도가 지나치게 주관적이었다는 것   가능한 일
을 반성하였다.

로댕을 만났을 때부터 시작하여 6년 동안 쓴 200편에 가까
운 시는 주관성을 벗어나 객관성에 이르고자 한 그의 노력을
나타낸 것이었다. 그가 동물원에 가서 동물을 보고 쓴 〈표범

(Der Panther)〉은 그러한 객관적인 시들 가운데 가장 유명한
시의 하나이다.

　　창살을 넘나들기에 지친 그의 눈길은
　　이제 아무것도 지니지 아니한다.
　　그에게는 천 개의 창살이 있고 천 개의 창살
　　너머에는 어떠한 세계도 없는 것과 같다.

　　날렵하고 센 걸음걸이의 살풋한 거넓은
　　움츠러들어 작은 맴을 돌고, 그것은
　　커다란 의지가 마비되어 멈춘 중심을
　　두고 회전하는 힘의 춤과 같다.

　　때로 눈동자의 장막이 소리 없이
　　열리고―그럴 때면 영상은 안으로 들어,
　　사지의 팽팽한 고요 속으로 흘러가다
　　심장에 이르러 멈추어 스러진다.

　동물원에 갇혀 있는 표범을 그린 이 시는 반드시 어떤 특정
한 표범을 그린 것이라고 할 수는 없고 그러한 표범만이 아니
라 모든 갇혀 있는 동물 또는 사람까지 포함하여 부자연스러
운 감금 상태에 있는 생명체를 그린 것이라고 하여야겠지만,
이러한 모든 것을 포함하면서도 이 시가 갇힌 짐승의 한 모습
의 정곡을 찌른 묘사임에는 틀림이 없다. (우리의 현대 시인 가운
데 서정적이면서도 드물게 객관적일 수 있었던 박목월의 동물에 관한 시

에도 이에 비슷한 시들이 있다. 그가 〈타조〉를 묘사하며, "너무나 긴 목 위에서 그것은 非地上的인 얼굴이다. 그러므로 늘 意外의 空間에서 그의 얼굴을 發見하고, 나는 잠시 驚愕한다. 다만 비스켓을 주워먹으려고 그것이 天上에서 내려올 때, 나는 다시 唐慌한다"라고 할 때 우리는 그 직관의 정확함에 감탄한다.)

사물을 객관적으로 말한다는 것은 관찰한 대로 본 대로 말한다는 것이다.

관찰의 결과를 그대로 적고자 한 릴케의 시는 '사물의 시(Ding-Gedichte)'라고도 불린다. 사물이란 우리의 주변에 널려 있는 것이고, 우리는 그것들을 나날이 또는 매순간 보면서 살아간다. 사전에 있는 많은 낱말들은 사물을 지칭하는 말이다. 대체로 사물을 말한다는 것은 보는 사물에 맞아 들어가는 사전의 이름을 말하는 것에 불과하다. 이름을 말하는 것은 사물을 있는 대로 말하는 것일까? 눈으로 본다는 것은 보이는 것을 바르게 보는 것일까?

위의 릴케의 시는 '표범'을 객관적으로 말한 것이지만, 동시에 보는 일―사물을 있는 그대로 보는 일이 얼마나 어려운가를 말하는 시라고 읽을 수도 있다. 또는 릴케는 보는 일의 어려움을 통하여 보는 일의 역설을 말한다고 할 수도 있다. "…… 그의 눈길은/ 이제 아무것도 지니지 아니한다." 표범에게 보는 것은 보아도 보지 않은 것과 같은 것이다. 그에게 보이는 세계가 있다고 하더라도 그것은 존재하지 아니한 것과 같다. 본다는 것은 단순히 사물을 노려봄으로써 이루어지는 일이 아니다.

그것은 삶의 세계와 관련하여 의미를 가지게 될 때에만 참

사물을 있는 그대로 본다는 것은 사물을 있는 그대로 보는 일이 얼마나 어려운가를 이해하는 일이기도 하다

으로 보는 일이 된다. 표범의 보는 일을 무의미하게 하는 것은 그가 우리에 갇혀 있어 삶의 공간을 갖지 못하고 있기 때문이다. 창살을 넘어 세계를 보아도 그것은 없는 것과 같고, 그러니 만큼 보는 일은 보지 않는 것과 같다. 표범에게 세계는 그의 날렵하고 센 걸음걸이로 움직여 다닐 수 있는 공간이다. 그의 의지는 이 움직임에 대응한다. 그러나 오랜 갇혀 있음은 이러한 의지를 무화(無化)시켰다. 여기에 관계되어 있는 것은 의지와 더불어 심장에서 이는 느낌이다. 심장이 죽어 아무 느낌이 없을 때, 눈으로 들어오는 이미지는 스러져 없어지게 마련이다.

2. 물질적·사회적 쓸모

보는 자와 대상과 그것을 에워싸고 있는 테두리와의 상관 관계

보는 일은 보는 자와 그 대상과 그것들을 에워싸고 있는 테두리와의 상관 관계에서 일어난다. 어느 하나만으로는 보는 일은 완전한 것이 되지 아니한다. 보는 일의 테두리를 완전히 포함하는 시각적 직관을 완성하는 것은 극히 어려운 일일 수밖에 없다.

그러나 단순한 출발점은 보는 자의 상태—그의 의도와 느낌이다. 시 〈표범〉에서 표범의 보는 일이 중단된 것은, 위에서 비친 바와 같이, 그의 의지와 심장이 마비되고 죽어 있기 때문이다. 관심의 근거가 없어져 버린 것이다. 대체로 우리가 사물을 보고 사물을 알고 그 의미를 확인하고 하는 것은 이미 우리의 관심을 전제로 하여 가능한 것이다. 보는

일은 이미 관심에 의하여 정의되어 있다. 유교의 인식론에서 말하듯이 보는 것 또는 안다는 것은 이미 그것에 대하여 일정한 호오(好惡)를 갖는다는 것을 말한다. 사실 우리가 쓰는 단어 그것은, 반드시 심정적 호오는 아니라고 하여도 이미 사람의 어떤 관심의 태도를 일반적으로 반영하고 있게 마련이다.

우리 자신의 관점과 관심은 타자의 관심과 관점을 무화한다

그러나 우리 자신의 관점과 관심은 타자의 관심과 관점을 무화한다. 릴케의 시에 사용된 '판터'는 희랍어의 어원을 생각하여서 이해할 수 있는 말이지만, 우리말이나 한문에서 표범이란 말이 나타내고자 한 것은 무엇일까? 어원적인 의미를 본격적으로 알아보아야 하겠지만, 대체로 그것은 가죽의 얼룩진 문양을 중시하여 생겨난 문자로 생각된다. 용례에 있어서도 그 문양의 아름다움을 강조하는 것이 많은 것을 볼 수 있다. 그것은 우선적으로 사람의 관점에서 두드러진 특징을 잡아서 생겨난 이름일 것은 틀림이 없을 것이다. 그것이 표범의 본질적 존재를 말하는 것일까? 그러나 문양의 아름다움에 주목하는 것과 같은 심미안은 사물의 일단을 드러내주는 것처럼 보인다.

중국인의 상상 속에서, 표범은 워낙 그 가죽의 아름다움을 좋아하여 눈비가 내리면 그것을 손상할까 하여 일곱 날을 굶어도 산에 숨어 나오지 않는다는 이야기는 심미안의 관점을 나타낸 것이라 할 수 있다. 그것은 표범의 아름다움을 실감하게 한다.

그러나 이것은 곧 도덕적 비유로 전이되어 생각될 수 있다. 다르게는 가령, "범은 죽어서 그 가죽을 남기고 사람은 죽어

서 그 이름을 남긴다"(豹死留皮, 人死留名)와 같은 성어(成語)에서 표범은 전적으로 보는 사람의 관점으로 정의된다. 동물원에 표범을 포획하여 놓고 구경거리로 삼는 것도 표범의 사정을 생각한 것이 아님은 물론이다. 학교에서 곤충을 배우면서, 그것이 해충인가 익충인가를 먼저 헤아리게 하고, 풀을 대할 때에도 거의 본능적으로 잡초인가 아닌가를 따지게 하는 것을 보면, 얼마나 인간 중심의 관점이 일반적이며 또 거의 객관적인 세계의 속성처럼 받아들여지는가를 생각하게 된다.

인간 중심의 오류　이렇게 이야기하는 것은 물론 그러한 인간 중심의 오류를 말하고 그것을 비판적으로 말하는 것이지만, 그러한 관점을 반드시 탓하는 것만은 아니다.

쓸모의 관점에서 사물을 보는 것의 문제들　이것은 쓸모의 관점에서 사물을 보는 것이다. 쓸모는 사람과 대상 세계와의 관계에서 가장 중요한 관점이다. 해충과 잡초에 대한 변별은 농경 사회에서 중요한 지식이었을 것이다. 사람의 일에 초연한, 참으로 객관적인 부처님과 같은 관점에서는 어떠할는지 몰라도 그것은 사람의 삶의 경영의 근본에 닿아 있는 면이 있는 것이다. 다만 우리는 그것이 객관적인 세계의 양상을 말하는 것이 아니며 사람의 삶의 제한적 조건—비극적이라고도 할 수 있는 제한적 조건에 관련되어 있다는 것, 그리고 사람의 삶에서도 그것이 전부는 아니라는 것을 너무 쉽게 망각한다. 나는 오랫동안 집에서 개를 길러왔다. 별로 내가 돌보아주지도 못하는 개가 무엇을 뜻하는 것인지는 나도 잘 모르지만, 집에 찾아오는 손님이 "그 개, 집 잘 지키겠다"고 평하는 것을 들으면 놀라움을 금치 못하는 경우가 있다.

설사 가축 동물에 대한 사람의 관계가 쓸모의 관점에서 시작되었다고 하더라도, 그것은 반드시 계속적으로 그러한 관계에서 정의되는 것은 아니다. 《맹자》에 이러한 이야기가 있다. 왕이 제사에 희생(犧牲)으로 쓰기 위해서 끌려가는 소가 떨고 두려워함을 보고 그것을 풀어 주고 양으로 대체할 것을 명한다. 이것을 보고 사람들이 그 인색함이나 모순을 이야기한 일이 있는데, 맹자는, 왕이 그렇게 행동한 것은 소는 이미 눈으로 본 것이고 양은 보지 않은 것이니, 소를 양으로 대체한 것은 차마 하지 못하는 어진 마음의 발현으로서 자연스러운 것이라고 설명한다. 왕의 행동에 모순이 있음에는 틀림이 없지만, 이 모순은 오히려 사람의 상황의 근본적 진실을 나타내는 면이 있다고 할 것이다.

오늘날 우리 사회에서의 문제는 이러한 모순의 의식도 없이 철저하게 공리적으로 사물을 대하는 일이 한결같아졌다는 점이다. 이미 말한 바와 같이 풀과 나무가 그러하고 땅이 그러하고 또 사람에 대한 태도가 그러하다. 사람도 돈으로 또는 조금 더 고상하게 국가의 산업 역군으로 생각되는 것이다. 신지식인이라는 발상에서는 지식인도, 또 지식인이 종사하는 바와 같은 사고의 작용도 쓸모의 관점에서만 의의를 갖는 것으로 생각된다.

그러나 더 큰 문제는 따지고 보면 공리적 태도의 쓸모가 반드시 엄밀한 의미에서의 쓸모가 아니라는 데에 있다고 할 수도 있다. 사용 가치가 교환 가치에 의하여 대체된 세상이 오늘의 사회인 것은 새삼스럽게 말할 필요도 없다. 오늘날 풀과 나무와 땅 그리고 자원이라고 불리는 자연물을 훼손하는 것

본질적 의미의 쓸모가 아닌 경제와 이윤 증대라는 관점에서의 쓸모를 위한 것

은 직접적인 의미에서 쓸모를 위한 것이 아니라 경제와 이윤 증대라는 관점에서의 쓸모를 위한 것이다. 이것은 산업체들의 관점에서의 이야기이지만, 소비자의 관점에서 물건을 대하는 경우에도 그 쓸모는 반드시 참다운 의미에서의 쓸모는 아니다.

사람의 진정한 쓸모로 따진다면, 오늘날의 많은 것들—옷이나 음식이나 집은 쓸모와는 관계가 없는 것들이라고 해야 할 것이다. 그중에 대표적인 것으로 옷을 본다면 그것이 추위를 막아 준다든가 하는 기능을 수행하는 것이 아니게 된 것은 오랜 일이다. 옷의 의미는 미적인 것인가? 아마 그것보다도 사회적인 의미를 갖는다고 하는 것이 맞을 것이다. 그것은 계급적인 권위 또는 개인적 허영에 관계되는 것일 수 있다.

오늘날 옷의 의미는 미적인 것이 아닌 사회적인 의미를 갖는다

대체로 교환 가치는 경제적으로는 이윤으로 환산되지만, 사회 관계에서 그리고 인간의 심리에서는 허영으로 환산된다.

복잡한 사회 관계 속에서 사물의 진실은 풀어 낼 수 없는 수수께끼가 된다. 그러나 진실이 문제가 되는 것은 반드시 구체적인 대상물의 인식에 관계해서만 그러한 것은 아니다. 사물의 진실의 상실은 우리의 사회적 행위의 규범에 영향을 미치고 또 규범의 왜곡으로 인하여 일어나는 현상이다.

대상물의 진실은 모든 진실의 인식에서 최종적인 진실이다. 이것은 곧 잘 잊히게 되는 일이다

대상물의 진실은 모든 진실의 인식에서 최종적인 진실이다. 이것은 곧잘 잊히게 되는 일이다. 그리고 이것을 잊게 될 때 우리의 사고 자체에 문제가 생길 수 있다. "표사유피, 인사유명(豹死留皮 人死留名)"은 사회적 존재로서의 인간이 가질 수 있는 욕망 또는 보기에 따라서는 그 존재론적 특성을 표현한

것이다. 그러나 이것은 동물의 생존에 대한 매우 공리적이고 자의적인 인식에 의하여 정당화된 처세훈이다. 동물의 삶에 대한 우의적인 해석은 우리의 사고에서—특히 비교적 원시적 사고에서 자주 볼 수 있는 일로서 여기에서 탓할 것은 아니다.

잘못된 것은 표범의 가죽에 우의를 부여한 것보다는 그러한 우의화의 습관이 우리의 사고의 객관 구속성을 약화시킨다는 것일 것이다.

3. 도덕

사물의 우의화는 도덕적 사고에서 즐겨 사용되는 방법이다. 그것은 우리의 도덕적 사고가 대상 세계의 진실로부터 떠나기가 쉬운 것이 되게 하는 하나의 큰 요인이 된다. 가령 "해도 하나 임금도 하나"와 같은 발상법은 우의적인 것인데, 이러한 발상은 사실의 정당성에 관계된다기보다 사실과 우의 사이에 벌어지는 틈을 이용하여 사회 관계에 우주론적 정당성을 부여하려는 것이다. 이러한 봉건 시대의 우의적 도덕관은 사라졌지만, 그에 비슷한 담론이 사라진 것은 아니다. 그러나 다른 한편으로 사실과 사회적 의미의 삼투 관계는 범주 오류로서만 취급될 수 없다.

옷의 의미는, 원초적 쓰임새를 벗어난 허영의 의미 이외에, 예의범절에 의하여 규정된다. 의관을 바르게 한다는 것은 실용도 허영도 아닌 사회적 의무가 되는 것이다. 옷의 대상성은

잘못된 것은 표범 가죽에 우의를 부여한 것이 아니라 그러한 우의화의 습관이 우리 사고의 객관 구속성을 약화시킨다는 것이다. 우리의 도덕적 사고는 대상 세계의 진실로부터 떠나기가 쉽다

그에 의하여 해체된다. 그리고 옷의 진실은 거의 전적으로 그 사회성으로 규정된다. 예의범절은 이성적으로 이해하기 어려운 인간 행동이지만, 인간의 개인적인 그리고 집단적인 삶에 질서와 의의를 부여하고 또 어떤 경우에는 그 고양화를 가져오는 일을 한다. 그러나 동시에 그것이 더없이 억압적 기능을 수행하는 것이 될 수 있다는 것은 예절을 중시한 우리 사회에서 흔히 볼 수 있는 일이다. 그리고 아마 이러한 두 기능 가운데 더 큰 것은 그 억압적 기능이라고 해야 할는지 모른다.

사회의 규범에는 예절 이외에도 분명한 언어적 표현을 가지고 있고 또 상당한 정도로는 이성적인 방법으로 정당화되기도 하는 것이 도덕이다.

오늘의 세계에서 사람의 행동은 다른 어떤 것보다도 사회관계의 틀을 통하여 그 의미를 얻는다. 도덕적·윤리적 판단의 테두리는 사람의 행동의 의미뿐만 아니라 그것을 인지하는 준거가 된다. 여기에서의 사실적 진리는 어떠한 역할을 하는가?

일단 사람의 행동의 도덕적·윤리적 의미는 사실의 세계로부터 독립되어 있는 것이라고 말할 수도 있다. 많은 도덕 철학자, 윤리학자의 노력은 도덕과 윤리를 경험의 불확실성으로부터 분리하여 독자적이고 절대적인 기초 위에 올려놓으려는 데에 경주된다. 그러나 우리가 그러한 입장―흔히 의무윤리학(deontological ethics)으로 요약되는 입장에 동의하든지 아니하든지 그것이 사실적 진리에 무관할 수는 없다. 그것이 인간 실존의 사실적 구조를 떠나는 것일 수는 없다. 가령 경험의 사실성을 초월하는 보편성의 원리에 입각한 칸트의 지상

많은 도덕 철학자들의 노력은 도덕과 윤리를 경험의 불확실성으로부터 분리하여 독자적이고 절대적인 기초 위에 올려놓으려는 데에 경주된다

명령 같은 것도 사람의 사회적 존재라는 사실을 떠나서는 아무 의미가 없는 것일 것이다.

　어떤 규범에서 시작하는 것이든 윤리적·도덕적 판단에 있어서도 그러한 판단이 가능하기에는 행동의 사실적 확인이 필요하다. 또 개별 사실에 대한 것이 아니라도 윤리적·도덕적 규범의 정당성은 삶의 전체적 상황─형이상학적·사회적·시대적 상황의 사실적 판단에서 온다. 여기에서 일탈될 때 도덕적·윤리적 규범은 사람의 삶에 불필요한 억압으로 느껴진다. 아마 도덕적 의미 연관에서 인간을 말할 때 가장 중요하게 주장될 수 있는 것의 하나는 인간의 모든 것이 도덕에 포함되는 것은 아니라는 것일 것이다. 도덕 우위의 생각에서 일어나는 인간 왜곡은 인간의 다른 면─스스로 사물처럼 있으면 다른 생명체들처럼 생명의 작용 속에 있다는 사실을 무시하고 모든 것을 도덕의 명령에 의하여 재단하는 일일 것이다.

　실러는 산천초목의 자연에서 "조용한 창조적인 생명, 스스로에서 나오는 편안한 움직임, 스스로의 법에 따른 있음, 내적인 필연성, 스스로와의 영원한 일체성"[1]을 보았다. 인간은 물론 이러한 자연의 삶을 떠나 있는 존재이다. 그러나 실러에게 인간의 도덕적 이상의 하나는 이 자연의 본래의 상태를 회복하는 일이었다. 어떠한 경우에나, 그것이 무엇이든지 간에, 본성에 맞는 상태에 있는 인간의 삶은 실러가 말한 조용한 있음에 근접하는 것일 것이다.

> 도덕에 있어서 중요한 것은 인간의 모든 것이 도덕에 포함되는 것은 아니다라는 것을 이해하는 일이다

> 도덕 우위의 생각에서 일어나는 인간 왜곡

---

[1] Friedrich Schiller, "Über Naive und Sentimentalische Dichtung," *Werke in Zwei Bänden, II* (München: Knauer, 1964), s. 625.

도덕의 조건에서 인간은 그러한 상태에 있는 것은 아니다. 도덕은 제한과 애씀을 의미한다. 그것은 대체로 기율, 제어, 강압, 강제의 성격을 가지기 쉽다. 개개인의 삶이 도덕의 근본의 하나라고 할 때, 극단적으로 말하면, 도덕은 부도덕한 것이라고 말할 수도 있다. 사람이 개체로서 태어나고, 스스로의 삶을 스스로 살아가는 데에 개체의 의미가 있다고 한다면 그렇다. 이 관점에서 도덕은 이러한 실존적 개체에 제한을 가하고 그것에 강제력을 작용하거나 강제성의 명령을 발한다. 서양의 대표적인 도덕 강목과 동양의 그것을 비교하여 보면, 특히 이것은 후자의 경우에 그러한 것으로 생각할 수 있다. 가령 아리스토텔레스의 윤리 강목, 중용, 인내, 정의, 지혜 등은 상당 정도 개인의 삶의 균형을 위하여서도 필요한 것이지만, 삼강오륜의 덕목은 거의 전적으로 사회적 의무의 수행을 명령하는 것이다.

어느 쪽이든 도덕은 쉽게 정치적 강제력과 결합하고 적어도 권위주의적 체제를 생산해 낸다. 그러나 다른 한편으로 도덕이 없이 사람이 살 수 없다는 것도 분명하다. 만인의 만인에 대한 투쟁의 상태를 벗어나기 위해서이든, 아니면 어떠한 관점에서 생각되듯이 인간의 보다 높은 본성의 실현을 위하여서든 도덕은 필요할 수밖에 없다. 이 개체적 실존의 필요와 사회적 또는 형이상학적 도덕의 필요―이 둘은 모순의 관계 속에 들어갈 수 있다. 그것은 몇 가지의 계기를 전제로 하여 하나로 합칠 수 있다.

많은 것은 요구되는 도덕과 윤리가 참으로 필요한 것인가― 생존의 절실함과 관계하여 필연성의 성격을 갖는 것인가 하

극단적으로 말하면, 도덕은 부도덕한 것이다

도덕은 쉽게 정치적 강제력과 결합하고 적어도 권위주의적 체제를 생산해 낸다

는 점에 달려 있다. 이 필요에 비추어 사람에게 요구되는 도덕적 의무와 덕성이 어떤 것인가 하는 것은 인간에 대한 바른 이해가 어떤 것인가에 따라 달라질 수밖에 없다. 그것은 초시대적인 것으로 생각될 수도 있고 시대에 따라 바뀌는 것이라고 할 수도 있다. 필연성으로 확인되는 도덕은 인간에게 괴로운 제약이면서도 또 자기 실현의 지표이다. 그것은 억압적이면서 필연적이다. 그 점에서 그것은 사실적 진리의 경우와 같다.

사람의 삶에 대하여 사실은 한계와 제약이 되는 삶의 조건이다. 자연이 사람과 투쟁의 관계에 있는 것으로 말하여지는 것은 사실적 세계의 이러한 면을 말한 것이다. 기술의 발전이 자연의 제약을 극복하기 위한 투쟁의 결과라고 하는 것은 일리가 있는 말이다. 그러나 다른 한편으로 사실의 제약―특히 그것이 자연에서 오는 것일 때 사람의 삶의 의의를 제공하는 바탕이기도 하다. 위험한 높은 산이 즐거움의 대상이 되고, 식욕이나 성욕은 불행의 요인이 되기도 하지만 행복의 요인이 되기도 한다. 자연―거기에 입각한 사실들은 삶 그 자체이다. 도덕적·윤리적 진실의 경우도 이에 비슷하다.

어떤 도덕과 윤리가 삶의 필연적인 바탕인가 하는 것은 끊임없이 검토되어야 하는 것일 것이다.

오늘날의 세속화된 사회에서 그러한 검토가 어떻게 가능한 것인지를 말할 수는 없지만, 전통적 사회에서 인간의 도덕적 생존에 대한 철학적·종교적 반성은 그 나름의 역할을 수행했었다고 할 수 있다. 다만 그러한 도덕적·윤리적 사고는 흔히 기성 도덕의 법전화에 치중함으로써 살아 움직이는 인간 현

도덕은 인간에게 괴로운 제약이면서 동시에 자기 실현의 지표이다. 그것은 억압적이면서도 필연적이다

위험한 높은 산이 즐거움의 대상이 되듯, 식욕이나 성욕은 불행의 요인이 되기도 하지만 행복의 요인이 되기도 한다

살아 움직이는 인간 현실에 대한 성찰이기를 그치고 체제 변호론이 되기 쉬운 도덕적 사고

실에 대한 성찰이기를 그치고 체제 변호론이 되기 쉬웠다.

도덕의 필연성은 어떤 것이든 자연의 사실성과 달리 그것이 사람의 마음에 내면화됨으로써만 참다운 규범으로 작용한다는 점이다. 그것은 자발적인 동의를 조건으로 한다. 그럼으로써 도덕은 억압적이기를 그친다. 동의는 직각적인 것일 수도 있고 일정한 교육이나 자기 형성적 과정을 통하여 주어질 수도 있다. 동의의 의미는 어디까지나 자유의 조건 하에서만 진정한 것이 된다. 칸트의 도덕 철학에서 특히 강조되는 것은 인간의 자유 의지를 전제로 하지 않고는 도덕이 무의미하다는 점이다. 다른 편으로 보면, 도대체 자유가 없다면 무엇 때문에 도덕이 필요할 것인가? 그러면서 도덕은 필연성을 나타낸다. 그것은 자유와 필연의 모순의 종합으로서 성립하는 인간 행동의 양식이다. 이 종합은 동의와 설득을 통하여 이루어진다.

자유 의지가 없다면 도덕은 무의미하다

동의는 준비된 바탕이 있어야 가능한 일일 경우가 많다. 이것은 교육이 맡고 있는 일이다. 어느 사회에서나 교육의 중요한 부분의 하나는 도덕에 관한 것이다. 이 도덕 교육은 사회에서 필요로 하는 행동 양식의 훈련과 규범의 주입을 목표로 한다.

동의와 설득은 준비된 바탕이 있어야 가능하다

그러나 보다 성숙한 사회에서 그것은 전체적으로 정서적·이성적 성숙을 지향하는 자아 형성을 돕는 일이 된다. 어떤 경우이든 도덕적 동의 과정이 직각적인 것이 아니기 쉽기 때문에 거기에는 늘 조작의 가능성이 들어간다. 그것은 극단적인 경우는 여러 가지 견디기 어려운 조건 하에서의 세뇌로부터 선전에 이르는 조작일 수 있다. 교육도 그러한 면을 갖는

도덕적 동의 과정 안에는 늘 조작의 가능성이 들어간다

다. 이 점은 우리 사회에서 쉽게 인정되지 아니한다.

흔히 생각되듯이, 도덕을 교육하는 것은 어떤 조건 하에서 어디에서나 좋은 일인 것은 아니다. 도덕이 부도덕일 수 있다는 것은 도덕 교육에도 해당된다. 아동의 도덕 교육은 어른의 사회에서의 규범의 주입이 아니라 아동의 단계에서의 삶의 필요에 대응하는 것이 되어야 한다는 생각은 근대 교육 철학의 중요한 주장이지만, 이것이 우리나라에서 교육의 현실이 되는 일은 아직도 요원한 것으로 생각된다. 물론 조작이나 강압이 없이 완전히 자유로운 바탕 위에서 교육이 어떻게 가능한가 하는 것은 쉬운 답변이 있을 수 없는 문제이다. 특히 자유로울 수 없는 존재, 정서적·이성적 성숙에 이르지 못한 존재로서의 인간을 어떻게 하느냐 하는 문제는 어려운 문제로 남을 수밖에 없다. 다만 어느 단계에서이든 강압적 도덕 교육 또는 강압 교육이 이율배반적 개념이라는 것은 상기할 필요가 있는 일이다.

> 도덕을 교육하는 것은 어디에서나 좋은 일인 것은 아니다. 도덕이 부도덕일 수 있다는 것은 도덕 교육에도 해당된다. 아동의 도덕 교육은 어른의 사회에서의 규범의 주입이 아니라 아동의 단계에서의 삶의 필요에 대응하는 것이 되어야 한다

4. 정치

도덕의 문제를 참으로 복잡하게 하는 것은 정치이다. 정치란 원래 권력 현상에 기초한 것이고 권력은 강제력을 의미하며 강제력의 행사는 근원적인 의미에서 부도덕의 가능성을 갖는다.

사람들은 정치가 도덕적이 되어야 한다고 생각한다. 도덕 없는 정치는 단순한 폭력으로 전락한다. 그러나 다른 한편으

> 정치는 권력 현상에 기초한 것이고 권력은 강제력을 의미하며 강제력의 행사는 부도덕의 가능성을 갖는다

로 도덕에—그것도 단순화된 교조적 도덕이나 정의에 스스로
를 일치시키는 정치도 부도덕한 것일 수 있다. 도덕의 강제적
성격은 정치에 의하여 참으로 정치 권력의 수단으로 이용된
다. 그 결과 정치의 강제력은 신체를 억압하고, 도덕의 강제
성은 그에 짝하여 정신을 억압한다. 이러한 상황에서 도덕은
스스로의 위엄과 권위를 상실하게 마련이다. 차라리 정치와
도덕의 양립을 부정하는 현실주의는 최소한도의 진실을 건질
수 있게 하고, 도덕을 냉소주의적 전략으로부터 지킬 가능성
을 남겨 놓는다.

도덕 없는 정치는
폭력으로 전락한다.
다른 한편 교조적
도덕이나 정의에 스
스로를 일치시키는
정치도 부도덕한 것
일 수 있다

어떤 경우에나 정치는 도덕을 단순히 권력 행사를 위한 명
분으로 사용하기 쉽다. 특히 모든 행위가 하나의 거대한 혁명
적 정의로서만 정당화될 때 그것은 모든 사람으로부터 구체
적인 도덕의 현실을 앗아가고 기계적인 수사—구체적인 도덕
과는 관계없는 또는 어느 관점에서나 부도덕한 것일 뿐인 행
동을 은폐하는 수사적 명분으로 떨어지게 된다. 그러한 모든
것이 거대 도덕에 의하여 정당화되는 사회에서 순정한 의미
의 도덕은 사라져 버리고 만다.

도덕의 강제적 성격
은 정치 권력의 수
단으로 이용된다. 정
치의 강제력은 신체
를 억압하고 도덕의
강제성은 정신을 억
압한다

한국이 특히 혁명적인 역사 과정 속에 있었다고 하기는 어
렵지만, 정치와 도덕—큰 명분의 도덕의 밀착을 도덕의 핵심
으로 하였던 한국에 있어서 이것은 특히 쉽게 느낄 수 있는
일이다. (이것은 유교 사회의 성격이 그러했던 때문이기도 하고, 지난 백
여 년 한국의 역사가 큰 도덕의 주제화를 끊임없이 요구하였기 때문이기
도 하다. 이 후자의 사정은 이러한 도덕주의를 나무랄 수 없게 하지만, 그
것의 착잡한 결과를 인정하는 것도 필요한 일이다.)

바른 도덕의 정치를 전혀 생각할 수 없는 것은 아니다. 도

덕이나 정치의 강제적 상황을 변화시킬 수 있는 것은 다시 한 번 사람들의 동의이다. 모든 것이 조작될 수 있는 환경에서 이것도 조작될 수 있다. 진정한 도덕과 정치는 진정한 내적 동의의 경로를 등한시하지 않는 정치이다. 이 점에서, 쉽게 모방할 수 있는 일은 아니겠지만, 간디의 정치적 행동은 시사해 주는 바가 있다. 간디는 파업이나 시위 등의 정치적 행동에 있어서 참여자의 내적 각성을 지극히 중요시하였다. 그의 비폭력주의는 단순히 물리적 폭력의 사용을 억제하는 것을 의미하는 것이 아니라, 정치의 드라마에 참여하는 모든 사람의 인격에 강압을 사용하지 않는 것을 의미한다. 여기에서 인격이란 사람이 진리로 열릴 수 있는 가능성이다. 간디의 비폭력은 물리적 강제력을 피할 수 없는 경우에도 이 진리의 가능성을 존중하는 것을 말한다. 사람이 절대적인 진리를 안다는 것은 불가능하므로 우리는 다른 사람의 진리에 대한 감찰을 수행할 수도 없고 벌을 줄 수도 없다. 자신의 절대적인 정당성에 입각하는 사람은 심리적으로나 윤리적으로나 자신의 입장 자체를 허물어뜨리는 것이 된다.[2] 결국 도덕이나 정의가 권력 의지에 봉사하는 것으로 드러날 것이기 때문이다. 그러나 모든 것이 작용의 대상으로서만 존재하는 정치의 현실 역학 속에서 깊은 내적 동의가 설 자리가 있을까? 우리 사회에서 정치 권력자나 권력 엘리트의 행태로 판단하면, 보통 사람의 도덕적 판단에 대한 정치가들의 믿음은 극히 약하다고 할

간디의 비폭력주의는 물리적 폭력의 사용을 억제하는 것을 의미하는 것이 아니라 사람의 인격에 강압을 사용하지 않는 것을 의미한다

권력 의지에 봉사하는 도덕이나 정의

---

2 Erik H. Erikson, *Gandhi's Truth: On the Origins of Militant Non-Violence* (Norton, 1969). 이 책은 간디의 진리의 정치 양식에 대한 연구이다. 여기의 해석은 이 책에 의존하였다. 그러나 특히 410~415쪽을 참조.

수밖에 없다. 또 그 믿음은 현실적 근거를 가진 것일 것이다. 그리고 이 현실은 도덕 냉소주의의 악순환 속에서 끊임없이 재생산된다.

도덕적으로 정당화되는 정치를 최대한으로 도덕의 테두리 속에 유지하도록 한다고 하더라도 정치에 있어서의 도덕성의 모순은 거의 정치적 행동의 본질 속에 들어 있는 것으로 보인다.

도덕은 몇 가지 다른 차원에서 존재하면서, 이 다른 차원의 도덕은 서로 갈등을 일으키기 때문이다. 전통적인 윤리 규범에서 충효는 하나로 묶어서 말하여지지만, 나의 가족에 대한 의무와 국가에 대한 의무는 상충한 것일 경우가 많다. 크고 작은 도덕이 극단적 모순의 관계에 들어가는 것은 큰 도덕적 의무로 요구되는 것―흔히 정의의 이름으로 요구되는 것이 작은 도덕의 희생을 조건으로 할 때다. 이것은 특히 도덕을 적극적인 정치 기획으로 삼는 혁명의 정치에서 그러하다. 그러한 기획은 도덕과 윤리의 전부를 정의로서 단순화하고 내일의 정의로운 질서를 위하여 오늘의 희생을 요구하는 것을 서슴지 않는다. 이 희생이란 전쟁의 경우에서처럼 무고한 생명의 희생을 말하는 것이기도 하고, 과거나 오늘의 질서에서 우세한 위치에 있는 사람의 희생을 말하는 것이기도 하다. 메를로―퐁티는 살인을 절대적인 악으로 보는 기독교인은 혁명가가 될 수 없다는 것을 경멸적으로 말한 일이 있다. 마르크스주의는 구체적인 행동의 도덕과 혁명의 도덕의 갈등을 인정하는 것조차 부르주아적 심약함이라고 조소하였다. 자기 정당성을 내세우는 모든 정치적 집단은 섬세한 도덕적 고려

작은 도덕의 희생을 조건으로 하는 정의 때로 혁명의 정치는 내일의 정의로운 질서를 위하여 오늘의 희생을 요구하는 것을 서슴지 않는다

자기 정당성을 내세우는 모든 정치적 집단은 섬세한 도덕적 고려를 의지의 박약을 드러내는 것으로 간주한다

를 의지의 박약을 나타내는 것으로 안다.

이러한 모든 측면이 있음에도 불구하고 큰 도덕과 작은 도덕의 갈등은 참으로 심각하게 인간 생존에 내재하는 균열을 나타낸다고 할 수밖에 없다.

이 갈등 가운데 현대 정치에서 가장 많이 보는 것의 하나는 정치와 사실적 진리의 갈등이다. 이것이 도덕의 문제가 되는 것은 진리를 말하여야 한다는 도덕적 요구에 의하여 진리가 존재하기 때문이다. 한나 아렌트는 〈진리와 정치(truth and politics)〉라는 글에서, 제1차 세계대전의 책임을 논하는 계기에 클레망소가 하였다는 말, "〔그 문제에 대한 답변이 어떠해야 하는 것인지〕 나는 모르지만, 벨기에가 독일을 침공했다는 말은 안 나오겠지" 하는 것을 논의의 한 출발점으로 삼았다. 아렌트는 옛날에는 이러한 사실적 진실(factual truths)이 부정되는 법이 없었던 것인데(이것은 물론 인간 역사를 지나치게 낙관적으로 보는 것이라고 하여야겠지만), 이러한 사실적 진리 자체가 은폐되고 조작되는 것이 당연시되는 것이 오늘의 정치 현실이 되었다고 말한다. 그 결과 현대 정치는 진실도 거짓도 없는 냉소주의에 침윤된 것이 되었다. 사실적 진실을 잃어버리는 것은 현실 세계에서 우리의 선 자리를 가늠하는 데에 필요한 원초적인 감각을 잃어버리는 일이다. 그리하여 사람들은 현재를 모를 뿐만 아니라, 미래를 위한 의미 있는 변화를 가져올 수도 없게 된 것이다.[3]

2큰 도덕과 작은 도덕의 갈등 그리고 정치와 사실적 진리의 갈등

현대 정치는 진실도 거짓도 없는 냉소주의에 침윤된 것이 되었다. 그러나 사실적 진실을 잃어버리는 것은 현실 세계에서 우리의 선 자리를 가늠하는 데에 필요한 원초적 감각을 잃어버리는 일이다

3 Hannah Arendt, "Truth and Politics," *Between Past and Future: Eight Exercises in Political Thought* (New York: The Viking Press, 1961), pp. 257~258.

아렌트의 이러한 진단은 그 이후의 세계적 변화에서 더욱 분명하게 확인되었다고 할 수 있다.

소련을 비롯한 사회주의 국가의 몰락은 다분히 사실과 정치 선전의 혼동이 초래한 현실의 상실에 그 일부 원인이 있다고 할 수 있다. 어떤 해외의 논평자는 우리나라의 IMF 위기를 중앙 은행의 통계를 믿을 수 없는 나라가 겪을 수밖에 없는 일이라고 말을 한 적이 있다. 사실의 조작과 그로 인한 현실 인식의 허구화가 그 중요한 원인이라는 것을 말한 것이다. IMF 경제 위기에 대한 대처 방안으로 투명성이 강조된 것은 이러한 맥락에서도 이해될 수 있다. 다시 한 번 정치의 세계와 도덕 그리고 진실의 세계가 별개의 것이라는 정치 현실주의는 사태의 일부를 말한 것에 불과하다. 상호 신뢰의 바탕을 어느 정도 상정하지 않고는 정치를 포함하여 사회적 행동의 예측 가능성은 사라져버리고 만다. 정치의 바탕에도 진실은 존재하여야 한다. 그리고 사람의 삶의 궁극적인 보람의 하나가, 정도의 차이가 있고 종류의 차이가 있다고 하더라도, 진리 속에 사는 것이라고 할 때 허위의 정치는 그 목표를 잃어버린 헛된 낭비와 소동에 불과할 것이다.

5. 정치와 사고의 유연성

그럼에도 불구하고 다시 한 번 정치에서 크고 작은 도덕의 갈등은 거의 본질적인 것이다.

위에서도 비친 바 있는 마르크스주의의 혁명적 폭력의 정당화 이론은 극단적 무자비성의 정당화로 사용되는 수가 많다. 그러나 사회를 변화시킴에 있어서 미래의 기획과 현재의 도덕적 섬세함 사이에 갈등은 나타나게 마련이다. 지주 제도 하에서 모든 지주가 제도적 폐단에 대하여 개인적 책임을 갖는 것도 아니고, 또 주어진 여건하에서 반드시 일률적으로 착취·부패의 인간인 것은 아니다. 그럼에도 불구하고 제도적 개선은 선의의 개인에게 일정한 제재를 가하는 결과를 가져오게 된다. 사회 전체의 관점에서의 정의와 개인의 구체적 사정의 모순은 사람이 사회적 존재로서 사는 한 피할 수 없는 일이라고 할 것인데, 이 모순은 정의의 기획이 전면적인 것이 되면 될수록 확대된다. 유토피아적 기획─그것도 한정된 지역이 아니라 사회 전체에 걸치는 유토피아적 기획은 이 모순을 극대화한다. 부분적으로 일어나는 폭력, 고통, 죽음은 유토피아에 의하여 정당화된다.

사회 전체의 관점에서의 정의와 개인의 구체적 사정의 모순

20세기의 많은 혁명의 실험은 유토피아의 불가능을 드러내는 것으로 끝났다. 그러나 유토피아의 꿈 자체가 무의미한 것은 아닐 것이다. 그것이 꿈으로 남아 있다는 것은 보다 나은 사회를 생각하고 만들어 가는 데에 있어서 중요한 일일 것이다.

그것은 희망을 주고 목표를 제공한다. 그것의 지나친 경직화가 반유토피아적 결과를 가져오는 것이었을 것이다. 인간 현실은 복잡하고 유동적이다. 정치의 현실에 있어서 분명한 기획은 가설적 성격을 갖는다. 이것은 사회 전체의 유토피아적 기획에도 해당되지만, 제도 개선을 위한 국지적 정책의 집행에도 해당된다. 어떠한 목표도 삶의 전체를 통괄할 수는 없

희망을 주고 목표를 제공하는 유토피아의 꿈. 그것의 경직화는 반유토피아적 결과를 가져왔다

어떤 목표도 삶의
전체를 통괄할 수는
없다

다. 설령 하나의 목표가 달성되었다고 하더라도 그것이 삶의
다른 측면 또 목표에 어떤 영향을 미치게 될는지는 알 수 없
는 일이다. 더구나 이 삶이 여러 사람의 삶을 말한다는 것을
생각할 때, 그리고 포괄적이고 지속적인 기획은 여러 사람에
의하여 또 세대를 달리하는 사람에 의하여 수행되는 것이라
는 점을 생각할 때, 이것은 더욱 그럴 수밖에 없다. 결국 그것
이 어떤 것이든지 간에 유토피아가 지향하는 좋은 삶이란 여
러 희망과 여러 목표, 또 여러 사람의 삶의 희망과 목표로 이
루어진 총체를 말하는 것일 것이다. 이 총체 안에서 특정한
목표는 그 자체만의 의미와는 다른 의미를 가질 수밖에 없
다. 뿐만 아니라 어떠한 정치적 목표도 그 자체로서 정당한
것은 아니다. 그것은 그것이 가능하게 하는 삶에 의하여 정
당화된다.

정치적 목표는 그
자체로서 정당한 것
은 아니다. 그것은
그것이 가능하게 하
는 삶에 의해 정당
화된다. 이 삶은 미
래에도 있지만 현재
속에 있다

이 삶은 언제나 미래에도 있지만 현재 속에 있다. 정치적
목표는 다가올 미래에 의해서만이 아니라 현재에 의하여-현
재의 삶에 의하여 정당화되는 것이라야 한다. 유토피아가 접
근되면서 실현되지는 않는 소멸점이라고 한다면, 그러한 한
계 개념적 측면은 모든 정치적 목표에 들어 있는 것이다. 정
치적 목표는 하나의 이념에 불과하고, 그것은 현실의 변증법
속에서 변화되게 마련이다.

현실 변증법으로부터의 유리가 갖는 위험은 정치의 실제에
못지않게 정치적 사유에도 들어 있다. 경직된 정치적 목표란
생각이 현실로부터 분리되는 데에서 경직화하는 것이기 때문
에, 위험은 정치적 사유에서 더 크다고 말할 수도 있다. 개념
이란-또는 말 그 자체도-현실과의 관계에서 볼 때 잠정적

개념이란 잠정적 가
설에 불과하다. 체계
적인 이론의 경우에
는 더욱 그렇다

가설에 불과하다. 이것은 보다 체계적인 이론의 경우에 더욱 그렇다. 그렇다고 언어, 개념 또는 이론이 필요 없다는 것은 아니다. 이러한 것들은 현실 발견을 위한 도구이다 어떤 경우에 현실은 그것을 기술하는 언어를 떠나서 존재하지 않는다고 말할 수도 있다. 물리학이나 천문학의 세계에서 존재는 언어의 기술(記述)에 거의 일치하는 것으로 보인다. 그러나 이러한 경우에도 기술 언어의 발견적 기능은 그대로 남는다. 그것은 새로운 기술에 의하여 늘 수정 변화될 수 있는 것이라야 한다.

이러한 기술 언어의 발견적이고 현실 정합적인 성격은 사회와 정치의 현실을 다루는 언어에 있어서 더욱 강조되는 것이 마땅하다. 결국 문제는 살아 움직이는 사람의 삶이다. 그러나 많은 이론가들은 삶의 사회적·정치적 현실에 있어서도 마치 현실이 개념을 증명하기 위해 있는 것처럼 행동한다. 사회 조직에 있어서의 계급이나 계급간의 갈등은 사회 현상의 가장 중요한 국면의 하나이다. 그러나 어떤 특정한 삶의 현상에서 그것을 확인하였다고 하여 그 진실이 다 밝혀지는 것은 아니다. 그것은 그 현상을 보는 한 가설적인 테두리에 불과하다. 시장과 경쟁의 경우에도 그것은 있을 수 있는 삶의 제약 조건이며 삶의 구체적 현실을 발견하는 데에 적용될 수 있는 가설로서만 의미를 갖는다. 필요한 것은 기술과 분석의 언어를 현실에 대하여—목하 문제가 되고 있는 구체적인 현실을 향하여 열어놓는 것이다.

그러나 이것은 동시에 우리의 생각을 열어 놓는 것을 말한다. 개념과 이론은 현실에 의하여 해체되어야 한다. 그러나

사회 조직에 있어서의 계급이나 계급간의 갈등은, 사회 현상의 가장 중요한 국면의 하나이다. 그렇더라도 그것 역시 한 가설적인 테두리에 불과하다. 필요한 것은 기술과 분석의 언어를 문제가 되고 있는 '구체적인 현실'을 향해 열어놓는 것이다

이론은 현실에 의해 해체되어야 한다. 이 이론의 현실 개방성은 사고의 성찰적 균형을 말한다.

성찰적 균형은
ⅰ) 경험의 직관에서 출발하여
ⅱ) 판단의 규범 원리를 발견하고
ⅲ) 구체적 사례와의 교환 속에서 수정하고
ⅳ) 또 다른 이론적 가능성과 대비·검토·숙고하는 마음의 상태이다. 거기에
ⅴ) 보다 더 실제적인 상황에 밀착한— 새로운 요인에 대응하여 스스로를 재구성할 용의가 있는— 마음의 균형, 구체적 느낌의 균형을 추가한 것을 뜻한다.

이 해체가 이루어지는 것은 결국 우리의 사고 작용에서이다. 그리고 그것들은 사고 작용 속에서 재구성되어야 한다. 그러므로 현실 개방성은 사고의 성찰적 균형 또는 느낌의 균형을 말한다.

여기에서 성찰적 균형이란 존 롤스가 바른 도덕적·윤리적 결정에 이르기 위하여 필요한 생각의 절차를 이름 지어 부른 것을 빌려온 것이다. 그것은 경험의 직관에서 출발하여 그 판단의 규범 원리를 발견하고 그것을 다시 구체적인 사례와의 교환 속에서 수정하고 또 다른 이론적 가능성과 대비·검토·숙고하는 마음의 상태를 말한다. 그러나 우리의 생각은 보다 더 구체적인 상황에 밀착한 것이어야 할 경우가 많을 것이다. 그리하여 우리는, 미국의 윤리학자 마사 너스바움의 표현을 빌려, "구체적인 느낌에서 '수미일관 조화되고'—그렇다는 것은 그 앞뒤가 맞고 또 행동자의 원칙에 일치하고, 새로운 요인에 대응하여 스스로를 재구성할 용의가 있는 [마음의] 균형," 즉 그가 "느낌의 균형"이라고 부르는 균형을 추가하여야 할는지 모른다.[4] 이러한 치밀한 사고의 균형 상태에서만이 의미 있는 도덕적·윤리적 그리고 정치적 행동의 장으로서의 현실의 재구성은 가능하다. 이데올로기적 사고의 폐단은 구체적 현실을 경시한다는 데에 있지만, 그 다른 폐단은, 극히 지적인 또는 지나치게 지적인 인상에도 불구하고, 정치한 사고

---

4 John Rawls, *A Theory of Justice* (Harvard Univ. Press, 1971), pp. 46~53. 그리고 Martha C. Nussbaum, "Perceptive Equilibrium: Literary Theory and Ethical Theory," *Love's Knowledge: Essays on Philosophy and Literature* (Oxford Univ. Press, 1990), p. 183.

와 감정의 변별 작용에 대하여 자기 중심적인 경멸감을 조장한다는 데에 있다. 물론 경직된 개념주의의 폐단은 구태여 이데올로기라고 부를 만한 사상의 체계에서만 발견되는 것은 아니다.

자기 중심적인 경멸감의 조장

모든 도식적 사고는 현실과 사고를 동시에 단순화한다. 그리고 이것은 아마 우리의 도덕적·정치적 교육에 등장하는 많은 개념의 도구들이 하는 일일 것이다. 생각을 못하게 하는 것은 권력 정치 집단에게는 편리한 일이고 또 대부분의 사람에게는 편하게 사는 일이기도 하다.

생각을 못하게 하는 것은 권력 정치 집단에게는 편리한 일이고 또 대부분의 사람에게는 편하게 사는 일이기도 하다

6. 역사

이데올로기적 편향이 강하게 드러나는 지적 영역의 하나는 역사이다. 최근에 우리는 일본 교과서의 역사 왜곡에 대한 논의를 많이 보았다. 역사 왜곡의 동기는 단순화된 정치 프로그램의 경직된 사고와 비슷하기도 하고 다르기도 하다. 프로그램과 구체적 현실의 갈등은 위에서 말한 바와 같이 정치적 기획의 본질적 모순이다. 그러나 전체는 실질적으로 개체와 그의 구체적 진실을 억압하는 구실이 된다. 권력 행사는 한 사람의 의지의 다른 사람에 대한 직접적인 작용일 수도 있으나, 전체의 이름을 빌린 도덕적 의무의 형태로서 부과되게 마련이다.

이 전체는 가족·회사·지역·국가일 수도 있고 또는 "……법이야" 하는 형태로 표현되는 여러 가지의 명령-격률일 수

있다. (일상적인 삶에서의 강제적 규율들을 임지현 교수는 '일상적 파시즘'이라고 명명한 바 있다.) 이것은 적어도 직접적인 강제력의 사용보다는 나은 것이라고 할 수는 있지만, 사실은 그것도 실질적인 강제력을 배경으로 하여서만 효과를 얻기 십상이다. 그러나 역설적으로 전체성의 수사가 효력을 갖는 것은 사람이 언어적 존재라는 것을―그리하여 사유적 존재라는 것을 증거하는 것이다. 전체성의 언어는 특히 대중 조작이 필요한 정치적 여건 하에서 두드러진 역할을 한다. 그것은 의무를 말하기도 하고 사실을 말하기도 한다. 결국 사실은 의무를 설득할 수 있는 바탕이기 때문이다. 사실적 정보의 조작은 대중으로 하여금 사실적 추세를 일정한 방향으로 알게 함으로써 새로운 지시를 사실적 필연성으로 받아들이게 하려는 것이다. 소련에 있어서의 사실적 정보의 조작은 이렇게 설명할 수 있을 것이나, 이러한 사실 조작의 혐의를 벗어날 수 있는 정치 체제는 아마 존재하지 않는 것일 것이다. 역설적으로 독단론의 신앙으로 모든 것을 다스릴 수 있던 시대와는 다르게 오늘날과 같이 정보의 유통이 광범위한 시대에 있어서 사실 조작의 필요는 절실한 것이 된다. 역사 왜곡도 이러한 각도에서 생각할 수 있다.

역사는 왜곡된 역사이든 왜곡되지 않은 역사이든 지배 이데올로기가 원하는 상황의 그림을 기정 사실화하는 역할을 가지고 있다. 그러나 달리 생각해 보면, 역사가 반드시 직접적인 의미에서 오늘의 상황 구성에 관계되는 것은 아니다.

일본의 후소샤(扶桑社)의 새 교과서 맨 앞부분에 보면 "일본미의 형태"라는 제목 아래 여러 가지 미술품들의 사진이 나와 있다. 거기에는 호류지(法隆寺)의 '백제 관음상'이 포함되어 있다. 그 설명은, "아스카 시대를 대표하는 우미한 불상. 소재가 된 '구스노기'는 중국, 조선에는 자생하는 것이 아니므로 일본에서 제작된 것임을 알 수 있다"고 되어 있다. 하필이면 자료가 일본산 목재라는 것을 내세운 설명의 역점은 무엇보다도 일본의 민족적 프라이드에 있다. (1만 년 또는 1500년의 역사를 관류하는 일본 미의 원형적인 형태가 있다는 것을 함축하는 제목 자체가 특이하다고 할 수 있다. 아마 그러한 전제를 받아들이고 있는 역사서는 세계적으로 많지 아니할 것이다.)

　1400년 내지 1500년 전에 일어난 일이 오늘의 어느 집단에게 큰 자랑거리가 된다는 것은 생물학적으로 또는 과학적으로는 이해되기 어려운 일이다. 심리적인 요구가 있다고 할 수는 있겠으나, 그것도 왜 그러한 자랑거리가 필요한지는 보다 자세한 설명이 필요할 것이다. 또 이러한 사실이 일본 민족 또는 국민의 자랑스러운 역사의 일부가 된다고 하더라도, 결국 그 자랑을 느끼는 실체는 일본인 개개인이기 때문에, 그러한 집단의 역사의 자랑이 어떻게 개인의 자랑으로 바뀌는지도 더 면밀한 연구가 필요한 일일 것이다. 이렇게 말한다고 해서 어떠한 역사적 업적이 집단이나 개인에게 무의미하다는 말은 아니다. 아마 이러한 것들의 연관은 과학적·합리적 인과 관계만으로는 설명할 수 없는 것일 것이다. 역사는 일반적으로 인간의 서사(敍事)에 대한 필요로 연결된 것일 터이나, 서사가 인간사에서 갖는 의미는 아직 충분히 이해할 만한 것이 되지 못하고 있다.

　서사, 설화 또는 이야기는 실천적 존재로서의 인간이 그 자

1500년 전에 일어난 일이 오늘의 어느 집단에게 큰 자랑거리가 된다는 것은 (당연한 일이 아니라 사실은) 이해되기 어려운 일이다

신과 세계에 대해서 가지고 있는 가장 원초적인 이해의 방식
이다.

우리는 우리 자신의 행동을 서사적으로 이해한다. 그보다
더 근원적으로는 서사에 대한 욕구는 인간 존재의 기본 구조
에서 온다고 할 수 있다. 사람은 일정한 공간에 존재하고 또
시간의 지속 속에 존재한다. 그 안에서의 좌표를 확인하는 것
은 생존의 필수 조건이다. 실천적 행동은 시공간을 일정한 구
도 속에 조직화함으로써 가능하다. 그러면서 이 구도는 여기
이 자리만이 아니라 일체의 시공간을 지향한다. 공간과 시간

기억은 개체적 존재
의 시간의 깊이를
말해 준다. 사람이
사회적 존재인 한
역사는 집단의 시간
을 전체화한다

의 전체화는 여러 가지 전체성의 현실적·비현실적 공식들을
낳는다. 시간의 측면에 있어서 기억은 개체적 존재의 시간의
깊이를 말하여 준다. 사람이 사회적 존재인 한 역사는 집단의
시간을 전체화한다. 그리고 이것은 개인적·집단적 정체성의
구성에 깊이 짜여져 들어간다. 그러니 만큼 우리의 기억과 역
사가 부정적인 것보다는 긍정적인 것이기를 원하는 것은 자
연스럽다. 부정적인 것이 있더라도 그것은 저항의 대응 기억
으로, 아니면 적어도 그만큼 늘어난 지혜 또는 정의로운 분노
를 통하여 긍정적인 것으로 보상되어야 한다. 이것은 정체성
구성을 위하여서만이 아니라 그것을 발판으로 행동해야 하는
자신감을 갖는 데에 도움이 되는 일이다. 이러한 것은 심리적
인—그러면서도 다른 것으로 환원할 수 없는 심리적 요청으
로 기억과 역사를 이해하는 것이다.

물론 역사는 심리적으로 자신감을 북돋는 데에만 도움이
되는 것은 아니다. 사람의 행동의 차원에서의 배움이란 압도
적으로 모범을 통한 것이다.

역사는 모범을 제공해 준다. 비록 이것은 사실적 인간 관계에서의 모범이라기보다는 도덕적 모범이고, 사실에 관계된다고 하더라도 실제적 행동의 시나리오에 씨앗이 될 만한 이미지에 있어서의 모범이다. 이러한 모범은 동양에서 역사가 갖는 가장 큰 의의였다.

역사의 객관성에 대한 회의가 역사가 조작하기 나름이라거나 허구라는 것을 당연시하는 것은 아니다

이러한 교훈적 기능으로 하여 역사에 객관성이 없는 것은 아니다. 그러나 그 객관성은 오늘의 과학적 기준의 객관성은 아니다. 객관적 역사 서술 또는 역사의 법칙성에 대한 추구는 서양 사학의 목표의 하나였다. 그러나 객관적 역사가 가능한 것일까? 19세기 초부터 20세기 중반까지에 계속된 역사의 실증주의, 과학주의는 20세기 후반부터 수그러들기 시작하고, 지금에 와서 역사를 생각하면서 거기에 과연 객관성이 있고 법칙이 있느냐를 묻는 비판적이고 회의적인 물음은 피해 갈 수 없는 것이 되었다. 이것은 모든 진리의 고정성을 의심하는 포스트모더니즘 사조의 일부이다.

그렇다고 그러한 비판이 역사가 조작하기 나름이라거나 허구라는 것을 당연시하는 것은 아니다.

미국에 있어서 역사학의 객관성과 방법에 대하여 포스트모더니즘의 질문을 발하는 데에 중요한 역할을 한 사람의 하나는 헤이든 화이트이다. 그의 질문은 역사 서술이 추구하는 사실의 과학적인 전개―역사의 흐름이 일정한 시작과 원인에서 확대 연장되어 일정한 결과에 이른다는, 역사 기술의 일반적인 형태를 향한다. 그의 분석으로는 그것은 객관적 사실에서 귀납되어 나오는 것이라기보다도 사람의 인식의 구조에―비판적으로 검토되지 아니한 인식의 구조에서 나오는 것이다

역사의 도덕적 교훈 기능이, 주관적 효용에 역점을 둔다고 해서 역사의 허구화를 허용한 것은 아니다. 도덕적 요청 자체가 거짓을 금지한다고 할 수 있다. 그러나 다른 한편으로 도덕은 그러한 위험을 내포한다. 큰 도덕은 작은 도덕의 희생—사실의 변경과 조작을 허용하는 면허가 될 수 있기 때문이다

i) 도덕의 역사적 의미에 대한 신념과 ii) 힘의 지배에 대한 믿음을 함께 갖는 역사관은 권력에의 의지와 도덕적 의지를 일치시킨다. 부도덕한 힘에 대하여 도덕은 그 스스로를 힘으로써 정립해야 하기 때문이다

그리하여 과학적인 듯한 역사 서술도 본질적으로는 다른 허구적 서사에 비슷한 주관성을 가지고 있다는 것이다. 그렇다고 하여 그가 자의적으로 발명되는 주관적인 역사를 지지하는 것은 아니다. 그는, 칸트가 사람의 인식이 그 인식의 조건을 떠나서 있을 수 없다고 한 것처럼, 역사 인식의 일정한 규칙을 통해서만 역사의 구성이 가능하다고 말한 것일 뿐이다. 그러니만큼 절대적으로 객관적인 역사 현실에 대한 지식이 불가능하다는 것을 함축적으로 말한 것은 사실이나, 역사에 있어서의 학문적 기준 자체를 부정한 것은 아니다.[5]

조금 전에 말한 바와 같이, 우리의 전통에서 중시된 역사의 도덕적 교훈 기능은 화이트의 역사 비판의 경우보다도 더 역사의 주관적 효용에 역점을 둔다고 할 수 있다. 그렇다고 그것이 자의로운 역사의 허구화를 허용한 것은 아니다. 도덕적 요청 자체가 거짓을 금지한다고 할 수 있다. 그러나 다른 한편으로 바로 도덕은 그러한 위험을 내포하는 것이기도 하다. 위에서도 말한 것처럼 큰 도덕은 작은 도덕의 희생—사실의 변경과 조작을 허용하는 면허가 될 수 있기 때문이다.

우리 현대사를 특징 짓는 역사관은 한편으로 도덕의 역사적 의미에 대한 신념이고, 다른 한편으로는 역사 변화의 근본 요인으로서의 힘의 지배에 대한 믿음이다. 그리하여 기묘하게 권력에의 의지와 도덕적 의지가 일치한다. 여기에서 도덕적 정당성은 자기 정당성이 된다. 부도덕한 힘에 대하여 도덕

---

5 Hayden White, "Introduction; Tropology, Discourse, and the Modes of Consciousness," *Tropics of Discourse: Essays in Cultural Criticism* (Johns Hopkins Univ., 1978), pp. 1~25.

은 그 스스로를 힘으로써 정립해야 하기 때문이다. 높은 도덕주의에도 불구하고 공공 공간의 이해에서 전략, 권모술수와 음모의 중요성이 여기에서 나온다.

다시 역사의 객관성의 문제로 돌아가서, 역사가 소설과 같은 허구에 비슷한 것이라고 해서 그것이 그 절대성을 손상하게 하는 것이기는 하지만, 이미 말한 바와 같이 역사 서술의 타당성을 부정해 버리는 것은 아니다. 화이트와 같은 비평가의 생각으로는 역사는 서사적 구조를 가지고 있고 거의 선험적인 이 구조가 내용을 미리 결정한다. 그만큼 역사 서술은 객관적인 사실이 아닌 것이다. 그러나 선험적 서사 구조는 그 나름의 정당성을 가질 수 있다.

역사는 행동하는 인간으로 이루어지고 인간 행동 자체가 시작과 가운데와 끝이 있는 구조를 가지고 있다. 역사는 이것을 재현하고자 한다. 다만 인간의 행동은 다른 행동들과 다른 사회적·물질적 조건에 의하여 흩어지게 마련이다. 그리고 역사가의 역사 구성 그것도 또 하나의 행동적 기획을 이루게 된다. 이러한 편차들이 모여서 역사가 이루어진다고 할 때 어떤 한 역사가의 역사 구성의 자의성은 증대될 수밖에 없는 것이다. 그러면서도 이 자의성은 여러 요인에 의하여 제약된다. 말할 것도 없이 그것은 기초적인 사실적 자료를 떠날 수 없다. (물론 기초적인 자료 자체가 주관적 선택에 의한 구성이란 점도 생각은 해야 한다.) 그리고 그것은 이러한 사실들이 일관성 있는 연쇄로서 현실을 구성할 가능성을 넘어설 수 없다.

그런데 여기에 우리가 더 추가하여 생각하여야 하는 것은 일관된 구조로서의 역사의 가능성은 역사 내의 행동자들이 스스로의 삶을 그렇게 보고 그러한 형태에 따라서 행동한다는 전제를 가지고 있기 때문에 그러한 행동자의 출현에 밀접한 관계를 가지고 있다는 점이다.

이러한 행동자는 현대적 인간―그 사고와 행동에 있어서 주관적 지속성을 특징으로 하는 현대적 인간의 출현을 전제로 하는 것이기 때문에 시대의 성격에 따라서 역사와 역사 서술의 성격도 달라질 것으로 말할 수 있다. 가령 근대 이전의 연대기적 역사와 근대 이후의 서술적 역사의 차이도 단순히 서술 기법의 차이가 아니라 역사적으로 달리 성립하는 주체성의 차이로 볼 수 있다. 그렇다고 근대적 역사가 연대기 시대의 역사보다도 더 확실하게 일관성의 보장을 받는다고 말할 수는 없다. 주관적 또는 주체적 인간의 등장은 사회 공간의 갈등을 증대시킴으로써 역사의 서술적 일관성을 더욱 인지하기 어렵게 한다.

그리하여 근대적 역사 서술의 역사가 더욱 복잡하여지고 서로 달라지고 어려운 것이 된다고 할 수 있다. 그러나 서술의 편차를 만들어내는 이러한 요인들이 반드시 허구와 날조라는 의미에서의 자의성을 갖는 것은 아니다. 그러니까 역사 서술의 자의성도 객관적으로 인지할 만한 한계와 제약으로 인하여 일어나는 것이고 이것에 의하여 정당화된다. 또는 정당화되는 것이라야 한다.

궁극적으로 역사의 자의성은, 화이트가 리쾨르의 서사이론을 설명하면서 비치듯이, 인간의 시간 체험의 아포리아, 그 비극성으로부터 온다. 즉 시간적 존재로서의 사람은 시간 내의 일들을 분명하게 파악할 수 없고 그 의미를 상징적으로 추

역사 서술의 자의성도 객관적으로 인지할 만한 한계와 제약으로 인하여 일어나는 것이고 또 이것에 의하여 정당화된다

측할 수 있을 뿐이다.[6] 역사는 이 의미를 탐색하는 노력이지만, 그 해독에 성공할 수는 없는 것이다. 그러나 이 노력의 진지함에 의하여 그 타당성을 담보하고자 한다. 이러한 범위 안에서 역사는 자의적인 구성이면서 완전히 자의성의 구성은 아닌 것이다.

역사는 자의적인 구성이면서 완전히 자의성의 구성은 아닌 것이다

7. 보편성과 실존적 균형

타당성이 있는 사실의 재구성 또는 구성으로서의 역사는 여러 요인에 의하여 영향을 받는다. 이 요인들의 차이와 상호작용의 유동성으로 하여 그 자의성은 불가피하다. 그러면서 이 자의성은 이 요인들의 객관성에 의하여 수긍 가능한 것이 된다. 역사 서술에 작용하는 요인들과 그 결과로서의 역사 서술은 주관적인 것이 아니다.

그러나 이 역사 서술의 장이 되는 것은 역사가의 의식이다. 그러니만큼 그것은 주관적이다. 다만 이 주관적 의식은 최대한도로 시간 이해의 객관적 기율의 조건에 스스로를 내맡겨야 한다. 그럼으로써만 수긍할 만한 역사 서술은 가능해진다.

더 간단하게 이것은 역사 서술에 있어서 학문적 수련을 배제할 수 없다는 말이다. 달리 말하면 역사는 주관에서 나오지만, 그 주관은 훈련된 주관이다. 사실에 근접한 이해를 간단

역사가의 주관적 의식은 최대한도로 시간 이해의 객관적 기율의 조건에 스스로를 내맡겨야 한다. 역사는 주관에서 나오지만 그 주관은 훈련된 주관이다. 객관성은 주관성에 대응하여서만 나타나는 세계의 한 양상이다. 주관의 수련이 없는 곳에 객관은 존재하지 않는다

---

6 Hayden White, "The Metaphysics of Narrativity: Time and Symbol in Ricoeur's Philosophy of History," *The Content of the Form: Narrative Discourse and Historial Representation* (John Hopkins Univ., 1987), pp. 177~184.

히 객관적이라고 한다면, 객관성은 주관성에 대응하여서만 나타나는 세계의 한 양상이다. 주관의 수련이 없는 곳에 객관은 존재하지 않는다. 이것은 초보적인 명제임에도 불구하고 자주 잊히고, 마치 오늘날 유행하는 계량적 기준에서 객관적인 사실은 따로 세계에 존재하는 것처럼 그리고 그것으로 주관의 신중한 판단을 대신하게 할 수 있는 것처럼 생각된다. 그런가 하면 다른 한편으로 모든 것은 주관에 의하여 또는 주체적으로 조작될 수 있는 것처럼 생각된다.

역사에 있어서 주관적 능력의 수련은 단순히 학문적 수련만을 뜻하는 것은 아니다. 그것은 모든 현실적 믿음을 괄호에 넣는 현상학적 환원의 경우와 비슷한 판단 정지를 필요로 한다. 그러면서 그것은 더 나아가 긴급한 현실적 요구에 초연한 일종의 자기 정화까지도 요구할 수 있다. 사실 학문적 관심의 밑에는, 반드시 의식되는 것도 아니고 또 우리 자신의 의도로 그러한 것도 아니지만, 현실적 관심이 숨어 있다. 그러니만큼 학문에는 더 철저한 자기 정화—도덕적 의미를 포함한 자기 정화가 요구되는 것이다. 이러한 수련은 수치스러운 역사에 대한 사람들의 태도에 직접적으로 관련된다. 역사가 사람의 정체성에 적극적인 내용을 부여하는 은밀한 사명을 가지고 있다고 한다면, 역사에 드러나는 부정적 사실들을 어떻게 할 것인가?

역사적 업적의 결여나 부정적인 일들을 있는 그대로 받아들이는 데에는 성숙한 정체성이 필요하다. 사실을 있는 그대로 받아들이는 것은 궁극적으로 세속적인 모든 가치를 초월하는 거의 종교적인 달관을 통하여서만 가능한 것인지는 모른다. 이 경우에도 세속성이 여전히 남아 있을 수는 있다. 가문과 출신을 자랑으로 하는 대신 출세간이 긍지가 되고 또 어떤 경우는 오만이 될 수도 있는 것이다. 이때에 정체성의 핵심은 물질적·문화적·정신적 자산으로부터 그러한 세속적인 것을 넘어가는 보편적 진리에로 옮겨진 것이라고 할 수 있다.

그보다도 현실적 정체성은 내놓을 만한 과거에서 찾아지기보다 현재와 미래에서 찾아질 수 있다. 오늘의 삶이 훌륭하다면 또 오늘의 삶이 보다 나은 미래에로 나아갈 수 있는 것이라면, 과거는 별로 큰 문제가 아닐 수 있을 것이다. 이것은 개인이나 집단의 경우나 마찬가지여서, 진보주의가 수구적인 보수주의보다도 과거의 실상에 대하여 더 관대할 수 있는 것은 이러한 관련에서 설명될 수 있을 것이다. 과거와 현재 그리고 미래를 잇는 서사가 근원적인 실존적 욕구라고 하더라도 그것이 삶과 세계에 대한 진실을 보장해 주는 것은 아니다.

사실 생각해 보면 충만한 오늘의 삶만이 생존의 유일한 시간이고 그것의 연장선상에서의 미래만이 의미 있는 관심의 대상이 되어서 마땅하다. 과거가 의미를 갖는다면, 그것은 그것이 오늘에 있어서도 살아 있는 힘으로서 작용하는 한도에서이다. 또 인간 존재의 시간성의 신비의 일부로서 과거의 수용은 생존의 형이상학적 고양에 기여할 수 있다. 그러나 이것은 사람들이 추구하는 세속 역사와는 다른 차원에서 획득되는 역사의 다른 의미에 관계되는 일이다.

우리의 지향이 과거를 향한 것이든 현재와 미래를 향한 것이든, 어떤 경우에나 그것은 깊은 차원에서 오늘의 실천적인 기획에 의하여 동기 지워진 것이라고 할 것이다. 말할 것도 없이 진보주의나 보수주의나 다 같이 현재의 정치에 대한 입장을 나타낸다.

정치적 또는 도덕적 기획에서도 실천적 기획에 불가피한 듯한 모순과 갈등을 최소한으로 하고 또 참으로 보다 나은 삶의 실천을 향해 가는 데에 있어서 주관과 주체의 정화는 필수적이다. 실천적 기획은 그 현실적 실현 가능성을 위해서나 사회와 자연에 있어서의 보다 평화로운 공존의 질서의 수립을 위해서 보편적 투시에 입각한 것이라야 한다. 이성의 기획이 역사 속에 들어 있다는 생각은 상당한 정도로 그 설득력을 잃었다. 또 발전이라는 말 자체가 가치에 대한 일정한 해석을 담고 있는 말인데, 이 발전에 많은 사람들이 동의한다고 할 수는 없다. 그러나 사회의 움직임에 합리성이 전혀 없다면 사람의 기획은 어떠한 것도 불가능한 것일 것이다. 합리적 고려는 불가결하다. 그러나 그것은 단순한 합리성의 원칙으로 수행될 수 있는 것은 아니다.

전체적 합리성 속에서도 현실의 유동적인 정황은 늘 새로운 형태를 띤다. 실천적 기획은 객관적 합리성으로부터 기계적으로 연역되어 나오는 것이 아니라 여러 대안 가운데 하나로서 선택될 뿐이다. 또 그것은 주관적 의도와 입장에 연결된 것일 수밖에 없고, 그러는 한 그것은 더욱 대안적 선택이게 마련이다. 여러 대안은 현실 속에 열리는 미래에의 통로의 다기성(多岐性)을 말한다. 동시에 이 여러 통로는 동시대적 공간 안에서의 여러 사람의 실존적 위치를 나타낸다. 하나 하나의 개별적 실존은 참다운 보편성의 적어도 하나의 근거가 되는 것이다. 우리 사회에서는 이러한 보편성이 아니라 그것을 대

실천적 기획은 객관적 합리성으로부터 기계적으로 연역되어 나오는 것이 아니라 여러 대안 가운데 하나로서 선택될 뿐이다. 그것은 주관적 의도와 입장에 연결된 것일 수밖에 없고, 그러는 한 그것은 더욱 대안적 선택이기 마련이다

신하여 전체성이 너무나 자주 정치적·도덕적 수사의 최종적 심급으로 생각된다. 현실의 역학 속에서 개체적 실존의 종합으로서의 보편성이 실현되는 것은 어려운 일이다. 그러나 그것 없이는 참다운 전체성은 존재하지 아니한다.

위에서 현실에 대응하는 사고는 모든 직관과 원칙과 경험 그리고 대안을 고르게 검토하고 생각할 수 있는 반성적 균형을 유지하는 사고라고 말한 바 있다. 또 상황적 구체성에 개입하기 위하여서는 구체적 느낌의 균형이 필요하다는 것도 말하였다. 이러한 마음의 상태는 주관 또는 주체의 보편성의 훈련 또 현실성의 훈련을 통해서 얻어지는 결과물을 말한다. 물론 보편성으로 훈련된 정신이 우리의 개인적 또는 집단적 실천의 기획의 정당성이나 현실성을 보장해 주는 것은 아니다. 인간의 현실은 고른 결의 연속성이 아니라 너무나 많은 비극적 균열로 특징지워지는 것일 것이다.

그러한 균열의 딜레마에서 할 수 있는 일은 무엇인가? 행동하는 개인의 관점에서 그것은 실존적으로 결단될 수밖에 없는 것으로 생각된다. 모든 대안에 대한 고려가 이율배반과 아포리아에 이르는 것이라고 해서 모든 행동이 정지에 이르는 것은 아니다. 어떤 삶의 실천적 요청은 그 절실성 속에 여러 모순의 해결 또는 용해를 강요한다. 그리고 사실상 사람들의 행동은 이 절실성 안에서 결정되는 것일 것이다. 이럴 때에 사람들이 호소하고자 하는 것의 하나가 양심의 명령이다. 그것은 현실적 균형에 대한 고려 없이 우리가 우리로서 할 수 있는 최선을 다했다는 것을 호소하는 것이다. 그러나 이 경우에도 그것은 참으로 최선을 다한 것이어야 한다. 그것은 깊은

하나 하나의 개별적 실존을 그 근거로 하는 보편성이 아닌 거친 이성의 기획을 전제로 하는 전체성이 우리 사회의 정치적·도덕적 수사의 최종 심급을 맡고 있다

균열의 딜레마

양심의 명령

사고와 성찰을 포함한다. 다만 그 성찰은 객관적으로 조감된 상황의 판단보다는 주어진 상황—실존적 상황에서의 선택에 관계되는 것이다. 위에서 잠깐 언급한 간디론에서 에릭슨은 간디를 여러 가지로 설명하면서 그를 '현실(actuality)' 속에 산 사람으로 규정한다. 현실에 산다는 것은 "주어진 순간에 통일된 행동의 가능성"을 실현하는 것을 말한다. 그것은 자신의 주어진 조건을 완전히 받아들이면서 자신이 본 진실을 세계 속에 실현하기 위하여 정열과 헌신으로 행동하는 것을 말한다. 그 행동은 주어진 현실의 순간에 충실한 만큼 기획된 목표에 의한 오늘 이 자리의 진실을 말살하지 아니한다. 적어도 그러한 자세의 범위 안에서 또는 그러한 순간에 있어서는 부분적 기획과 전체 구도, 목표와 수단, 큰 선과 작은 선, 사람과 사람의 모순들은 극복되는 것처럼 보인다.

이러한 통일적 행동의 통일성은 정치적 행동에 있어서의 목표의 선과 수단의 악의 분리에 대조되어 극명하게 드러난다. 에릭슨의 설명으로 간디적 의미에서의 '종교적 현실주의자'로서의 '진실'의 인간은

민주주의, 공산주의, 국가 없는 사회 또는 다른 유토피아적 미래가 실현되는 그때, 진리가 보편적인 수단이 되는 그때까지는 당분간 '좋지 못한' 수단도 불가피하다는 허황된 정당화로써 좋지 못한 수단을 사용하는 일을 자신에게나 다른 사람에게 허용하지 아니한다. 그에게 지금의 진실은 지금 그것에 주의하지 않는 한 영원히 진실이 되지 못한다. 지금 진실이 아닌 것은 별 수를 통하여서도 다시 나중에 진실이 되는 일이 없을 것이

다.…… 지금의 진실을 위해서 죽을 각오가 되어 있다는 것은 충만한 삶을 살 수 있는 유일한 기회를 포착한다는 것을 뜻한다.[7]

이러한 순간의 선택과 진실―아마 양심의 진실이 표현하는 것은 이것일 것이다. 이러한 양심적 진실의 순간, 그러한 행동이 세계를 그 형이상학적 진실에 묶어 놓을 수는 있지만, 그것으로써 세상의 진실이 실현되는 것은 아닐 것이다. 그러나 그것만이 인간에게 주어진 유일한 선택일 수도 있다. 그리고 그것은 그 나름의 보편성을 가진 것이고, 그것은 실존적 균형을 나타내는 순간이다.

정치와 역사의 선택의 복잡성과 다양성 속에서 이러한 양심의 선택은 현실성에 관계없는 대로 정치의 행동의 한 전범일 수 있다. 반성적 균형, 구체적 느낌의 균형이 끝난 곳에 실존적 균형이 있고, 사실 이것은 역사의 불확실성 속에서 유일한 확실성일 수 있는 것이다.

> 주체의 보편성의 훈련을 통한 반성적 균형 또는 구체적 느낌의 균형이 끝난 곳에 실존적 균형이 있고, 아마도 이 실존적 균형은 역사의 불확실성 속에서 유일한 확실성일 수 있다

8. 문학의 진실과 보편성

삶의 현실 속에서 주어진 삶의 협소함을 넘어 사고와 느낌 그리고 실존적 균형을 얻는 일이 쉬운 일일 수는 없다. 그러나 생각하고 표현하는 세계의 한 이점은 그것을 모범적으로

---

7 Erikson, *Gandhi's Truth: On the Origins of Militant Non-Violencep*, p. 399.

보여줄 수 있다는 것이다.

문학은 이러한 말들이 나타내는 주관 또는 주체의 기율을 전제하고 성립하는 표현의 한 양식이다. 문학에 있어서 그러한 기율이 잠재적으로 전제되어 있지 아니한 작품은 좋은 작품이 될 수 없는 것으로 생각된다. 적어도 관점의 보편성은 문학적 사유가 움직이는 바탕이다. 보편적 관점이 없이는 좋은 문학이 있기 어렵다는 것을 나는 외국 독자들을 상대로 한국 문학을 말하면서 경험한 바 있다. 가령 김동인의 〈배따라기〉는 원초적인 사랑과 그 비극의 이야기이지만, 외국의 독자에게 주인공의 난폭성—구타와 학대와 오해를 사랑에 일치시키는 난폭성은 독자의 동정을 불러일으키는 데에 방해물이 되고, 결국 소설이 부각시키려고 하는 비극적 파토스에로의 감정 이입을 불가능하게 한다. 그러한 난폭한 애정이 없다는 것도, 그것이 문학의 소재가 될 수 없다는 것도 아니다.

문제는 작가 자신이 그 면에 대하여 아무런 의식을 가지고 있지 못하다는 것이다. 독자는 작자의 이해가 모든 등장 인물과 모든 행동의 국면에 고르게 배분되지 아니한 서사적 구성을 높은 문학적 사유의 표현으로 받아들일 수 없는 것이다. 이러한 면이 더욱 분명하게 문제가 되는 것은 식민지의 억압과 봉건적 사회 질서에 대한 비판적 관점을 소설적으로 형상화한 심훈의 《상록수》와 같은 경우이다. 이 소설의 근본적인 입장의 정당성에도 불구하고 이 소설의 전체적인 전개나 장면들의 형상화가 충분한 성찰을 바탕으로 하고 있다고 할 수는 없다. 가령 농민 운동가 박동혁이 농민의 빚을 무이자로 갚기 위하여 지주와 교섭하는 장면 같은 것은 그 한 예가 된다. 지주 기천을 찾아간 동혁은 아부도 하고 책략도 쓰고 위협도 하고 거짓 술을 마시기도 하면서 교섭에 성공하게 된다. 그는 그의 이러한 행동을 "너무 외곬으로 고지식하기만 하면, 교활한 자의 꾀에 번번이 속아 떨어진다. 과거의 경험으로 보더라도 제 양심을 속이지 않는 정도로는 꾀를 써야 하겠다"[8] 라는 말로 변명한다.

큰 도덕의 정당성은 이렇게 하여 너무 쉽게 작은 도덕의 부정으로 나아간다. 이러한 쉬운 도덕의 논리에 스스로를 맡기는 사람의 인격이 참으로 감동적인 주인공으로 생각되기는 어렵다. 보다 보편적인 관점에서 볼 때, 참다운 도덕은 적어도 모든 사람에 대한 존중은 아니라도 모든 사람의 진실에 대한 존중에서 출발한다. (그것은 악인도 포함한다.) 심훈이 본 현실은 물론 이러한 도덕의 모순을 받아들일 여유를 허용하는 것이 아니었을 것이고, 그의 정치적 신념의 열정은 정치적 현실주의를 정당화할 수밖에 없었을 것이다. 그러나 작가로서 그가 이러한 문제를 참으로 깊이 생각했다고 할 수는 없다.

큰 도덕의 정당성은 너무 쉽게 작은 도덕의 부정으로 나아간다

현실이야 어찌 되었든 문학적 사유에 있어서 사람은 모두 그 자체가 목적이라는 칸트의 도덕적 명제는 일단은 옳은 것이다. 다만 칸트의 도덕 철학이 답하여 주지 않는 것은 부조리한 인간 현실에서 아포리아에 부딪친다는 사실이다. 문학은 아마 칸트적 명제를 형상화하는 것보다는 그 아포리아를 그리는 일을 하는 경우가 많을 것이다. 그러나 이 아포리아는 칸트적 보편 명제가 없이는 아포리아로 인지되지 아니할 것

---

8 심훈, 《상록수》, 심훈문학전집 1 (탐구당, 1966), 315쪽.

이다. 문학은 드러나 있는 것이든 숨어 있는 것이든 보편적 관점 없이는 널리 설득력을 획득할 수 없다. 이것은 다른 도덕적·윤리적 변증이나 행동의 경우에도 마찬가지이다. 심훈의 책략주의는 있을 수 있는 일이라고 하겠지만, 적어도 그의 작품 속에서는 보편주의 그리고 그것의 아포리아에 대한 고민과 맞부딪쳐야 한다. 그럼으로써만 그의 소설은 보편적 설득력을 가질 것이다.

인간의 도덕적·정치적 의무 속에 들어 있는 아포리아는 비극적 문학의 커다란 주제이다. 그러나 보다 작은 차원에서도 진정한 문학적 인식은 문학적 주체의 보편성 훈련을 필요로 한다. 앞에서 본 바와 같이 릴케의 〈표범〉은 세계의 사물을 바라봄에 있어서 주관을 최소화하고 그것을 있는 그대로 인식하고자 하는 사물 자체를 향한 정열에서 나온 작품이다. 이 정열은 일체의 현실적 이해 관계─지적 상투화 속에 숨어 있는 이해 관계로부터 스스로를 단절하는 환원의 기율과 절제를 가능하게 한다. 이 자기 절제를 통하여 시인은 밖에 있는 타자에게로 나아갈 수 있게 된다. 이 타자에의 접속이 단순히 동정의 감정을 통한 일체감을 말하는 것은 아니다. 시인이 〈표범〉에서 드러내 주는 것은 그가 본 표범의 존재의 본질적 규정이다. 그의 일종의 본질 직관이라 할 이해는 철학적이고 추상적이며, 그러니만큼 우리에게는 냉정한 눈을 느끼게 하기도 한다. 이 결점은 그것이 대상물에 대한 파악이면서 그것을 그 본질의 자유 속에서 긍정한다는 장점에 의하여 보상된다.

주관을 최소화하고 사물을 있는 그대로 인식하고자 하는 사물 자체를 향한 정열은, 지적 상투화 속에 숨어 있는 현실적 이해 관계로부터 스스로를 단절하는 환원의 기율과 절제를 가능하게 한다

시적 상상력은 주체의 관점을 나 자신으로부터 대상물로 옮길 수 있는 힘이다

시적 상상력은 주체의 관점을 나 자신으로부터 대상물로 옮길 수 있는 힘이다. 시인은 사물을 그 본질로부터—그 존재를 규정하는 조건이면서 그것의 내면을 이루는, 본질의 관점에서 본다. 사물과 세계에 대한 릴케의 태도에서 중요한 것은 내면성이다. 이 내면성은 사물을 나의 관점에서만이 아니라 사물의 내면으로부터 보는 것을 말한다. 그러나 나의 내면에 대한 깊은 통찰—그 기율과 갈망에 대한 깊은 통찰이 없이 어떻게 사물의 내면에 이를 수 있겠는가? 또 내 안에서 알게 되는 내면이 보편적인 것이 아니라면 그것이 어떻게 다른 사물의 내면이 되겠는가?

그 내면은 사실은 우리가 살고 있는 삶의 공간이기도 한 것이다. 이 공간은 다른 시(《새들이 스스로 떨어져 가는……》[Durch den sich Vögel werfen……])에 잘 표현되어 있다. 여기에서 릴케는 나와 사물 그리고 그것을 에워싸고 있는 공간의 인식론적 그리고 실존적 관계를 가장 극명하게 설명한다.

> 새들이 스스로 떨어져 가는 하늘은 모든
> 형상이 돋보이는 익숙한 공간이 아니다.
> (저기 저 허공에서는 그대는 거부되고
> 돌아올 길 없이 멀리 사라질 뿐인 것을.)
>
> 공간은 우리로부터 뻗어 나와 사물들을 놓는다.
> 그대 한 그루의 나무의 존재에 이르려면,
> 그대 안에 존재하는 그 공간으로부터 내면 공간을
> 나무 주위에 던져 놓아라. 그를 한계로 감싸라.

내면성은 사물을 나의 관점에서만이 아니라 사물의 내면으로부터 보는 것을 말한다. 그러나 나의 내면에 대한 통찰 없이 어떻게 사물의 내면에 이를 수 있겠는가. 또 내 안의 내면이 보편적인 것이 아니라면 어떻게 그것이 사물의 내면이 되겠는가

나무는 스스로 금을 긋지 아니한다. 나무는 그대의
체념 속에서 모양이 되어 비로소 참으로 나무가 된다.

우리가 나무를 사실로서 있게 하려면 우리 스스로를 버리
면서, 내면이면서 동시에 우리를 에워싸고 있는 공간을 나무
에 던져야 한다고 말한다.

그것이 모든 것을 뚜렷한 형상이 되게 하는 '친숙한 공간
(der vertraute Raum)'이다. 시인이 바로 보고자 하는 사물은 이
러한 세계의 테두리에서 바로 보인다. 거기에서만 사물은 제
모습으로—두드러지는 형상으로 존재한다. 릴케의 표범은 그
의 스스로를 버리는 기율로써 보이게 된 것이다. 그러나 표범
은 스스로를 볼 수는 없었다. 릴케의 보는 행위는 이 표범의
보지 못함에 대한 직관이 들어 있다. 그것은 이 표범이 보게
되는 조건에 대한 소망을 숨겨 가지고 있다.

표범은 스스로를 볼
수는 없었다

스스로를 버리는 기
율로써 보는 것

우리에 갇혀 있는 표범에게 친숙한 공간은 어떤 것인가?
그것은 그의 익숙한 삶의 공간—야생의 숲일 것이다. 사람에
게 이 공간은 어떠한 것인가? 릴케는 파리의 가난한 사람들
에게 깊은 동경을 표하는 시들을 썼다.

그러나 그는 정치적인 시인은 아니었다. 그러나 그가 말하
는, 외면으로부터 재단되지 않는 세계, 모든 생명체와 사물이
그들에게 익숙한 공간에 자리하고 있는 세계—이것이야말로
목적만의 왕국일 것이다. 이러한 세계에 대한 비전에 정치적
인 의미가 없다고 할 수 있겠는가?

이 장을 읽기 전에

3장

삶의 공간에 대하여

1. 삶의 질서

수십억 년의 역사를 가진 지구의 극히 짧은 소강상태의 순간에, 채 만년이 안된 인간 문명의 역사가 태어났다. 자연으로부터 문명이 벗어나오기 시작한 것 자체가 혼란의 시작이라고 할 수도 있지만, 문명은 사람이 삶을 영위하는 테두리가 되었다. 사람의 사는 일에 일정하고 안정된 형태를 부여한 문명은 그러나 역사적으로 변해왔다. 문명의 역사는 질서와 혼란의 조합이다. 하지만 사람들은 문명의 역사가 법칙적인 형태를 가진 것이라고 생각하고 싶어 한다. 그것이 맞든 틀리든, 사람은 안정된 질서—문명이든 역사이든—없이는 제대로 살 수 없다고 믿기 때문이다.

전통적으로 어지러운 세상에서 안정을 찾는 방법의 하나는 마음을 가다듬는 것이었다. 마음 하나가 바로 있으면 모든 것이 바로 있는 것이다. 더 깊이는, 안정을 추구하는 마음의 포기까지를 포함하는 마음을 닦고자 하였다. 이러한 수양은 그러나 보통 사람의 삶의 중심원리가 되기는 어렵다. 보통의 삶에 있어 중요한 것은 먹고사는 일이다. 그리하여 보통의 삶에서 금욕주의란, 세상에서 가능한 것과 욕심 사이의 적절한 균형을 유지하려는 데에서 생겨난다.

영원히 채워지지 않는 욕심을 전제로 한 자본주의는 계속적인 성장 없이는 붕괴한다. 그러나 오늘에 있어 산업화를 통한 물질생산의 지속적인 증대는 지구환경과 자원의 한계에 부딪히게 되었다.

2. 좋은 삶과 작은 공간

사람은 자신의 삶을 살고 또 전체와의 관련 속에서 산다. 가족, 사회, 국가 등으로 구성되는 이 전체에 자연세계도 있다. 먼 우주 공간으로 연결되어 있으면서도 삶의 모든 것의 궁극적인 한계를 이루는 공기와 물들의 자연세계가 그것이다. 자연의 세계는 추상적으로 존재하는 전체성이면서 바로 가까운 데에도 존재하는 삶의 바탕이다.

사람은 작든 크든 그 나름의 세계에서 산다.

이 세계는 보통의 경우, 삶을 영위하기 위해서 필요한 물질적, 사회적, 인간적 조건이 충족되는 생활의 공간이다. 그것은 가장 간단하게는 그날그날 일용할 양식을 구하고 가족을 부양하고 하루의 몸을 쉬는 공간이다. 사람의 희로애락과 보람은 대체로 이 세계에서 이루어진다. 이 공간에서 그 나름의 도덕적 행위가 이루어지고 어떤 때는 그것이 영웅적 차원에 이르기도 한다. 따라서 보통사람에게 중요한 것은 이 공간의 건강성이다.

3. 큰 삶과 작은 삶

이론적으로 생각할 때, 부분 없는 전체는 있을 수 없는 것이므로 전체에 주의한다는 것은 바로 부분에 주의한다는 것을 뜻한다. 그러나 현실은 그러하지 않다. 부분은 전체에 포괄되고 규정되어야 하는 사례에 불과하고, 전체라는 목적의 수단에 불과하게 된다. 특히 도덕은 전체를 위해 부분을 조정해야 할 때, 그 설득의 수단이 되기도 하고 명분을 강화함으로써 불도저의 역할을 하기도 한다.

도덕은 혁명을 정당화한다. 이 정당성 앞에서 부분은 물론이고 부분 사이에 존재하는 도덕도 자리를 비킬 수밖에 없다. (아무리 작은 삶의 공간도 그것이 사람이 살 만한 조건을 구비하기 위해서는 큰 도덕에 모순되는 작은 도덕을 필요로 한다.) 동물학대의 경우도 이러한 전체론에 관계된다. 사람도 죽어 넘어가는 판에 짐승 따위야 하는 전체적 의식이 작용하는 것이다. 전체가 비정상적이고 비인간화된 사회에서, 부분적인 인간성의 발휘는 아무런 의미도 없다고 느껴지는 것이다.

4. 나날의 성실

큰 차원에서의 문제해결을 위한 행동은 정치적 성격을 띠게 되고 그것은 곧 조직과 권력의 통로가 된다. 영웅적 순간의 행위를 강조하는 것이 더 낮은 차원에서 존재하는 우리 삶의 바탕을 잘못 보게 하는 위험을 안고 있다. 그러나 큰 삶의 전체주의가 문제가 있다고 해서, 큰 삶을 배척하는 작은 삶의 이기적 계급의식이나 소아적 보편주의가 정당한 것은 아니다.

우리의 일상생활의 바탕을 이루는 직업은 공리적 상호의존 관계에 있으면서 이상적으로 도덕적 보편성을 갖는다.

사람은 고양된 사명감이나 도덕이나 윤리로 사는 것이 아니라 생활상의 공리적 의존관계에서 산다. 그러나 신비스러운 것은, 나날의 평범한 성실 속에 그리고 이러한 일상의 생활 바탕에서 고양된 순간과 영웅적 결의가 일어나기도 한다는 사실이다.

5. 상호의존성

산업화 과정은, 윤리적이고 정서적이기보다는 공리적 성격을 띠고 있는 광범위한 상호의존성을 만들어낸다. 이 상호의존은 합리적 정신의 역사적 대두를 의미한다. 공리적 상호의존의 사회에서 사람은 자신의 삶에 관계되는 여러 요인들을 고려하고 앞을 내다보는 계획에 따라 스스로의 삶을 살아간다. 이러한 합리적 태도는 무엇보다 타인의 마음 움직임을 계산할 수 있어야 한다.

우리의 현대사는 제국주의적 침탈에 의한 외래성과 산업화의 급격성으로 이러한 공리적인 상호의존적 공간이―꼭 그것이 옳다는 의미에서가 아니라― 형성되지 못하였다. 전통사회의 붕괴와 제국주의의 침략 하에서 우리가 선택할 수밖에 없었던 민족주의의 불가피성, 나보다는 그리고 사회보다는 국가가 중요할 수밖에 없었던 상황, 전통적으로 강력한 것이었으면서 긴급한 대책으로서의 도덕주의, 이 모든 것들이 그 요인을 이루는 것일 것이다.

6. 문명화 과정

예절은 문명화 과정의 최종적 표현이다. 생활공간에서 질서와 평화를 규정하는 것은 예절이다. 엘리아스에 의하면 서양 역사에서 근대적 인간이란 그의 행동거지 자체가 문명화된 인간이다. 그의 속성은 함부로 침을 뱉지 않는다든지, 세련된 식탁의 매너를 안다든지 하는 것으로 특징지어진다. 이것은 하찮으면서도 격정과 내면적 충동을 절제하고 순치하였다는 것을 나타내고, 그의 인품에서 이성적 원리가 중요해졌다는 것을 증표한다.

동양의 유학에서도 예는 인간관계의 중심이며, 서양예절의 경우보다도 훨씬 일반화되고 체계화된 원리로 작용되었다. 무엇보다도 동양의 예는, 땅과 하늘에 대한 외경감과 일치시킨 권력체계의 가시적 절차들로 만들어진 위의(威儀)를 통하여 위계질서를 구성하였다. 그러나 이렇게 예가 위계질서로 추상화되고 계급제도에 의해 보강되고 이데올로기화할 때 상호의존적 공동체는 파괴될 수밖에 없었다. 인간관계는 인간관계의 불확실성을 전제로 한다. 사람의 관계를 제도적 규율과 이데올로기로 규정한다면 인간관계의 주고받음은 필요가 없는 것이다. 정해진 대로 하면 될 뿐이다. 정해진 대로 수행하지 않는 사람은 처벌될 수 있을 뿐이다.

7. 예(禮)의 강제성

예절의 의미는 사람 사이의 관계를 평화롭고 부드럽게 하는 데 있다. 그러나 그것이 이데올로기가 될 때 그것은 오히려 인간관계를 폭력적인 것이 되게 한다. 사실상 서양에서 예절은 자기 이익에 기초한 처세술의 하나로 대두되었다. 궁정예절의 세계는 폭력이 배제되면서 모략과 계책과 파당의 세계가 되고, 예절은 이것을 감추는 수단이 되었다. 조선조의 수많은 상소문들도 실은 격조 높은 수사학을 통한 자기 확대의 추구로 보인다. 중요한 점은 예절이 폭력이 배제된 세계이면서 더 커다란 폭력에 의해 보장된 세계라는 점이다.

8. 평정된 일상

폭력이 배제된 상호의존의 세계는 타인의 심리와 행동을 끊임없이 추측하고 계량하면서 자신의 생존전략을 만들어야 할 필요를 낳았다. 이것은 예절 이전의 폭력 세계와 다른, 또 다른 억압의 세계를 낳았다.

우리는 예절이 형성되기 전에―그리고 근대 이전의 폭력적 야만이 아닌, 평화로운 상호의존의 일상세계를 원한다. 일하고 거래하고 살아가는 상호의존의 공간이 정상적으로 구성되기를 희망한다. 이것은 높은 원리보다도 사람의 구체적인 나날의 필요에 그 근거를 마련하는 것으로 출발한다.

3장 삶의 공간에 대하여

1. 삶의 질서

오늘 우리가 겪고 있는 한국 사회의 경제적 위기는 다시 한 번 우리가 발딛고 살고 있는 이 세계가 얼마나 튼튼하지 못한가를 생각하게 한다. 어쩌면 사람 사는 일에 튼튼한 터가 있다고 생각하는 것이 잘못일 것이다. 지진이 나고, 홍수가 나고, 눈과 얼음과 바람에 덮여 살길이 끊기고 하는 일이 쉬임이 없다. 지구의 온난화로 하여 북극의 얼음이 녹고, 그것으로 하여 해안의 도시들이 물에 잠기게 될지도 모른다고 한다. 태평양의 바닷물이 지나치게 데워져 홍수와 한발을 일으키고, 대서양의 멕시코 만류의 이상진로는 영국과 같은 북서부 유럽을 오늘날의 북극지방과 같은 한대가 되게 할지도 모른다고 한다. 자연의 일에 비하여 사람의 일은 더욱 어지럽고 무상하다. 멕시코에서 무고한 촌민들이 학살되고, 알제리에서는 영화관에 난입한 이슬람주의 게릴라들이 모스크가 아니

우리가 발딛고 살고 있는 이 세계는 얼마나 튼튼하지 못한가

406 깊은 마음의 생태학

라 영화관에 가 있는 촌민들 1백여 명을 사살했다고 뉴스가 전한다. 전하지 않은 뉴스는 또 얼마인지.

지질학자에 의하면, 오늘의 시점은 지구의 긴 격동의 역사에서 극히 짧은 한순간의 소강을 나타내는 것이라고 한다. 지구의 수십억 년 역사에서 이 잠깐의 소강상태의 순간에 고작해야 만 년을 넘어가지 못하는 인간 문명의 역사가 태어났다. 자연으로부터 문명이 벗어나오기 시작한 것 자체가 혼란의 시작이라고 할 수도 있지만, 오늘에 와서 그것은 사람이 삶을 영위하는 테두리가 되었다. 문명은 사람의 사는 일에 일정한 안정된 형태를 부여하였다. 또는 사람들은 그렇다고 생각하고자 한다. 문명도 역사적으로 변해간다. 그것은 문명이나 역사가 질서와 혼란의 역설적인 조합이라는 것을 말한다고 할 수도 있겠는데, 사람들은 역사가 일정한 형태를 가지고, 또 어떤 경우는 법칙적인 형태를 가진 것이라고 생각하기를 원한다. 그러나 그것이 맞든 아니 맞든, 확실한 것은 어떤 안정된 질서가 없이는 제대로 사람이 살아갈 수 없다는 것이다. 그리하여 사람들은 살 만한 질서를 만들 수 있다고 생각한다.

살 만한 삶의 질서를 만들더라도, 문제는 범위를 어떻게 정하느냐에 따라 상당히 달라진다. 전통적으로 어지러운 세상에서 안정을 찾는 방법의 하나는 마음을 가다듬는 것이다. 마음 하나가 바로 있으면, 모든 것이 바로 있는 것이다. 수양을 많이 한 선비 하나가 배를 탔는데 폭풍이 심하게 불었다. 모든 사람이 심히 당황하여 갈팡질팡하는 가운데, 그는 마음을 가다듬고 조용히 앉아 동요를 보이지 않으려고 노력하였다. 그러던 중 뱃사공을 보니, 그는 폭풍우에 아랑곳없이 늘어지

사람이 사는 일에 일정한 안정성을 부여하는 문명도 질서와 혼란의 역설적인 조합으로 이루어진다

3장 삶의 공간에 대하여

게 잠을 자고 있는 것이었다. 이것을 보고 선비는 자신의 수양이 부족함을 새삼스럽게 깨달았다는 것이다. 이러한 이야기는 안정된 질서의 범위를 삶의 마음가짐이나 태도에 한정하는 것이 삶의 질서의 한 단서가 됨을 말한 것이다. 그러나 이러한 이야기의 더 큰 교훈은 안정된 삶의 질서란 안정을 추구하는 마음의 포기를 포함한다는 것이다. 모든 것은 마음가지기 나름이다.

안정된 삶의 질서는 안정을 추구하는 마음의 포기를 포함

그러나 도사나 선비의 마음이 사는 일의 일반적인 안정에 중심원리가 되기는 어렵다. 보통사람의 삶에서 삶의 안정은 대체로 먹고사는 일을 중심으로 생각된다. 물론 여기에 정신의 자세가 무의미한 것은 아니다. 앞에 든 송대 유학자의 것과 비슷한 가르침은 여러 금욕주의 인생철학이 말하는 것이기도 하다. 보통사람에게도 욕심을 줄이고 또 세상의 번거로운 이해관계로부터 물러나서 나물 먹고 물 마시고 팔베개를 하고 자는—그러한 생활을 하는 일이 불가능한 것은 아니고 그러한 한계 없이 산다는 것은 불가능하다.

보통의 삶은 먹고사는 일을 중심으로 한다

그러나 보통사람의 금욕주의란 특히 욕심을 줄이거나 마음의 수도를 지향하려는 것보다도, 세상에서 가능한 것과 욕심 사이에 적당한 균형을 유지하려는 데서 생겨난다. 우리가 원하는 것이 가령 먹는 것과 입는 것이라 할 때, 우리의 금전적 능력 또는 생산능력이 한정된 것이라면, 우리는 먹을 것을 입을 것에 우선하게 하는 옷의 금욕주의를 실행하는 도리밖에 없다. 다른 경우에도 우리가 원하는 것을 현실의 여건에 맞게 조정하는 것은 당연한 일이다. 그러나 이 원하는 것에 어떤 도덕적 질서, 선험적 규칙이 있는 것은 아니다. 옷을 원하는

가능한 것과 욕심 사이의 적당한 균형의 유지

것은 그 자체로 잘못이랄 수 없다. 먹을 것이 있는데도 계속 먹을 것만 찾는 것이 바른 일은 아니다. 또는 어느 경우에는 먹을 것이 없어도 옷이 절실할 수도 있다. 그것은 추위와 같은 외적 요인으로 그럴 수도 있고, 단순히 마음속에 일어나는 강박으로 그러할 수도 있다. 굶어죽더라도 옷을 입어야겠다는 사람이 있다면, 말려야 할 이유가 별로 없다. 할 수 있는 일이란 그 이외의 선택 가능성이 있음을 상기케 하는 정도일 뿐이다. 수지 균형의 삶에서 그 자체로서 나쁘거나 좋은 것은 아니다. 따지고 보면, 철학적으로 밥보다는 옷을 택하는 것이 반생명적이라고 하더라도 반생명의 욕구를 부정해야 할 별 근거를 찾을 수는 없다. 다만 우리가 대체로 삶의 수긍이라는 그것도 일정한 지속의 삶의 긍정이라는 관점을 받아들이는 경우, 현실의 여건과 우리의 필요와 욕망은 적절하게 조절되어야 하는 것이다. (물론 도덕주의는 가장 손쉬운 사고의 방법이므로 나의 선택과 다른 선택을 하는 사람은 곧 도덕적으로 문제가 있는 사람이 되기는 할 것이다.)

도덕주의는 가장 손쉬운 사고의 방법이다

어쨌든 상식적이고 현실주의적인 입장에서 욕구와 현실을 조정하여야 할 필요를 받아들인다 하더라도 그것이 용이할 수는 없다. 먹는 것과 입는 것에 주거를 추가하고, 또 여기에 달리 충족을 요구하는 여러 필요와 욕망을 추가하고(사람의 욕구는 단순히 기본적인 의미에서 살아가는 것으로부터 보다 잘 사는 것으로 뻗으며, 역사의 상황에 따라서 무한히 다른 모양으로 변형된다), 그리고 또 이 충족을 위한 생산과 분배의 작업을 추가하고, 여러 욕구들의 사회적 집합이 만들어내는 사회정의의 문제를 추가하고, 그것이 현실에 대하여 가하는 압력(최근에 점점 분명해지는 것으로 환경적 한계)을 생각해야 한다고 할 때 현실과 욕구의 균형이 정녕코 간단할 수는 없는 것이다.

전통적으로 어느 사회에나 인간의 욕구와 현실의 균형 문제에 대한 일정한 생각이 있다. 이 생각은 대체로 모두 다 인간 욕망의 억제를 전제조건으로 한다. 물론 이 억제는 실제에 있어서 일부 사람들의 경우에만 해당하는 것이기 쉬웠다. 그러면서도 이 필요가 일반적으로 말해진 것은 사실이다. 여기에 대하여 서양의 현대가 만들어낸 유토피아적 계획은 그러한 억제가 없이도 삶의 안정된 질서가 가능하다고 말한다. 물론 중간과정으로서 어떤 욕구의 충족을 연기하는 것은 불가피하나, 그것이 본질적으로 억제되어야 할 것이기에 그러한 것은 아니라고 이야기하는 것이다. 다만 미래를 위한 중간조정이 필요할 뿐이다. 이러한 조정의 총체적인 계획 중 가장 두드러진 것이 사회주의적 유토피아이다. 한편 개인적인 노력들이 보이지 않는 손에 의해 하나의 보다 나은 사회질서로 수렴된다는 형태로서 자본주의 이데올로기에도 그러한 이념은 들어 있다.

이러한 유토피아는 두 가지 전제를 가지고 있다. 서양의 현대적인 발전에서 가장 중요한 원리는 합리성이다. 여기에서 두 가지 전제라고 하는 것은 이 합리성에서 나오는 두 가지 추론을 지적하여 말한 것이다. 그 하나는 현실의 전체화이다. 이것은 합리적인 연결원리를 확대함으로써 이루어진다. 인간의 욕구와 그 충족 사이의 조정을 어렵게 하는 불합리한 현실은 합리화될 필요가 있다. 그러나 현대적 생산체계 하에서 사회의 여러 부분은 밀접한 상호연계 속에 있다. 따라서 합리화는 사회 전체의 합리화를 의미할 수밖에 없다. 이것은 개인적 차원에서도 그러하고 사회 전체의 차원에서도 그러하다. 다른 한편으로 합리화는 사회의 생산력을 확장하는 기본이 된다. 사회의 전체화는 그 경제적 수단의 관점에서나 규모의 이점(利點)의 관점에서나 여러 가지로 생산력의 확장과 병행하는 현상이다. 특히 이러한 확장은 자본주의적 발전에서 중요하다. 자본주의는 계속적인 성장 없이는 붕괴한다. 그것은 마르크스가 말하듯이 계속적으로 줄어드는 경향을 가진 이윤의 보장을 위해서도 필요하지만, 사실 사회적 불균형에서 오는 문제들을 풀어나가는 방법이기도 하다. 케너디가 항구에 물이 들어오면 큰 배나 작은 배나 다 같이 뜨게 마련이라고 한 말은 이것을 비유적으로 적절하게 표현한 것이다. 그러나 마르크스에게도 물질생산력의 증대가 궁핍에서 오는 억압관계를 해결해 줄 것이라는 생각은 들어 있다. 사회관계의 합리적 균등화와 생산력의 증대─이것이 궁극적으로 사회 전체의 삶의 문제를 해결해 주는 것으로 생각하는 것이다.

자본주의는 계속적인 성장 없이는 붕괴한다

그러나 20세기 후반에 와서 여러 가지 증세는, 전체화 또는 물질생산력의 확장이나 산업화의 가속화가 쉬운 일이 아님을 말해 주는 것으로 보인다. 산업화를 통한 물질생산의 증대가 지구환경과 자원의 한계에 부딪히게 되리라는 예견이 들리고, 또 그것은 사람들이 자신의 생활에서 실감하는 것이 되었다. 그것을 계산에 넣지 않더라도, 사회의 전체화가 가능한가. 그것은 사람의 능력을 넘어가는 것으로 보인다. 전체화는 그 범위에 맞먹는 권력체계의 수립이 없이는 불가능하다. 이 체계의 신뢰성을 보장할 도리는 없다. 설사 그러한 보장이 있을 수 있다고 하더라도 그러한 체계의 합리적 조정장치가 모든 문제를 해결할 만큼의 능력을 발휘할 가능성은 별로 크지 않은 듯하다. 다시 한 번, 사람의 합리적 능력은 크지 못하다. 이것은 다른 조건에서의 합리화 과정에서도 그러하다. 또 완전히 합리화된 체제 속에서 사람들은 행복하기보다는 소외를 느끼고 정신병적 증상을 가질 것으로 말해지기도 한다. 최근 한국이 경험한 경제위기는 또 다른 차원에서 오늘의 세계가 지향하는 전체적 삶의 질서가 간단한 것이 아님을 느끼게 한다. 우리가 합리화되고 전체화된 삶의 질서에 대해 어떤 생각을 가지고 있든, 오늘의 경제위기는 그 질서가, 지금의 조건에서 우리 자신의 통찰할 수 있는 범위를 넘어가 있다는 것을 말해 준다. 먹을 것을 구하든 입을 것을 구하든, 오늘의 삶의 질서는, 적어도 지금의 상태에서는 무한히 넓고 복잡한 얼크러짐의 그물 속에 있다. 얼크러짐의 그물을 움켜쥐고 있는 것이 궁극적으로 누구이든지 간에 그 그물을 떠나서는 지금 이 순간의 가장 작은 일상적인 필요도 제대로 충족시킬 수 없게 되어 있는 것이 오늘의 세계적인 것이다. (오늘의 전 지구적 자본주의는 서구 합리주의의 확대과정으로서 삶의 총체적인 합리화 과정의 일부라고 볼 수 있다. 문제는 그것의 목적과 수단이 어떠한 것인가 하는 것이다. 그 철학은—거기에 철학이 있다고 한다면—자본주의적 경쟁을 위한 경기장의 자유를 방해하는 모든 불합리한 장애물을 제거하면, 그것이 궁극적으로는 모든 사람들에게 이익을 가져올 것으로 생각한다. 그것이 있을 수 있는 생각이라고 하더라도, 그 철학이 고려하지 않은 것은 이러한 합리화가 중간단계의 과정과 세부적인 인간의 삶에—지역과 시간의 제한 속에서 사는 개인들의 삶과 그들의 공동체에—어떠한 문제를 가져올 것인

사람의 합리적 능력은 크지 못하다

오늘의 삶의 질서는 무한히 넓고 복잡한 얼크러짐의 그물 속에 있다

가 하는 것이다. 여기의 합리화는 인간 삶의 구체적 내용을 경시하는 전체
화이다. 이것은 다른 방법으로 말해질 수 있다. 합리적 전체화는 공동체적
이상을 바탕으로 가지고 있을 수도 있고, 삶의 여러 수단의 합리화만을 목
표로 하는 것일 수도 있다. 한 사회 내에서의 합리화는 어떤 경우에나 이
두 가지 면을 다 가지고 있게 마련이다. 자본주의적 세계화는 수단의 합리
화를 목표로 한다. 공동체적 주체의 관점이 없는 한, 합리화는 다원적 행
동자들의 경쟁전략을 합법칙화한다는 것을 의미한다. 이렇게 하여 성립한
합리화된 경쟁 공간에서의 행동자들의 대책이란 합리적 경쟁전략의 강구
이다. 그러나 이러한 전략이 세계적으로나 지역적으로 행복한 삶의 구성
으로 직접 연결되는 것은 아닐 것이다.)

2. 좋은 삶과 작은 공간

모든 것을 근본적으로 바로잡는다는 것이 가능한가, 또 그
래야만 사람이 사람답게 사는 터가 마련될 수 있다는 것은 옳
은 생각인가. 삶의 질서는 실천의 관점에서는 물론, 사유의
관점에서도 그것을 송두리째 포착하는 것은 불가능한 듯하
다. 가능한 것을 그때그때의 좁은 지역에서 제한된 의미의 인
간적 질서로 잠깐 동안 유지할 수 있는 것인지 모른다. 또 사
실상 개인의 제한된 삶에서 그가 누리는 삶의 질서와 그것이
가능하게 하는 행복은 잠정적이고 잠깐의 것일 수밖에 없을
것이다. 사실 좋은 삶이란 이러한 큰 테두리보다는 작은 범위
안에서 이루어지는 것이 아닌가. 그렇다고 할 때, 이 작은 범
위의 삶의 조건은 무엇인가—이것을 묻는 것이 많은 사람에

게 더욱 현실적인 질문이 되는지 모른다. 이것은 현실의 문제이기도 하지만 문학의 문제이기도 하다. 문학이 내리는 결론은—문학에 결론이 있다고 한다면—모든 것이 바로잡아지기 전에는 행복한 삶은 없다는 것일는지 모르지만, 적어도 그러한 결론을 내리게 하는 출발은 구체적인 인간의 작은 삶이다. 작은 공간은 문학의 인식론적 근본을 이룬다.

사람이 자기 삶을 살고 또 그것을 전체와의 관련 속에서 산다고 할 때, 이 전체는 하나라기보다는 몇 개의 동심원으로 나뉘어 구성된다. 나를 둘러싸고 있는 세계에는, 가깝고 먼 가족 또는 사회학자들이 일차적 관계라고 부르는 사람들이 있고 또 그 곁에, 내 주변에는 그 밖의 세계와는 구분되는 한 동심원이 있다. 물론 이 가까운 세계는 핵가족에서 일가친척으로 확대될 수도 있고, 실질적으로 친구나 친지를 포함할 수도 있다. 이 가까운 친밀한 주변을 넘어서면 동네나 고장이 있고, 현대에 와서 가장 중요한 것으로는 민족국가가 있다. 이것을 넘어서 민족국가들과 여러 사회집단들의 세계가 우리의 삶을 규정하는 것으로, 또는 요즘과 같은 국제화된 시대에서는 직접적으로 우리가 부딪히는 환경으로 존재한다. 그리고 그것을 넘어서 자연의 세계—더 먼 우주 공간으로 연결되어 있으면서도, 적어도 삶의 직접적인 이해라는 관점에서는 모든 것의 궁극적인 한계를 이루는 공기와 물들의 자연세계가 있다. 이 자연의 세계는 가장 먼 테두리를 이루며, 추상적으로 존재하는 전체성이면서도, 바로 가까운 데에도 존재하는 바탕이어서, 바로 나 자신의 안에도 있고 나 자신이기도 하다. 그리하여 그것은 가장 넓은 전체이면서 가장 작은 부분

사람은 자신의 삶을 살고 또 전체와의 관련 속에서 산다. 몇 개의 동심원으로 나뉘어 구성되는 이 전체에는 자연세계가 있다. 먼 우주 공간으로 연결되어 있으면서도 삶의 직접적 이해관계에서 모든 것의 궁극적인 한계를 이루는 공기와 물들의 자연세계가 그것이다. 자연세계는, 추상적으로 존재하는 전체성이면서 바로 가까운 데에도 존재하는 구체적인 삶의 바탕이다

이 되어 우리 삶의 크고 작은 것을 하나로 묶어놓는 전부가 된다. 이러한 삶의 테두리는 삶의 이해라는 관점에서는 조금 더 단순하게 정리된다. 우리 삶의 동심원은 단순히 나와 나의 일상적 삶을 구획하는 나의 주변과 사회 전체, 이 세 가지로 생각해 볼 수 있다. 여기에도 아마 자연은 크게뿐만 아니라 작게도 모든 인간활동의 바탕으로 포함되어야 하겠지만, 그것은 이런 모든 구분 속에 저절로 들어 있는 바탕으로서 꼭 대상적으로 구분하여 따로 생각할 필요가 없는지 모른다. 우리의 모든 사회관계는 이 바탕과의 착잡한 관계 속에서만 성립한다.

이것을 또다시 정리해 보자. 앞에서 말한 바와 같이, 어지러운 세상에서라도 제정신만 차린다면 그 나름의 삶이 불가능하지는 않을는지 모른다. 다만 보통 사람에게 그것은 온 세상의 구제를 위하여 사는 것만큼이나 어려운 일일 뿐이다. 작든 크든 사람은 그 나름의 세계에서 산다. 이 세계는 삶을 영위하기 위해서 필요한 여러 물질적·사회적·인간적 조건이 충족되는 범위를 포함하는 생활의 공간이다. 사람은 적어도 이만한 정도의 자기 이외의 사회공간을 필요로 한다. 이것은 가장 간단하게는 보통사람이 그날그날 일용할 양식을 구하고 가족을 부양하고 하루의 몸을 쉬는 공간, 어떻게 보면 소시민의 생활공간이다. 보통의 인간의 생활과 희로애락과 보람은 대체로 이 세계에서 이루어진다. 또 이 공간에서 그 나름의 도덕적 행위가 이루어지고, 어떤 때는 그것이 영웅적 차원에 이르기도 한다. 따라서 보통사람에게 중요한 것은 이 공간의 건강성이다. 이것은 어떻게 확보되는가? 불행하게도 건강한

작든 크든 사람은
그 나름의 세계에서
산다

생활의 질서를 확보하는 확실한 방법은 없는 성싶다. 그것은 어떤 하나의 요인에 의해서보다 서로 다른 동인에서 나오는 여러 요인의 거의 우연적인 조합으로 생겨나는 것이라는 인상을 준다. 그러면서도 이러한 정도의 생활공간이 어떻게 가능한가를 일단 물어볼 만은 하다.

3. 큰 삶과 작은 삶

이 공간은, 우리 생활감각으로는 그렇지도 않으나, 주체화된 의식의 대상으로는 별로 주목되지 못한다. 그것은 이 공간이 대체적으로는 보다 큰 삶의 테두리에 부수하는 이차적인 현상이기 때문이다. 그것은 사회 전체 또는 국가 전체의 체제적 안정에 의존하여 성립하는 것으로서, 정치학자들이 쓰는 말로서는 종속변수적 성격을 가지고 있다. 그러나 동시에 그것은 다른 큰 덩이들이 저절로 만들어내는 것이 아닌 것으로 생각되는 까닭에 그 나름의 독자성을 가지고 있다고 할 수밖에 없다. 뿐만 아니라 이 종속적으로 형성되는 생활영역은 다른 독자적인 가치와 행동을 생산하는 바탕이 되기도 하는 것으로 생각된다.

그리고 어떤 때 전체적 삶의 테두리는 작은 삶의 공간에 대해 적대적인 관계를 갖기도 한다. 사람이 자기의 삶을 조건짓는 삶의 커다란 테두리에 관심을 갖는 일은 당연하고, 특히 그것이 단순히 자신의 삶뿐만 아니라 공동체적 관계에 있는 또는 있어야 할 사람들의 삶에도 관계되는 것이라고 할 때,

삶의 전체적 테두리는 삶의 작은 공간에 대해 적대적일 수 있다

이론적으로 생각할 때, 부분 없는 전체는 있을 수 없는 것이므로 전체에 주의한다는 것은 바로 부분에 주의한다는 것을 뜻한다. 그러나 현실은 그러하지 않다. 부분은 논리적으로 전체에 포괄되고 규정되어야 하는 사례에 불과하고, 또한 실천의 관점에서는 전체라는 목적의 수단에 불과하게 된다

전체를 위해 부분을 조정해야 할 때, 도덕은 그 설득의 수단이 되기도 하고 또 그 명분을 강화함으로써 불도저의 역할을 하기도 한다

그 관심은 도덕적 의무가 된다. 그러나 그것이 바로 부분적인 주의와 관심을 어렵게 만드는 일이 된다. 이론적으로 생각할 때, 부분 없는 전체는 있을 수 없는 것이므로, 전체에 주의한다는 것은 바로 부분에 주의한다는 것을 뜻한다. 그러나 그 반대의 경우가 더 흔한 일이다. 인간의 주의구조 자체가 그러하다. 전체가 주의의 전경에 있을 때, 부분은 논리적으로 전체에 포괄되어야 하는, 그리고 그것에 규정되어야 하는 사례에 불과하다. 또는 그것은 실천의 관점에서는 전체라는 목적에 대한 수단에 불과하게 된다.

그러나 참으로 이 부분과 전체의 대립이 양립할 수 없는 관계로 들어가는 것은, 이 관계에 있을 수 있는 간격과 모순의 일체가 도덕성 문제로 치환될 때이다. 도덕은 사람 사는 공간의 구성에서 핵심적인 문제이다. 전체를 위해 부분을 재조정하는 일은, 그것이 사람이 관계되는 것인 한, 불도저로 밀어붙이는 식으로 이루어질 수는 없다. 부분은 조정을 받아들이도록 설득되어야 한다. 도덕은 여기에서 설득의 수단이 되기도 하고, 또 어떤 때는 그 명분을 강화함으로써 불도저의 역할을 한다. 옳은 일 앞에서 움직이지 않는 분자는 그른 것일 수밖에 없고, 그른 것은 처치되는 것이 마땅하다. 도덕화 없이는 투쟁과 혁명을 추진하는 것이 극히 어려운 일이 된다. 도덕은 투쟁과 혁명을 정당화한다. 이 정당성 앞에서 부분은 물론이고 부분 사이에 존재하는 도덕도 자리를 비킬 수밖에 없다. 혁명과정에서 부분적으로 행해지는 인도주의적 선행이 반혁명 행위로 간주되고, 그러한 인도주의의 억제야말로 혁명작업의 중요한 과제의 하나로 생각된다. 큰 도덕은 작은 도

덕과 모순되고, 더 나아가 작은 부도덕을 정당화해 준다. 또는 더 소극적으로 전체가 잘못 돌아가는 세상에 나만 나쁜 일 하지 말라는 법이 있느냐, 하는 전체 질서의 도덕성에 대한 냉소적 회의에도, 이러한 전체와 부분의 도덕화된 논리가 들어 있다.

혁명이론가 또는 국가주의자들의 대의명분을 간단하게 거부할 수는 없다. 그것은 사람이 사는 현실의 진리를 나타낸다. 우리는 그러한 도덕의 모순된 함축에 주의할 수 있을 뿐이다. 그것은 종종 작은 삶뿐만 아니라 작은 삶의 도덕과 진리에 모순된다. 그러나 작은 삶의 공간도 그것이 사람이 살 만한 조건을 구비하기 위해서는 큰 도덕에 모순되는 작은 도덕을 필요로 한다. 그것은 그야말로 소시민적인 것으로 낙인이 찍히는 것일 수 있다. 그것은 필요한 것이긴 하지만, 사람 사이의 관계의 모든 것을 규정하는 것이 될 수는 없기 때문이다. 이 세계에서의 도덕—서로 마주보는 거리의 가족과 이웃 또는 그 범위 안에서의 이방인 사이에 존재하는 도덕적 관계가 영웅적 성격을 띠는 경우도 있다. 사실 큰 도덕과 작은 도덕의 차이는 반드시 영웅성의 척도에 재어지는 것은 아니다. (문학작품들은 이러한 평범한 삶에서의 영웅적 순간에 관심을 가지고 있다.) 그러나 작은 공간의 도덕이 영웅적일 수 있다고 하여, 그것이 사람과 사람 사이의 도덕적 문제를 모두 해결해 주는 것은 아니다. 다만 말할 수 있는 것은, 그것이 성격상 큰 명분으로 작은 도덕을 파괴하는 것이 아닌 도덕적 행위인 듯하다는 사실뿐이다. 그리고 어쩌면, 그것은 전체의 불확실성 속에서 행해지는 가능한 도덕의 하나라는 것이다. 이러한 점에서 그것은 일관된 도덕의 가능성으로 깊이 고려해 볼 만한 것이다.

실존주의가 그리는 어떤 종류의 도덕적 행위는 전체적 부조리 속에서 이루어지는 도덕의 가능성을 보여주려는 것이라는 점에서, 이런 작은 공간의 도덕적 행위와 유사하다. 가령 카뮈의 《페스트(La Peste)》에서 의사 류의 행위와 같은 것이 그러하다. 현실적으로 전쟁에서 부상자의 처리에 전념하는 사람이나 역병지역의 구조작업에 종사하는 사람은 큰 상황에 관계없이 자신의 부분적인 힘이 미치는 범위 안에서 할 수 있는 일을 하는, 작으면서 영웅적인 일을 하는 사람이다. 이러한 행위는 제도가 될 수도 있다. 전쟁은 전쟁대로 하면서 민간인이라든지 부상병, 포로 등의 인도적 취급에 대한 협약들을 준수해야 한다고 하는 것은 무엇을 뜻하는가. 사람을 무자비하게 죽이는 것을 목적과 수단으로 하는 전쟁의 마당에서 죽을지 모르는 사람들의 목숨을 잠깐 존중한다는 것이 무슨 의미를 갖는가. 그런가 하면 우리는 감옥에서 일어나는 잔학 행위를 듣는다. 그것은 교도관과 죄수 사이에서만이 아니라 죄수와 죄수 사이에서도 일어난다. 또 군대에서 위아래 사람 사이에 또는 동료병사들 사이에 일어나는 잔학행위를 듣는다. 이것도 불가항력의 전체 상황의 인식에서 유도되어 나오는 하나의 결론에 관계되어 있다. 죽어야 할지도 모르는 사람에게, 이러나저러나 잔학한 운명에 처한 사람에게 인도적 행위가 무슨 의미가 있는가. 또는 동물학대의 경우도 이러한 전체론에 관계된다. 사람도 죽는 판에 짐승이야, 하는 전체적 인식이 작용하는 것이다. 전체적으로 비정상적이고 비인간화된 사회에서, 부분적인 인간성의 발휘는 아무런 의

실존주의의 도덕적 선택은 전체적 부조리 속에서 이루어지는 도덕의 가능성을 보여준다

동물학대의 경우도 사람도 죽는 판에 짐승이야, 하는 전체적 인식이 작용한다

미가 없을 수도 있는 것이다.

4. 나날의 성실

큰 차원에서의 문제 해결을 위한 행동은 정치적 성격을 띠게 되고, 그것은 설사 첫 출발에서 그렇지 않다고 하더라도, 곧 조직과 권력의 통로가 된다. 그것은 그 나름의 정당성과 정열과 보상을 가지고 있다. 한정된 생활의 공간에서 또는 의도적으로 한정된 작업의 영역에서 발생하는 위기에서 자기 이익을 찾는 대신 이타적 행위를 하게 하는 것은 무엇인가. 간단하게는 사람이 가지고 있는 도덕적 감성이 거기에 작용한다고 할는지 모른다. 도덕적 감성이라고 해도, 그것은 아마 매우 직접적인 것일 것이다. 정의감이나 분노와 같은 비교적 공격성이 강한 그리고 정치로 옮겨갈 수 있는 감정에 비하여, 작은 규모의 이타행위는 연민과 동정과 같은 보다 수동적인 감정에 연결되어 있기 쉽다. 또는 분노 같은 경우도 그것은 추상화되기보다는 목전의 일과의 관계에서 일어나고, 또 구체적인 인간과 사정에 의하여 일어나는 것이기 때문에, 연민이나 동정과 짝을 이루는 것이기 쉽다. 이것은 작은 규모의 도덕적 행위가 결국 상황의 현실에 밀착되어 있다는 말이 된다. 가령 우물에 빠지려는 아이를 붙잡는 것은 사람이 가진 기초적인 도덕적 감성의 하나로, 맹자가 사람이 차마 견딜 수 없는 또는 아니 할 수 없는 일이라고 한 것과 같은 것이 그러한 것일 것이다.

그러나 동시에 도덕적 반응이 반응의 직접성으로만 가능할까. 적어도 어떤 이타적 행동이 보다 지속적이고 체계적으로 되는 데는 일에 대한 직접적인 반응 이상의 것이 필요할 것이다. 큰 규모에서의 정치적 행동은 추상적 계기를 가질 수밖에 없다. 어떤 상황에 대한 분노가 정치적 행동으로 나아가는 것은 그것이 사회 전반에 대한 구조적 이해에 연결되기 때문이다. 정치적으로 중요한 계급의식은 처음에 자신과 자신의 동료와 이웃의 처지에 대한 구체적인 느낌이 바탕이 되어 생겨난다고 하더라도, 그것이 참다운 계급의식이 되기 위해서는, 생활공간을 넘어가는 사회구조에 대한 인식을 그 계기로 가지지 않으면 아니 된다. 이렇게 해서 생활공간 속에서의 사람들과 일정한 감정적 그리고 도덕적 관계에 들어갈 수 있다. 이것이 어떻게 하여 일반적인 도덕적 태도가 되는 것일까. 그것은 계급의식과 같은 정치의식의 경우보다는 더 단순하게 일반화되고, 하나의 태도로서 변화되는 것이라 할 수 있다. 누구나 자기에게 일어나는 것을 일반화한다. 이것은 인간의 자연스러운 태도이다. (이것이 모든 것을 자기의 관점에서 보는, 피아제의 발달심리학의 용어를 빌려, '소아적 보편주의'를 낳는다.) 여기에 동정적 능력의 작용이 반성적 태도를 가져와 너와 나를 역지사지(易地思之)하여 생각할 수 있게 한다. 이것이 다시 한 번 일반화되어 세계에 대한 태도가 된다. 이것이 개인적 차원에 머물면서 보편적 이타행위로 나아가게 하는 심리적 동기의 구조인지 모른다. 다시 말하여 그것은 같은 공간에 존재하는 동료인간에 대해 가질 수밖에 없는 도덕적 관계를 그대로 같은 선상에서 연속적으로 확장하는 것이다. 여기에서 이러한

모든 것을 자기의 이해관계와 관점에서 보는 '소아적 보편주의'

일반적 인식은 사실상 비교적 평탄한 사회에서는 보통의 인간이 자신과 자신의 세계에 대해 갖는 막연한 전제 또는 생활습관으로서 주제화되지 않은, 생활의 바탕으로 가지고 있는 것이라고 할 수 있다.

그것은 조금 더 의식적인 것으로 생각될 수 있는 경우도 있다. 이상적으로 파악한 자신의 직업에 대한 의식과 같은 것은 구체적이면서 일반적인 것을 결합하는 도덕의식을 낳는 계기가 된다. 다시 카뮈의 《페스트(La Peste)》에서, 환자의 구조 활동에 헌신하는 류에게 그 행동의 동기를 묻는 질문이 주어진다. 이에 답하여, 그는 영웅주의가 아니라 성실성이 문제의 핵심이며, 그것은 자기에게는 직무를 다하는 것을 의미한다고 말한다. 직업은 개인의 필요에 대응하는 것이면서, 동시에 사회의 필요에서 생겨난 일의 기구이다. 이것은 단순한 외적인 의미를 갖는 사회 분업구조의 일부이다. 그러나 이상적 상태에서는 그것은 내적 의미를 통하여 개인과 사회를 하나로 결부시키는 일을 한다. 직업은 사회의 작업을 수행하는 기구이지만, 개인은 그 속에서 자기실현의 기회를 얻는다. 그러기 위해서는 개인은 자기의 필요와 욕구를 잘 알아야 할 뿐만 아니라 그것을 사회적 필요로 지양할 수 있어야 한다. 그는 사회가 맡기는 일이 자신의 인간적 가능성의 일부임을 인지하여야 한다. 그는 사회가 맡기는 일이 자신의 인간적 가능성의 일부임을 인지하여야 한다. 그것이 가능하기 위해서는 물론 사회가 만들어내는 직업은 사회의 필요를 충족시키면서 동시에 인간의 보편적 가능성을 구현해 주는 것이어야 한다. 또는 보편성 속으로 고양된 개인에 의하여 그것은 단순한 실용적

영웅주의가 아니라 성실성이 문제의 핵심이며 그것은 자신의 직무를 다하는 것을 의미한다고 《페스트》의 주인공은 말한다

작업 이상의 것으로 변화되어 간다고 말할 수도 있다. 이러한 조건 하에서 직업은 자연스럽게 윤리적 의미 속에서도 파악될 수 있는 것이 된다.

오늘날 우리 사회의 직업들이 대체로 이러한 과정—개인과 사회를 아울러 보편성 속으로 지양하는 성격을 갖는다고 할 수는 없다. 다른 사회에서도 그것이 이상이 될 수는 있어도 현실은 아니다. 또 그러한 직업이 있어도 그것은 현실적으로 매우 한정된 범위에서의 일이다. 〈페스트〉의 주인공 류의 직업은 마침 주어진 상황이 그것에 커다란 윤리적·도덕적 의무를 부과하게 되어 있었다. 그렇지 않은 경우에도, 의사라는 직업은 윤리적 보편성의 가능성을 가진 직업이다. 그러나 오늘날 의료진의 현실에서 볼 수 있듯이 그 가능성이 현실화되는 것은 극히 드문 일이다. 그보다는 오늘날 많은 직업은 오히려 소외와 인간성 왜곡을 필연적인 조건으로 한다고 말할 수 있을 것이다. 그러나 이상으로서 인간적인 사회에서의 직업은 두루 그 사회적 기능에 의해 정의되면서 동시에 보편성으로서의 초월 가능성을 지닌다. 여기에서 강조되어야 할 것은 직업의 두 측면의 연속성과 동시에 단절성이다. 직업의 보편적 가능성은 객관적 기회에 의해 그리고 무엇보다도 개인의 내면화, 도덕적 결정 그리고 행동에 의해서만 현실화된다. 더 근본적인 것은 직업 자체의 적절한 구성이다.

그러나 중요한 것은 직업의 도덕적 보편성 의미보다도 우선 공리적 상호관련이다. 직업은 공리적인 관점에서 기능적 상호관계로 성립된다. 다시 말하여, 직업은 도덕적·윤리적 보편성이 아니라 공리적 상호의존 관계에 있는 것으로 먼저 이해되어야 한다. 이것이 없을 때 인간의 도덕적 가능성은 무의미하다. 매우 현실적인 의미에서의 인간의 상호연계성은 바로 생활공간에서 나온다. 또 그것의 성립에 필수적인 심리적 조건이다.

영웅적 순간과 행위를 강조하는 것은 더 낮은 차원에 존재하는 우리 삶의 바탕을 잘못 보게 할 위험을 가지고 있다. 내가 주목하고자 하는 것은 큰 의미에서의 사회 전체가 아니라 보통의 사람이 사는 생활의 영역이다. 이것은 고양된 사명감이나 도덕이나 윤리보다는 단순한 생활상의 상호의존 관계가 형성하는 공간이다. 그것은 물리적 공간으로서의 동네이고, 그것에 대응하는 보이지 않는 생활의 제도나 인간 상호간의 규약이 만들어내는 공간이다. 신비스러운 것은 이 평범한 바탕으로부터 어떻게 하여 고양된 순간이 나타나고, 영웅적인 결의가 일어나는가 하는 것이다. 그것은 이러한 평범한 세계를 초월하는 어떤 것이다. 그러면서 이 초월은 이것을 바탕으로 한다. 그러나 많은 사람에게 더 관심이 있는 것, 또 중요한 것은 우리의 매일매일의 생활을 원활하게 해주는 물리적·사회적·제도적인 그 무엇이다. 우리 사회에서 형성되지 못했거나 파괴되어 버린 것의 하나가 이러한 것들이다. 오늘의 우리 사회에서 삶을 영위하고 있는 많은 사람들은 우리 사회가, 사람이 사람에 대하여 이리가 되는, 살벌한 생존투쟁의 상태가 되어 있음에 동의할 것이다. 우리 사회의 삶은 거의 크고 작은 투쟁의 소모작용 속에서만 의의를 발견하는 것으로 보인다. 그리고 우리 사회의 도덕도 많은 경우에는 이러한 투쟁작용의 일부를 이룬다.

영웅적 순간과 행위를 강조하는 것은 더 낮은 차원에서 존재하는 우리 삶의 바탕을 잘못 보게 할 위험을 갖고 있다

5. 상호의존성

　정치학자들은 국가라는 공식적 사회조직에 대하여 사회라는 비교적 자연발생적인 비공식적 사회조직을 구분하여 말한다. 생활공간의 미형성은 더러 지적되듯이 우리 사회의 취약성에 관계되어 있다. 사회는 계급, 계층, 직업, 지역성 등을 중심으로 결정화하는 집단, 또 다른 이해관계, 직업, 이념, 취미 등으로 응결되는 집단으로 이루어진다고 하겠지만, 실제 그것이 현실화하는 것은 보다 구체적인 생활의 영역에서이다. 가령 크고 작은 집단을 연결하는 교통과 통신망, 모일 수 있는 회의장과 광장, 그러한 모임에 이르기 전의 많은 작은 모임의 장소와 계기, 또 한시도 빼놓을 수 없이 지탱되어야 하는 삶의 지원수단, 그것의 어느 정도의 체계화로서의 일상적 생활의 구조―이러한 것들이 없이는 복합적 사회에서의 인간활동은 아무것도 이루어질 수가 없다. 이것들―최소한도의 생활과 사회활동을 가능하게 하는 기구와 수단들은 통일된 체계를 이룬다. 그것은 사회의 제도이고 물질적 구조이다. 그러면서 동시에 사회 내부에서 형성되는 의식이기도 하다. 전쟁상태는 이러한 사회의 생활공간을 파괴한다. 그러나 전쟁상태가 아니라도 그것은 제대로 존재하지 아니할 수도 있다. 경제적 공황 또는 어떤 종류의 정치체제의 일상생활 통제 등은 이러한 수단의 공간을 봉쇄해 버릴 수 있다. 거대세력들의 움직임으로서의 사회 그 자체도 이 매개 장치를 파괴할 수 있다. 사회 전체를 뒤흔드는 커다란 이변의 힘 또는 정치적 힘이 특히 살벌해지는 것은 그것이 중간지대의 매개를 통하지 않고 직접 작용하는 경우이다. 같은 힘도 이 매개의 존재 여부에 의해 그 작용의 방식이 달라진다. 혁명기에 보게 되는 동료나 친지 그리고 단순히 직접적인 대면에서 오는 여러 구체적인 인간관계는 그 극단적인 예에 불과하다.

산업사회도 사회 내에서의 거대세력의 움직임이어서 사회 전체와 개인의 삶 사이에 존재하는 여러 가지 매개장치들을 파괴한다. 단순한 공동체에서, 사람들은 추상적인 전체 속에서가 아니라, 구체적인 상호유대 속에서 존재한다. 거기에는 혈족적인 관계 이외에도 쉽게 알아볼 수 있는 작업의 연계관계가 있고, 이것은 도덕적·윤리적 유대와 표리를 이룬다. 그러나 더 확대되고 복잡해진 사회에서도 이러한 실제적이며 윤리적인 연계는 존재하는 것이 정상일 것이다. 물어야 할 것은 어떤 조건 하에서 이것이 완전히 소멸하게 되는가 하는 것인지 모른다. 산업사회가 이러한 실제적인 윤리적 의존관계를 파괴한다는 것은 많이 지적되어 왔다. 그러나 다른 한편으로 성격이 꼭 같다고 할 수는 없으나―그것은 주로 윤리적·정서적이기보다는 공리적인 성격을 갖는다―어느 다른 종류의 사회유형보다도 긴밀하고 광범위한 상호의존성을 만들어내는 것이 산업화의 과정이기도 하다. 산업화는 기능적 분화와 산업활동 규모의 확장을 내용으로 하기 때문에, 넓은 영역과 많은 요인들의 미묘한 종합으로만 성립하고 그 종합은 일정한 공간을 만들어낸다. 물론 대량생산·대량소비의 산업체제가 만들어내는 공간이 참으로 사람이 살 만한 공간이 되기는 어려울는지 모른다. 그러나 그것도 일단의 생활공간임에는 틀림이 없고, 그것을 보다 살 만한 공간으로 만들려는 다

윤리적이고 정서적이기보다는 공리적인 성격을 갖고 있는, 광범위한 사회의존성을 만들어낸 산업화 과정

른 요인들이 추가될 때, 그것은 향상될 여지를 갖는다고 할 수 있다. 유럽의 산업화에서 적어도 초기의 과정은, 다음에 더 언급하겠지만, 그 나름의 생활공간을 만들어낸 것으로 생각된다. 한국사회에서의 생활공간의 미성숙은 근대사의 난폭성, 그리고 이어진 산업화의 외래성과 급격성의 한 결과였다고 볼 수 있다. 안으로부터 오랜 시간을 통하여 성숙하였더라면, 그것은 훨씬 더 유기적 조화를 가진, 조금은 더 사람의 여러 가지 삶의 필요를 수용하는 어떤 것이 되었을 것이다.

한국사회에서 생활공간의 미성숙은 근대사의 난폭성, 그리고 이어진 산업화의 외래성과 급격성의 한 결과이다

우리가 겪은 현대사의 변화는 근대화라고도 불리고, 산업화라고도 불린다. 앞의 것은 더 복잡한 현상을 지칭하는 말이지만, 그 내용이 분명하게 정의되지 않은 혐의가 있고 뒤의 것은 비교적 분명하면서도, 변화의 과정을 지나치게 외면적으로만 말하고 있다는 느낌을 준다. 여기에 대하여 합리화는 그것을 조금 더 포괄적으로 포착하는 개념으로 생각된다. 그것은 밖으로는 산업체제의 운영 그리고 사회체제의 구성의 원리를 말하고, 안으로는 행동방식과 의식의 양식을 말한다. 그러나 그것은 근대화에 부수하는 것 또는 그것을 움직이는 원리가 합리성만은 아니라는 것, 또는 그렇다고 하더라도 합리성이 인간 내에서 움직이는 것이 되기 위해서는 인간 내부의 사정 자체가 총체적으로 변해야 한다는 것을 나타내지 않는다고 할 수 있다. 새로운 인간이 형성되면서 그것은 그에 맞는 사회공간을 만드는 원리가 된다. 그러면서 동시에 그는 사회에 맞는 인간이다. 그리하여 사회와 인간 사이에는 조금 더 조화있는 관계가 성립한다.

독일의 사회학자 노르버트 엘리아스의 '문명화 과정(Die Prozess der Zivllisation)' 이란 말은, 이와 비슷한 관점에서 근대화를 광범위한 역사의 과정으로 포착한다. 그의 생각에도 근대화란 합리적 정신의 역사적 대두이며, 그에 따른 산업사회의 형성이다. 그러나 문명화의 개념으로 그가 말하고자 하였던 것은 근대화 과정이 사회의 변화일 뿐만 아니라 인간의 변화라는 사실이다. 또는 달리 말하여 근대화는 사회와 인간의 동시적 형성을 의미하는 것이다. 그의 역점은 근대적 인간―그의 말로, 문명화된 인간의 형성에 주어진다. 근대적 인간이란 그의 행동거지 자체가 문명화된 사람이다. 그의 속성은 어떻게 보면 하찮은 것으로 보이는, 함부로 침을 뱉지 않는다든지, 세련된 식탁의 예의작법을 안다든지 하는 것으로 특징지어진다. 이것은 하찮으면서도 인간이 내면의 충동과 격정들을 순치하였다는 것을 나타내고, 그것은 그의 인품에서 이성적 원리가 중요하다는 것을 증표한다. 그가 증거로 들고 있는 여러 행동거지들이 진정 근대적 인간 형성의 조건이 되는지 어떠한지는 확실치 않다. (그리고 그 자신 인정하면서도 큰 주제로서는 생각하지 않는 것으로, 서양인의 근대적 변화를 문명화라는 이름으로 부를 때 그것이 갖는 제국주의적 함축을 어떻게 생각해야 할지 하는 문제들이 남는다.) 그러나 그의 문명화 개념은 적어도 우리가 생각하고자 하는 근대적 생활공간의 형성 문제에 중요한 시사를 던져준다. 서구에 있어서 근대화는 인간과 사회의 동시적 변화이며, 이 동시적 변화는 여러 의미에서 근대화의 공간이 사람의 내면적 요구와의 상호연관 관계에서 발전되어 나온 것이라는 것을 말해 준다. 뿐만 아니라 근대적 인간의 기초가

근대적 인간이란 그의 행동거지 자체가 문명화된 사람이다. 그의 속성은 함부로 침을 뱉지 않는다든지, 세련된 식탁의 예의작법을 안다든지 하는 것으로 특징지어진다. 이것은 하찮으면서도 인간이 내면의 충동과 격정들을 순치하였다는 것을 나타내고, 그것은 그의 인품에서 이성적 원리가 중요하다는 것을 증표한다. (물론 서양인의 근대적 변화를 문명화라는 이름으로 부를 때, 그것이 갖는 제국주의적 함축의 문제들은 따로 남는다.)

된 것은 구체적 의미에서의 인간 상호의존의 인지의 결과라는 사실이다. 근대적 인간이란 사회적 상호의존을 내면화한 것이고, 또 거꾸로 새로 형성되는 인간은 이 의존관계를 사회공간으로 만든 것이다. 다시 말하여 근대화—문명화로 표현되는 근대화는 사람이 상호의존—추상적 개념이나 이념에 의해서가 아니라 구체적 상호의존—상태에서 하나의 삶의 방식—문명화된 삶의 방식, 보통사람들의 삶의 공간을 포함하는, 삶의 방식을 만들어내는 과정이 되는 것이다.

엘리아스는 중세 이후의 유럽역사를 통하여 이 문명화의 과정을 보여주려고 한다. 중세의 봉건사회에서의 군소영주들의 세력경쟁은 결국 대영주 또는 궁극적으로 절대군주의 출현에 귀착한다. 이들의 지배 하에서 물산이 집중화되고, 사회적 기능의 분화가 일어난다. 이 분화는 사회 내에서의 인간의 상호의존 관계에 대한 의식을 가져온다. 이러한 의식은 자기를 넘어선 세계에 대한 일반적 의식이기 때문에 이성적 사회공간 이해를 포함한다. 심리적으로, 이 새로 등장한 상호의존의 공간에서 살아간다는 것은 자신의 삶에 관계되는 여러 가지 요인을 고려하고 앞을 내다보는 계획을 통해서 스스로의 삶을 살아가야 한다는 것을 의미한다. 즉 자신의 삶의 이성적 계획이 불가피한 것이다. 이 이성적 태도는 인간 심리에서의 다른 변화와 병행한다. 앞을 내다보고 자신의 삶을 계획한다는 것은 사물의 움직임 외에 인간 심리의 움직임을 계산해야 한다는 것을 말한다. 그중에도 중요한 것은 다른 사람의 마음의 움직임이다. 인간 심리에 대한 관찰이 합리적 과정 속에서 필요해진다. (이러한 개별화된 심리 이해는 전통사회에서의 유형적 심리 이해와는 상당히 다른 것이다.) 합리화의 심리화는 인간의 인간 내부의 다른 요소들을 다스리는 일과 병행한다. 중세 무사들의 세계는 "강력한 원초적 환희, 여자로부터 착취할 수 있는 쾌락의 충족, 미운 것을 철저하게 부수고 괴롭히는 증오감의 충족"을 허용하였다.[1] 물론 그 대신 중세의 무사들은 자기들 자신이 다른 사람들의 폭력과 과도한 감정 표출과 또 여러 가지 신체적 가혹행위의 대상이 되는 것을 무릅써야 했다. 그러나 힘에 의한 인간관계가 어떤 의미를 가지고 있든, 그것은 이제 통용될 수 없는 행동방식이 된다. 그것은 앞에서 말한 바와 같이 상호의존성의 인식, 합리성의 성장의 결과이다. 그러나 근원적인 원인의 하나는 절대군주에 의한 폭력수단의 독점이다. 그것이 기사들로부터 작은 폭력수단을 박탈하면서 절제와 기율을 강요한다. 그것이 물산의 집중도 가능하게 하면서, 물산에 대한 폭력적 탈취를 불가능한 것이 되게 하는 것이다. 그리하여 폭력이나 무력이 아니라, 합리성 그리고 더 나아가 협오감이나 수치와 같은 사회적 감정으로 조정되는 '궁정의 예절(courtoisie)'이나 귀족의, 그리고 확대하여 시민의 '바른 예절(civilite)'이라는 상호작용의 방식이 생겨나고, 이것이 부르주아지에 의하여 문화와 문명의 이상으로 확대되는 것이다.

위에서도 비친 바와 같이 이러한 문명화 과정을 반드시 긍정적으로 말할 수는 없지만, 그것이―엘리아스 자신이 그의 연구결과를 요약한 바와 같이, "상호지향적이며, 상호의존적

---

1 Norbert Elias, Power and Civility, Blackwell, 1982, pp. 236~237

상호의존적 공동체
는 역사적으로 부르
주아의 것이고 서구
국민국가의 테두리
안에서의 것이었고,
그 자체가 또 다른
폭력적 투쟁의 생성
자가 되었다고 할
수 있다

인 인간 구조·형식"을 역사적으로 실현한 것이라고 한다면,[2] 문명화는 투쟁의 상태에서 인간의 삶을 구출하는 작업이라는 면을 가지고 있다고 할 수 있는 것이다. 물론 상호의존적 공동체는 역사적으로 부르주아만의 것이고, 또 서구 국민국가의 테두리 안에서의 것이었다. 또 이 공동체는 외부에 존재하는 타자에 의하여 정의되는 경우가 많았던 만큼, 그 자체가 폭력적 투쟁의 생성자가 되었다고 할 수 있다. 오늘날 서양이 대체적으로 선진국이라는 특권적 위치를 누리고 있는 것은 문명화의 긍정적·부정적 결과를 아울러 거두어들인 결과이다. 그러면서도 우리는 적어도 그 사회 안에서는 투쟁적 관계가 사회의 지배적인 관계가 되지 않고, 어려운 사회문제가 있음에도 불구하고 대체적으로 평정화된 삶의 공간이 도처에 존재함을 볼 수 있다. 적어도 상호지향적이며 상호의존적인 공간으로서의 사회 이념은─추상적으로가 아니라 생활의 틀로서 존재하는 것처럼 보이는 것이다. 우리의 현대사는 이러한 상호의존 공간의 자연스러운 확대가 아니라 파괴로써 진행된 것임이 보인다. 그것은 위에서도 비친 바와 같이, 근대화의 외래적 성격을 비롯한 여러 가지 요인으로 인한 것일 것이다. 제국주의 침략 하에서의 민족주의의 불가피성, 사회보다는 국가가 중요할 수밖에 없었던 상황, 전통적으로 강력한 것이었으면서 또 긴급한 상황의 대책으로서의 도덕주의─이 모든 것들이 그 요인을 이루는 것일 것이다. 결과의 하나는

상호지향적이며 상
호의존적인 공간으
로서의 사회의 이념
은 추상적으로서가
아니라 생활의 틀로
서 존재한다

---

2 Elias, "Introduction to 1968 Edition," The History of Manners, Pantheon, 1978, p. 261

구체적인 생활현실에서 나오는 상호의존성이 사회공간으로 성립하지 못하게 되었다는 것이다.

6. 문명화 과정

물론 서양의 모델을 가지고 모든 일을 헤아려서는 아니 된다. 우리나라의 문명화가 있었고, 우리나라 나름의 생활공간이 있었을 것이다. 엘리아스의 '문명화 과정'은 서양역사를 말한 것이다. 그는 문명화를 서양의 세계사적 공헌으로 말하면서도, 문명화가 서양 이외에서는 동아시아에서 일어났을 가능성을 인정한다.

문명화 과정의 최종적 표현으로서─사실 이것은 주로 중세 말에서 근대 초에 이르는 때의 예이지만─엘리아스가 궁정적 예절, 귀족의 예절 또는 시민적 예절을 말한 것은 '태산명동 서일필' 격으로 앞뒤의 균형이 잘 맞지 않는 결론이라는 인상을 준다. 그러나 다른 한편으로 어떤 종류의 것이든지 간에 예절이라는 것이 문명의 총결산을 나타낼 정도로 중요한 것이라고 말할 수도 있다. 구체적인 생활공간에서의 질서와 평화를 규정하는 것이 바로 예절이다. 그런데 그것이 문명화의 중요한 결과라고 한다면, 그것이야말로 동양 전통에서 현저하게 사회의 특징을 이루는 것이라고 할 수 있다.

동양의 문명화 과정이 어떠한 것이었든지 간에, 거기에서 주요한 몫을 한 것이 예절인 것은 틀림이 없다. 또는 그것이 전부였다고 하는 것이 옳을는지도 모른다. 유교에 여러 가지

문명화 과정의 최종적 표현으로 예절을 말한 것은 균형이 맞지 않은 결론일 수 있지만, 예절은 어떤 점에서 문명의 총결산을 나타낼 정도로 중요한 것이다

구체적인 생활공간에서의 질서와 평화를 규정하는 것이 바로 예절이다

면이 있지만, 다른 무엇보다도 핵심적인 위치에 있던 것이 예(禮)라는 것을 우리는 상기할 필요가 있다. (예절은 동양의 사상과 현실의 체제에서의 예의 일부이다.) 조선조의 유학논의에서도 실제적인 관심의 중심은 다른 무엇보다도 예였고, 그에 대한 논쟁은 사화(士禍) 같은 정치적 투쟁의 유혈극을 가져오기도 했다. 그 정치적 관련 자체가 예의 중요성을 말해준다. 그것은 서구 사회에서 합리성이 중요한 것과 마찬가지로 중요하였다. 그러므로 엘리아스가 합리성을 사회과정의 소산으로 이해한 것처럼, 우리도 그것을 사회적 생성 속에서 이해해야 한다. 예절에 대한 엘리아스의 현실주의적 관찰은, 예절의 전부를 말하는 것은 아니지만, 사회사적 접근을 위한 중요한 시사가 된다. 그에게 예절은 적어도 그 단초와 동기에서 처세술의 성격을 가지고 있다. 그것은 동양의 예절에도 작용할 현실의 동력에 주의할 필요를 상기시키는 것이다. 예절 또는 예가 동양에서의 문명화의 핵심적 원리로 작용했다고 한다면, 그것은 사회사─여러 가지 세력의 길항과 조화로 이루어지는 사회동력의 역사적 움직임─속에서 그렇게 된 것이다.

위에서 엘리아스를 요약해 본 정도로라도 나는 예의 사회사적 형성과정을 논의할 준비가 되어 있지 않다. 그러나 간단한 개념적 지표로서 그 역사적 고찰의 방향을 짐작해 보고자 한다. 제1차적으로는 예는 서양의 예절이나 마찬가지로, 사람과 사람 사이의 행동양식을 정해주는 규범이다. 그러나 그것은 서양예절이나 마찬가지로 일정한 범위의 생활권에서 의미를 가지면서도, 서양의 예절이 거대한 사회과정의 일부를 이루듯이, 사회과정 또는 적어도 지금의 여기 고찰에서는 사회 내지 정치 질서의 전체와 관련된다. 예절은 그것을 정당화하는 이론도 가지고 있다. 이것은 그것을 전체화함과 동시에 내면화하는 데 필요하다. 그리고 그 이데올로기적 정당화는 동양화에서 훨씬 중요했다. 그것이 예론이고 예학이다. 서양에 그러한 이데올로기가 있다면, 문명이고, 인간성(humanitas)이고, 이성이라고 해야 할 터인데, 예는 그러한 이념에서 작은 한 부분을 차지하는 데 불과하다. (그러나 예의 텍스트화가 없는 것은 아니다.) 동양에서야말로 예는 훨씬 중요한 자리를 차지하는 것이다.

동양에서 서양의 합리성 원리에 해당하는 것을 든다면, 그것은 도(道), 이(理), 성(性), 심(心), 인(仁)의 단어들이 표현하는 원리가 될 것이다. 이것이 동양 사상과 문명에 보편적 성격을 부여한다. 그러나 실제에서 더 중요한 것은 예의 원리이다. 유교의 세계에서 우주의 형이상학적 원리 또 인간관계에서의 도덕성은 절대적으로 구체적으로 표현될 것을 요구한다. 유교의 가르침은 어디까지나 실천적이다. 사실 많은 해석가들이 말하는 것처럼 유교 그리고 더 일반적으로 중국사상에서 빼놓을 수 없는 원리의 표현인 도는 우주의 원리이기보다도 사회적 삶의 방법을 나타낸다. 이 사회적 삶을 구체적으로 표현한 것이 예인 것이다. 이것은 개인적인 차원에서만이 아니라 사회철학의 관점에서도 그러하다. 최근에 현대적인 관점에서 유교적 예의 의미를 해석한 지토가 《예기》를 해석하여 말한 것처럼, "예는 사회와 도덕의 질서에 관계되는 것이나, 개인의 내면생활 차원에서 그러한 것이 아니고, 사람들을 조직하여 상호간과 주변과의 관계에서 일정한 자리에 정위하려는 것이다" 예의가 사회생활의 유지에 가장 중요한 역할을 하는 것도 이러한 이유에서이다. 예는 바로 '인간세계의 상호연결 요인'으로 작용할 수 있는 것이다.[3]

그러나 중요한 것은 예가 서양예절의 경우보다도 훨씬 일반화되고 체계화된 원리로 작용한다는 사실이다. 도나 이의 논의가 더없이 중요해지는 것도 이 필요에 관계되어 있는지 모른다. 그러나 여기에서 반드시 이론이 제일 중요한 것은 아니다. 현실의 관습·행동방식 또 제도에 의한 일반화와 체계화가 더 중요할 수도 있다. 위에 말한 예절은 인간적 상호작용의 양식을 지칭한 것이다. 그러나 예의 더 중요한 의미는 제례(祭禮)이다. 제례와 예절은 반드시 같은 것은 아니나, 앞엣것은 뒤엣것을 뒷받침해 주는 이데올로기 구실을 한다. 여러 가지의 제례는 체계를 이룬다. 그중 중요한 것은 유교국가의 국가체계의 의식인 5례나, 그중에서도 중요한 것은 천, 지, 사직, 선왕들에게 드리는 제사이다. 사사로운 차원에서는 흔히 4례라고 구분되는 집안의 여러 행사가 여기에 해당된다. 이러한 제례들은 초월적인 차원과 인간을 매개하는 중간항으로 예를 우주적인 테두리 안에서 정당화하려는 것이었다. 그러나 제사를 지낸다는 것이 어떻게 정당화 작용을 하겠는가? 사람이 가지고 있는 땅과 하늘에 대한 자연스러운 외경감이 있고, 나라의 권력체계가 가시화되는 절차들의 위의(威儀)가 있어, 이러한 것들이 제례의 공연에 작용한다.

---

3 Angla Zito, Of Body and Brush Grand Sacrifice as Text/Performance in Eighteenth Century China, University of Chicago Press, 1997, p. 112

더 구체적으로, 예를 바르게 이해하기 위해서는 이것을 좀 더 일반화하여 유교사회 이외에서의 제례 또는 의식과 관련해 볼 필요가 있다. 의식은 모든 사회에서 발견되지만, 특히 원시사회에서 중요한 기능을 수행한다. 뒤르켐의 의식에 대한 통찰은 사회나 공동체가 의식을 통해 정신적으로 스스로를 재생산해 낸다는 것이다. 이것이 어떻게 가능한가 하는 것은 의식을 좀 더 형식으로 도식화함으로써 규지(窺知)된다.

땅과 하늘에 대한 자연스러운 외경감과 나라의 권력체계가 가시화되는 절차들의 위의(威儀)

영국의 인류학자 파킨은 의례(ritual)를 다음과 같이 극히 추상적으로 정의한 바 있다. "의례는, 그것의 수행의무의 지시적 성격 또는 강제적 성격을 의식하는 일군의 사람들에 의해 수행되는, 공식적 공간성(formular spatiality)이다."[4] 의례는 일정한 공간에 모인 사람들이 그들의 움직임을 통해 공간을 일정한 구조를 갖는 것으로 조성해 낼 때 발생한다. 의례는 의례공간 내에서의 행동의 분절화—반드시 합리적으로 설명될 수 없는 행동의 언어적 분절화로서 사람들의 마음에 어떤 메시지를 전달하려는 것이다. 이 행동의 분절화는 상하관계나 위계질서를 구성하는 쪽으로 움직인다. 앞에 언급한 지토는 그의 저서에, 대사의 의식에서 절차를 면밀하게 분석하고 있다. 기본이 되는 것은 물론 하늘과 땅과 사람 그리고 다섯 방위의 가치순열화이다. 이 공간의 위계적 가치화는 물론 천자의 움직임—걷고 타고, 문을 나오고 서고 하는 모든 움직임, 그리고 다른 사람이나 기물과 그의 관계, 제사행위에서의

의례는 의례공간 내에서의 행동의 분절화를 통하여 상하관계나 위계질서를 구성하는 쪽으로 움직인다

---

4 David Parkin, "Ritual as Spatual Duection and Bodily Division", Daniel de Coppet, Underslanding Riluals, Routledge, 1992, p. 18

공간의 위계적 가치화   거동, 이러한 것들에 의해 한없이 자세하게 세분화되어 진행
된다. 지토가 규명한 여기의 논리는 보다 낮은 차원에서의 행
동 양식을 규정하는 예─가령 "…주인은 문에 들어가서 오른
쪽으로 가고 손은 문에 들어가서 왼쪽으로 간다. 주인은 동쪽
계단으로 나가고 손은 서쪽계단으로 나간다. 손이 만일 주인
보다 낮으면 주인의 계단으로 나간다…"라는 행동의 규정에
도 그대로 해당하는 것을 알 수 있다.[5]

    공간 내에서의 움직임을 통한 이러한 인간행동의 양식화의
의미가 무엇이든지 간에 그것이 일단은 인간생활의 기본요건
인 사회적 마찰을 완화하는 데 기여하는 것임은 틀림이 없다.
다만 이러한 방식이 유일한 것인가 또 효과적인 것일 수 있는
가를 물어볼 수는 있다. 사람들은 오랫동안 유교적 예나 예절
이 내용 없는 절차에 불과하다는 느낌을 가져왔다. 허례허식
(虛禮虛飾)이란 말이 이러한 느낌을 나타낸다. 이것은 시대의
여러 조건들이 변화된 때문이라고도 하겠지만, 사실상 유교
의 예의 체제 그것에 들어 있는 것이라고 할 수도 있다. 체제
화나 체계화 자체가 예의 형식화 가능성을 여는 일이다. 유교
적 예의 중요한 문제점 하나는 그것이 구체적인 인간공동체
를 떠나서 존재한다는 것이다. 인간공동체는 매우 구체적이
고 다양한 상호의존성에 기초한다. 또 그것은 정서적 에너지
를 해방함으로써 하나로 유지된다. 인류학자나 동물행태학자
는 위계 없는 사회질서는 인간사회 또는 동물사회의 어디에
서도 발견되지 않는다고 말한다. 사회질서에 위계란, 좋든 싫

---

5 曲禮上,《禮記》李民樹 역해, 혜원출판사, 1993, 29쪽

든 없을 수 없는 것인지 모른다. 그러나 그 위계질서가 형식화·추상화되고, 엄격한 계급제도에 의해 보강되고 또 이데올로기화될 때, 공동체적 의식은 파괴될 수밖에 없다. 상호의존성이란 인간관계의 불확실성을 전제로 한다. 엄격한 제도적 기율과 독단적 이데올로기의 정당성이 사람과 사람의 관계를 규정한다면, 사람과 사람 사이의 복잡한 주고받음은 필요가 없는 것이다. 정해진 대로 하면 될 뿐이다. 정당하게 정해진 것을 수행하지 않는 사람은 처벌될 수 있을 뿐이다. (정의의 경우도, 인간관계의 근본이면서, 그것이 너무 표면에 나올 때 인간관계를 파괴한다.)

이것은 형식과 이념의 성격문제이기도 하지만, 규모의 문제이기도 하다. 인간관계의 추상화는 그 관계가 구체적인 대면과 사실적 환경의 범위를 넘어갈 때 강화된다. 이러한 관련에서 주의할 수 있는 것은, 유교의 제례의식에 국가와 가족을 중심으로 한 것은 있어도 구체적인 생활영역으로서의 공동체 부분이 결여되어 있었다는 점이다. 이런 점에 착안한 것이, 《향약》에서도 말해진 향음례(鄕飮禮)라고 하겠지만, 이것은 별로 시행되지도 않았고, 공동체 전부를 포함하는 잔치가 된 것도 아니었다. 유교적 예의가 유교적 이데올로기 그리고 그 체제 전부가 붕괴하면서 쉽게 사라지고 문명 없는 상태가 된 것은 이와 관련해서 이해될 수 있는 것인지 모른다. 그것은 살아 있는 생활공간의 이치이기를 오래전부터 그친 것이다.

의례가 그리고 그 위계질서가 형식화·추상화되고 계급제도에 의해 보강되고 이데올로기화될 때, 공동체적 의식은 역설적으로 파괴될 수밖에 없다. 상호의존성이란 인간관계의 불확실성을 전제로 한다

7. 예(禮)의 강제성

예의의 의미는 사람 사이의 관계를 평화롭게 하고 부드럽게 하는 데 있다. 그러나 그것이 경직된 이데올로기가 될 때, 오히려 사회관계를 폭력적인 것이 되게 한다

사람 사는 사회가 살 만한 것이 되는 데 필수적인 것 하나가 예의이지만, 그것은 모순되는 요소의 우연한 결합으로 이루어지는 것으로 보인다. 그것을 역사와 사회의 전체적인 관련에서 볼 때, 우리는 우선 그 불순한 복합성에 놀라지 않을 수 없다. 앞에서 우리는 그것이 지나치게 정당한 것이 될 때, 인간의 공동체적 관계를 공고히 해주는 것이 아니라 오히려 파괴한다는 점을 언급하였다. 예의의 의미는 사람 사이의 관계를 평화롭게 하고 부드럽게 하는 데 있다. 그러나 그것이 경직된 정당성의 이데올로기가 될 때, 오히려 사회관계를 폭력적인 것이 되게 한다. 옛날의 상놈 볼기짝 때리는 일에서부터 사화에 이르기까지, 또 오늘날 많은 크고 작은 싸움과 노여움이 여기에서 나온다. 또 그것은 관혼상제시의 부의금으로부터 흔히 '인사한다'는 말로 표현되는 뇌물수수에 이르기까지 부정부패의 구실이 되기도 한다. 예절을 우리처럼 당위가 아니라 우아함으로 받아들이는 서양에서, 예절은 폭력이나 위압보다는 계급적 오만과 차별의 숨은 기준이 된다.

또한 예절이 당위가 아닌 우아함으로 인정되는 사회에서는 폭력과 위압보다 계급적 오만과 차별이 그 숨은 기준이 되기도 한다

이러한 여러 문제를 떠나서, 예의 근본문제는 그것을 구성하는 근본바탕에 있다고 할 수 있다. 그것을 살펴보면, 예의가 높은 의미에서 사람의 사람다움을 이루는 요소라고 생각하기 어렵게 한다. 서양에서 예절은 이익에 기초한 처세술의 하나로 대두된다. 자기확대의 추구가 폭력수단을 사용할 수 없게 될 때 사용하는 전략이 예절이다. 궁정예절의 세계는 폭력이 배제되면서 모략과 계책과 파당의 세계가 되고, 예절은

이것을 감추는 수단이 되는 것이다. 이것은 동양의 궁전에서도 마찬가지였을 것이다. 조선조의 많은 상소문은 격조 높은 수사학을 통한 자기확대의 추구였다. 그러나 이것보다 더 중요한 문제는 예절과 예의가 바로 폭력이 배제된 세계이면서 커다란 폭력─독점되고 절대화된 폭력에 의하여 보장되는 것이라는 점이다. 엘리아스의 분석이 맞는 것이라면, 서구사회가 중세의 야만성에서 문명의 상태로 옮겨가는 과정에서 핵심적 역할을 한 것은 절대권력의 성립이다. 동양에서 예의가 지배적인 사회통제의 방법이 될 수 있었다면, 그것은 천자를 정점으로 하는 권력체계가 우주적 정당성을 가진 상상과 행동의 체계로서 전달될 수 있었기 때문이다.

예와 예절이 고귀한 것이든 아니든 사회적 평화의 확보를 위하여 필요한 것이라고 한다면, 그 나름의 의미를 갖는다고 하겠지만, 절대적 권력의 필요는 지불해야 하는 대가로서는 지나치게 높은 것이라는 느낌을 준다. 스스로 느끼고, 스스로 생각하고, 스스로 사는 자율성이 인간 존엄성의 핵심이라고 생각하는 사람에게 그것은 인간의 존귀한 모든 것을 주고 얻어지는 평화 또는 평화의 한 수단에 불과하다. 또는 보다 실제 문제로서, 예의있는 사회는 절대적 권력이 없이는 불가능하다는 생각도 할 수 있고, 또 그렇다면 예의없는 사회로서의 우리 사회의 문제는 해결할 도리가 없는 것으로 보인다. 자유민주주의의 체제로서의 한국에서는 영원한 싸움의 상태만이 삶의 조건이 된다.

이것은 인간의 사회적 삶의 근본에 존재하는 난제의 하나이다. 강제력 없는 사회질서가 존재할 수 있는가, 완전히 자

서양에서 예절은 자기 이익에 기초한 처세술의 하나로 대두된다. 궁정예절의 세계는 폭력이 배제되면서 모략과 계책과 파당의 세계가 되고, 예절은 이것을 감추는 수단이 되는 것이다. 조선조의 많은 상소문도 격조 높은 수사학을 통한 자기확대의 추구로 보인다. 중요한 문제는 예절이 폭력이 배제된 세계이면서 더 커다란 폭력에 의해 보장된 것이라는 점이다

유로운 질서는 모순어법에 불과한가. 참다운 자유는 필연에 복종하는 것이라는 것이 칸트의 철학적인 해답이다. 이것은 더 구체적으로는 주어진 정치권력에 복종하는 것이 되겠지만, 그 권력에 대하여 필연성을 보여주는 규범성을 요구하는 것이 되기도 할 것이다. 이러한 공식이 권력과 사회질서와 자유의 문제를 간단히 풀 수 있을지, 알 수 없는 일이다. 유교적 질서의 문제 해결 방식도 비슷했다고 할 수 있다. 거기에 자유의 개념이 분명하게 있었다고 할 수는 없지만, 내면적으로 수긍할 수 없는 질서에 복종하는 것이 옳지 않다는 생각은 분명하게 있었다. 그런 만큼 인간 이성의 자율성, 또는 유교적으로 표현하여 인성의 자연스러움에 따른 자율성은 있었다고 할 수 있다. 복종하되, 그 복종의 질서는 도에 맞는 것이어야 했다. 이것이 유자들의 정치적 수난의 한 원인이 되었다. 그러나 유교질서에서의 규범성에 대한 강한 요구는, 앞에서 말한 바와 같이, 삶의 모든 면의 경직성을 가져오고 자연스러운 공동체적 질서의 파괴로 나아가는 것이 되었다. 권력에 대한 보다 민주적인 태도는 사회질서에 필요한 권력을 한 군데 집중하지 않게 하자는 것이다. 그렇다고 권력을 없애자는 것은 아니다. 그것은 권력의 분산과 함께, 권력의 담당자를 교체함으로써, 권력체계와 사람의 체계를 분리하는 계책이라고 할수도 있다. 그러나 민주체제는 권력으로부터 권위를 제거하여—권위는 필연적으로 체제보다는 개인의 인격의 힘에서 나오는 것임에—사회의 여러 규범으로부터도 권위를 제거한다. 그리하여 법과 형법의 중요성이 증대한다. 예의 질서의 이상은 권력과 자유 그리고 사회 질서의 문제들을 행형(行刑)의 강화와는 다른 방법으로 해결하려는 것이었다.

근년에 서양에서 유교에 관하여 발언한 사람으로서 이를 가장 긍정적으로 평가한 이는 핑거레트일 것이다. 예의 특징은 현실적인 힘이 아니라 마술적인 힘으로서 사람과 사람의 관계를 조절하는 장치라는 데 있다고 그는 생각한다. 예로써 뜻을 이루려는 사람이 "적절한 예의 공간에서 적절한 예의 동작과 말로 뜻을 표할 때, 그 이상 그가 노력하지 않고도 일은 이루어진 것이 된다."[6] 예의 형식이 이것을 가능하게 한다. 군자는 이 형식을, 전통을 통하여 세련화된 이 형식을 완전히 자신의 것으로 만든 사람이다. 그리하여 자기 자신을 완전히 아름다운 형식과 일치가 되게 한 사람이다. 이 형식 속에서 나와 다른 사람이 만난다. 거기에는 아무런 강제력도 없다. "내 동작은 당신의 동작과 조화를 이루며 화운한다. 어느 쪽도 힘을 주거나 말거나 요구하거나 강제하거나 또는 작위를 가하는 것이 아니다."[7] 이것이 예의 상태이다.

형식 속에서 사람과 사람이 아름답게 움직여가는 것, 이것은 비유적으로 말해 무용과 같은 것이다. 예를 이야기함에 음악과―예는 예악이라고 음악과 연결된다―무용이 말하여지는 것은 《예기》에서도 보이는 것이다. 그러나 이것은 예가 무도에서와 같은 것이라고 하더라도, 그것이 무도가 되려면 모든 사람이 무도법을 익히고 있어야 한다. 사람 사회의 대부분의 문제는 이 무도의 법이 지켜지지 않을 때, 어떻게 할 것인

---

6 Hebert Fingarette Confucuis, I' be Secular as Sacred, New York Hopper forch-books, 1972, p. 3
7 같은 책, p. 8

가 하는 문제이다.

　그러나 어떤 경우에도 개인적인 완성으로서의 무도가 없는 것은 아닌지 모른다. 기사의 예절을 가장 잘 익힌 사람으로 알려진 필립 시드니 경은 전쟁터에서 부상해 쓰러져 있었을 때, 자신에게 가져온 물을 부상한 다른 병졸에게 먼저 주라고 했다―이러한 이야기가 예의의 형식이 도덕적으로 승화한 경우를 보여주는 것이라고 할는지 모른다. 처음에 언급한 카뮈의 의사 주인공의 이야기는 조금 더 현실적 가능성이 있는 상황에서의 사회의 무도자의 덕성을 예시한 것이라고 할 수 있다.

　그러나 집단적이거나 개인적인 차원에서 높은 덕성의 가능성이 성숙하는 것은 심히 복잡하고 오랜 경위가 있어야 하는 것일 것이다. 그러한 경우에도 처음에 존재하는 것은 강력한 권력이라고 할 수 있다. 그것이 개인적 소폭력의 사용을 비현실적인 것이 되게 한다. 그런 다음에 영리한 처세술로서 예의와 예절이 등장한다. 그러나 그것은 세월과 더불어 또 많은 세대의 심미적·규범적 노력을 통하여, 핑거레트와 같은 예의 옹호자가 말하는 것처럼, 공리적 전략 이상의 것으로 발전할 수도 있을 것이다. 또 한 사회가 어느 정도 그러한 문명화를 이룩하는 것이 불가능한 것은 아닐 것이다. 세계에는 분명 이러한 관점에서의 더 문명한 사회가 있고 덜 문명한 사회가 있다.

　그러나 공리적 타산의 세계로부터 보다 높은 삶의 양식으로의 도약은 정녕 차원을 달리하는 도약이다. 그것이 어떻게 가능한가는 사회사와 역사로만 설명할 수 없다. 의사 류와 같은 사람이 사회의 공리적 삶에서 저절로 나오는 것은 아니다. 그렇기 때문에 그러한 사람은 본인이 어떻게 생각하든, 카뮈가 어떻게 설명하든 간에, 특출한 영웅적 인간이며, 소설 속의 인물이다.

보통의 차원에서 한 사회가 할 수 있는 정상적인 것은 인간의 상호의존성의 확인이며, 그 의식의 제도화 정도이다. 이것은 보다 높은 행동과 삶의 방식과 같은 것은 아니면서, 그것의 바탕을 이룬다. 그보다 더 중요한 것은 높은 삶의 가능성에 관계없이 살 만한 삶의 최소한도의 조건을 이룬다는 것이다. 그것은 불합리하고 불법적인 수단의 경우에도 마찬가지이다. 이러한 것들의 실용성을 보장하는 폭력의 독점, 강제력의 독점이 필요할 것이다.

그러나 기능적인 의미에서 생존의 상호의존성이 눈에 보일 수밖에 없고, 어느 정도의 문명화된 의식이 있는 곳에서 이 권력은 법과 규범, 민주적 권력체계로 대체될 수 있을지 모른다. 그리고 중요한 것은 상호의존성의 공동체가 구체적으로 우리 주변에 존재하여야 한다는 것이다. 또 이것은 우리가 살아가는 데 필수적인 조건이다. 단지 이것은 사회의 거대한 테두리, 역사적 과정과 권력체계와 의식의 확산 속에서 생기는 것이면서, 또 그것에 의해 파괴된다. 그것은 큰 사회과정의 자비에 의존하면서, 그것으로부터 독자적으로 주제화되고 방어됨으로써 존재한다.

상호의존성의 공동체

8. 평정된 일상

　서양 근대문학의 근거는 이 구체적인 생활공간에 있다. 그러나 어느 문학에서나, 문학이 심미적인 관점을 완전히 피할 수는 없다고 한다면, 그것은 현실에 대한 감각적 반응을 중요한 것으로 포함한다는 것이고, 구체적인 인간이 구체적으로 삶을 영위하는 공간을 그 토대로 한다는 것이다. 그렇기는 하나 서양의 근대 리얼리즘 문학이 구체적인 생활의 공간에 존재하는 인간에 특히 그 시점(視點)을 돌린 것은 사실이다. 앞에서 말한 바와 같이 폭력이 배제된 상호의존의 세계는 전체적으로 합리화되어 가는 과정의 일부로서 다른 사람의 심리와 행동을 끊임없이 추측하고 계량하면서 자신의 생존전략을 만들어야 할 필요를 낳았다. 엘리아스는 이것이 문학에 반영되어 17, 18세기의 인간 관찰의 문학이 성립했다고 말한다. 이러한 인간 관찰은 점점 더 세련된 심리적 성찰의 전통이 되어 20세기의 소설에까지 이어진다.

　문학의 합리화와 심리화에 대한 반응이 반드시 긍정적인 것은 아니다. 아마 이러한 심리적 현실주의 소설들은 문명화되어 가는 세계를 전략적으로 관찰하거나 그리는 이상으로 그러한 세계의 진부성을 보고하고, 그러한 세계의 진부성에도 불구하고 일어나는 현실 초월의 순간을 드러내려고 한 것일 것이다. 다른 한편, 문명화가 요구하는 원초적 충동의 억압은 더 적극적으로 불행의 원인이 된다. 프로이트가 말한 바 문명의 불편한 요소는 문명생활의 필연적인 조건이 되고 그것은 개인적으로나 사회적으로나 정신병적인 표현의 동력이

> 폭력이 배제된 상호의존의 세계는 다른 사람의 심리와 행동을 끊임없이 추측하고 계량하면서 자신의 생존전략을 만들어야 할 필요를 낳았다

된다. 《빌헬름 마이스터(wihelm meisters lehrjahre)》에서 《마의 산(der zauberberg)》에 이르는 독일의 교양소설에서 호소하고 있는 것은 문명화의 가혹한 억압에 대한 충동의 해방이다. 이러한 억압의 고발은 심리적·인격적 측면에서 사회제도적 면으로 초점을 옮기면서, 우리나라에서도 잘 알려진 비판적 리얼리즘의 문학이 된다.

문명화의 가혹한 억압에 대한 충동의 해방

　이러한 개관은 지금에 와서 너무나 진부한 것이다. 다만 그것을 여기에서 상기하는 것은 이러한 문학의 흐름들을, 엘리아스가 시사하는 바와 같이, 합리화 과정 또는, 그보다는 상호의존의 공간으로서의 사회의 성립과 관련해서 볼 수 있다는 것을 말하려는 것뿐이다. 조금 전에 말한 것처럼, 문학은 어느 경우에나, 구체적인 인간의 입장을 완전히 떠날 수는 없다. 이것은 동양의 전통문학의 경우도 마찬가지이다. 앞에서 말한 대로 예의 체제가 동양사회의 생각과 행동의 기본적인 규제였다고 한다면, 동양의 문학은 다른 문학보다도 인간의 상호성에 대한 의식을 강하게 가진 문학이었다고 할 수 있다. 지나친 일반화를 무릅쓴다면, 문학 그 자체가 예의 행위의 일부를 이루었던 것이 아닌가 하는 생각을 할 수 있다. 그렇다면 이것은 인간의 상호성 문제를 지나치게 높은 차원에서 접근한 것이 된다. 그리하여 구체적인 공간의 문제가 시계 밖으로 벗어나는 결과를 가져온다. 대일본 관계를 논한 정다산의 글에 일본이 예를 알게 됨으로써 더욱 원만한 양국관계가 성립할 것이라는 전망을 한 것이 있지만, 황매천이 쓴 글에는 산길에서 도적 맞은 선비의 이야기를 전하면서, 선비를 알아보지 못한 도적이 있음을 개탄하는 것이 있다. 예의의 세계가

예의의 세계가 구성되기 전에 상호 의존의 공간—일하고 거래하고 살아가는 구체적인 공간의 정상적인 구성이 먼저이다

구성되기 전에 사람의 세계는 상호 의존의 공간으로 구성되어야 한다. 이것은 높은 원리보다도 사람의 구체적인 필요에－일하고 거래하고 살아가는 구체적인 공간의 정상성에 그 근거를 가지고 있다.

이 공간의 상태가 어떠한 것인가, 이 공간의 문제는 많은 사람들이 현실로 부딪히는 문제이면서, 문학이 출발하는 자리의 문제이기도 하다. 물론 문학이나 사람의 보람이 이 공간 속에 모두 포용되는 것은 아니다. 또 사회의 일이 거기에서 끝나는 것도 아니다. 앞에서 말한 바와 같이 그것은 보다 큰 사회와 역사의 과정에 이어져 있다. 어쩌면 그에 부수하는 이 차적인 현상일 것이다. 그러나 구체적인 삶의 공간－평정된 일상생활과 그 물질적·제도적·심리적 기반은 주제화될 필요가 있다. 그리고 이것은 현실의 인식과 실천의 준거점이다. 어느 때보다도 어지러운 듯한 작금의 우리 사회를 보면서, 그 이전에도 우리의 나날이 험악한 것이었음을 생각하지 않을 수 없다. 이러한 생각을 하면서, 더 큰 문제와 더 큰 다른 요인을 떠나서도 이것은 살펴보아야 할 문제라는 것을 깨닫는다.

4장

깊은 마음의 생태학

1. 제도와 마음

환경 의식의 성장은 근래의 놀라운 일 중의 하나이다. 우리 사회를 지배하고 있는 것이 홉스적 질서인데, 환경 분야만 예외가 있겠느냐고 하면서도 더욱 그러하다. 여기에 담긴 깊은 마련은 무엇일까. 근원적인 자연의 환경과 사회 환경 그리고 그것을 주관적 관점에서 보는 문화, 이 모든 것의 핵심에 사람의 마음이 있다. 깊은 구조의 마음은 세계에 보이지 않는 구조로 존재한다. 자연과 사회 그리고 사람의 삶을 통합하는 마음으로, 깊은 마음의 생태학이 있다.

2. 깊이의 생태학

노르웨이의 철학자 아르네 네이쓰가 주창한 '깊이의 생태학'은 인간의 삶의 방식 전부를 자연 착취적인 것으로부터 자연 친화적인 것으로 바꾸어야 한다고 말한다. 오늘의 환경문제가 긴박함을 이해한다고 하더라도 깊이의 생태학의 주장은 지나치게 낭만적이라는 인상을 지울 수 없다. 사람의 근본적 태도를 바꾸는 것은 장구한 시간을 필요로 한다. 좋은 것이든 나쁜 것이든 과거의 역사를 백지로 돌리는 것은 불가능하다. 특히 환경문제의 이성적 접근과 기술적 해결의 측면을 전혀 배제할 수 없다면 깊이의 생태학은 반기술주의적이기보다 반산업주의적이라고 볼 수 있다. 결국 깊이의 생태학의 낭만주의가 주는 메시지는 정신의 동기를 부여하는 일일 것이다.

미국식 신자유주의의 기술적 환경문제의 접근에서, 인간의 과학적 발전으로 인간의 우주 공간으로의 진출을 생각하며 지구의 자원을 보존하자는 의견도 있다. 또 다른 방식으로는 필요한 토지를 환경 운동 단체가 소유하여 토지 이용 방향을 정하자는 주장이다. 말하자면 시장 경제의 자원 배분의 유연성과 합리성을 환경 대책에 도입하자는 것이다. 그러나 근본적인 문제는 차치하고라도, 분명한 한계는 이것들의 수행이, 끊임없는 논쟁과 분규의 모순에 빠질 수밖에 없다는 것이다. 합의를 위한 정치적 동원과 호소는 민족주의와 자원확보 전쟁의 수사에 빠지기 쉽고, 대중 동원 전문가들의 중앙 집중적 체제인 대중 정치에 모든 문제를 떠맡기는 결과를 초래할 뿐이다.

바로 이러한 편협한 경제적, 기술적, 정치적 접근에 대하여 깊이의 생태학은 삶과 마음가짐을 산업주의와 기술문명의 테두리에서 빼어 내어 근원적인 것으로 복귀시켜야 한다고 본다. 이것은 전통적으로 구도자나 시인이 목표로 하던 자연 속에서의 삶을, 일반적인 삶의 방식으로 확장하고자 한다. 자연을 가까이 알고 자신의 내면에 친숙해지는 관찰과 명상을 통해 시적 철학적 어떤 경지에 이르고자 한다. 이것은 예컨대 소비주의를 거부하는 집단 운동 같은 것이 사회 변화의 유일한 길이라고 생각한다.

이러한 깊이의 생태학의 주장은 영감을 준다. 그러나 그보다, 깊이의 생태학의 정당성은 현실에서 온다. 지구의 온난화도 이미 가역 가능성의 지점을 지났다. 깊이의 생태학이 전하는 낭만적 태도가 제한적일지라도 현실적인 답안이 되기도 하는 것이다.

문제는, 깊이의 생태학의 입장이 장기적이고 전체적인 관점인 데 반하여, 오늘의 사회가 허락하지 않는 것이 무엇보다 크게 보고 깊이 생각하는 일이라는 것이다.

3. 세계와 실존의 깊이

깊이의 생태학에서 깊이는 비유이다. 깊이의 생태학은 오늘의 과학 기술과 정치 경제가 지나치게 삶과 세계의 표면만을 보고 있다고 느낀다.

깊이는 인간 실존의 관점에서 가장 원초적인 현실이다. 메를로−퐁티는, 깊이는 모든 차원 가운데 가장 실존적인 차원이라고 보았다. 깊이는 사물과 나 사이에 존재하는 끊을 수 없는 사슬이며 근원적 현상이다. 너비만 있고 깊이가 없는 세계는 거짓 세계이다.

깊은 바다나 깊은 골짜기, 우주의 깊이 같은 말들은, 우리가 보통 말하는 깊은 생각이라는 말과 마찬가지로, 비유이나 그저 단순한 비유인 것은 아니다.

다시 한 번 깊이는 실존의 느낌이다. 오늘, 우리의 삶에서 잃어버린 것은 깊이에 대한 감각이다. 생태계의 위기는 이러한 깊이에 대한 우리의 감각 상실에 있다.

4. 건축과 도시의 깊이 / 깊은 공간

다시, 메를로-퐁티에 의하면 깊이는 공간적이다. 그것은 인간실존이 공간적이어서이다. 건축은 보이는 것 이상의 깊은 구조를 스스로 안에 감추어 가지고 있다.

아무리 엉성한 건축물일지라도 그것은 중력의 법칙을 따른다. 또 물의 역학에 주의하고 햇빛의 움직임을 참조한다. 건축물은 간단한 차원에서도, 건축이 사회와 문화의 산물임을 증거한다. 건축물이 필요한 물리 법칙에 복종해야 한다면, 물리 법칙은 물론 그 복종의 태도까지도 문화의 산물이다. "과학은 복종함으로써 정복한다"는 말이 있지만, 이 복종이 요구하는 기율과 인내는 문화적으로 습득된 것이다.

건축의 아름다움은 건축물 자체의 것만이 아니다. 시카고의 고층건물, 그리고 고딕 건물과 오벨리스크의 아름다움은 하늘에서 온 것이다. 또한 수직선과 하늘의 아름다움은 수평선이 있어야 한다. 가장 중요한 미적 체험은 무한의 체험이다. 원근법은 무한을 화면 속에 끌어들이는 것을 가능하게 한 방법이다. 무한의 의의는 그것이 전체성의 가장자리를 이룬다는 데에 있다. 공간의 끝에는 무한이 있다. 그것은 측정할 수 있는 공간을 초월한다.

동양 산수화의 의의는 산과 물, 그리고 그 속에서의 사물과 인간을 그려내면서 동시에 공간을 넘어간 공간을 그려낸 데에 있다.

무한으로 초월하는 감각 세계의 전체를 보여 주는 가장 뛰어난 예는 동양의 사찰 건축이다. 동양의 사원은 건축물을 두드러지게 하는 것보다 그것이 커다란 자연 속에 있음을 느끼게 한다. 이 자연은 물론 인간의 소유를 넘어선—인간의 이용과 놀이의 대상일수 없는, 인간에게 초월적이면서 그러나 인간과 함께 있는 자연이다.

5. 생각의 깊이 / 마음의 여러 작용

세계가 우리에게 나타나는 것은 우리의 마음에 대응하여서이다.

형이상학적 명상, 만 가지 일과 사물을 비추는 부동심(不動心), 객관성을 가능하게 하는 과학적 태도 등에서부터 일상의 잡다한 일을 처리하는 지식과 판단력에까지, 깊은 마음들은 서로 연결되어 있다.

마음은 주인이면서 세계를 공손히 받들고 섬기는 하인으로 움직인다. 깊은 마음은 개개인의 것이면서 동시에 사회적 로고스로 존재한다. 마음의 힘은 직관적인 형태로 작용하면서 마음속에 들어 있는 어찌할 수 없는 도덕의 힘과 사물의 넓은 질서에 대한 외경심으로 작동된다. 일상의 차원에서 그것은 객관적 진리의 존중, 자신의 일에서의 장인적 성의, 인간관계에서의 성실성 등으로 나타난다.

깊이의 생태학은 우리의 삶이 현대 도시와 산업 사회를 떠나서 자연으로 돌아갈 것을 말한다. 그것의 현실성을 따지기에 앞서 새겨야 할 교훈은, 깊은 공간성으로의 삶의 회귀이다.

그러기 위해서는 마음이 고요와 고독의 존귀함을 새로 익혀야 한다. 오늘 우리의 삶을 지배하는 이데올로기는, 마음의 효능은 돈이 되는 기발한 아이디어의 가속화된 생산에 있다고 하는 주장이다. 그러나 어느 경우에도 깊은 마음은 그렇게 쉽사리 죽어 없어지지 아니한다. 마음은 끊임없이 자신의 원형적인 움직임을 회복하려는 탄력성을 본능적으로 가지고 있다. 자연의 깊은 위안이 이 회복을 도울 것이다.

4장 깊은 마음의 생태학

1. 제도와 마음

환경 의식의 성장은 근래의 놀라운 일 중의 하나이다. 동강, 녹지와 공원, 상수도원 보호, 공기 오염, 유기 농업에 대한 관심, 생명 운동, 이러한 문제들에 있어서 우리나라 환경 운동가들의 강력한 발언이나 일반 국민의 공감들을 보면서 우리는 놀라움을 금치 못하는 것이다. 그것이 놀라운 것은 그간의 우리 사는 모습이 전혀 그만한 여유를 남겨놓았을 것으로 보이지 아니하였기 때문이다. 홉스가 말한, 사람에 대해서 이리가 되는, "짐승스럽고, 잔인하고, 단명한 삶"이라고 하는 것이 바로 우리 삶의 방식처럼 보였다. 살아남기 위해서라면, 나중에 어찌 되든 우선 독약도 사양하지 않는 험한 삶의 방식이 우리의 삶을 지배해 왔었다. 가차없는 생존 투쟁의 세상에서 인간에 대한 고려도 없는 마당에 자연을 돌아볼 여유가 어디에 있겠는가.

가차없는 생존 투쟁의 세상에서 자연을 돌아볼 여유가 어디에 있겠는가

지금도 우리가 그러한 삶을 벗어났다고 할 수는 없지만, 본래의 사람다움을 회복하려는 안간힘들이 사회 도처에 되살아나고 커져가고 있음을 우리는 느낄 수 있다. 극적인 충격을 가져오는 것은 아니면서도 환경 운동이나 일반적인 환경 의식의 성장은 우리의 마음이 자연스러운 평형을 되찾고 있다는 가장 확실한 증거로 생각된다. 이러한 재생의 힘은 어디에서 오는 것일까.

특히 놀라운 것은 정부가 환경에 대한 고려를 그 정책에 도입한다는 것이다. 이러한 모든 것에도 불구하고 환경 의식이 아직은 제도와 현실 속에 깊이 들어가 있다고 할 수는 없다. 또는 여러 면에서 제도는 겉도는 것에 불과한 것이라는 말이 맞는 것인지 모른다. 최근에 우리는 신문에서 북한산국립공원에 호텔과 카지노를 포함한 놀이터 조성 계획이 건설부에 의하여 추진되고 있었다는 보도와 국립공원관리공단의 직원들이 공원 관련의 토지나 시설에 투자하여 그것을 재산으로 보유하고 있다는 보도를 읽었다. 더 놀라운 것은 개발 공사와 관련된 환경영향 평가보고서가 건성으로 또는 허위로 작성되는 것이 통상적이라는 보도였다. 환경의 수호자이며 환경 정책에 대한 감시자의 입장에 있어야 할, 그리고 학문적 엄정성에 의하여 뒷받침됨으로써만 의미가 있을 일에서 이러한 일이 일어나고 있는 것이다.

그러나 이것은 놀랄 일이 되지 못한다고 할 수도 있다. 그러면 그렇지, 우리 사회를 지배하고 있는 것이 홉스적 질서인데, 환경 분야에서만 예외가 있겠느냐 하는 것이 많은 사람의 심정일 것이기 때문이다. 환경문제에서만이 아니라 우리 사회에는 제도적으로 불충분한 것이 많지만, 설사 제도적 정비가 이루어진다고 하더라도 무엇인가 보다 더 깊은 의미에서의 마련이 없이는 모든 일은 공허한 요식 행위에 불과하다는 것을 우리는 새삼스럽게 느끼지 않을 수 없다. 이 깊은 의미의 마련이 무엇일까.

위에서 든 예들로 미루어, 이 깊은 마련의 핵심에 있는 것은 사람의 마음으로 생각된다. 일을 꼼꼼하게 하지 않는 것이 우리의 병폐라는 것은 이미 우리 스스로 많이 비판적으로 이야기해 온 것이다. 환경문제에 있어서도 설사 제도가 있고 법이 있고 규칙이 있다고 하여도 그것을 현실 속에 지킬 마음이 없다면 모두 껍데기에 불과하게 된다. 성심과 성의가 없는 곳에 제도와 법이 기능할 수는 없는 것이다. 바른 마음가짐이 어떻게 가능한가. 이 마음을 마음 먹기에 달렸다는 식으로 생각하는 것은 사태를 지나치게 간단히 보는 것이 될 것이다. 마음은 전체적인 현실의 일부이다. 그것은 현실과 더불어 돌아가면서, 현실을 만들어내고 또 거꾸로 현실에 의하여 결정된다. 마음의 문제를 생각하려면 이 전체를 해명하고 그것을 어떻게 바른 균형 속에 놓게 할 수 있는가를 생각하여야 한다. 마음은 사람의 모든 일에서 일에 수반하는 보이지 않는 매체이다. 아무리 작은 일상적인 작은 일이라도 그것이 없이는 바르게 되는 일은 하나도 없다. 그러나 동시에 그것은 깊은 구조를 가지고 있다.

환경문제를 접근하는 "깊이의 생태학"이라는 말이 있지만, 깊이라는 말은 이러한 점에서 많은 것을 시사한다. 여기에서 환경이라고 한 것은 물론 자연 환경을 말하는 것이다. 그러나

> 마음은 전체적인 현실의 일부이다. 그것은 현실과 더불어 돌아가면서, 현실을 만들어내고 또 거꾸로 현실에 의해 결정된다

우리가 사는 환경의 중요한 부분이 인위적인 것은 새삼스럽게 말할 필요가 없다. 도시 또는 도시적인 것은 오늘의 삶에서 가장 중요한 환경이다. 또 자연이든 도시이든 물리적 환경 못지않게 중요한 것은 사회 환경이다. 물론 이것은 환경을 비유적으로 말한 것이라고 할 수도 있지만, 자연과 도시의 물리적 환경을 사람이 사는 곳이 되게 하는 것이 사회적 조건이라고 할 때, 사회 환경은 비유 이상의 것이다. 이 사회 환경을 주관적 관점에서 본 것이 문화이다. 그리고 그 핵심에 있는 것이 사람의 마음이다. 물론 이 마음이란 어느 개인의 마음만을 말하는 것은 아니다. 사람이 사는 환경(적어도 적절한 환경)에는 그것을 관류하는 어떤 로고스나 도가 있다. 그것은 한 사람 한 사람의 마음에 있으면서 보다 큰 현실의 깊은 구조에 대응한다. 깊은 구조의 마음은 사람에 의하여 완전히 포괄될 수 없는 것이면서, 사회 또는 사람 사는 세계에 보이지 않는 구조로 존재한다. 이것이 파괴된 곳에 자연과 도시와 사회가 바르게 성립되지 아니하고 또 그것에 대한 우리의 태도나 그 운영이 바를 수가 없다. 여기에서 생각해 보고자 하는 것은 사람의 삶을 통합하는 자연과 사회 그리고 마음가짐의 깊이의 생태학이다.

2. 깊이의 생태학

깊이의 생태학[1]이란 말을 최초로 쓴 것은 노르웨이의 철학자 아르네 네이쓰(Arne Naess)이다. 이것은 생태계와 환경의 위기에 처하여, 그 대책으로서 경제학이나 과학 기술의 대책이 불충분함을 지적하거나 그것을 배격하면서 인간의 자연에 대한 관계를 근본적으로 재정립할 필요가 있음을 주장하는 입장을 이름한다. 기술적 대처 방안이 아니라 근본적인 태도의 전환을 통하여 삶의 방식 전부를 자연 착취적인 것으로부터 자연 친화적인 것으로 바꾸어야 한다고 말하는 것이다. 깊이의 생태학의 주장은 오늘의 환경문제의 긴박성을 생각할 때 지나치게 낭만적이라는 인상을 준다. 사람의 근본적 태도를 바꾸는 일은 장구한 시간을 필요로 한다. 더구나 그것이 생활의 방식을 전적으로 바꾸는 것을 요구하는 것일 때 그것은 오늘의 삶을 180도 뒤집어놓는 내적 외적 혁명을 요구하는 것인데, 그것은 어떤 천재지변이 있기 전에는 거의 불가능한 것처럼 보인다. (물론 오늘의 환경 파괴의 속도로 보아 천재지변은 별로 먼 미래의 일이 아닐는지 모른다.)

삶의 방식 전부를 자연 착취적인 것으로부터 자연 친화적인 것으로 바꾸어야 한다는 깊이의 생태학의 주장은 지나치게 낭만적이라는 인상을 준다

좋은 것이든 나쁜 것이든 과거의 역사를 백지로 돌리는 것은 불가능하다. 어떠한 환경문제의 해결도 오랫동안의 과학 기술 문명의 심리적 물리적 누적을 참고하는 것이 아니될 수 없을 것이다. 그러한 의미에서 현실 개입의 수단으로서의 과학 기술적 해결을 외면하는 것은 매우 비현실적인 일이 될 것이다. 역사의 불가역성을 떠나서도 과학 기술이 인간 이성의 높은 표현이며 이성의 보다 높은 발현이 문제 해결의 길일 것이라는 생각을 우리는 떼어버릴 수 없다. 그러나 다른 한편으로 깊이의 생태학의 낭만주의는 바로 어떠한 기술적인 해결

좋은 것이든 나쁜 것이든 과거의 역사를 백지로 돌리는 것은 불가능하다

---

1 Deep Ecology의 번역이다. 이것은 깊은 생태학 또는 심층 생태학이라고 번역할 수도 있을 것이다.

에 있어서도 핵심을 이루는 것이 아닌가 한다. 그것 없이는 다른 해결책들은 바르게 움직이지 않을 수 있다. 위에서 언급한 우리 사회의 문제가 말하는 것은 바른 정신이 없는 곳에 제도와 규정, 기술 행정적 조치들은 기능을 발휘하지 못한다는 사실이다. 자연에 대한 깊은 외경심이 없는 곳에서 많은 환경 대책은 곧 작동하지 않는 녹슨 기계가 될 것이다. 깊이의 생태학은 역설적으로 환경문제의 기술주의적 해결에도 필수 불가결한 것이다. (깊이의 생태학은 반기술적이라기보다 반산업주의적이라고 하는 것이 옳다.) 깊이의 생태학의 기본 입장을 이해하기 위해서는 환경에 관한 다른 접근 방법을 살펴보아야 한다. 미국의 환경론자 빌 디볼과 조지 세션스는 그들의 저서 《깊이의 생태학(Deep Ecology)》에서 그들의 입장을 설명하면서 그것을 다른 몇 개의 접근 방법과 구분한다. 그들이 이러한 다른 방법을 전적으로 부정하는 것은 아니다. 다만 그들은 이러한 것들이 근본적인 대책이 아님을 말하는 것이다. 아마 필요한 것은 이러한 것들을 다른 것으로 대체하는 것이 아니라 거기에 바른 정신, 결국 깊이의 생태학이 가장 적절하게 지적하는 정신의 동기를 부여하는 일일 것이다.

정신의 동기를 부여하는 일

그들이 논하는 여러 환경 사상의 유파는 주로 미국 환경 운동의 테두리에서 하는 이야기이나, 일반적으로 환경을 생각할 때에 참고할 만한 것임에는 틀림이 없다. 디볼과 세션스가 열거하는 바에 따르면, 개혁 환경주의는 일반적으로 산업 경제의 환경 황폐화를 방지하고 개선하려는 정치 운동의 하나이다.

그것은 정부나 국회 의원이나 일반 대중을 상대로 환경의 여러 문제, 광물 자원이나 석유 또는 천연 가스 개발, 환경영향 평가보고서, 자연 경관 보호, 유독 폐기물, 공기 및 수자원 오염 그리고 표토 유실의 문제에 있어서 의견을 제시하여 환경 개선을 도모하고자 한다. 또 하나의 환경 운동의 방향은 대중 동원 전문가들의 기술을 이용하는 것이다. 여기에 들어 있는 것은 선거 운동이나 정치 운동의 모델이다. 이것은 출판이나 각종 대중 매체를 통하여 국민 여론을 환기하고, 대중 교육을 시도하며, 환경을 정치 이슈화하여 환경 정책에 변화를 가져오고자 한다. 또 하나의 환경 운동은 과학의 가능성에 스스로를 일치시키는 흐름이다. 지구의 자원은 보존되어야 하고 지구는 사람과 자연을 포함하여 일체적인 존재라는 것이 강조된다. 이 일체성을 요약하여 표현하는 것이 《우주선 지구(Spaceship Earth)》라는 이미지이다. 그러나 궁극적으로 자연은 이 관점에서 인간의 발전을 위한 자료로 간주되는 것이라고 디볼과 세션스는 말한다. 인간의 과학적 발전(에너지 개발 정보 기술의 발전)은 인간으로 하여금 화성이나 우주 공간으로 진출하게 할 것이다. 여기에 있어서 지구의 자원은 중요한 자산이 되는 것이다. 이러한 발전에 있어서 인간은 완전히 인공적인 환경을 조성하여 그것을 생활의 환경으로 삼을 수 있다고도 생각된다. 그러니까 이 관점은 자연을 존중하되 인간이 자연 질서 안에서 겸허하게 삶을 추구할 필요는 없는 것이라고 생각한다. 또 하나의 환경에 대한 접근법은 환경의 문제를 경제적 합리성에 연결시키는 것이다. 모든 것을 시장에 호소하여 해결하려는 신자유주의의 정신 태도에서 가장 환영받는 것이 이러한 접근이다. (이것은, 그에 못지않게 신자유주의가

모든 것을 시장에 호소하여 해결하려는 신자유주의의 태도가 환영하는 기발한 아이디어—우주선 지구

환영하는, 기발한 아이디어로 입신을 도모하는 신지식인의 기발한 아이디어의 하나로 보인다.) 미국의 자원 경제학자 존 베이든(John Baden)은 보존이 필요한 토지를 환경 운동가들의 단체로 하여금 소유하게 하고 그들로 하여금 토지 이용 방향을 결정하게 하자고 주장한다. 토지가 환경 애호가들의 소유가 되면, 그들은 그것을 자연 보호의 관점에서 보존하는 것에 힘쓸 것이다. 그러나 필요에 따라서는 환경 보호 운동의 비용을 염출하기 위하여 그 토지의 일부를 자원 개발에 이용하는 것이 허용될 수도 있을 것이라고 베이든은 말한다. 또 일정한 면적의 땅을 자연 보호 구역으로 하면, 자원 개발의 필요에 따라 이 면적을 유지하면서도 보호 구역을 교환하는 것이 가능할 것이다. 즉 한 보호 구역을 보호 해제하여 개발하면서 다른 지역에 그에 상당한 보호 구역을 조성하게 하는 것이다. 이것은 자연을 보호하면서 토지 이용도 가능하게 하는 유연한 정책과 제도를 만드는 것인데, 말하자면 시장 경제의 자원 배분의 유연성과 합리성을 환경 대책에 도입하자는 것이 베이든의 아이디어이다.

이러한 여러 환경 정책이 그 나름의 가치를 가지고 있지 아니한 것은 아니라고 디볼과 세션스는 말한다. 그러나 동시에 그것들이 결국 한계와 부작용을 가지고 있고 또 자가 당착에 빠질 가능성이 높은 것들이라고 그들은 말한다. 이들 대부분의 대책은 자원 경제의 원리에 기초해 있다. 이것들은 결국 자원을 합리적으로 관리하여야 한다는 것인데, 이 발상에 입각해서는 근본적인 문제는 해결되지 아니한다. 그것은 끊임없는 논쟁과 분규와 모순에 빠질 것이 틀림없을 뿐만 아니라 참으로 소중한 인간적 실현을 가져올 생활 태도와 제도의 근본적 변화를 약속해 주지 못한다. 그 하나의 예를 들자면, 정치적 동원과 호소에 의존하는 환경 운동은 민족주의와 자원 확보 정책의 수사에 빠지기 쉽고, 대중 동원 전문가들의 중앙 집중적 체제를 가져오고 동시에 대중 정치에 모든 것을 맡기는 결과가 될 수 있다. 이것이 참으로 평등하고 자유로운 사회의 이상에 맞아들어 가는 것일 수는 없는 것이다.

이러한 경제적, 기술적, 정치적 접근에 대하여 《깊이의 생태학》의 저자들은 삶과 마음가짐을 전적으로 오늘의 산업주의와 과학 기술 문명의 테두리에서 빼어내어 보다 근원적인 것에로 복귀시켜야 한다고 주장한다. 여기에는 과학 기술이나 경제 정책적인 제안보다는 철학적인 지혜가 근본이 된다. 노자나 장자의 철학이나 이슬람의 수피슴이나 헨리 데이비드 소로, 하이데거 또는 자연을 주제로 한 시인들이 경청되어야 할 텍스트가 된다.

중요한 것은 환경 의식이다. 목표는 이 의식을 통해서 새로운 인간의 삶의 방식, 자연과의 일체감 속에서 새로운 삶의 방식을 만들어내는 것이다. 디볼과 세션스에 따르면, 깊이의 생태학에 대한 비전은 자못 신비주의적으로, 총체적 인간 실현을 지향한다.

"깊이의 생태학은 사람들, 공동체, 일체의 자연, 이 사이에 새로운 균형과 조화를 일깨우는 방법이다. 〔《깊이의 생태학》의 저자들은 말한다〕. 그것은 인간의 가장 깊은 갈망을 충족시켜 줄 수 있다. 즉 우리의 기본적인 직관에 대한 믿음과 신뢰, 직접

행동의 용기, 우리 신체의 리듬, 흐르는 물의 리듬, 날씨와 계절
의 변화 그리고 지상의 생명 현상의 일체 사이에 일어나는 자연
스럽고 즐겁고 감각적인 교섭, 그 여러 가지 조화, 그와 더불어
춤출 수 있는 기쁨에 찬 자신감, 이러한 것에 대한 욕구를 깊이
의 생태학은 충족시켜 준다.”

구체적으로 이것은 전통적으로 철학자나 구도자나 시인이
목표로 하던 자연 속에서의 삶을 전체적인 삶의 방식으로 확
장하는 것을 통하여 이루어진다. 자연을 가까이 알고 인간 자
신의 내면에 친숙해지는 관찰과 명상, 시적 철학적 경지에 이
르는 것이 깊이의 생태학에 이르는 기본이다.

"…… 새로운 생태 의식의 함양은 바위와 늑대와 나무와 감
의 실재를 알게 되는 것, 또 모든 것이 하나로 이어져 있다는 의
식을 기르는 것을 의미한다. 환경 의식을 기른다는 것은 고요와
고독의 존귀함을 알고, 타자에 귀기울이는 법을 배우는 것을 뜻
한다. 그것은 수용적 열림과 신뢰와, 일체적 지각을 기르며, 개
발 황폐화와 무관한 과학과 기술의 미래를 내다보는 일이다.[2]

이러한 자연 속의 삶의 이상이 널리 보급된다면, 오늘의 환
경문제는 해결되기보다는 그 이전에 발생하지 아니할 것으로
생각된다.
이러한 입장을 조금 비판적으로 보면, 이것에 추가하여 필

---

2 Bill Devall and George Sessions, *Deep Ecology* (Salt Lake City: Gibbs Smith,
1985) p. 78.

요한 것은 이러한 자연에 대한 이상으로부터 출발하여 환경 문제가 없는 세계에 이르는 현실적인 방안을 명시하는 것일 것이다. 물론 의식의 전환을 위한 교육 활동이 반드시 현실적 의미를 갖지 아니한다고 할 수는 없다. 오늘의 산업주의가 제공하는 여러 편의와 소비재가 필수적인 것이 아님을 깨달은 사람들의 삶 자체가 문제의 발생을 원천적으로 방지하는 데에 도움을 줄 것이다.

환경문제가 없는 세계에 이르는 현실적인 방안을 명시하는 일

사실 철학적 수행이 없는 사람이라도 소비주의가 하나의 열병임을 깨닫게 되는 일은 어려운 일이 아니다. 이러한 문제에 있어서도 많은 사람들은 집단주의적 행동만이 사회 변화의 유일한 길이라고 생각한다. 그러나 오늘의 우리는 많은 집단주의적 실험이 실패로 끝난 것을 기억하지 아니할 수 없다. 정치 행동의 차원에서 여기에 인용하고 있는 깊이의 생태학자들이 생각하고 있는 것은, 위에 인용한 부분에 나와 있듯이, 환경주의자 또는 생태주의자와 일반 시민들의 직접 행동이다. 이것은 이윤과 국가적 이익의 계산으로 움직이는 산업 경제의 거시 개발 계획들에 저항하는 국부적인 정치 계획과 행동을 말하는 것일 것이다. 말하자면 직접 행동을 통한 산림 벌채, 댐 건설이나 핵 시설 설치의 저지, 작은 규모의 협동 조합 운동 들을 통한 자본주의적 농업 경영에 대항하는 대안 농업 체제의 수호, 즉 이러한 것들일 것이다. 시민 운동 단체들의 행동 방식을 확장하자는 것이다. 다만 여기에 우선하는 것은 의식화이다.

그러나 직접 행동도 여러 가지 위험, 근본적으로 산업 체제에 기식하는 대중 정치에 이용될 가능성이 있다. 그리고 위에

언급한 《깊이의 생태학》의 저자들이 비판적으로 열거한 여러 환경 운동의 방식이 배제될 필요는 없는 것이라고 말할 수 있다. 결국 오늘의 환경 위기의 긴박성은 어떠한 환경을 위한 움직임도, 그것이 재래식의 여러 문제점을 가지고 있다고 하더라도, 배제할 만한 여유를 주지 않는 것으로 보이는 것이다. 다만 여러 가지 움직임은 깊이의 생태학이 말하는 바의 정신에서 그 영감을 얻는 것이 되지 않으면 아니될 것이다. 일은 일의 한가운데에서 움직이는 정신이 없으면 공허한 것이 되고 모순에 빠지게 된다. 이것은 적어도 오늘의 한국인에게는, 위에서 말한 바와 같이, 제창되는 아이디어도 많고 실험되는 제도가 많으면서도, 좋은 사회가 되는 데에는 아직도 요원한 것으로 보이는 한국 사회의 역사적 체험에서 나오는 교훈이다.

종의 다양성 문제가 위기의 지점을 지나 더욱 부정적인 길로 악화되듯 지구의 온난화도 이미 가역 가능성의 지점을 지났다

그러나 궁극적으로 깊이의 생태학의 낭만주의의 정당성은 현실에서 온다. 최근의 유엔 환경 보고서는 오늘의 많은 생태계 파괴가 돌이킬 수 없는 것이 되었다는 것을 지적하고 있다. 종의 다양성 문제 같은 것도 위기의 지점을 지난 것으로 말할 수 있지만, 놀라운 일의 하나는 지구의 온난화가 이미 가역 가능성의 지점을 지났다는 것이다. 즉 지금의 시점에서 무엇을 하든지 온난화는 상당 정도까지 진행될 도리밖에 없다는 것이다. 결국 생태학이 권장하는 삶의 방식에로의 전환은 인간의 삶의 문제에 대한 가장 현실적인 답안이 되는 것이다. 이것은 자연과 환경 그리고 생태계에 대한 낭만적 태도가 가장 현실적인 것이라는 말이 된다. 다시 말하여 결국 현실의 구조가 그 깊이에 있어서 낭만적이라는 말이 되는 것이다. 그

러나 이것은 장기적이고 전체적인 관점에서이다. 그러나 오늘의 사회가 허용하지 아니하는 것이 크게 보고 깊이 생각하는 일이다.

오늘의 사회가 허용하지 않는 것이 크게 보고 깊이 생각하는 일이다

3. 세계와 실존의 깊이

깊이의 생태학에서 깊이라는 말은 하나의 비유이다. 깊이의 생태학은 오늘의 과학 기술적이고 정치 경제적인 언어가 지나치게 삶과 세계의 표면적인 현상만을 말하는 것이라고 느낀다. 여기에 대하여 더 큰 발언권을 가져 마땅한 것이 시적이고 철학적인 언어이다. 그것이 오늘의 삶의 위기에 대하여 보다 깊은 성찰을 제공한다.

현실은 모든 언어의 근본적 텍스트이다

그러나 참으로 깊이의 생태학 그리고 깊이의 사고가 오늘의 현실을 구제할 수 있는가. 이와 관련하여 우리는 깊이의 의미를 생각해 볼 필요가 있다. 모든 언어의 근본적 텍스트는 현실에 있다.

깊이는 우리가 세상에 대하여 또는 세상에 대한 어떤 언표에 대하여 갖는 기분을 나타낸다. 깊이는 우선 물리적 현상이다. 깊은 바다가 있고, 보통의 공간에서도, 지각 연구자들이 말하는 깊이의 공간 지각이 있다. 그러나 깊이는 외부 세계의 현상임에도 불구하고 동시에 보는 사람의 선 자리에 완전히 엉켜 있는 어떤 현상이다. 완전히 객관적으로 파악된 물리적 세계에 깊이는 존재하지 아니한다. 깊이는 거리이다. 거리는 자로 잴 수 있는 것이며, 재고 난 거리는 깊이가 아니라 너비

깊이는 거리이다

이다. 그것은 보는 사람의 위치가 적절치 못한 까닭으로 깊이로 보였던 것이다. 보는 사람이 없다면 모든 것은 너비일 뿐이다.

그럼에도 불구하고 깊이가 주관적인 것 이상으로 존재하는 것임을 부정할 수는 없다. 그러나 그것은 그 자체로 존재하는 것이라기보다는 나와 내 앞에 펼쳐지는 세계와의 불가분의 관계에서 생겨나는 어떤 것이다. 그러면서 그것은 주관적 현상이 아니다. 인간 실존에 드러나는 경험의 관점에서 그것은 가장 원초적인 현실이다. 그의 공간 분석에서 깊이의 개념을 분석하고자 한 메를로-퐁티는, 깊이는 "모든 차원 가운데 가장 실존적인 차원"이라고 말한다. 그것은 "사물과 나 사이에 존재하는 끊을 수 없는 사슬"을 보여준다.[3] 이 사슬은 의식과 객관화에 선행하는 근원적인 사슬이고 깊이는 근원적인 현상에 속한다. 그리하여 그는 근본적 반성을 시도하는 현상학이 "사물들의 사이, 평면들 사이의 관계가 된 깊이, 즉 경험으로부터 분리되고 너비로 변형된, 객관화된 깊이 아래 숨어 있는 근원적 깊이, 전자에 의미를 부여하고 사물 없는 매체의 두께인 근원적 깊이를 되찾아야 한다"고 말한다.[4] 이 근원성을 생각할 때, 깊이는 없고 너비만 있는 세계가 반드시 있는 대로의 세계라고 할 수 없다. 그것이 오히려 추상적으로 구성된 이차적 세계라고 볼 만한 이유가 있는 것이다.

메를로-퐁티의 분석에서 드러나는 것처럼, 많은 깊이의 현

깊이는 없고 너비만 있는 세계는 있는 그대로의 세계가 아니다

---

3 Maurice Merleau-Ponty, *Phenomenologie de la perception* (Gallimard *Tel*, 1945), p. 296.
4 Merleau-Ponty, *ibid.*, p. 308.

4장 깊은 마음의 생태학 465

상은 비유 이상의 현상이라고 하여야 한다. 깊은 바다나 깊은 골짜기, 우주 공간의 깊이와 마찬가지로 우리가 일상적으로 말하는 생각이 깊은 사람이라거나 깊은 생각이라거나 하는 것도 반드시 비유적인 의미만을 갖는 것은 아니다. 깊은 생각은 주관적인 기분이나 평가를 넘어서 세계와 인간 존재의 근원적 현상에 관한 중요한 진실을 담고 있는 생각을 말한다. 그것은 물론 개인의 생각일 수 있다. 그러나 그것은 동시에 넓게 여러 사람에게 설득력을 가진, 그러기 때문에 이미 여러 사람의 마음에 있는 생각일 수 있다. 그러나 동시에 그것이 사람이 세계에 존재하는 어떤 방식, 실존의 어떤 양식을 말하는 것이 아니라면 그것이 그렇게 설득력을 가질 수는 없을 것이다. 우리는 깊은 생각이나 깊은 생각을 가진 사람을 이야기할 때, 단순히 널리 대중적 호소력을 가진 현상을 지칭하는 것은 아니다.

깊이란 더 단적으로 세계 자체의 객관적 속성에 근원적으로 관계되어 있는 어떤 것이다. 그것은, 메를로-퐁티가 분석한 공간적 깊이처럼, 객관주의를 초월하여 세계와 실존의 근원적 현상의 한 특성을 이룬다. 다만 우리가 깊이라고 말할 때, 메를로-퐁티의 분석에서처럼 지각 현상으로서 그러니까 물리적 세계에 동기를 가진 것으로 보는 일 이외에 그것이 실존 구조의 일부라는 것을 조금 더 강조할 필요가 있을는지 모른다. 깊이의 중요한 속성은 그것이 대체로 정서적인 감흥을 수반한다는 것이다. 단순한 차원에서 그것은 물리적 현상에 따르는 한 느낌이다. 사람은 깊은 곳 앞에서 공포를 느낀다. 그러면서 다른 한편으로 우리는 정신적인 깊이를 나타내는

깊은 생각은 세계와 인간 존재의 근원적 현상에 대한 중요한 진실을 담고 있는 생각을 말한다

깊이는 세계 자체의 객관적 속성에 근원적으로 관계되어 있는 어떤 것이다

것 앞에서도 비슷한 외포감을 느낀다. 그리하여 구체적인 대상이 없는 깊이에서 느끼는 것은, 실존주의자들이 말하는, "으슥한 느낌(Unheimlichkeit)," 우리의 실존과 세계가 나아오는 근원적인 어떤 것에 대한 예감이라고 말할 수 있다. 깊이는 실존의 느낌이다.

이러한 존재의 깊이에 대한 느낌은 현실적인 의미를 갖는다. 사람이 만드는 어떤 계획도 대상을 규제하는 모든 요인을 참조하지 아니하고는 성공을 기대할 수 없다. 존재의 깊이에 대한 우리의 느낌은 사람 삶의 전체적 조건을 감지하게 하는 기능을 가지고 있다. 우리는 합리적 방법을 통하여 이 전체를 계산하고자 한다. 그러나 그러한 노력은 몇 가지 이유에서 근본적인 장애에 부딪치게 된다.

인간의 생존은 공간적이며 시간적이다

합리성은 모든 것을 투시 가능하고 측정 가능한 너비로 바꾸어야 한다. 그러나 복합적 체계에서 모든 요인을 측정한다는 것은 불가능하다. 인간의 생존은 공간적이면서 시간적이다. 시간은 너무나 많은 예측 불가능한 것들을 가지고 있다. 예측되는 시간은 공간화된 시간일 뿐이다. 세계 내에서의 인간의 삶은, 위에서 말한 바와 같이, 늘 깊이로서 나타날 수밖에 없다. 세계는 인간의 존재 방식과 분리하여 투시될 수 없다. 동시에 인간 자신은 스스로에 대하여 투명한 존재가 아니다. 깊이를 가지고 있는 구조에서 모든 것은 일목요연한 것으로 보일 수가 없다. 세계와 인간의 표면에 분명한 것이 있고 안에 깊숙이 감추어진 것이 있는 것은 불가피하다. 그리고 이 드러남과 감추어짐의 모습은 시간과 더불어 변화한다. 삶의 계획이 삶을 규정하는 전체 조건의 파악을 요구한다고 한다

세계는 인간의 존재 방식과 분리하여 투시될 수 없으며 동시에 인간은 스스로에 대하여 투명한 존재가 아니다. 세계와 인간의 드러남과 감추어짐의 모습은 시간과 더불어 변화한다

면, 그 계획은 이 깊이에 귀기울이는 일을 포함하여야 한다. 삶의 전체적 조건은 그렇게 암시될 수밖에 없기 때문이다. 그러나 이것이 합리성의 계획을 배제하는 일은 아니다. 어떤 계획도 객관적 조건의 구성 원리로서의 합리성 없이는 불가능할 것이다. 다만 우리가 말할 수 있는 것은 그것을 넘어서는 근원에 이어져야 한다는 것이다. 그것이 인간 행복의 조건에 가까이 가는 일이다.

깊이의 생태학이라는 말에서 깊이는 단순히 시적인 비유의 성격을 넘어 물리적 객관성에 기초하면서도 인간 존재의 형이상학적 구조에서 나오는 전율을 지칭하는 언어라고 할 수 있다. 오늘의 삶에서 우리가 잊어버린 것은 일체의 깊이에 대한 감각이다. 오늘의 생태계의 위기, 또는 더 좁혀서 환경의 위기도 이러한 깊이의 상실에 연루되어 있다. 깊이의 생태학은 적어도 세계와 인간의 생존에 상실된 것이 있다는 것을 지적하는 점만으로도 매우 중요한 기능을 수행한다고 할 것이다.

> 삶에서 우리가 잊어버린 것은 깊이에 대한 감각이다

4. 건축과 도시의 깊이 / 깊은 공간

다른 한편으로 깊이는 우리가 생각하는 것보다는 우리의 일상 생활과 긴밀한 현상이라고 할 수도 있다. 사람의 가장 피상적인 일도 그것을 가능하게 하는 삶과 세계의 조건 하에서 이루어진다.

그러나 건축과 도시만큼 피상적일 수도 있으면서, 적어도 우리 사회에서 그것을 움직이는 제일차적 동기는 이윤과 권력과 부를 위한 과시 소비와 사치라고 할 것이기 때문에, 직접적인 의미에서 깊이에 관계되어 있는 인간 경영은 달리 찾아보기 어렵다. 그것은 인간 존재의 깊이의 비밀을 숨겨 가지고 있는 가장 분명한 물리적 기초인 공간의 역사(役事)이다. 그러니만큼 거기에는 깊은 공간성의 규칙이 움직인다. 이 규칙은 매우 간단한 의미에서의 물리 법칙일 수 있다. 그러나 최선의 경우에 건축의 공간적 역사는 위에서 깊이를 말할 때의 깊이의 공간에서 나오는 인간 존재의 근원적 공간성의 부름에 응하는 것일 수도 있다.

칸트는 공간을 감성과 인식의 직관 형식으로 말한 바 있다. 이 관점에서 그것은 사물이나 사물의 지각을 선행하며 그것을 가능하게 하는 조건이다. 그러한 만큼 그것은 근원적인 것이다.

메를로-퐁티에게도 공간은 이러한 근원성을 가지고 있다. 다만 그는 이것을 조금 더 경험적으로 파악한다. 공간은 지각의 조건이고 상황 속에 있을 수밖에 없는 인간 존재 자체의 조건이다. 또 이것은 공허한 형식 이상의 것이다. 그것은 구조적 질서와 한계로 정의되어 있다. 이것은 인식론적인 차원에서 또 물리적인 차원에서 그러하고, 인간 존재의 역사성으로 인하여 그러하다. 내가 보는 공간은 이미 역사적으로 여러 주체에 의하여 구성된 것이다. 이러하다는 것은 공간의 전체 의미를 개념적으로 이해하는 것이 불가능하다는 것을 말하기도 한다. 그것은 모든 것에 선행한다. 인간 삶의 조건이라는 관점에서 특히 중요한 것은 이 공간이 실존적이라는 점, 또는 메를로-퐁티가 강조하는 바로는 인간의 실존이 공간적이라는 점이다. (그는 "우리는 공간이 실존적이라고 말하였다. 그러나 차라리 실존이 공간적이라고 말하는 것이 옳다."[5]라고 말한다.) 건축과 도시가 공간의 작업이고 이 작업의 수행에 공간적 존재로서의 인간의 개체적이고 집단적인 삶의 행복과 자기 실현이 달려 있다고 한다면, 우리는 이 복합적인 공간을 고려하여야 한다. 이러한 의미에서 공간의 깊이는 무한하다. 그리고 이 무한한 깊이는 위에서 말한 바와 같이 철학적, 시적 또는 형이상학적 의미도 포함한다.

건축물은 어떤 경우에나 보이는 것 이상의 깊은 구조를 스스로 안에 감추어 가지고 있다. 건축물은, 그것이 아무리 엉성한 것이라도 물리적 세계의 중요한 원리인 중력의 법칙을 존중하여야 한다. 또 물의 역학에 주의하여야 하고 더 나아간다면 햇빛의 움직임을 참조하여야 한다. 이러한 것들은 간단한 원리들이지만, 현실의 복합적인 요인, 여러 물질의 중력에 대한 관계 그리고 그것들의 시간 속에서의 변화 등의 요인들 가운데에서 이것을 실현하는 것이 반드시 용이한 것은 아니다. 성수대교와 삼풍백화점의 붕괴, 터키와 대만의 지진에서의 부실 건축물의 문제는 이것을 단적으로 말하여 준다. 또 이러한 사례들은 건축물이 가장 간단한 차원에서도 사회와 문화의 산물임을 증거한다.

건축물이 그것에 필요한 모든 물리 법칙에 복종하여야 한다면, 그 복종까지도 문화적인 산물일 경우가 많다. 현대 과학의 비조의 한 사람인 프란시스 베이컨의 말에, "과학은 복

5 Merleau-Ponty, *ibid.*, p. 339.

메를로-퐁티가 강조하는 바로는 인간의 실존이 공간적이라는 점이다. 그는 "우리는 공간이 실존적이라고 말하였다. 그러나 차라리 실존이 공간적이라고 말하는 것이 옳다"라고 말한다

건축물이 그것에 필요한 모든 물리 법칙에 복종하여야 한다면, 그 복종까지도 문화적인 산물일 경우가 많다. "과학은 복종함으로써 정복한다"는 말이 있지만, 이 복종이 요구하는 기율과 인내는 문화적으로 습득된다

종함으로써 정복한다"는 말이 있지만, 이 복종이 요구하는 기율과 인내는 문화적으로 습득된다. 건축물과 건축 공간은 물리적인 것과 아울러 문화적인 것을 포함하는 중층적인 공간 속에 존재한다. 사사로운 건물과 공공 건물의 구분은 가장 기본적인 것의 하나이다. 공공 건물은 실용적인 의미를 가질 뿐만 아니라 세속적인 권력과 신성의 힘을 상징한다. 건축물이 모여 이루는 도시 공간은 물리적 문화적 현상으로서의 건축의 경우보다도 훨씬 복잡한 구조를 갖는다. 그것은 간단한 의미에서의 물리적 법칙으로부터 훨씬 자유로울 수 있다. 우리가 오늘의 많은 도시에서 보듯이 도시 공간을 규정하는 조건의 이완은 창조의 기회이기도 하고 혼란의 원인이기도 하다. 도시 계획이 생기기 전의 도시 공간은 자연 발생적이고 누적적인 것이지만, 거기에도 공간과 집단적 삶의 연계 관계에 대한 암묵의 이해가 삼투되어 있기 마련이다. 그것이 도시 공간에 인간적인 질서를 부여한다. 그러나 도시는 더 적극적으로 역사와 사회 구조와 기하학과 우주론적 사변을 반영할 수도 있다. 이러한 인공적 요소들의 분절화가 명백하고 깊은 인간적 필요를 반영할 때 도시 공간의 질서는 볼 만하고 살 만한 것이 된다.

공간과 집단적 삶의 연계가 암묵의 이해로 삼투되어 있는 도시는 역사와 사회 구조와 기하학과 우주론적 사변을 반영한다. 이 도시가 볼 만하고 살 만한 것은 도시 공간에 깊은 인간적 필요를 반영할 때이다

이와 같이 건축물, 건물의 공간 및 도시 공간은 불가피하게 또는 의도에 의하여 그것을 규정하고 있는 틀에 의하여 삼투되어 있다. 그러나 흔히는 이러한 삼투의 현실이 크게 의식되지는 아니한다. 그러나 그러한 요소를 의식화할 수 있다. 신전이나 권력자의 궁전이나 미술관 등은 그 외관에 있어서 이미 내용물 이전에 상징적인 의미를 부여받는다. 순치된 자연

으로서의 정원은 늘 낙원의 표상이 된다. 이러한 상징은 인위적 개념의 부과라는 성격을 가지고 있을 수도 있지만, 많은 경우 심미적 호소력을 가지고 있다. 심미적이란 그것이 인위적으로 부여된 교리를 경유하지 아니하고도 의미를 갖는다는 말이다. 이것은 신전이나 궁전이 아니라도 사람이 사는 모든 공간에 해당되는 말이다.

심미적인 것의 특징은 의미 이전에 직접적으로 감각에 호소한다는 것인데, 이것은 심미성이 물질과 지각이 맞부딪치는 근원적인 것과 관계된다는 것을 의미한다. 심미성은 얼른 보아 무용한 가치처럼 보인다. 그러나 가장 간단한 경우에도 그것은 우리에게 쾌감이나 쾌적감의 지표가 된다. 이것은 우리의 존재가 즉물적인 차원에서 세계에 열려 있다는 것을 말하고 그것이 쾌감에 관계되어 있는 그 열려 있음이 어떤 균형 속에 있다는 것을 말한다. 달리 말하여 그것은 성공한 자기 초월의 증표이다. 그런데 이 초월은 그 자체가 스스로를 넘어서면서 스스로를 확장해 가는 경향을 가지고 있다. 그것이 인간의 공간 속에서의 거주에 관계되는 한은 거주 공간의 환경으로서의 의식과 일치한다. 확대된 심미 의식은 곧 환경 의식이다. 조금 전에 나는 여러 가지 의미를 포용하는 공간이 좋은 삶의 공간이라는 말을 했지만, 이러한 공간이 성립하는 데에는 심미 의식의 도움이 필수적이다. 물론 우리의 삶의 공간은 순전히 공리적이고 합리적인 관점에서 계산될 수도 있다. 그러나 심미적인 감각은 이러한 객관화된 계산을 넘어간다. 그것은 정확히 헤아릴 수 없는 물질과 물질의 형상화에 관계됨으로써 객관적 인식을 넘어가는 근원적인 것에 대한 예감

심미성은 성공한 자기 초월의 증표이다

심미 의식은 곧 환경 의식이다

을 포함한다. 그것은 객관화된 공간 이전의 근원적인 공간, 즉 인간 존재와 세계가 맞물려 나오는 원초적인 공간에 관계 되는 것이 될 수 있다. 심미적 요소는 어떤 경우에나 건축과 건축 공간을 규정하는 큰 틀의 현존을 가장 분명하게 느끼게 해주는 요소이다.

심미성은 건축과 건축 공간 어디에나 존재한다. 그러나 그 것은 의식적으로 의도되어 두드러진 것이 된다. 위에서 언급 한 구조물의 간단한 원리로서의 중력은 어느 건축물에나 작 용하는 것이지만, 그것을 특히 강조한 건조물을 생각할 수 있 다. 피라미드 같은 건조물도 그러한 것이지만, 거대한 건물들 은 분명 중력만이 아니라 거대한 질량의 미적 효과를 현시하 는 것이 될 수 있다.(여러 가지 권력을 상징하는 건물들은 실용성의 관 점에서 설명될 수 없는 질량을 가지고 있다.) 중력에 관계된 또 하나 의 현상인 수직선도 심미적 호소력을 가질 수 있다. 오벨리스 크의 아름다움은 수직선으로 치솟아 올라감의 에너지에서 온 다. 고딕 건물의 첨탑은 하느님의 거처인 하늘을 향한 소망을 표현하는 것으로 말하여진다. 고딕 건물보다 높이 치솟아 올 라간 것이 현대의 하늘 쓸기 고층 건물이다.

그러나 대부분의 경우 그것이 같은 효과를 가지지는 아니 한다. 그것은 그 동기가 수직선을 강조하는 것이라기보다는 인간의 야망, 물질적이거나 기술 공학적인 야망을 현시하는 것이기 때문일 것이다. 수직선의 강조는 수평선과의 관계에 서 가능하다. 고층 빌딩의 숲은 이 수평선을 확보할 수 없게 한다. 또 수직선의 보다 강화된 의미는 그 자체보다는 그 수 직 운동의 끝에 보이게 되는 하늘과 무한을 지시하려는 것이

공리적이고 합리적 인 관점에서의 객관 화된 계산을 넘어 심미적 감각은 근원 적인 것에 대한 예 감을 포함하여 인간 존재와 세계가 맞물 려 나오는 원초적 공간에 관계된다. 심미적 요소는 공간 을 규정하는 큰 틀 의 현존을 가장 분 명하게 느끼게 해 주는 요소이다

수직선의 강조는 수 평선을 확보할 때 가능하다. 하지만 고층 빌딩의 숲은 이 수평선을 확보할 수 없게 한다

라고 할 수 있다. 지평선이나 하늘을 의식할 수 없는 밀집된 도시 공간의 수직선은 공리적인 의미 이외의 다른 의미를 갖기가 어려운 것일 것이다. 물론 이것은 정도 문제이다. 허드슨 강에서 바라본 뉴욕은 그 나름으로 볼 만한 "스카이라인"을 드러낸다. 몇 년 전에 나는 시카고 도심의 호텔에서 열리는 회의에 참석한 일이 있었다. 아는 미국인 교수에게 시카고를 구경하는 가장 좋은 방법이 무엇인가 하고 물었다.

그는 간단히 도심에서 곧장 걸어 호수쪽으로 걸어가면서 도시를 돌아보라고 하였다. 나는 얼마 멀지 않은 곳에 있는 녹지를 지나 호숫가에 이른 다음 도시를 돌아보았다. 여러 고층 건물들을 일목요연하게 볼 수 있었다. 여러 형상의 추상적 입체 조형물 같은 고층 탑들이 적절한 간격을 두고 서 있는 모습은 하나의 총체적 조형미의 구도를 드러내고 있었다. 나는 처음으로 시카고가 아름다움이 있는 도시라는 것을 알게 되었다. 그 조형미는 반은 우연의 효과이고 반은 의도된 것이다. 또는 그 밑에 들어 있는 것은 건축주와 건축가에게 암암리에 건물과 건물과의 관계 그리고 도시와 하늘과 호수의 관계를 생각하지 않을 수 없게 하는 시민적 문화라고 할 수도 있다. 시카고의 스카이라인은 공적 공간과 자연 공간에 대한 어떤 시민 의식을 전제한다. 물론 그것은 대체로 그들의 마음에 엄숙한 도덕적 의무로보다는 미의식의 형태로 존재하였을 것이다.

여기에서 다시 말하여야 할 것은 높은 구조물의 아름다움이 단순히 그 자체의 것이 아니라는 점이다.

시카고의 고층 건물이나 고딕 건물이나 오벨리스크의 아름

스카이라인을 통해 우리는 공적인 것에 대한 시민 의식은 엄숙한 도덕적 의무로보다 미의식의 형태로 존재하기도 한다는 것을 깨닫게 된다

시카고의 고층 건물이나 고딕 건물이나 오벨리스크의 아름다움은 하늘에서 온다

다움은 하늘에서 온다. 하늘이 어떤 상태인가에 따라서 그 인상은 달라지게 된다. 물론 치솟은 수직선과 하늘의 아름다움이 드러나기 위해서는 거기에 다른 여러 요소들이 맞아 들어가야 한다. 조금 전에 말한 바와 같이 수평선과의 관계도 적절해야 하고 다른 여러 요소들, 그 서 있는 장소가 사막인가 녹지대인가 호숫가인가에 따라 달라지는 여러 요소와의 조화도 그것을 뒷받침해야 한다. 또는 구조물의 자료에 따라서 그 느낌이 달라질 수 있다. 몽쌩미쉘과 시카고 빌딩의 차이는 자료의 차이기도 하다. 자연 자료는, 석재이든 목재이든, 시간의 지질학적 또는 유기적 장구성을 느끼게 하고, 인공 자료는 또 다른 의미에서 시간에 도전하는 형상의 이념성을 느끼게 한다.

가장 중요한 미적 체험은 무한과 무변의 체험일 것이다. 원근법은 파놉스키가 지적한 바와 같이 무한성을 화면으로 끌어들이는 것을 가능하게 하였다

   아마 가장 중요한 미적 체험은 무한과 무변의 체험일 것이다. 결국 사람의 환경, 개인적인 공간과 시간이 무한성에 이어지는 것은 신비주의에 의존하지 않더라도 누구나 짐작할 수 있는 일이다. 건축에 있어서 또는 회화에서 형상을 만드는 것은 큰 공간 안에 한정된 공간을 그리는 것, 제한된 피난처를 만드는 일이다. 그리하여 이 한정 행위는 안의 공간과 함께 그 밖에 있는 무한한 공간을 암시할 수 있다. 원근법은 파놉스키가 지적한 바와 같이 무한성을 화면으로 끌어들이는 것을 가능하게 하였다. 한 건축 이론가의 설명으로는 17세기의 유럽의 어떤 건축은, 가령 베르사이유는, 비스타의 창조, 주로 원근법의 입체화를 통하여 이루어진다고 할 비스타의 창조로서, "무한을 현실 속에 나타나게 하였다." 그러나 17세기 건축물의 원근법은 오스만의 파리 시가지 정비에 드러나

"무한을 현실 속에 나타나게 하였다"

는 기하학적 구도인 단순한 원근법과는 차이가 있는 것이다. 그 원근법은 추상적인 구도로 단순화되는 대신 여러 감각적 색채, 냄새, 광선, 물의 유희, 불놀이 장치, 신화적인 조형물 등을 통해서 의미로 가득 찬 무한의 공간을 조성할 수 있었다. 19세기 도시의 바둑판 구도에 비하여 17세기의 비스타는 감각적 세계가 곧 무한에서 이어지는 것임을 보여준 것이다.[6]

무한의 의의는 그것이 전체성의 가장자리를 이룬다는 데에 있다. 공간의 끝에는 무한이 있다. 그러면서 그것은 측정할 수 있는 공간을 초월한다. 무한으로 초월하는 감각적 세계의 전체를 보여 준다는 점에서 가장 뛰어난 예의 하나는 동양의 사원 건축이다. 동양의 사원은 그 자체를 두드러지게 하는 것보다는 그것이 커다란 자연 속에 있음을 느끼게 한다. 이 자연은 단순히 인간이 소유하는, 아직 개발되지 아니한 토지도 아니고 이용이나 놀이의 대상도 아니다. 자연은 모든 것을 포용하듯 사원을 감싸는 모태가 되기도 하고, 중층하는 산들의 조망을 통하여 무한으로 이어지는 무진성을 느끼게 하기도 한다.

이러한 것들은 건축물에서보다 그림에서 더 분명하게 암시된다. 많은 산수화의 의의는 산과 물 그리고 그속에서의 사물과 인간을 그려 내면서, 동시에 공간을 넘어가는 공간을 그려 낸다는 데에 있다. 산수화는 이 깊이, 삼원법(三遠法)으로 묘사되는 세 가지 깊이의 공간 그리고 근접할 수 없는 세계를 그려 내는 데에 관심을 가지고 있었다. 자연의 유원함을 그리

무한의 의의는 그것이 전체성의 가장자리를 이룬다는 데에 있다. 공간의 끝에는 무한이 있다. 그러면서 그것은 측정할 수 있는 공간을 초월한다

무한으로 초월하는 감각적 세계의 전체를 보여 준다는 점에서 가장 뛰어난 예의 하나는 동양의 사원 건축이다. 동양의 사원은 그 자체를 두드러지게 하는 것보다는 그것이 커다란 자연 속에 있음을 느끼게 한다. 이 자연은 단순히 인간이 소유하는, 아직 개발되지 아니한 토지도 아니고 이용이나 놀이의 대상도 아니다

---

6 Alberto Perez, *Architecture and the Crisis of Modern Science* (Cambridge, Mass.: MIT Press, 1983), p. 175.

는 산수도의 공간은 그야말로 "[객관화된 깊이에] 의미를 부여하고 사물 없는 매체의 두께인 근원적인 깊이(une pro-fondeur primordiale qui donne son sens à celle-là [la profondeur objectivée] et qui est l'epaisseur d'un medium sans chose)"[7]를 암시한다. 가령 우리는 이러한 공간을 안견의 〈몽유도원도〉나 〈소상팔경도〉에서 볼 수 있다. 나는 특히 이 점은 정선(鄭敾)의 〈금강전도〉 같은 것과 비교될 때 잘 드러나는 것으로 생각한다. 정선의 금강산에는 공기의 움직임을 시사하는 어떤 것, 구름도 안개도 없다. 모든 것은 힘찬 붓의 흔적에 따라 분명한 윤곽을 가진 것으로 묘사된다. 거기에는 연무의 저쪽에 있는 산봉우리도 없다. 여기에 비하여 안견의 그림에서 사물들은 분명한 윤곽을 가지고 있지 않다. 그것은 하나의 관점에서 모든 것을 통일하는 분명한 구도가 없으면서도 산수를 바라보는 특이한 원근법을 가지고 있다. 우리는 여기에서 사물이 없는 매체의 두께로서의 공간의 환상성과 현실성을 느낀다. 강산무진의 느낌이 산이나 강에 선행하는 것이다.[8]

건축과 건축의 공간이 그림과 같이 심미적인 효과를 그 주된 목표로 할 수는 없다. 그러나 그림이 보여주는 공간의 심미성, 심미성으로 접근되는 근원적 공간이 공간적 존재로서의 인간에 관하여 시사해 주는 것이 있음은 틀림이 없다. 그것은 적어도 사람의 지상의 거주를 둘러싸고 있는 최종적인

산수화의 의의는 산과 물 그리고 그속에서의 사물과 인간을 그려 내면서, 동시에 공간을 넘어가는 공간을 그려 낸다는 데에 있다

강산무진의 느낌

심미성으로 접근되는 근원적 공간

---

7 Merleau-Ponty, *ibid.*, p. 308.
8 나는 동서의 원근법과 무한성의 묘사 문제를 다른 글의 다른 관련에서 논한 바 있다. 정선의 〈금강전도〉에도 무한을 시사하는 다른 종류의 이상화가 내재한다. 그러나 그것은 지각의 즉물성을 가진 것이라기보다는 관념적인 것이다.(《월간미술》, 1996년, 2~4호, 《풍경과 마음》(생각의나무, 2003), pp. 34~127.)

틀이 무엇인가를 느끼게 한다. 우리들은 심미성을 통하여 구역화된 공간들이 이 유원한 공간의 한 부분으로 존재한다는 것을 깨닫는다. 건축도 궁극적으로는 이러한 근원적 공간 의식으로서의 심미성 속에 존재함으로써 우리의 삶을 풍부하게 할 수 있다.

5. 생각의 깊이 / 마음의 여러 작용

근원적 깊이, 근원적 공간의 체험이 특권적 체험임은 틀림이 없다. 그것은 특별한 순간의 체험이고 현실적 삶의 모든 순간에 체험되거나 드러나는 것은 아니다. 그것은 대체로 종교적 명상을 통하여 이르게 되는 어떤 경지이다. 도원을 보는 것은 적어도 꿈 속에서이지 평상의 번거로운 마음에서 가능한 것은 아니다. 그리고 이 꿈은 도를 수양하는 일에 가깝다. 안견의 〈몽유도원도〉에 시를 붙인 이개(李塏)는, 이 그림의 경지를 말하여, "지위가 높고 생각이 고상하신 분, 도가 절로 트여 초연히 세상 밖의 신선 사는 곳을 꿈꾸셨네"라고 적고 있다.

근원적 깊이와 근원적 공간에 대한 심미적 체험은 대체로 특별한 순간의 체험이다

그러나 이 경지가 반드시 꿈에나 있는 초세간적인 것만은 아닐 것이다. 그의 시 마지막에서 이개는 자신의 소감을 요약하며, "내 마음에 티끌 먼지끼고 지나 온 발자취 더욱 거칠어 부끄럽기만 하구나"라고 스스로의 수양 부족을 반성하였다.[9]

---

9 安輝濬·李炳漢,《安堅과 夢遊桃源圖》(예경, 1993), 170쪽.

티끌 없는 마음을 닦는 일

티끌 없는 마음을 닦는 것은 세간적 일에 종사하든 또는 정신적 수양에 정진하든 전통적인 학문에서 가장 기본적인 훈련에 속하는 것이었다.

세상의 이치도 닦아진 마음에 비로소 비치는 것이다. 그러니만큼 이 마음 또는 이 마음에 의한 이치의 깨달음은 단순히 초월적인 진리와 세계의 지혜를 얻는 데만 소용되는 것은 아니었다. 경(敬)은 주지하다시피 성리학에서 그 인식론에서나 도덕론에서나 명상적 깊이를 가진 마음의 한 지속적인 상태를 말한 것이다. 이것을 설명하는 다음 구절은 이것이 일상적 행동이나 일에 있어서도 중요한 것임을 보여주는 구절이다.

"의관을 바르게 하며, 그 보는 눈매를 존엄하게 하라. 마음을 침잠하게 하여 상제를 대하듯 거하여라. 발은 반드시 무겁게 놓을 것이며, 손은 반드시 공손하게 쓸 것이다. 땅을 밟을 때는 반드시 가려 밟되 개미집을 피하여 돌아가라. 문을 나설 때는 큰 손님을 뵈옵는 것같이 공손히 하며, 일을 할 때는 제사를 지내는 것같이 조심조심하여서 혹시라도 안이하게 처리하지 말아라. 입을 다물기를 병과 같이 하고, 뜻을 방비하기는 성(城)과 같이 하라. 성실하게 하여 혹시라도 가벼이 하지 말아라. 서쪽으로 간다 하고 동쪽으로 가지 말며, 북쪽으로 간다 하고 남쪽으로 가지 말라. 일을 당하면 오직 한 곳에만 마음을 두고 다른 데로 쫓지 않게 하라. 마음을 두 갈래로 내지 말고 세 갈래로 내지 말아라. 마음을 오로지 하나로 하여 만 가지 변화를 살펴볼 것이다. 여기에 종사하는 것을 지경(持敬)이라고 한다."[10]

퇴계가《성학십도》에 인용한 주자의 〈경제잠〉은 오늘의 입장에서 상당히 억압적인 행동 규범으로 들린다. 그러나 그 세목에 대하여 우리가 어떻게 비판적으로 생각하든, 주목할 것은 경이 일 처리에 있어서의 주의 집중과 성실성을 말한 것이라는 점이다. 그리고 전체의 분위기로 보아 그것만이 진의처럼 보이기는 어렵지만, "마음을 오로지 하나로 하여 만 가지 변화를 살펴보라(惟心惟一 萬變是監)"는 말은 변함없는 주체성과 더불어 변화하는 사물에 대한 유연한 수용성을 권한 것이다. 이러한 경의 현실성에서 우리는 깊은 철학적 또는 정신적 명사의 훈련과 성실한 일의 수행과 도덕적 행위의 관련을 본다.

묵은 전통을 대지 않더라도 세계가 우리에게 나타나는 것은 우리의 마음에 대응하여서이다. 그리고 이 대응은 마음의 상태에 따라 달라진다. 세계의 전체성은 깊은 명상에 대응하여서만 드러난다. 물론 과학적 방법에 의한 명제들의 구성이 세상의 전체적인 모습을 보여줄 수 있다. 과학이 추구하는 것은, 자연 과학이든 사회 과학이든, 이러한 관점에서 세계상을 제시하려는 것이다. 그러나 그것은 위에서 말한 바와 같이 근원적인 존재의 깊이, 공간의 깊이에 이르는 방법은 아니다. 그것은 방법적으로 이미 일정한 구성의 원리에 스스로를 맡긴다. 방법적 구성 이전의 것을 지향하는 것이 명상적 고요, 흔히 명경지수(明鏡止水)의 비유로 말하는 정적의 상태이다. 그러나 현실과의 관련에서 볼 때 이러한 마음은 높은 정서적

세계가 우리에게 나타나는 것은 우리의 마음에 대응하여서이다

---

10 李滉,《韓國의 思想大全集 10》(동화출판사, 1972), 109~110쪽.

경지를 유지하는 데에만 필요한 것은 아니다. 현실의 문제에
있어서도 고요한 마음이 있어서 비로소 많은 것을 분명하게
생각할 수 있다.

그것은 고려되어야 할 많은 요인들이 나타나는 것을 가능
하게 한다. 사실과 견해는 편견 없는 나타남의 장이 필요하
다. 고요한 마음이 그러한 장이 된다. 그러나 보다 많은 경우
현실의 삶은 우리에게 수많은 판단과 결정을 끊임없이 요구
한다. 이 판단과 결정 속에서 비로소 현실은 구체적인 양상을
드러내고 현실을 일정한 방향으로 구성해 나가는 것을 허용
한다.

그런데 이러한 마음의 존재는 하나의 체계를 이루고 있는
것으로 생각된다. 형이상학적 명상, 만 가지 일과 사물을 비
추는 부동심(不動心)의 상태, 객관성을 가능하게 하는 과학적
태도, 변화하는 세계 속에서의 일(일상의 번쇄사를 포함하는 일의
처리에 있어서의 판단력), 이러한 것들이 우리가 세계를 인식하고
감지하며 사회를 움직이는 데에 필요한 마음의 상태이다. 이
것들은 서로 연결되어 있다. 이 여러 상태를 일관하여 마음은
주인으로, 또는 공손히 손님을 대하는 주인으로 움직이고 있
어야 한다. 이 마음은 개개인의 것이면서 동시에 사회적 로고
스로 존재한다. 개인은 이 사회적 로고스에 기여하며 이 로고
스에서 스스로를 빌어 온다. 그러나 마음에 관계된 더 중요한
체계는 위에 말한 여러 기능의 위계 질서이다. 마음의 여러
기능은 상호 작용하면서 마음 전체를 변화하게 한다. 그러나
동시에 그중 가장 위에 있는 것은 근원에 대한 명상인 것으로
생각된다.

성리학의 한 특징은 지나치리만큼 인간의 사회성을 강조한 것이다. 국가에 대한 봉사야말로 성리학의 지상 목표였다. 그럼에도 불구하고 그것은 사회의 작은 규칙의 습득을 중시한 것이 아니라 명상적 훈련을 그 교육 프로그램의 핵심으로 삼았다. 이것은 다른 많은 전통적 인간 수련의 프로그램에서도 마찬가지이다. 플라톤주의의 전통에서이든 기독교의 전통에서이든 또는 이슬람의 전통에서이든 최고의 존재에 대한 명상은 최고의 진리에 대한 직관을 목표로 하는 것일 뿐만 아니라 이 세상의 삶에 대한 기본적인 지침을 준다고 생각되었다. 이러한 명상적 진리에 대한 지나친 강조의 병폐는 새삼스럽게 말할 필요도 없다. 그것은 실학 이후 계속적 비판의 대상이 되어 왔다. 모든 원리주의는 그 나름의 병폐의 원인이 된다.

내가 여기에서 말하고자 하는 것은 마음의 질서의 위계이고 이 위계적 사고에서 마음의 기본적인 훈련은 일상사의 처리에 이르기까지 적절한 마음의 움직임을 보증한다는 것이다. 결론을 말하기 전에 비근한 예를 들어 다시 이야기해 보기로 한다.

우리는 마음을 새로 먹으라는 말씀을 너무나 많이 들어 왔기 때문에, 그리고 마음만 새로 먹어서는 되는 일이 별로 없다는 것을 잘 알고 있기 때문에, 많은 것을 마음으로 환원하는 데에 주저를 느낀다. 그러나 마음은 현실의 일부이다. 그것은 현실과 맞물려서 돌아가는 한 원리이다. 일을 하는 데에는 일의 대체적인 설계도가 필요하다. 이 설계도에 마음이 작용한다. 그러나 더 중요한 마음의 움직임은 이 설계도를 현실

우리는 마음을 새로 먹으라는 말씀을 너무나 많이 들어 왔기 때문에, 그리고 마음만 새로 먹어서는 되는 일이 별로 없다는 것을 잘 알고 있기 때문에, 많은 것을 마음으로 환원하는 데 주저를 느낀다

화하는 데에 있어서이다. 하나의 구조물은 설계도를 기계적으로 적용하는 것만으로는 현실이 되지 아니한다. 필요한 것은 현실과 마음의 대화이다. 현장에서의 마음의 끊임없는 판단이 필요하다. 이 판단은 설계와 현장의 큰 의미에서의 적합성에 관한 것이기도 하지만, 가장 작은 손질에 있어서의 수많은 작은 결정에 관한 것이기도 하다. 이 작은 마음의 판단들은, 최선의 상태에서라면, 목하의 작은 일에 집중하면서 동시에 큰 설계에 이어져서 움직인다.

그리고 신비한 것은 이 작으면서 큰 판단은 설계도를 넘어갈 수도 있다는 점이다. 설계도를 보는 것은 단순히 그것을 하나하나 세부적으로 추적하는 것만을 의미하지는 아니한다. 그것은 설계도를 전체로서 통일성으로서 보는 것을 포함한다. 그것은 말하자면 설계도의 정신을 이해하는 것을 말하기도 하는 것이다. 그것은 이러한 보는 눈 속에도 정신이 들어 있기 때문이다. 여기에서 보는 사람은 설계도를 넘어갈 수 있다. 그리하여 그것은 그것을 전체적으로 파악하고 그것의 테두리 속에 있으면서도 바로 그 정신에 입각하여 새로운 수정안들을 제시할 수도 있다.

현실의 일에 판단이 개입하게 되는 과정을 더 쉽게 예시할 수 있는 것은 법 집행의 과정에서이다.

법은 일반적인 규칙을 말한 것이지만, 그것은 구체적인 상황에 적용되면서 현실 속에 집행된다. 집행에 논리적 포섭의 관계만이 들어 있는 것은 아니다. 거기에는 수많은 사실에 대한 판단이 작용하여야 한다. 지하철 파업에 법대로 한다는 것이 있지만, 법과 현실 사이에 인간의 판단력이 들어가지 아니

법대로 한다는 말 자체가 법과 현실 사이에 인간의 판단력이 들어가지 아니하면, 법이 현실의 원리가 될 수 없다는 것을 단적으로 보여 주는 사례이다

하면, 법이 현실의 원리가 될 수 없다는 것을 단적으로 보여 주는 사례이다. 법대로 한다는 말을 들을 때 그 위협을 범법 자만 느끼는 것은 아니다. 법은 사람 마음의 판단력을 통하여 인간의 현실에 개입할 수 있다. 반대로 마음은 법을 넘어서 법을 지배하여야 할 정의에 미친다. 그리하여 법을 넘어가는 정의의 질서를 생각할 수 있다. 달리 말하면, 그것은 마음의 움직임이 법의 질서 속에 있는 법의 정신에 이른다는 것을 뜻 한다.

법을 넘어가는 법의 질서, 법의 정신은 어디에서 오는가. 한편으로는 사람 마음의 모든 움직임이 그러하듯이 주어진 사실을 법칙화하고 형식화하고 이상화하는 능력이 그 원천의 하나이지만, 다른 한편으로 그것은 사람의 삶 속에 스며 있는 그와 같은 종류의 가능성에 의하여 훈련되는 것이라고 할 수 있다. 법을 생각하며 그것을 넘어가는 질서와 정신을 생각하 는 것은 그것을 삶 일반의 질서 그리고 삶에 일관하는 정신에 비추어 보는 일을 의미하는 것일 것이다.

이러한 삶의 질서와 정신은 부분적으로, 그리고 점점 더 포 괄적인 것이 되는 어떤 것 그리고 궁극적으로 하나의 포괄적 인 어떤 것으로 생각될 수 있다. 그것은 대체로 우리의 간단 한 추론과 사변을 넘어서 사물과 생각의 저 깊은 곳에 존재하 는 어떤 것이다.

이렇게 말하는 것은 이 정신의 움직임이 단순히 논리적 운 산 능력을 의미하는 것이 아니라는 말이다. 마음의 힘은 직관 적인 형태로 작용하고, 또 그것은 우리 마음속에 어찌할 수 없는 도덕의 힘으로 또는 사물의 넓은 질서에 대한 외경심으

마음의 힘은 직관적 인 형태로 작용하 고, 또 그것은 우리 마음속에 어찌할 수 없는 도덕의 힘으로 또는 사물의 넓은 질서에 대한 외경심 으로 작용한다. 현 실적인 차원에서 그 것은 과학에서의 객 관적 진리의 존중, 자신의 일에서의 장 인의 성의, 일상적 인 삶이나 인간 관 계에의 성실성 등으 로 드러난다

로 작용한다. 현실적인 차원에서 그것은 과학에서의 객관적 진리의 존중, 자신의 일에서의 장인의 성의, 일상적인 삶이나 인간 관계에의 성실성 등에서 드러난다. 다만 그것은 그것들로만으로는 피상적인 것이 되기 쉽다.

그것은 넓고 깊은 정서적 감흥을 수반한다. 그것은 어떤 종교적인 경건함과 비슷한 것이라고 할 수도 있다. 위에서 말한 것처럼 정신을 움직이는 정열은 자가 발전한 소란스러움이 아니다. 그것은 존재의 깊이에 대한 직관 또는 예감에서 온다. 깊이는 우리에게 두려움을 주기도 하면서 세계의 신비를 절감하게 한다. 이것이 모든 마음의 움직임에서의 진지성을 보장하는 것이다. 이 글의 맨 처음에 말한 환경문제에 있어서의 형식주의는 이러한 정신의 질서의 붕괴에 기인한다고 말할 수 있다.

그러나 정신의 질서는 문제를 지나치게 유심적으로 보는 혐의가 있다. 그것의 현실 연관을 강조하기 위하여 정신의 문제를 시각의 비유로 옮겨 보는 것이 도움이 될지 모르겠다. 그것은 시각이 현실에 대응하여 현실을 구성하는 것처럼 정신의 문제는 현실에 반응하고 현실을 구성하는 문제이다. 오늘과 같은 시대에 있어서도 사람들은 널리 보는 것의 중요성을 인정한다. 또 멀리 보는 것의 중요함도 인정한다. 그러나 바로 보려면 평면만이 아니라 입체적 공간을 보아야 한다. 깊이 보는 것이 필요한 것이다. 서양화는 공간을 그려 내는 방법으로 원근법을 사용한다. 원근법에서 소멸점(vanishing point)은 화면의 깊이 속으로 사라지는 것처럼 보인다. 깊이를 포함한 시각의 원추에서 이 소멸점은 시각적인 것일 뿐만 아

정신을 움직이는 정열은 존재의 깊이에 대한 직관 또는 예감에서 온다. 깊이는 우리에게 두려움을 주기도 하면서 세계의 신비를 절감하게 한다

소멸점이 모든 것을 가능하게 한다. 이 근원적 원근법이 상실될 때, 우리가 하는 많은 일은 혼란에 빠진다

니라 존재의 깊이를 나타낸다고 보아야 한다. 시각의 원근법에서 중요한 것은 보는 자와 함께 소멸점이다. 이 소멸점이 모든 것을 가능하게 한다. 나는 이러한 시각의 구조는 사는 일의 도처에 묻혀 있는 것이라고 생각한다. 사회와 문화에도 이러한 깊이의 구조가 있다. 이 근원적 원근법이 상실될 때, 우리가 하는 많은 일은 혼란에 빠진다. 우리 사회에서 하는 일의 많은 것이 껍데기에 불과한 것이 되는 것은 위에서 말한 것처럼 이러한 종류의 마음의 구조가 상실된 까닭이다. 튄다는 말은 매우 상징적인 말이다. 깊이와 뿌리가 없는 곳에서는 튀는 것만이 중요한 것이 된다. 그것은 단명하고 천박한 삶의 파노라마를 이룬다.

이 튀는 일들의 무대는 오늘날의 세속 도시이다. 이 도시는 깊은 공간의 일부로서가 아니라 걷잡을 수 없는 정치 경제 세력 그리고 물리적 힘들의 희생으로 가속화된 엔트로피의 공간으로서만 존재한다.

도시 계획의 최소한도는 물리적인 의미에서 사람들의 주거지와 생존의 조건과 작업과 동선을 밀집된 공간 속에 확보하는 일이다. 우리는 아직도 여기에 필요한 인간 생존의 최소한도의 조건과 기하학도 확보하지 못하고 있다. 어쩌면 이것은 오늘의 민주적 정조와 공리주의에 힘입어 해결될 수 있는 문제일는지 모른다. 그러나 이 공리주의로써 오늘의 도시의 삭막한 콘크리트 건축물과 거리의 기능주의를 참으로 인간적인 성취의 조건으로 바꾸는 일은 지난한 일일 것이다.

깊이의 생태학은 자연으로 돌아가지 않고는 그것은 불가능하다고 말한다. 그리고 그러한 도시의 모체인 현대 산업 사회를 떠나서 자연으로 돌아갈 것을 말한다. 그러나 그것의 보다 깊은 교훈은 깊은 공간성에로의 회귀이다. 그러기 위해서는 우리의 마음이 이와 더불어 움직여야 한다. 그러나 동시에 그것은 고요와 고독의 존귀함을 새로 익혀야 한다는 것을 말한다. 오늘의 사회와 그것을 지배하는 이데올로기는 마음의 효용은 돈이 되는 기발한 아이디어의 가속화된 생산에 있다고 한다. 그러나 마음은 쉽게 죽어 없어지지 아니한다.

그것은 끊임없이 자신의 원형을 또는 원형적인 움직임을 회복하려는 탄력성을 가지고 있다. 깊이의 생태학이 말하는 자연의 깊은 위안은 이 회복을 도울 것이다.

5장
사람을 안다는 것에 대하여

1. 다른 삶에 대한 호기심
타인의 삶에 대한 호기심은 사람의 중요한 심리적 특성 중 하나이다.

오늘날 유독 그 호기심이 강해지는 것은 스스로의 삶이 다른 사람의 삶과 얽혀드는 경우가 많아지면서도, 다른 사람이 예측 가능한 존재가 아니게 되었기 때문이다. 내가 살아가는 데에는 다른 사람이 무엇을 어떻게 꾸미고 있는가를 알아야 할 필요가 있고, 또 다른 의미로는, 다른 사람의 삶을 모범으로 삼거나 타산지석으로 삼아 내 삶의 설계를 조정할 필요가 있기 때문이다.

그런데 이야기는, 사람은 그 자체가 목적이라는 칸트적 인간관의 현실적 표현이라 할 수 있다. 사람의 삶 그 자체가 목적이라는 것은, 사람의 삶에는 밖에서 주어질 수 있는 목적이 없다는, 따라서 아무 목적이 없다는 이야기와 같다. 있을 수 있는 것은 오로지 그 삶의 경로를 추적하는 이야기뿐이다

2. 아는 것, 모르는 것, 믿는 것
사실, 나는 나에 대하여서 잘 모른다. 그리고 마땅히 잘 알고 있어야 할 부모에 대하여서도, 알고 있는 것이 별로 없다.

우리는 참으로 구체적인 인간에 대하여 아는 것이 없는 채로 살아간다.

그리고 우리의 슬픈 앎은, 세계에서 부모와 우리 자신의 위치가 보잘것없는 것이라는 것을 알면서 시작된다.

3. 무한한 무상성
나는 나에게 가장 가까운 존재인 나 자신에 대하여 무엇을 알고 있는가.

우리는 스스로에 대해 잘 모르면서도 무던히도 잘 살고 있질 않은가.

우리는, 우리가 세계를 믿고 스스로를 맡길 때, 우리를 맡기는 세계로부터 맡겨진다.

믿음이 믿음의 세계를 만들어내는 것이다.

사실로 우리는, 우리의 가장 가까운 사람들과도 무상의 믿음으로 관계한다.

인간의 원초적 공존은 아는 것도 모르는 것도 아닌, '멍청한 뜻'에 의지해 있다. 그것을 세상에 대한 신뢰-믿음이 열어준다.

이상한 일이면서도 참으로 당연한 일은, 세상 사람들이 숱한 말로 설명해 주는 세상의 원리가 말없이 거기에 있는 세상보다 훨씬 더 단순하다는 사실이다. 우리는 사람들의 말을 벗어나서 비로소 세상의 한없는 불가해함을 깨닫는다. 문득 고개를 들어 하늘과 땅, 산과 나무가 하나의 투명함 속에 있는 것을 보고 다시 그것에 경이한다. 얄팍한 앎도 있고 깊은 앎도 있지만, 근본이 되는 것은 단순하면서도 무한한 있음의 음영을 감추어 가진 세계이다.

사람은 이러한 세계 속에 살고 있고, 이러한 세계의 속성을 또한 그 속에 나누어 가지고 있다.

5장 사람을 안다는 것에 대하여

1. 다른 삶에 대한 호기심

최근에 나는 사람에 대하여, 그 사람의 글이나 어떤 주제에 관련해서가 아니라, 사람 됨됨이를 주안으로 하여, 글을 써달라는 주문을 받는 일이 더러 있었다. 이것은 나에게만 들어오는 주문이 아니고 다른 문사들에게도 많아지는 주문임에 틀림이 없다. 그것은 나 자신 그러한 글의 대상이 되기도 하는 것으로도 증명된다. 나에게는 사람에 관한 글은 극히 어려운 글의 하나인데, 이것을 생각하면, 나에 관한 글을 써야 하는 필자들의 당혹감을 충분히 짐작할 수 있고, 절로 미안한 마음을 금할 수 없게 된다.

그거야 어찌 되었든 신문을 비롯한 대중매체에 인물의 이야기가 많아지는 것은 오늘의 분명한 흐름의 하나이다. 이것은 인물 중심의 기사 취급에서도 보지만, 신문의 인물 동정란의 확대, 언제나(내가 글을 쓰는 경우는 물론) 따라야 하는 약력

소개 또는 쑥스러울 수밖에 없는 자기 광고, 왜 있어야 하는 지 알 수 없는 사진의 범람 등에서도 보는 것이다. 이러한 사물의 인물화(人物化)는 반드시 대중적이라고 할 수 없는 전달 매체에도 확산되어 간다. (책과 잡지에서 보는 그 많은 작가와 시인들의 사진.) 이것이 무엇을 뜻하는지는 분명치 않다. 그것이 선뜻 좋게만 받아들여지는 것이 아닌 내 느낌으로 보건대, 내가 이러한 흐름에서 뒤져 있는 구세대의 인물임에 틀림이 없다. 그러나 인물화에도 이유가 있을 것이고, 그것을 괴이하게 느끼는 느낌에도 개인적인 취미의 문제로만 생각할 수 없는 이유가 있을 성싶다.

글을 보다 널리 쉽게 읽혀야 한다는 생각의 강박

　　신문사의 지인이 알려준 바로는 신문사에서는 요즘 의도적으로 많은 이야기를 인물 중심으로 꾸미라는 종용을 받는다고 한다. 그러한 종용의 뒤에 있는 것은 아마 그것이 글을 보다 널리 쉽게 읽히게 한다는 생각일 것 같다. 그러니 인물론의 상승은 우선 시대가 대중화되어 간다는 것을 말하는 것이라 할 수 있다. 사회가 민주화되어 간다는 말인데, 그런 관점에서는 좋은 일이라고 해야 할는지 모른다. 그런데 인물론이 왜 가장 쉽게 대중적 호소력을 갖는 것일까?

　　사람의 말이나 글에는 여러 가지 형태가 있지만, 그중에도 이야기가 가장 오래되고 널리 발견되는 말과 글의 양식이고 이야기란 대체로 아무개라는 사람이 어떠어떠한 일을 했다는 인물 중심의 사연을 말하는 것이고 보면, 인물 중심의 이야기의 대중성은 현대적 매체의 판매전략이 등장하기 이전에 이미 사실적으로 증명되어 있는 셈이다. 그러니까, 그 이유를 설명하는 것은 왜 사람이 사는 곳에는 반드시 이야기가 있고, 그것이 번창하는가를 설명하는 것만큼이나 간단한 일은 아닐 것이다. 쉬운 설명은 인물 중심의 이야기가 사람이 세계를 생각하고 이해하는 기본적인 방식이라는 정도일 것이다. 나는 무엇을 하든지 간에 세계의 중심에 있는 나의 주인공이고, 내가 하는 일은, 지금 당장이든 먼 훗날이든, 이 주인공이 펼치는 사건들이다. 그러면서 우리는 여러 사람이 사는 사회 속에 사는 만큼, 나에게 내가 주인공인 것처럼 자기에게 자기의 주인공인 다른 사람들의 움직임을 보게 된다. 이 나와 다른 사람이 어우러져 펼치는 행동과 사건이 이야기이다. 이러한 이야기는 한시도 중단되지 않는 나의 반려요, 숨쉬는 공기이니, 많은 일들은 이 이야기의 틀에서 이해하기가 가장 좋은 것이다.

그러나 내가 나의 삶에서 주인공인 것은 틀림이 없는데, 그렇다면 나의 이야기에나 관심을 가질 일이지, 다른 사람들의 이야기까지 나의 관심사가 되는 것은 무슨 까닭인가? 가장 간단한 이유는 사람의 자연스러운 호기심 그리고 사회적 존재로서의 호기심 중에도 다른 삶에 대한 호기심이 사람의 중요한 심리적 특성이라고 하는 것이다. 그런데 이러한 호기심이 유독 강해지는 것은, 자신의 삶이 다른 사람의 삶과 얽혀드는 일이 많아지면서도, 다른 사람이 반드시 예측 가능한 존재가 아니게 되었을 때라고 할 수 있다. 내가 살아가는 데에는 다른 사람이 무엇을 어떻게 꾸미고 있는가를 알아야 할 필요가 있고, 또 사회가 유동적이 되면서는, 그런 목적이 아니더라도, 다른 사람의 삶을 모범으로 삼거나 타산지석을 삼아 나의 삶의 설계를 조정할 필요가 있는 것일 것이다. 영국 소설의 역사에서 더러 소설의 발생은 사회가 자본주의적으로 조직화되면서 동시에 유동적이 되는 시기에 일치한다고 지적된다. 그것은 서로 근접하여 살게 되면서도 서로 잘 알지 못하는 사람들에게 여러 가지 달라지는 삶의 형태에 대한 뉴스를 제공한다는 의의를 가졌던 것이다. 우리 사회에서 소설이 어느 때보다도 번창하는 것은, 경제적 여유가 생겼다는 사정 이외에도, 우리 사회의 대체적인 대중화—조직화와 유동화를 동시에 포함하는 대중화로 인한 것일 것이다.

　물론 이야기도 이야기 나름이라는 것을 무시할 수 없다. 소설보다는 연속극이 더 번창하고, 아마 연속극보다는 스타들의 신변에 관한 이야기들이 더 대중의 구미에 맞는 것일 것이다. 그러니까 요즘의 소설이 대체로 그러한 보다 쉬운 대중적 매체를 닮아가는 것은 자연스럽다. 그렇다는 것은, 소설이 정보의 일종이라고 하더라도, 사람들이 원하는 정보는 그렇게 복잡한 정보는 아니라는 뜻일 것이다. 문학사의 고전이라고 하는 소설들의 정보는, 그것을 반드시 같은 종류의 것으로 말할 수는 없지만, 신문에서 얻는 정보에 비하면 한없이 복잡한 것이다. 그러나 그것은 사람의 하는 일이 대개 그러하듯이 직업적 인간들의 과잉 전문화의 결과인지 모른다. 사람들이 원하는 것은 매우 간단한 정보이고, 그것은 객관적인 것이라기보다는 우리 자신에 필요한 만큼의 정보이고, 이미 내가 가지고 있는 도구에 맞아들어 가는 정보이다. 그것은 나의 분류표에 끼워넣을 만한 꼬리표를 가지고 있어야 쓸모가 있다. 이 분류표는 나의 삶의 기획과 방향에 따라 내가 작성한 것이지만, 대개는 이것도 사회에서 작성해 주는 것을 약간 수정한

직업적 인간들의 과
잉 전문화

것이요, 또 그것은 사회에서 의도하는 어떤 기획에 맞아들어 가는 것일 것이다. 그리하여 필요한 것은 복잡한 이야기보다는 간단한 이야기이다.

우리나라에서 같으면, 사람을 만났을 때 우리의 행동지침으로 꼭 필요로 하는 분류표에서 가장 알고 싶은 것은 나이이고 출신 학교이고, 사회적 지위이다. 그것을 안 다음에야 선후배와 지위의 고하를 가려 적절하게 행동할 수 있는 기본 요령이 생기는 것이다. 물론 경상도 출신인가 전라도 출신인가 고향이 같은가 다른가도 중요하지만, 그것은 말하자면 나이나 지위만으로 거래될 수 없는 문제들을 음성적으로 처리하는 데 필요한 사회관계의 긴장완화제의 역할을 맡는 것일 것이다. 물론 이것은 개인적 사귐의 관계에서의 이야기이고, 신문이나 대중잡지에서 우리가 구하는 정보는 반드시 같은 종류의 분류 정보는 아닐 것이다. 거기에서 중요한 것은 모범적인 삶이다. 이 모범적인 삶은 우리에게 성공의 가능성을 제시해 주고, 또 어떤 경우는 우리의 실패를 정당화해 주는 역할을 하는데, 그것도 일상적인 인간의 행동과의 연속으로 설명되는 것이 좋을 것이다.

그런데 궁극적으로 성공한다는 것은 무엇인가? 그것은 오늘의 사회에서 우리가 의식하지 아니할 수 없는 군중의 삶— 우리 자신도 그 일부임을 인정하지 아니할 수 없는 군중의 익명성으로부터 벗어나서 개체적 존재로서의 힘을 다른 사람에 의하여 인정받는 것을 말하는 것이 다름아닐 것이다. 이것은, 그 내용이 무엇이든지 간에, 스타가 된다는 것, 대중매체에 의하여 소개된다는 것이 실현해 주는 것이다. 궁극적으로 어

세태에서 필요한 것은 복잡한 이야기보다는 간단한 이야기이다

어떤 사유로 유명해지는가가 중요한 것이 아니라 유명한 것 그것이 중요한 것이 된 오늘 세태

떤 사유로 유명해지는가가 중요한 것이 아니라 유명한 것 그것이 중요한 것이다. 그리하여 신문의 인물 동정을 보면 주로 유명인사들의 모임에 등장하는 것을 전문으로 하는 사람도 생겨나고 유명하니까 유명한 사람들이 생겨난다. 독자에게는 그러한 사람들이 있다는 것, 그러한 사람들의 소문에 접하는 것 자체가 보람있는 것이다.

모든 것을 인물 중심으로 접근하는 일의 문제점은 그것이 우리의 의식 내용을 피상적인 것이 되게 하는 경향이 있다는 것이다. 그것은 우리로 하여금 사물의 객관적 성격을 잘못 짚게 하고 우리의 판단을 흐리게 한다. 소설이 우리의 판단력을 그르치게 한다는 것은 옛날 어른들이 소설 좋아하는 아이들에게 하시던 말씀이다. 이에 대하여 르네 지라르는 사물의 참모습을 거짓으로 꾸며나가는 것을 로망스라 하고, 소설은 이를 시정하여 진실을 보여주려는 것이라고 소설의 잘못을 변명하였다. 진리가 소설의 피해를 입는 것은 흔히 있는 일이다. 오늘날 우리나라에서 진리나 진실을 왜곡하고 그것을 바르게 보는 기능 자체를 비뚤어지게 하는 데에 가장 큰 몫을 맡고 있는 것은 연속극일는지 모른다. 많은 사람들의 마음속에서 역사의 진리는 역사 연속극이 만들어내는 것이다. 그러다 보니 연속극으로 극화되지 아니한 일들까지도 연속극적으로 파악한다. 역사적 사건까지도 사실들의 집합과 연쇄와 구조적 관련─일반적으로 어떠한 객관적 인과관계에서 생겨나는 것이라기보다는 음험한 의도를 가진 사람들의 음모나 건곤일척의 영웅적 행위로서 일어나는 것이 된다. 모든 것은 몇몇의 영웅적 인간의 영웅적 제스처로 결정된다. 생각의 경우도 영웅적 추상성의 관념이 사실을 대신한다.

이야기에는 인간주의가 있다. 사람이 사는 일에 그 자체의 궤적 이외에 무슨 의미가 있는가. 이야기는, 사람은 그 자체가 목적이라는 칸트적 인간관의 현실적 표현이라고 할 수 있다. 목적이란 일의 밖에서 일의 방향을 정하는 어떤 것인데, 사람의 삶 그 자체가 목적이라는 것은 사람이 사는 삶에는 궁극적으로 밖에서 주어질 수 있는 목적이 없다는, 따라서 아무 목적도 없다는 이야기와 같다. 어떠한 명제도 일정한 관점에서의 일반화를 뜻하는 것인 한, 인간의 삶에 어떠한 객관적 교훈이나 의미 특히 결정인이 있을 수 없다는 말일 수 있다. 그리고 있을 수 있는 것은 오로지 삶의 경로를 추적하는 이야기뿐이다. 이야기는 일정한 교훈이나 모양새를 갖추어서는 아니된다. 삶이 절대적으로 그 자체의 목적이라면, 그러한 것은 삶의 목적을 삶의 밖에서 찾는 것이 될 수 있기 때문이다. 그리하여 이야기는 삶의 유일한 정당한 형식이다.

이야기는, 사람 그 자체가 목적이라는 칸트적 인간관의 현실적 표현이라고 할 수 있다

2. 아는 것, 모르는 것, 믿는 것

어떤 사람에 대하여 쓴다는 것은 그 사람의 이야기를 쓰는 것이어서 마땅하다. 그러나 이야기의 줄거리를 이룰 만한 삶이 얼마나 있는가. 소설을 비롯한 여러 형태의 이야기들이 거짓이 되는 것은 사람의 삶에 이야기가 별로 없기 때문이다. 그렇다면 적어도 그 사람에 대하여 알고 있는 것들을 써야 하는 것일 터인데, 사람을 안다는 것은 무엇을 말하는 것인가.

여기에서 생각해 보려는 것은 이 문제이다.

사실 사람에 대하여 글을 써달라는 요청을 받고 발견하는 것은 흔히 내가 대상이 되어 있는 사람에 대하여 아는 것이 얼마나 적은가 하는 것이다. 잘 알고 가까이 지내온 사람의 경우에도 언제 어디에서 어떤 집안에서 나고, 어느 학교를 언제 다니고, 어떤 곳에서 살고—이러한 것에 대한 자세한 정보를 가지고 있지 아니함에 놀라고 또 이야기하여 의미가 있을 만한 일화가 없음에 놀라는 것이다. 그리하여 나는 내가 무엇에 의지하여 이 사람과 가까웠던 것이라고 말할 수 있는가 하고 스스로 의문을 갖고 또 미안한 생각을 가지게 된다. 그러나 다른 한편으로 사람을 안다는 것이 그러한 세부적인 사항을 안다는 것을 뜻하는가 하고 생각해 보기도 한다.

세상에서 중요한 것으로 생각하는 사실적인 사항들을 알기로 한다면야 사람을 아는 데에는 이력서를 보는 것 이상 좋은 일이 없을 것이다. 그러나 이력서를 통해서 파악하고 있는 사람들을 다른 가까운 사람들보다 내가 더 잘 안다고 할 수 있을까. 세상의 어떤 명사들은 내가 그의 출신과 행적과 언동에 대하여 상당히 많이 파악하고 있는 사람들일 수 있지만, 그렇다고 해서 내가 그 사람들을 잘 알고 있다고 할 수 있을까.

사실 따지고 보면 내가 마땅히 제일 잘 알아야 할 나의 부모에 대하여서도 나는 알고 있는 것이 없는 것이다. 이력서에 나올 만한 일들의 정확한 사항들을 모를 뿐만 아니라, 더구나 생년월일 이외에 그 정확한 연도를 대라면 나는 영 낭패할 수밖에 없다. 따지고 보면 중요한 것은 다른 일들이다. 그러나 어떤 중요한 것을 알고 있다고 하여도 나는 정말 그것을 알고

내가 마땅히 제일 잘 알아야 할 나의 부모에 대하여서도 나는 알고 있는 것이 없는 것이다

있는가. 돌이켜보건대, 나의 아버지나 어머니의 삶 속에는 몇 가지의 어려운 고비들이 있었다. 그러나 그러한 고비의 성격에 대하여 또 그러한 고비에서의 그들의 내적 고민에 대하여 내가 아무것도 알지 못하고 있었다는 것을 깨달을 때, 나는 지금도 공허한 느낌을 갖는다. 내가 가까이 지내고 특히 우리 집에 자주 드나들던 나의 사촌이 갑작스럽게 죽고 그 장례에 갔다 오던 날, 나는 어머니와 둘이서 기차를 오랫동안 타야 할 일이 있었다. 나는 긴 여행 중에 문득 내가 모르는 일이 너무 많은 것을 깨닫고 약간의 질문을 하기로 마음먹었다. 그러나 지나간 일에 대한 나의 물음은 어머니를 무척 난처하게 함이 역력했고, 나 자신 그것이 매우 어색한 일임을 이내 알게 되었다. 나의 아버지는 특히 자신에 대하여 그리고 자신의 마음속의 일들에 대하여 말하지 않는 사람이었다. 서로간에 개인적인 일의 이야기나 개인적인 의견이라고 할 수 있는 말을 나눈 것은 글로 적는다면, 한 두어 장이 될 만한 것이 되는지. 물론 두 분 다 내가 마흔이 넘은 다음에 돌아가셨으니, 그러한 말들의 단편들을 모으면 그럭저럭 그보다는 많기는 하겠지만.

　모르는 것이 많다는 점에서는 집안의 어른들이나 일가들의 경우에도 마찬가지이다. 집안에 드나들던 많은 일가친척들에 대하여, 이력서적인 관점에서 내가 아는 것이 얼마나 되는가. 아마 이러한 무지에 조금은 예외가 되는 것이 아이들일 것이다. 탄생과 성장의 전 과정을 지켜보지 아니할 수 없는 부모가 아이들의 많은 일을 알게 되는 것은 당연하다. 슬하를 떠난 다음에도 아이들의 신상에 일어나는 일은 대체로 부모가 알고 있다고 할 것이다. 그러나 그들이 떠난 다음에는 부모는 그들의 중요한 체험으로부터 멀어져갈 수밖에 없다. 그러나 그 전에도 부모는 아이들의 내면 깊은 체험은 처음부터 몰랐을 가능성이 있다.

그렇다고 하여 아이들이나 집안의 가까운 일가친척이나 부모를 내가 잘 모르는 사람으로 구분해야 하는가. 객관적인 의미에서 무엇이라고 해야 하든 그들은 내가 가장 잘 아는 사람들이다. 어쩌면 이런 경우에 내가 안다는 것은 세간의 의미에서 안다는 것에는 정반대되는 것이고, 세간의 의미에서 안다는 것은 내가 우리 부모를 안다는 것과는 역비례하는 것이라고 해야 하는 것인지 모른다. 부모를 부모로 안다는 것은 무엇인가. 문자 그대로 부모로서 아는 것이다. 어떻게 보면 이것은 가장 피상적인 앎이다. 내가 부모에 대하여 아는 것은 부모와 자식이라는, 일단은 생물학적 카테고리를 통하여 그리고 그것은 생물학적이라기보다는 사회적인 카테고리이기 때문에, 이 사회학적 카테고리의 정하는 바에 따라서, 아는 것이다.

임금은 임금답고, 스승은 스승답고, 아비는 아비답고—이러한 말들이 자주 인용되지만, 그것은 제구실을 하는 사람은 그 사람됨과 사회적 역할이 일치하는 사람이라는 뜻일 것이기 때문에, 사람을 안다는 관점에서도, 훌륭한 임금이나 아버지에 대하여서는, 그 역할 이외의 다른 모습을 알 도리가 없을 것이다. 내가 타는 버스나 택시의 운전사를 아는 것은 그의 기능을 통하여서 아는 것일 뿐이다. 그가 차를 운전하여 간다는 것 이외에 나는 그에 대하여 아무것도 알지 못한다.

내가 그러한 앎의 비인간성에 대하여 미안함을 느끼는 수는 있지만, 대개는 나는 그에 대하여 더 이상 알 필요가 없는 양 행동한다. 우리 구역의 경찰서장이나 구청장이나 또는 더 높이는 시장을 안다고 할 때, 내가 그를 아는 것은 그의 사회적 지위 또는 조금 더 깊이 있게는 사회적 기능을 통하여 아는 것이다.

이러한 앎이 어떤 의미를 갖는 것인가. 이것이 의미있는 앎이라고 할 수 있는가. 사실 따지고 보면 사람에 대한 우리의 앎이란 사회의 기구나 현실적인 일의 테두리 안에서의 어떤 자리와의 관련을 아는 것일 뿐이다. 그것도 거의 사람에 대한 지속적인 앎을 이루는 면은 거의 없는 것으로 말할 수 있다. 서장이 바뀌고 구청장이 바뀌는데, 그 자리를 메웠던 사람이 그 자리와의 관련에서 잠깐 우리의 주의의 대상이 되었을 뿐이다. 오늘날 우리가 헤쳐나가는 도시의 생활에서, 사람들은 우리의 나날의 궤적과 사회의 바뀌는 틀 속에서 잠깐 잠깐 얼굴을 보이고는 사라지는 존재들이다. 우리의 구체적인 앎이란 이러한 변화하는 사건의 틈틈이에 대한 곁눈질의 인상에 불과하다. 사람을 안다는 점에서 우리는 참으로 구체적인 인간에 대하여서 아는 것이 없는 채로 살아가는 것이다.

우리가 부모를 안다는 것은 지속적으로 아는 것이기는 하지만, 부모를 부모라는 역할을 통해 아는 것과 크게 다른 것이 아니라고 할 수도 있다. 어쨌든 나는 그들에 대하여 많은 객관적인 지식을 가지고 있지 않다. 이것은 다른 혈족관계의 사람들이나 친구의 경우에도 마찬가지이다. 그러면서도 부모

우리는 참으로 구체적인 인간에 대하여 아는 것이 없는 채로 살아간다

에 대한 앎이(지속성이라는 것을 뺀다면) 내가 오늘 탔던 택시의 운전사를 아는 것과 같다고 하는 데에 반대할 사람이 많을 것이다. 그것은 우리의 고정관념에 너무나 어긋난 말이기 때문인지도 모른다. 그러나 이러한 고정관념의 근거는 또 어디에 있는가.

틀림없이 우리의 부모에 대한 앎이 택시 운전사에 대한 앎과 같은 것일 수는 없는 점이 있는 것이다. 그러나 이 차이는 앎에 있는 것이 아니라 사랑이라는 감정에 있다고 할 수 있다. 또는 그것에 추가하여 또는 그것보다 더 근본적인 것으로 신뢰감에 있다고 할 수도 있다. 갓난아이의 어머니에 대한 관계는 앎의 관계도 아니요, 상당히 의식이 발달할 때까지는 사랑의 관계도 아니다. 거기에 있는 것은 맹목적인, 신뢰라고 부를 수도 없는 신뢰이다. 이 신뢰는 구체적인 근거에 기초한 것도 아니고 개체화된 인지를 필요로 하는 것도 아니다. 세상에 막 태어난 아이는 그에 가까이 있는 여성이 그의 생명과 안녕을 절대적으로 돌보아줄 것으로 믿고 스스로를 내맡긴다. 물론 이 믿음은 어린아이가 그것을 모른다고 하더라도 근거가 없는 것은 아니다. 어린아이의 곁에 있는 여성은 그를 위하여 모든 것을 다 해줄 용의가 있는 것에 틀림이 없다. 또는 그 여성이 생물학적 의미에서 어머니가 아니라고 하더라도 많은 경우 어린아이의 절대적인 신뢰를 완전히 저버리기는 어려운 것일 것이다. 그 신뢰는 전혀 낯선 사람의 경우에도 현실적인 작용력이 없는 것이 아닌 것이 보통의 인간 정황이다. 이렇게 볼 때, 어린아이의 신뢰는 단순한 감정의 상태를 나타내는 것이 아니라 어떤 인식론적 계기를 가지고 있는 것이라고 할 수 있다. 그것은 세상의 이치의 하나이고 세상을 움직이는 지혜의 성격을 가지고 있는 것이다. 그러면서 그것은 그 인식을 스스로 인식하지 못할 뿐이다.

여기에서 유추하여 우리는 부모에 대한 신뢰가 단순히 그 것에 그치는 것이 아니라 세계 전체에 대한 신뢰에 밀접하게 연결되어 있는 것이라 말할 수 있다. 이 신뢰가 깨어지는 데에서 앎의 슬픔이 시작된다. 이 세상에서 우리가 완전히 안심하고 거닐며 행동하며 살 수 있는 한 무엇을 아는 것이 필요한가. 어머니인 세상이 우리가 원하는 것을 무엇이든지 주는 것이라면, 세상 돌아가는 무엇에 대하여 알 필요가 있는가. 그러고도 우리의 앎이 불어난다면, 그것은 오로지 넘쳐 흐르는 충족의 앎이며, 아름다움의 기쁨일 것이다.

그러나 부모라고 하여 모든 것을 우리의 뜻대로만 하여주는 존재로 남아 있을 수는 없다. 부모는 모든 것을 허용하면서 많은 것을 금지한다. 다만 이 금지사항까지도 커다란 허용의 틀 안에 있는 것처럼 보인다. 하지 아니하여야 할 것이 있고, 금지사항을 범하는 데 대하여 엄격한 벌이 있다면, 그것은 우리 자신을 위하여 그것이 필요한 것이기 때문이다—우리는 이렇게 믿는다. 이러한 부모의 모습은 우리가 살고 있는 세계, 부모의 뒤에 서 있는 자연세계의 모습이기도 하다. 그러나 우리의 참으로 슬픈 앎은 인간의 세계에서의 부모와 우리 자신의 위치가 보잘것없는 것이라는 것을 알 때 시작한다. 소설에서 우리의 부모가 우리가 믿었던 만큼은 강력한 수호자가 아니며, 사회적으로 매우 초라한 존재일 수도 있다고 알게 되는 순간은 대체로 극적인 전화의 순간이다.

부모에 대한 신뢰는 세계 전체에 대한 신뢰에 밀접하게 연결되어 있다. 앎의 슬픔은 이 신뢰가 깨어지는 데에서 시작된다

부모는 모든 것을 허용하면서 많은 것을 금지한다

우리의 슬픈 앎은 세계에서 부모와 우리 자신의 위치가 보잘것없는 것이라는 것을 알 때 시작된다

사람의 삶에는 부모와 자연 이외에도 사회적 세계가 있고, 이것이 오늘날에서 가장 결정적인 삶의 테두리를 이룬다. 이 사회적 세계는 알기 어려운 복합적인 구조를 가지고 있다. 그것은 모든 것을 가지고 있으면서 우리에게는 매우 불투명한 호의밖에 가지지 아니한 것으로 보인다. 사회세계는 우리가 끊임없이 그 조건을 만족시키고 환심을 사고자 노력하는 대상이 되는 타자들로 이루어진다. 그들은 우리를 속임수와 계책으로 대한다. 그것은 어쩌면 우리의 잔재주로써 속여넘길 수 있는 세계인지도 모른다. 이 잔재주의 세계에 필요한 것이 여러 가지 사회적인 정보이다. 이 정보활동의 배경을 노릇을 하는 것이 소문이며 명사들의 동정이며 크고 작은 인물들의 체험담이다. 이 잡담과 소음과 소문의 세계는 무수히 흩어져 있는 행동자들로 이루어져 있으면서 동시에 어떠한 위계적 구조를 가지고 있는 것으로 보인다. 이 위계적 조직의 권위와 매력은 사회의 높고 깊은 곳으로 후퇴되어 멀리에 존재한다. 사회의 힘은 궁극적인 근거는 멀리 있기 때문에 우리를 매료하고 실망시킨다.

과학적인 사회 분석은 사회조직에서 신비의 베일을 벗기고 그 골격을 분명히 하고, 그 안에서 이루어지는 인간 행위를 보다 합리적인 관점에서 설명하려고 한다. 이 과학적 지식은, 오늘의 대중사회의 넘치는 말들과 이미지들의 잡음에서 뜬구름처럼 생성 소멸되는 앎에 비하여, 조금 더 믿을 만한 것일 것이다. 그것은 우리에게 보다 장기적인 넓은 공간에서의 행동의 기획을 가능하게 하고, 무엇보다도 사물을 조용하게 바라보는 마음의 평화를 부여할 것이다. 그러나 그러한 지식이

잔재주의 세계

마음의 평화

참으로 객관적인 것일까. 객관성을 저울질하는 척도가 되는 "믿을 만하다"라는 말은 벌써 그 객관성의 동기를 드러낸다. 학문적 객관성이 전제없는 것이라고 할 때, 그것은 전제없는 순수한 객관성은 아닌 것이다. 그것은 사람의 필요—반성 이전의 깊은 필요를 동기로 한다. 그러나 이 필요가 충족되는가.

학문적 객관성이 전제없는 것이라고 할 때에도 사실 그것은 전제없는 순수한 객관성은 아니다. 그것은 사람의 반성 이전 깊은 필요를 동기로 하고 있다

객관적 지식은 형태의 면에서 벌써 믿음에 대한 갈구를 채워줄 수 없는 것이다. 그것은 세계를 일정한 거리를 가지고 조종함으로써 생기는 지식이며 궁극적으로는 조종을 위한 지식이다. 그것은 세계와 우리의 사이에 일정한 간격이 있음을 전제로 한다. 이것은 지식의 분위기에서 이미 우리가 직감하는 것이기도 하다. 그것은 사람의 세계에 대한 가장 원초적인 관계인 정서적 분위기를 가지고 있지 않는 언어로 말한다. 그것은 우리를 안도시키려 하지도 않고 위로를 주려고 하지도 않는다. 과학적 지식의 무미건조한 언어 앞에 우리는 스스로를 도사리면서 알아서 처신할 도리밖에 없다. 우리에게 필요한 것은 절대적인 신뢰의 세계이다. 물론 오늘의 세계에서 이러한 신뢰는 불가능한 것이다. 그러나 동시에 우리는 근원적인 세계가 우리를 떠나지 않고 있다고 믿는다. 그것이 멀리 가버린 것은 그 권모술수의 사회로 인한 것이기도 하지만, 꼬여진 우리의 태도와 심리로 인한 것이기도 하다.

가령 이규보(李奎報)의 〈춘일방산사(春日訪山寺)〉와 같은 시가 그리고 있는 것은 우리가 스스로를 내맡길 때 맡김을 받는 세계를 그린 것이라고 할 수 있다. 여기에서 믿음이 믿음의 세계를 만들어낸다.

믿음이 믿음의 세계를 만들어낸다

바람 화기있고 햇볕 따스하고, 새소리 어지러운 곳,
수양버들 그늘 속에 열린 문 반쯤 가렸는데,
땅 위에 가득한 낙화, 취해 누운 스님 있어,
산집은 상기도 큰 평화 지니고 있다.

風和日暖鳥聲喧 垂柳陰中半掩門
滿地落花僧醉臥 山家猶帶太平痕

세상 모르고 술에 취해 잠든 스님은 얼마나 편안한가.
이 스님의 상태는 미국의 시인 월리스 스티븐스의 시 〈잠들
어 있는 노인(An Old Man Asleep)〉에 묘사된 잠든 노인의 상태
와 비슷하다.

두 세계가 잠이 들어, 지금 잠자고 있다.
멍청한 뜻이 그들을 어떤 엄숙함 속에 감싼다.

자아와 땅—그대의 생각, 느낌,
그대의 소신, 불신, 그대의 모든 술책;

그대의 불그레한 밤나무의 불그레함,
강의 움직임, 〈R〉 강의 졸린 움직임.

The two worlds are asleep, are sleeping, now,
A dumb sense posseses them in a kind of solemnity.

The self and the earth—your thoughts, your feelings,
Your beliefs and disbeliefs, your whole peculiar plot;

The redness of your reddish chestnut trees,
The river motion, the drowsy motion of the river R.

위의 시에서 두 세계란 노인의 자아와 땅인데, 노인이 깨어 있는 시간에 그의 자아는 온갖 생각과 느낌, 특히 술책과 계획으로 가득하고, 땅도 사람의 생각 속에서 대상적으로 추상화되어 불그레한 밤나무의 불그레함으로, 〈R〉이란 강의 이름으로 또는 〈강〉으로, 존재함으로써 이미 땅 그 자체로서 존재하지는 아니한다. 노인이 잠들었을 때 두 세계는 말이 없고 멍청한 상태에 들어간다. 그러나, 거기에는 오히려 어떠한 감각 또는 의미가 있는 것이다. 가장 무방비의 상태로 자신을 세계에 맡기는 행위에서야말로 사람의 앎을 넘어가는 의미가 사람과 세상에 내려오는 것이다.

무방비의 상태로 자신을 세계에 맡기는 행위

3. 무한한 무상성

세상은 생각도 많고 감정도 많고 계략도 많은 곳이다. 그러나 사람의 근본에 있는 것은 이러한 것을 초월하는 '있음'이다. 그것은 신뢰로부터 시작한다. 삶은 생각과 느낌, 우리의 계획에 의하여 포착될 수 없는 무한한 무상성이다. 이것은 우리에게 허무의 심연이기도 하고 무한한 은혜와 너그러움과

사람의 근본에 있는 '초월하는 있음'

신비의 근본이기도 하다. 우리가 아무리 생각하고 계산하여도 세상을 의미로 짜넣으려는 우리의 행동과 말은 짜임의 사이로 솟아오르는 무상성의 심연을 없앨 수 없다. 그러면서 그것은 우리로 하여금 삶의 신비에 접하는 작은 기회가 된다.

우리의 가장 가까운 사람들에 대한 관계는 무상의 신뢰에 기초해 있다. 그렇다. 나는 나에게 가장 가까운 존재인 나 자신에 대하여 조차 과연 무엇을 알고 있는가

우리의 가장 가까운 사람들에 대한 관계는 무상의 신뢰에 기초해 있다. 우리가 그들에 대하여 별로 아는 바가 없다고 하여도 놀랄 것이 없다. 그것은 삶의 무상한 근거에 대한 신뢰의 일부일 뿐이다. 나는 나에게 가장 가까운 존재에 틀림없는 나 자신에 대하여 무엇을 아는가. 이력서가 나인가. 그것은 바깥 세상에서 나를 다룰 수 있는—대체로는 조심해서 다루게 하려는, 외면적 계책에 불과하다. 나의 이력을 내가 아는가. 나의 졸업장이 나인가. 나의 생일까지도 남이 일러주고 관청에서 기록한 것을 다시 내 머리에 입력한 것이다. 나는 나의 이력서를 넘어 있을 뿐이다. 거기에는 세상에 대한 신뢰도 있다. 그러나 그것은 나의 있음이 부족하기 때문이다. 그리하여 이 부족, 이 신뢰는 나의 근거이다. 나의 친구들은 이 부족, 이 신뢰의 틈으로 나와 있음에 관계되어 있다. 그러나 나의 있음은 나를 넘어가며 다른 사람과 공유하는 것이다.

나를 넘어가며 다른 사람과 공유하는 나의 있음

우리가 아는 것, 어떤 재벌의 아들이 어떤 여배우와 결혼하고, 어떤 정치가가 어떤 다른 정치가와 거래하고 하는 것에 대한 앎에 비하여 근원적 있음 그리고 신뢰의 무지는 한없이 풍부하다. 근원적인 것은 크나 작으나 앎 속에 포착되는 것이 아니다. 물론 무지 속에 그것이 포착되는 것이라는 말도 아니다. 무지는 이미 앎에 의하여 조직된 세계 속에 있는 상태를

말한다. 사람의 원초적인 공존은 아는 것도 아니고 모르는 것도 아닌 "멍청한 뜻"에 의하여 소유되어 있다. 그것은 믿음—사실 프랑스의 철학자 장 발의 표현으로 "세상에 대한 신뢰(confiance au monde)"가 열어주는 뜻이다.

물론 우리가 사는 세계가 모두 이러한 믿음과 뜻으로 통할 수 있는 것은 아니다. 그리하여 우리는 세상에 대하여, 부모에 대하여, 그리고 친구에 대하여 앎을 얻어간다. 그러나 그것은 이력서의 앎은 아니다.

동양에 친구라는 뜻을 표현하는 말로 지음(知音)이라는 말이 있다. 소리는 우리의 오관 가운데에서도 가장 객관적이며 또 주관적인 것이다. 그것은 공간의 깊이에 울리며 우리의 내면에서 울린다. 《여씨춘추(呂氏春秋)》의 이야기는, 백아(伯牙)의 거문고 소리를 참으로 알아듣는 사람이 종자기(鐘子期)뿐이었는데, 종자기가 죽자 백아는 다시는 그의 음악을 알아들을 사람이 없을 것으로 알고 거문고를 깨고 줄을 끊었다는 것이다. 오직 한 사람만이 알아들을 수 있는 소리는 어떠한 것일까. 그것이 어떠한 것이든지간에, 그만큼 알기 어려운 소리를 아는 사람을 지음이라는 말로 표현하는 것은 사람이 사람을 아는 것이 지극히 어려움을 말한 것이다. 그것은 객관화할 수 없는 어떤 앎이다. 그러나 그것도 친구간에나 있을 수 있는 앎이며, 부모 자식간에는 그것도 없기가 쉬운 것이다.

그것은 그 관계가 한없이 깊다는 뜻이기도 하지만, 동시에 그것이 덤덤하고 멍청한 것임을 말하기도 한다. 그리고 이 멍청함은 많은 우리의 인간관계에서 우리가 그대로 실천하고 있는 것이다. 다만 그러기 위해서는 우리가 다른 사람을 세간

사람의 원초적 공존은 아는 것도 모르는 것도 아닌 "멍청한 뜻"에 의해 소유되어 있다

한없이 깊고 덤덤하고 멍청한 것—단순성·내면성·깊은 어둠

의 정해진 틀로 보지 않고, 나의 이익을 위한 이용의 관점에서만 보지 아니하여야 한다. 우리는 그를 단순성 속에서 알고 있지만, 단순한 나타남의 뒤에 있는 그만의 내면적 세계, 또 깊은 삶의 어둠을 감지한다. 오늘에 일어나고 있는 인물화는 사람을 가장 천박한 상투적인 틀로써 단순화한다. 사람들은 상투적 이야기가 되고, 이력서가 되고, 꼬리표가 된다. 우리가 붙이는 꼬리표 뒤에는 조심하여야 할 다른 그림자가 없다.

세계는 극히 단순하게 거기에 그대로 있다

눈을 들어 보는 세계는 극히 단순하게 거기에 있다. 그러나 우리는 그것이 세상의 전부가 아님을 안다. 그러나 세상사람들이 설명해 주는 세상의 원리는 말없이 거기에 있는 세상보다 더 단순하다. 그것을 벗어나서 비로소 우리는 세상의 한없는 불가해함을 발견한다. 그리고 이에 대하여 골똘한 생각에 생각을 더하면서 세상의 잡동사니들이 어떻게 하나의 맥락 속에 꿰어질 수 있겠는가 의문을 갖는다. 그러나 문득 고개를

이러한 단순하면서도 무한한 세계 속에 사람들은 살고 있으면서, 스스로 이러한 세계의 속성을 자신 안에 가지고 있다.

들어 하늘과 땅, 산과 나무가 하나의 투명함 속에 있는 것을 보고 다시 그것에 경이한다. 얄팍한 앎도 있고 깊은 앎도 있지만, 근본이 되는 것은 단순하면서도 무한한 있음의 음영을 감추어 가진 세계이다. 사람도 이러한 세계 속에 있고, 이러한 세계의 속성을 나누어 가지고 있다.